法不能向不法让步

正当防卫类案纵横

主 编／万 春
副主编／谢鹏程 石 磊

中国检察出版社

图书在版编目（CIP）数据

法不能向不法让步：正当防卫类案纵横 / 万春主编 . —北京：中国检察出版社，2021.11
ISBN 978-7-5102-2646-5

Ⅰ.①法… Ⅱ.①万… Ⅲ.①正当防卫－研究－中国 Ⅳ.D924.104

中国版本图书馆 CIP 数据核字（2021）第 211415 号

法不能向不法让步：正当防卫类案纵横
万　春　主编

责任编辑：芦世玲
技术编辑：王英英
美术编辑：曹　晓

出版发行	中国检察出版社
社　　址	北京市石景山区香山南路 109 号（100144）
网　　址	中国检察出版社（www.zgjccbs.com）
编辑电话	（010）86423750
发行电话	（010）86423726　86423727　86423728
	（010）86423730　86423732
经　　销	新华书店
印　　刷	保定市中画美凯印刷有限公司
开　　本	710 mm×960mm　16开
印　　张	26.75
字　　数	380 千字
版　　次	2021 年 11 月第一版　2021 年 11 月第一次印刷
书　　号	ISBN 978-7-5102-2646-5
定　　价	89.00 元

检察版图书，版权所有，侵权必究
如遇图书印装质量问题本社负责调换

撰稿人：（以姓氏笔画为序）

王　洋　　田文利　　史兆琨　　李　明
李燕青　　邹俊波　　张　杰　　陈兴良
邵　松　　范卫国　　林广玉　　赵希霞
俞李彦　　姚　远　　高　磊　　温可红

序 言

习近平总书记在中央全面依法治国工作会议上指出："推进全面依法治国，根本目的是依法保障人民权益。"正当防卫制度就是保障人民权益的一项重要的刑事法律制度，但是，由于思想观念的束缚和司法惯性的影响，刑法中的正当防卫制度没有得到全面的适用，一些鼓励正当防卫的条款长期处于沉睡之中。2018年以来，在最高人民检察院直接指导下办理的一系列正当防卫案件激活了这些沉睡多年的条款，使其保障人民权益的功能得以彰显。

办理正当防卫案件，我们必须摒弃冷漠的价值评判和机械的利益衡量，坚持在兼顾法、理、情的综合考量中认定正当防卫，反映司法的人性光辉。"两高一部"《关于依法适用正当防卫制度的指导意见》第1条开宗明义地指出："坚决捍卫'法不能向不法让步'的法治精神"。那么，司法机关应如何进一步正视正当防卫制度适用中的有关争议问题，优化细化制度适用中的司法认定标准，精雕细琢出直抵正当防卫权精准行使的清晰路径？

在刑法理论中，正当防卫的认定存在防卫行为的认定和防卫限度的认定两个难点问题。正如陈兴良所言："防卫行为的认定是前提性的，只有在具有防卫行为的前提下，才能考虑防卫限度的认定问题。"在过去相当长的一个时期，防卫行为的认定遇到严重障碍，在这种情况下，当然也就不可能存在防卫限度的认定问题。随着正当防卫制度被激活，防卫行为的认定问题逐渐得到解决，在这种情况下，防卫限度的认

法不能向不法让步：正当防卫类案纵横

定探讨逐渐被提上日程。防卫限度的认定主要在于厘清正当防卫与防卫过当的界线问题。从目前我国司法实践来看，防卫限度以及特殊防卫的认定等问题具有较大难度，需要在不断总结司法实践经验的基础上形成指导性案例和司法细则。只有这样，才能正确贯彻实施正当防卫制度。对此，"龙哥反杀案"的主办检察官苏州市人民检察院副检察长王勇深有体会地说："防卫人没有过错的，要敢于认定；防卫人有过错的，要审慎认定。适用正当防卫制度，要考虑常理常情，尊重民众的朴素情感和道德诉求，反映社会的普遍正义观念，并将这些内容在办案中予以参考。"

在检察机关主导下办理的系列正当防卫案件之所以得到社会各界的好评，既不是因为学术争鸣带来的思想解放，也不是由于个别司法人员的法治觉悟，而是十八大以来国家法治进步的一种表现，是最高检新一届党组推动检察系统"观念重塑、职能重构、组织重建、士气重振、局面重开"（徐显明语）的必然结果。正是在这样的背景下，法官、检察官和警官敢于担当，有了作出积极认定的底气和勇气，不受可能引发信访等顾虑的影响，体现法不能向不法让步的法治理念。

"法不能向不法让步"理念在正当防卫案件中的适用，不仅激活了刑法中正当防卫的有关条款，为司法实践带来了生机与活力，而且在社会上树立了法律和正义的坚强而高大的形象，改变了人们对守法的消极看法，使人们敢于拿起法律的武器同一切违法犯罪作斗争！正当防卫理念的更新就像一颗石子投入原本平静的湖水，引起的涟漪即其他法治理念的更新可能远远超出了我们的视野。

最高人民检察院司法案例研究院组织编写的《法不能向不法让步：正当防卫类案纵横》从案件纪实、办案感悟和理论述评三个维度对近年来我国司法机关办理的一系列正当防卫案件进行了客观的记录、真切的回味、深刻的分析。通过这本书，我们不仅更加坚定了"法不能向不法让步"的法治信念,而且深切地体会到,专业追求与朴素正义之间并没有人们想象的那么遥远的距离,并且,只有当司法机关对案件质量的专业追求与公众的关切及其朴素的正义观契合时,我们才真正践行了"以人民为中心"的思想,实现了司法为民,达到了法治的根本目的。

编　者

2021 年 11 月

序　言 / 1

第一部分　典型个案中正当防卫制度的演进历程

一、于欢案：让公众真正开始关注正当防卫制度 / 3

二、昆山反杀案：正当防卫制度适用的"分水岭" / 11

三、福建赵宇案：防卫行为必要限度的认定上"开先河" / 22

四、涞源反杀案：对住宅安全的不法侵害不退让 / 33

五、董民刚案：对人格尊严的不法侵害认定要注重考量前因 / 42

六、唐雪案：即使有其他选择，也可以行使防卫权 / 51

第二部分　正当防卫制度司法适用疑难解析

一、好制度如何充分发挥制度红利 / 61

二、缺少目击证人，证据链如何精准认定 / 67

三、反抗非法传销组织致死，如何认定 / 77

四、家庭暴力中的正当防卫，如何认定 / 84

第三部分　检察官办案感悟

一、于海明正当防卫案办案体会 / 93

二、关于赵宇正当防卫案的一些思考 / 97

三、涞源反杀案中的"正"与"不正" / 101

四、盛春平正当防卫案办案体会 / 106

五、办理周某某正当防卫案总结 / 110

六、耿某华正当防卫不批捕案背后的检察支持 / 115

七、办理董民刚正当防卫案的几点感悟 / 119

八、唐雪正当防卫案办案心得 / 124

九、办理王浪防卫过当案总结 / 128

十、办理赵建鹏正当防卫案的曲折心路 / 133

第四部分　理论述评

一、近年来正当防卫研究综述 / 139

二、正当防卫教义学的评析与展望 / 195

第五部分　指导性案例和典型案例

一、最高人民检察院指导性案例 / 237

二、最高人民法院指导性案例 / 251

三、最高人民法院、最高人民检察院、公安部《关于依法适用正当防卫制度指导意见》配套典型案例 / 262

四、最高人民检察院发布的正当防卫不捕不诉典型案例 / 279

五、其他具有较大影响的典型案例 / 295

第六部分 相关文件和案例解读

一、最高人民法院、最高人民检察院、公安部印发《关于依法适用正当防卫制度的指导意见》的通知 / 343

二、最高人民法院、最高人民检察院、公安部《关于依法适用正当防卫制度的指导意见》和典型案例发布及答记者问 / 349

三、最高人民检察院《关于依法适用正当防卫制度的指导意见》理解与适用 / 362

四、最高人民法院《关于依法适用正当防卫制度的指导意见》理解与适用 / 381

五、最高人民检察院第一检察厅负责人就正当防卫不捕不诉典型案例答记者问 / 406

后　记 / 412

第一部分

典型个案中正当防卫制度的演进历程

近年间，诸如"法不能向不法让步"的法治金句在巷陌间传颂。"正当防卫"也成为最能牵动公众神经的关键词之一。虽然我国刑法早有正当防卫的有关规定，然而，在较长时间内，正当防卫判例出现的频率并不高。有观点认为，正当防卫相关规则几乎成了"休眠条款"。一方面，由于司法实践对正当防卫行为的认定有较高要求；另一方面，与司法解释没有厘清正当防卫和防卫过当的界限有关。法律应当是人们合法利益的捍卫者，而非制止不法侵害时的掣肘。正当防卫是法律赋予公民的一项私力救济权利，彰显着"法不能向不法让步"的价值取向。对于涉正当防卫的案件而言，刑罚的不当扩大，会折损民众的正义感，损害法治的安宁。在北京大学法学院教授陈兴良看来，"法不能向不法让步"理念彰显正当防卫具有正当性，正当防卫与不法侵害之间是"正当"与"不法"的关系。"虽然它是一种较为抽象的思想观念，但以具体案例为载体得以彰显。换言之，每个正当防卫案件的判决结果都直接、生动地体现了'法不能向不法让步'理念。"于欢案、昆山反杀案、福建赵宇案、河北涞源反杀案、河北董民刚案、浙江盛春平案、云南唐雪案……2017年以来，一个个触动人心的个案，彰显着守护社会正义的鲜明立场，契合了社会大众朴素的正义观念和道德情感，对推动正当防卫制度回归立法初心，为见义勇为提供有力的法治背书等具有深远意义。

一、于欢案：让公众真正开始关注正当防卫制度

从未认定于欢的行为具有防卫性质，到被认定为防卫过当，从无期徒刑到被改判为5年有期徒刑，于欢案曾引发媒体和社会公众的高度关注。

这起案件关注焦点多元，涉及法、理、情，事关刑事司法的公平正义与民众的司法认同。有人说，这起案件让社会大众真正开始关注正当防卫制度，对于正当防卫制度的激活有着里程碑式的意义。也有人认为，这起案件对司法实践有着不凡的启发意义，我国的法治环境从此开始有了进一步改善。

笔者全程旁听了该案二审，于欢的行为是否具有防卫性质？又是否属于防卫过当？这些焦点问题的答案就在案件事实里。

（一）

包括《刺死辱母者》一文的作者和于欢的辩护律师在内，谁也未曾料到，公众以及媒体对该案的关注会引发如此轩然大波。

山东源大工贸有限公司（以下简称"源大工贸"）职工张某看到三辆没有车牌的轿车进入公司时，办公大楼内的时钟指向2016年4月14日下午4时。她预感不妙。

车停稳后，十余人从车上卸下烧烤架、木炭、肉串、零食和啤酒等，在公司办公楼门口开始若无其事地烤串饮酒。

位于冠县工业园内的源大工贸，2009年由苏银霞创办，主要生产汽车刹车片。因公司资金困难，2014年7月和2015年11月，苏银霞两次分别向吴学占借款100万元和35万元，约定月

利息10%。

据苏银霞提供的数据显示，截至2016年4月，她共还款184万元，并将一套140平方米价值70万元的房子抵债后，依然还有17万元左右欠款未能清偿。

"烤串饮酒"开始后没多久，这一行人便将苏银霞和儿子于欢限制在公司财务室，由四五个人看守，不允许其出门。

当日19时许，催债人员杜志浩驾车进入源大工贸，将苏银霞母子带到公司接待室。接待室内有两张黑色单人沙发和一张双人沙发，苏银霞和于欢分别坐在单人沙发上，职工张某坐在苏银霞对面。11名催债人员把三人围住。

其间，杜志浩脱下于欢的鞋子，捂在苏银霞的嘴上。张某看到母子两人瑟瑟发抖，于欢试图反抗，被杜志浩抽了一耳光。杜志浩还故意将烟灰弹在苏银霞的胸口，甚至还脱下裤子，一只脚踩在沙发上，用极端恶劣的手段污辱苏银霞。

透过接待室的一面玻璃墙，一名工人看到这一幕后迅速去找于欢的姑姑于秀荣让其报警。

当日22时13分（监控显示），一辆警车抵达源大工贸，民警下车进入办公楼。一审判决书显示，多名现场人员证实，民警进入接待室后，说了一句"要账可以，但是不能动手打人"。4分钟后，即22时17分许（监控显示），民警走出办公楼。对此，警方的说法是，他们询问情况后到院内进一步了解情况。

据张某回忆，看到警察离开，情绪激动的于欢站起来往外冲，被杜志浩等人拦下。混乱中，于欢从接待室的桌子上拿起一把水果刀乱捅，杜志浩、严建军、程学贺、郭彦刚四人被捅伤。

当日22时21分许（监控显示），于秀荣看到有人从接待室跑出来。她和民警一起跑向办公楼。在办公楼门口，于秀荣看到，杜志浩捂着肚子迎面走出来，边走边说："这小子玩真的。"其他人也陆续走出办公楼后离开。

自行驾车前往医院就诊的杜志浩无论如何也没想到，这次催债竟会成为一道"催命符"。尸检报告显示，杜志浩因失血性休克死亡。另外有两人重伤，一人轻伤。

2016年12月15日，聊城市中级人民法院开庭审理于欢故意伤害一案。庭审的争议焦点在于，是故意杀人还是故意伤害，以及是否构成正当防卫。杜志浩的家属提出，于欢构成故意杀人罪，应判处死刑立即执行，并索赔830余万元。于欢的辩护律师则提出，于欢有正当防卫情节，系防卫过当，要求从轻处罚。

2017年2月17日，聊城市中级法院一审以故意伤害罪判处于欢无期徒刑。

（二）

2017年3月23日，《南方周末》刊发《刺死辱母者》一文。仅两天时间，该案舆论热度持续攀升，各类网媒发布、转载相关报道近万条，微博热门话题阅读量近2亿次。一审判决结果提及的"不存在防卫的紧迫性""判处无期徒刑"似乎触痛了公众正义的神经。他们就高利贷追讨事件中的辱母细节与判决结果展开热议，"法律认知与社会常理""正当防卫与防卫过当""正义与非正义"等热议话题迅速引爆舆论场。

2017年3月25日，星期六，最高人民检察院副检察长孙谦在家休息，出于多年从事司法工作的敏感度，当于欢案的相关信息不断涌来时，孙谦意识到"此事不容小觑"，便立即汇报并商议应对之策。

因为"于欢案"，这个星期六注定比正常工作日还要紧张。在接到"充分认识做好于欢案件相关工作的极端重要性，把处理好该案作为当前最重要的工作，各负其责，形成合力"的指示后，山东省人民检察院立即着手开展相关工作。

当天下午，在向山东省聊城市人民检察院了解案件有关情况后，晚上7时，山东省人民检察院副检察长鲍峰召集公诉一处副处长以上同志，连夜主持召开会议，详细研究相关案情和应对方案。

第二天一大早，时任最高检公诉厅副厅长张相军便带领工作组踏上了开往山东的列车。这天上午 11 时 16 分，最高检官方微博的更新显示："已派员赴山东阅卷并听取山东省检察机关汇报，正在对案件事实、证据进行全面审查。对于欢的行为是属于正当防卫、防卫过当还是故意伤害，将依法予以审查认定。"

这个消息让很多网民为之一振，随之而来的是大量转发和关注。不少网民纷纷留言，希望最高检的介入使该案最终能够得到公正处理。

当天 14 时，在山东省人民检察院召开的联席会议上，"于欢专案领导小组"正式成立。

"对社会公众关注的于欢的行为是属于正当防卫、防卫过当还是故意伤害等，将依法予以审查认定。"当日 16 时 27 分，山东省检察院官方微博的发声，再次引发网民们的关注，"高效""希望得到公正处理"字眼不断出现在微博留言区。随着最高检、山东省检察院等司法机关的接连发声，公众看待案件的心态和立场渐趋理性，舆论热度增幅逐渐放缓。

2017 年 3 月 29 日，山东省人民检察院专案组审查了一审判决书、上诉人的上诉状及全部案卷材料后，围绕一审认定事实与法律适用展开了全面、细致的复核、取证工作。与此同时，针对社会公众关注的重点问题，专案组进一步详细梳理相应证据情况，并围绕媒体报道事实和司法认定事实是否存在不一致之处进行证据审查。

在复核期间，杜志浩的死亡原因有没有介入因素成为一项重要工作。经复核发现，与杜志浩同车到医院的张书森、程学贺证明，因杜志浩在车上已经休克，司机杜建岗开车冲断医院门口栏杆进入医院，张书森立即将杜志浩送去治疗，未有延误抢救情形。专案组还调取了主治医生赵海宽、接诊医生李广振证言，证实杜志浩当时到医院状态已经非常不好，之后按照医院规定流程积极对杜志浩抢救。医院鉴定意见也证实，杜志浩由于腹部损伤造成肝固有动脉裂伤及肝右叶创伤，失血性休克死亡。另外，专案组要求侦查机关对从案发地源大工贸公司至冠县人民医院、冠县中心医院、冠县中医院行驶路线、路况等进行侦查实验，形成了侦查实验报告，并对全程进行录音录像，证实从源大工贸到冠县人民医院的时间为9分钟左右，符合当时抢救的选择。这些调查核实过程一经披露，有力回应了"杜志浩死亡有其他介入因素"失实的舆论认知。

在三次提审于欢的过程中，于欢新供述的一个细节对于解释于欢为何在多人围困中顺利取得水果刀有突破性进展，引起了专案组的高度重视。于欢供述，该水果刀是其之前从三楼拿到接待室的，刀子放的位置在南边桌子靠东墙一摞约十厘米的本子和纸上，上面还盖了报纸。当时有人从西面将其踹到东墙附近，其手扶到了南边的办公桌上，由于事先大约知道这边有把水果刀，就顺势拿起来挥舞。专案组成员到聊城市中级人民法院查看了作案工具刀子实物后认为，该供述具有真实性。

……

专案组还先后8次赴京向最高检全面汇报案件办理进展情况，其中两次参加最高检举办的专家论证会，对于欢案属于故意伤害、正当防卫还是防卫过当等问题，仔细聆听、虚心请教专家意见，并一一核实、查清。历时仅一个月，专案组就完成了全部二审审查、复核、补证工作。

（三）

思路清晰，准备充分，这是一场有针对性地做出澄清与回应的庭审。

"从法理上释清道理，使之成为一堂法治教育课。"2017年5月27日8时30分，秉持这样的信念，检察员郭琳、扈小刚、李文杰迈着坚定的步伐进入法庭。当天8时35分，在山东省高级人民法院官方微博发布一条2分32秒的视频后，长达11个小时的庭审在线直播就此开始。

2016年4月14日那天晚上究竟发生了什么？于欢是在什么情况下挥刀捅刺？一审判决在事实认定、法律适用以及量刑上是否精准？这些疑问的"面纱"随着法庭细致调查的进行，都将一一揭开。

在庭审中，针对舆论报道提到"杜志浩当着苏银霞儿子于欢的面，用生殖器在苏银霞脸上蹭，往其嘴里塞"的问题，通过法庭调查、质证，真相逐渐显现出来。

"杜志浩脱裤子，对着我和母亲、马金栋露下体。主要对着我妈，因为他离我妈最近，大约20~30厘米，但没有碰到。"于欢在法庭调查中说。

……

该案在法律适用方面的争议焦点主要包括：一是于欢的捅刺行为性质，即是否具有防卫性、是否属于特殊防卫、是否属于防卫过当；二是如何定罪处罚。

最高检有关负责人在答记者问时表示，经调查认为，山东省聊城市人民检察院的起诉书和聊城市中级法院的一审判决书认定事实、情节不全面，对于案件起因、双方矛盾激化过程和讨债人员的具体侵害行为，一审认定有遗漏；于欢的行为具有防卫性质，起诉书和一审判决书对此均未予认定，适用法律确有错误，根据我国刑法第20条第2款"正当防卫明显超过必要限度造成重大损害的，应当负刑事责任，但应当减轻或者免除处罚"的规定，应当通过第二审程序依法予以纠正。

该负责人还表示，从防卫结果看，明显超过必要限度，造成重大损害。本案中，于欢的行为具有防卫的性质，采取的反制行为明显超出必要限度且造成了伤亡后果，应当认定为防卫过当。理由如下：

首先，于欢不具备特殊防卫的前提条件。刑法第 20 条第 3 款规定的特殊防卫，其适用前提是防卫人针对严重危及人身安全的暴力犯罪的加害人而实施防卫行为。本案中，虽然于欢母子的人身自由权遭受限制乃至剥夺、人格尊严权遭受言行侮辱侵犯、身体健康权遭受轻微暴力侵犯，但直至民警出警后均未遭遇任何针对生命权严重不法侵害，因而不具有实施特殊防卫的前提。其所采取的防卫行为是否正当，不得适用特殊防卫阻却刑事责任的法定评判标准。

其次，本案属于违法逼债激发的防卫案件。本案中，杜志浩等人的目的就是把钱要回，手段相对克制，没有暴力殴打于欢母子的意思和行为；讨债一方（李忠）对杜志浩脱裤暴露下体的行为给予了制止；当于欢捅刺杜志浩、程学贺后，严建军、郭彦刚、么传行等人围站在于欢身边，也没有明显的暴力攻击。

最后，防卫行为与不法侵害相比明显不相适应。本案中，于欢为了制止不法侵害，摆脱困境，使用致命性工具刺向加害人，造成一死、二重伤、一轻伤的后果，其行为结果明显属于"重大损害"。从不法侵害行为看，虽然加害人人数众多但未使用工具，未进行严重暴力攻击，于欢身上伤情甚至未达到轻微伤程度；从防卫紧迫性看，出警民警已到场，虽然离开接待室，但仍在源大工贸院内寻找报警人、了解情况，从接待室可以清晰看到门前警车及警灯闪烁；从防卫行为保护的法益与造成结果体现的法益衡量看，要保护的是人身自由和人格尊严，造成结果体现的法益是生命健康，两者相比不相适应。从防卫行为使用的工具、致伤部位、捅刺强度及后果综合衡量看，于欢使用的是长 26 厘米的单刃刀，致伤部位为杜志浩身体的要害部位（肝脏），捅刺强度深达 15 厘米，造成 1 死 2 重伤 1 轻伤的严重后果，其防卫行为"明显超过必要限度"。

2017 年 6 月 23 日上午，山东省高级人民法院对该案二审公开宣判，以故意伤害罪改判于欢有期徒刑 5 年。

法不能向不法让步：正当防卫类案纵横

"于欢案一审被判处无期徒刑，二审改判为5年有期徒刑，一审与二审的事实证据相同，而处罚却有天壤之别，根本原因是有没有启用正当防卫制度。"中国政法大学教授阮齐林认为，案例是推动学术发展的火车头，也是推动立法、司法不断完善的火车头。刑法第20条正当防卫条款适用于于欢案，可谓在案件办理中综合考量天理、国法、人情的一个好的开始。

"我国1979年刑法对正当防卫制度作了相应规定，但正当防卫制度在司法实践中并没有得到切实的贯彻。不少正当防卫或者防卫过当案件均被当作普通犯罪处理而受到较为严厉的惩治。及至1997年刑法修订，立法机关对正当防卫制度作出重大修订，并且设立了特殊防卫制度。然而，正当防卫制度的司法现状并没有发生根本改变。"在北京大学法学院教授陈兴良看来，在过去，正当防卫制度的立法与司法之间存在罅隙，如何填补这种罅隙就成为司法机关面临的重大问题。于欢案的二审改判，在一定程度上回应了社会公众对于该案的期待。

"过去一段时间以来，我们往往把复杂的定罪思维过程简化为个案事实和法律规定对号入座的三段论演绎推理过程，导致司法实践中机械主义、教条主义、形式主义思维盛行，排斥天理、人情对国法的渗透与制约。"北京大学法学院教授、中国刑法学研究会副会长梁根林表示，当代法治观念不再拘泥于纯粹的规则自治，不是仅仅强调形式理性，而是强调良法之治与良法善治。

于欢案的二审判决，被认为字里行间体现着坦诚与担当，构筑着公众对司法的信心。曾经的喧嚣终将会成为记忆，然而，在于欢案中，法、理、情的综合考量和兼顾却值得被铭记，成为此后有关案件参考借鉴的一个范本。

二、昆山反杀案：正当防卫制度适用的"分水岭"

我国刑法理论将正当防卫的构成条件概括为防卫目的、防卫起因、防卫客体、防卫时间、防卫限度。在司法实践中，对于如何把握正当防卫的防卫时间，尤其是如何准确界定"正在进行的不法侵害"，是一个较为常见却也不乏争议的问题。昆山反杀案对此作出的精准认定，或许可以从个案角度给予类案办理一些参考和启发。

（一）

这起案件发生于一个初秋之夜，起于道路行车纠纷，受到广泛关注。

2018年8月27日21时36分许，在江苏省昆山市开发区震川路与顺帆路路口的非机动车道上，路口上方的红色信号灯格外醒目。骑着一辆自行车的于海明正在静静等待。不远处，驾驶着宝马车的刘海龙行至该处时实线变道，试图借非机动车道行驶。因道路狭窄，无法通行，与刘海龙同车的刘强强和刘珂便开门下车，走到于海明身旁，强行要求于海明让道，并发生口角。

在争执期间，刘珂强行将于海明的自行车推到人行道上。此时，信号灯已由红转绿。然而，在路口畅通可行的情况下，刘强强仍未离开，依旧与于海明纠缠。随后，在刘珂劝说下方才离开。

这一幕场景被身在宝马车内、处于醉酒状态的刘海龙看到，他打开车门,一个箭步跳下车,开始追击于海明并拳打脚踢,在此过程中,于海明还手阻挡。然而,事情并未就此打住。刘海龙返回车旁,从车上拿出一把双刃刀,并用刀身侧面拍打于海明的腰、脖子、背部等。在击打过程中,刀不慎滑落,掉在地上。

看着地面上的刀,于海明迅速从地上捡起了刀。此刻,刘海龙也赶紧来夺刀。两人在夺刀过程中,于海明顺势捅刺到刘海龙的腹部。没一会儿,倒地的刘海龙从地上起身逃离,于海明继续追砍。出于害怕,刘海龙离开了现场,后经抢救无效死亡。

经法医鉴定,下腹部一刀深达腹腔,腹部大静脉破裂,死因为失血性休克。

笔者注意到,在供述中,于海明表示:"我以为会被砍死,脑子一下就空白了……在捡起刀后,对着他胡乱挥了两三下,砍在哪里不清楚。"在刘海龙起身逃离后,于海明担心刘海龙喊人来帮忙,到车上将刘海龙的手机装到他的口袋里,并委托同事帮忙报警。

27日晚上10点多,在案发现场等候的于海明等警察到来后,主动投案。随后,公安机关以涉嫌故意伤害罪对于海明立案侦查,以寻衅滋事罪对刘强强立案侦查。

(二)

2018年8月27日晚11时许,昆山市人民检察院接到昆山市公安局电话告知后,立即派员提前介入。在昆山市公安局青阳派出所,公、检参与案件办理有关人员查看了监控录像以及于海明的审讯记录。

第二天,苏州市人民检察院获悉案件后,在江苏省人民检察院指导下,苏州、昆山两级检察院迅速启动重大敏感案件提前介入机制。

然而,就在8月28日当天下午,一段"昆山宝马车驾驶员砍人被反杀"视频在网络上被转载扩散,并迅速成为微信、微博的热门话题，引发网民热议。

在查核现有案件相关事实证据后，苏州市检察机关从以下四个方面提出引导侦查意见：一是准确把握案件定性。建议公安机关充分考虑案件起因，并结合具体作案情节，准确把握本案属于故意伤害还是正当防卫、防卫过当；二是全面收集和固定证据。及时调取路面监控、行车记录仪、车内物证等，详细掌握被害人和嫌疑人行踪轨迹，全面收集无罪和有罪证据；三是查清死者的资金及收入来源。死者刘海龙犯罪前科较多，在刑满释放后短时间内成为某投资有限公司法人代表，且持续进行购置豪车等高消费，建议对双方当事人背景展开调查，严厉打击背后可能隐藏的违法行为；四是追查涉案视频和照片流出源头。

28日晚上，江苏省人民检察院即向最高人民检察院张军检察长汇报了有关情况。对此，张军检察长连夜作出批示，要求江苏省检察机关与公安机关积极沟通、协调，妥善处置，并适时发声，回应舆情关注。当晚，最高人民检察院孙谦副检察长与江苏省检察院刘华检察长就有关情况进行了电话沟通。

29日上午，在与公安机关一起就事实、证据进行深入研究后，苏州市检察机关专案组书面列出详细的侦查提纲，涉及与案情有关的16个方面问题。当天下午，苏州、昆山两级检察院办案组与苏州市公安局分管副局长、刑警支队、法制支队再次到昆山市公安局会商研究案情。

会商结束后，29日晚上，江苏省人民检察院再次向张军检察长作了情况汇报，并提出根据现有证据拟认定为正当防卫的初步处理意见。对此，张军批示："请孙谦同志阅批。似可同意江苏下步处理意见。"第二天，孙谦副检察长作出指示："同意江苏意见。请最高检公诉厅及时指导。"

接到批示、指示后，最高检负责指导该案办理的承办人齐涛建议，江苏省检察机关在提前介入时，要指导公安机关及时查清案件主要事实和情节，主要包括：第一，死者致命伤能否确定为前两刀；第二，案发时死者驾驶的车辆上是否还有其他凶器；第三，在砍人过程中双方相互之间有无威胁性言语；第四，死者是否具有黑恶势力背景等。在主要事实和情节均被查清的情况下，依法及时提出是否追究犯罪嫌疑人的刑事责任以及对案件的处理意见和建议。

经仔细核查，该案基本确定的关键事实如下：经反复观看录像后认定，于海明持刀后，第一刀是垂直捅刺，部位为刘海龙腹部，导致其腹部大静脉破裂，第二刀是自上而下的砍击，划伤右肺。随后的其他砍击动作都不能形成垂直捅刺、斩劈效果。苏州市两级公安机关法医认为，刘海龙死于失血性休克，腹部伤口流血最多，第一刀应为致命伤。第二刀导致骨断裂，肺部划伤，属于轻伤。其余四刀介于轻伤与轻微伤之间。此外，还查明：上述由互联网传播的"昆山宝马车驾驶员砍人被反杀"视频，与昆山市公安局青阳派出所提供的视频不是同一段，而且拍摄视角正好相反。根据两份现场视频显示，第一处刀伤是两人在抢夺甩落在地面的刀过程中，于海明率先抢到并顺势捅刺刘海龙腹部。当时两人都处于激烈运动状态中，刘海龙身体向前的惯性力量与于海明对向捅刺的力量叠加，是伤口较深的原因之一。

2018年8月30日上午，苏州市委政法委召集市公、检等政法部门有关负责人进行专题会商，研究下一步处理意见。

在此次专题会商会议上，苏州市公安机关提出两种处理意见，一是于海明构成正当防卫；二是于海明构成假想防卫，理由是当时刘海龙系用刀侧面拍打于海明，没有杀人或重伤的故意，于海明基于错误判断实施了假想防卫，应认定为过失致人死亡。但考虑到死者过错、于海明自首等情节，案件如何处理后期再研究决定。

"我们和侦查人员一帧一帧反复查看现场监控录像数十遍，查清了于海明7秒内捅刺的5刀分别位于刘海龙的腹部、臀部、右胸、左肩、左肘等部位。"据曾参与该案办理的承办检察官、苏州市人民检察院副检察长王勇介绍，苏州市检察机关在会商中从案件起因、现实存在的不法侵害、防卫时机、防卫限度等方面，阐明了倾向认定于海明构成正当防卫的理由。比如，从防卫时机看，在刘海龙的刀脱手后，两人都在抢刀，于海明无法预料刘海龙持刀的后果，其顺手捅刺符合防卫要件；从防卫限度看，于海明第一刀是垂直捅刺，部位为被害人腹部，导致其腹部大静脉破裂，是致命伤。第二刀是自上而下的砍击，划伤右肺。随后追打刘海龙时的砍击动作没有形成垂直捅刺、斩劈效果。

"需要注意的是，第一处刀伤是两人在抢夺甩落在地面刀的过程中，于海明率先抢到并顺势捅刺死者刘海龙腹部。当时两人都处于激烈运动状态中，刘海龙身体向前的惯性力量与于海明对向捅刺的力量叠加，是伤口较深的原因之一。"王勇表示。

最后，参与会商人员一致认为，于海明的行为具有防卫性质，至于具体如何认定及下一步如何处理，仍需召集相关专家以及向上级请示后再定；同时决定对于海明变更强制措施为取保候审。

会议结束后，苏州市委政法委负责同志将案件会商情况向苏州市委汇报，得到市委的充分肯定。

30日下午2时30分许，刘华检察长通过电话向最高检报告案件进展，并请示必要时是否可以发声阐明正当防卫理由。张军检察长很快作出批示："……若案件移送检察机关，宜尽早作出决定发声；若未移送即由公安结案，检察机关宜相应发声。"

在检察机关提前介入后，公安机关听取了检察机关的意见。2018年9月1日，昆山市公安局发布通报表示，依据《中华人民共和国刑法》第20条第3款"对正在进行行凶、杀人、抢劫、强奸、绑架以及其他严重危及人身安全的暴力犯罪，采取防卫行为，造成不法侵害人伤亡的，不属于防卫过当，不负刑事责任"之规定，于海明的行为属于正当防卫，不负刑事责任，依法撤销于海明案件。该通报提到撤销案件的主要理由如下：

第一，刘海龙的行为属于刑法意义上的"行凶"。根据刑法

第 20 条第 3 款规定，判断"行凶"的核心在于是否严重危及人身安全。司法实践中，考量是否属于"行凶"，不能苛求防卫人在应急反应情况下作出理性判断，更不能以防卫人遭受实际伤害为前提，而要根据现场具体情境及社会一般人的认知水平进行判断。本案中，刘海龙先是徒手攻击，继而持刀连续击打，其行为已经严重危及于海明人身安全，其不法侵害应认定为"行凶"。

第二，刘海龙的不法侵害是一个持续的过程。综观本案，在同车人员与于海明争执基本平息的情况下，刘海龙醉酒滋事，先是下车对于海明拳打脚踢，后又返回车内取出砍刀，对于海明连续数次击打，不法侵害不断升级。刘海龙砍刀甩落在地后，又上前抢刀。刘海龙被致伤后，仍没有放弃侵害的迹象。于海明的人身安全一直处在刘海龙的暴力威胁之中。

第三，于海明的行为出于防卫目的。本案中，于海明夺刀后，7秒内捅刺、砍中刘海龙的5刀，与追赶时甩击、砍击的两刀（未击中），尽管时间上有间隔、空间上有距离，但这是一个连续行为。另外，于海明停止追击，返回宝马轿车搜寻刘海龙手机的目的是防止对方纠集人员报复、保护自己的人身安全，符合正当防卫的意图。

随后，昆山市人民检察院发布通报表示，支持公安机关对该案作出的撤销案件处理决定。为了厘清社会公众对案件处理以及正当防卫认定适用上的模糊认识，江苏省人民检察院还发布了检察机关为什么认定于海明的行为属于正当防卫的四点意见，包括刘海龙挑起事端、过错在先；于海明正面临严重危及人身安全的现实危险；于海明抢刀反击的行为属于情急下的正常反应，符合特殊防卫要求；从正当防卫的制度价值看，应当优先保护防卫者等，从查明事实、法理情等方面予以详细释法说理。

（三）

数据显示，检察机关的通报发布后 10 日内，昆山市人民检察院微信、微博读量达 627 万,点赞数约 7 万,留言 1.2 万余条,留言点赞量达 31 万。央视新闻新浪官方微博上"检方释法"视频播放量达 366 万次、转发 3182 次、点赞 6382 个。昆山市检察机关收到了 10 面来自各地网民赠送的锦旗。

检察机关与公安机关既共商配合,又依法履行监督职责,使该案在侦查阶段即得到依法妥善处理,及时回应了社会公众对该案的高度关切。然而,在该案办理中,对于刑法第 20 条第 1 款中"正在进行的不法侵害"认定,也曾存在分歧。

"我们在论证本案时,就有观点主张分段认定于海明的行为:前期刘海龙进攻,于海明防守,有正当防卫权;于海明持刀捅刺刘海龙腹部、臀部后,已经成为进攻者,刘海龙丧失了不法侵害能力,成为防守者。于海明此后的砍击追击行为属于事后防卫,可独立评价为故意伤害行为。这种论述方式本质是将正当防卫时空进行了人为分割,未考虑现场人员的感受和实际情况。"王勇认为,刘海龙在砍刀甩落后,又立即上前争夺,没有放弃迹象;在受伤起身后,立即跑向原放置砍刀的汽车——于海明无法排除其从车内取出其他"凶器"的可能性。

该案涉及防卫时间限度问题。在已经夺取不法侵害人的杀人凶器的情况下,是否意味着不法侵害已经结束,防卫人不能再进行防卫?在王勇看来,砍刀虽然易手,但危险并未消除。于海明后面追击未砍中的 2 刀,与前面 5 刀尽管在时间上有间隔,空间上有距离,但时间没有因为介入因素而中断,空间也是现场的短距离延续,反击行为一气呵成,应视为一个整体行为。

那么,以事中人的角度来看,如何判断不法侵害是否还会继续?北京大学法学院副院长车浩认为有这样几个因素需要考虑:"第一,不法侵害人是否已经在时空上脱离当场。如果他都跑离了现场数百米,防卫人还追着非要打,这肯定有问题。而是否脱离现场,需要依据一般经验作出判断。第二,不法侵害人继续或重新发动侵害的可能性是否存在?这点很重要。在拳击比赛的场合，有裁判可以作出判断，倒在地上的拳手是否还能重新站起来再战。而对于不法侵害是否会持续或反复的判断，要注意事中防卫人的感受，只要持续侵害的可能性没有消除，就应当认为不法侵害正在进行。此外，对于明确放弃侵害意图的情况也要考虑进来，当然，对于是否为真放弃，仍需防卫人进行合乎情理的判断。"

车浩在谈及昆山反杀案所适用的刑法第20条第3款规定时，用"抗击侵略"来作比。"在刑法第20条第3款所面临的场合，对方要杀人、抢劫、强奸，对于面对这种严重侵害的个体来说，他面对的就是一个要消灭自己的敌人。因此，面对敌人的反击，当然就是如刑法规定的，造成伤亡不负刑事责任。"如何理解上述"敌人"这个词？车浩表示，对于在紧急状态下遭受严重暴力侵害的人来说，那个施行严重暴力的人就是防卫人的敌人，可能会要了他的命。"从这个意义上来讲，防卫行为就是'抗击侵略'。这只能从事中防卫人的视角，而不是事后国家社会的整体视角来理解。"

2018年接近尾声时，参与昆山反杀案办理的检察官王勇被授予"CCTV 2018年度法治人物"。这堂让公平正义被人民群众看见的"法治公开课"，被烙印在最高检第十二批指导性案例中，凸显了"法不能向不法让步"检察理念。正如颁奖词所言，"你让正义不只书写在条文里，而是鲜活在了巷陌间。"

据悉，正是从昆山反杀案起，清华大学法学院教授周光权开始关注我国刑法中规定的正当防卫条款在实践中的适用。"检察机关做到了敢于担当，超越了固有思维模式，让正义'不委屈也可以求全'。"周光权表示。

（四）

事实上，无论是于欢案，还是昆山反杀案，在舆论曝光后被广泛关注，对于案件定性属于故意伤害、防卫过当，还是正当防卫，众说纷纭。

"以往，司法民主更多地体现在案件旁听、陪审等方面。而在我们追求法治的进程中，民众参与司法的途径、方式、力度都在发生变化。在新媒体时代下，我们要关注民众参与司法的新途径、新方式。"在中国人民大学法学院教授、中国刑法学研究会副会长黄京平看来，法律人应适应这种新的环境和氛围，要有更为冷静的法律思考。"昆山反杀案就是邪不压正、正必压邪的一个司法实践范例。"

这起案件在2018年末画上了圆满的句号。2018年可谓指导性案例成果丰硕的一年。中国改革开放整整40周年，党中央发出了改革开放再出发的动员令。现行宪法进行了第五次修改，被称为推进全面依法治国的重大举措。这一年，人民检察院组织法也进行了系统修订，明确规定了案例指导制度。最高检新一届党组认真谋划新时代检察工作创新发展思路，对加强案例指导工作提出一系列新部署。最高检提升发布频次，发布了4批13件指导性案例。其中，最高检于2018年12月18日发布的以正当防卫为主题的第十二批指导性案例在近年来的媒体报道中被多次提及。该批指导性案例包括昆山反杀案在内的4个与正当防卫有关的案例。

笔者了解到，在昆山反杀案结案后，社会各界仍希望最高司法机关进一步具体、形象地明确正当防卫的界限把握，解决司法适用中存在的一些突出问题。这批指导性案例的发布可谓恰逢其时。

"近几年，正当防卫问题引发社会广泛关注，起因虽是几起孤立的个案，但反映的却是新时代人民群众对民主、法治、公平、正义、安全的普遍诉求，所以明确正当防卫的界限标准，回应群众关切，是当前司法机关一项突出和紧迫的任务。"最高检副检察长孙谦在回答记者提问时表示。

值得一提的是，在这批指导性案例中，朱凤山案和此前社会关注的于欢案，在定性上均属于防卫过当。

朱凤山案起于家庭矛盾。朱凤山的女儿朱某于2016年1月提起离婚诉讼并与齐某分居，朱某带女儿与朱凤山夫妇同住。齐某不同意离婚，为此经常到朱凤山家吵闹。同年5月8日22时许，齐某酒后驾车到朱凤山家门外，因未能进入而叫骂。朱凤山告诉齐某说朱某不在家，劝其离开，齐某不肯作罢。朱凤山又分别给邻居和齐某的哥哥打电话，请他们将齐某劝离。在邻居的劝说下，齐某驾车离开。23时许，齐某驾车返回，站在汽车引擎盖上摇晃、攀爬院子大门，想要强行进入院中，随后，他爬上院墙，在墙上用瓦片掷砸朱凤山。朱凤山躲到一边，从屋内拿出宰羊刀防备。随后，齐某跳入院内徒手与朱凤山撕扯，朱凤山刺中齐某胸部一刀。齐某因主动脉、右心房及肺脏被刺破致急性大失血死亡。朱凤山在案发过程中报警，案发后在现场等待，民警随后到达。

笔者注意到，对于朱凤山案，一审判决认定，根据朱凤山与齐某的关系及具体案情，齐某的违法行为尚未达到朱凤山必须通过持刀刺扎进行防卫制止的程度，朱凤山的行为不具有防卫性质，不属于防卫过当。

经审查，检察机关认为朱凤山案属于防卫过当的主要理由，除了齐某的行为属于正在进行的不法侵害、朱凤山的行为具有防卫的正当性外，第三条为"朱凤山的防卫行为明显超过必要限度造成重大损害"。即齐某上门闹事、滋扰的目的是不愿离婚，希望能与朱某和好继续共同生活，这与离婚后可能实施报复的行为有很大区别。齐某虽实施了投掷瓦片、撕扯的行为，但整体仍在闹事的范围内，对朱凤山人身权利的侵犯尚属轻微，没有危及朱凤山及其家人的健康或生命的明显危险。朱凤山已经报警，也有继续周旋、安抚、等待的余地，但却选择使用刀具，在撕扯过程中直接捅刺齐某的要害部位，最终造成了齐某伤重死亡的重大损害。

司法实践中，重大损害的认定相对较容易把握，但明显超过必要限度的认定相对复杂。孙谦认为，朱凤山案和于欢案，都是为了制止一般侵害，而持刀捅刺侵害人要害部位，最终造成了侵害人重伤、死亡的重大损害，就防卫与侵害的性质、手段、强度和结果等因素比较而言，既不必要，也相差悬殊，因而成立防卫过当，应负刑事责任。

民间矛盾引发的案件比较复杂，尤其涉及防卫性质争议，精准判断作出认定十分关键。全国人大代表、辽宁省律师协会副会长李宗胜评价认为，当正当防卫的界限和标准还相对模糊时，最高检及时发布第十二批指导性案例，专门阐释正当防卫的界限和把握标准，进一步明确对正当防卫权的保护，极具指导性和实践性，极好地契合了社会主义核心价值观。

2019年3月12日，张军检察长在第十三届全国人民代表大会第二次会议上作最高检工作报告时，有多处报告内容得到了代表们的掌声赞许。其中一处就包括报告中提到了昆山反杀案。与这起案件一同出现在报告中的还有一句被网友奉为金句的"法不能向不法让步"，引发大量关注、转发。曾被称为"僵尸条款"的正当防卫制度开始被激活，成为了司法机关和民众之间良性互动的"桥梁"。

同样在2019年这个明媚的暖春三月，苏州市公、检、法三部门会签了《关于在办理案件中准确认定防卫性质的意见》。意见明确了正当防卫案件的判断原则、正当防卫的判断要素、防卫过当的判断、特殊防卫权的判断、在聚众斗殴或互殴案件中合理认定防卫性质、准确区分犯罪行为等内容。毋庸置疑的是，昆山反杀案的依法办理和认定对意见的会签可谓功不可没。

三、福建赵宇案：防卫行为必要限度的认定上"开先河"

如果说，2017年的于欢案和2018年的昆山反杀案，是两次有关正当防卫制度适用的全民普法课，那么，自福建赵宇案起，一系列涉正当防卫制度适用案件的办理，则是使正当防卫制度开始被常态化地适用于司法实践，并在司法理念层面逐渐留下烙印的一个良好开端。

正如最高检检察委员会副部级专职委员张志杰所言，在以往办案中，不敢认定背后的一个重要原因是怕担当。而福建赵宇案仿佛一声"春雷"，对正当防卫制度的适用起到了"融冰解封"的作用，给正当防卫案件的办理带来了震撼性的启示，打破了正当防卫司法实践领域沉寂已久的静默。

"在司法实践中，除了大部分保护本人的正当防卫外，还存在少数保护他人的正当防卫。而在这些保护他人的正当防卫案件中，只有个别保护与自己完全没有关系的他人的正当防卫，这种正当防卫具有见义勇为的性质。"北京大学法学院教授陈兴良说。

提及福建赵宇案，"见义勇为"等字眼就会映入脑海。我国刑法第20条第2款规定，正当防卫明显超过必要限度造成重大损害的，构成防卫过当。因此，即使在见义勇为的正当防卫中，防卫人也应合理地掌握防卫强度。而如何判断正当防卫行为是否超过必要限度，也是司法实践中一个具有争议的点。那么，在是否超过必要限度的认定上，福建赵宇案是如何做的？

（一）

这不是李华和邹过滤的第一次见面。

2018年12月26日晚上，福州市晋安区华美夜总会，50岁的李华再次点了以陪酒为业的邹过滤来陪酒。包厢内，灯红酒绿中，李华放纵着自己对酒的欲望，喝得有些多。

当日23时许，邹过滤收拾东西准备下班。这位看上去有些瘦弱的27岁姑娘，吸引了李华的目光。他也匆匆跟了出去。半推半就，二人乘坐一辆出租车来到了邹过滤出租房的楼下。

一天的喧闹过后，旁边的农贸市场已归于平静。而位于四层的邹过滤的出租房里，一场令人揪心的纷争、打斗即将上演。这注定不是一个安详的夜晚。

"我到了，你回去吧。"邹过滤的言语并未阻止李华跟着其回家的步伐。对李华来说，反而将其视为欲拒还迎之举。

到了这栋楼4层的一个房间门口，邹过滤又一次提醒李华："我到家了。"此刻，李华丝毫没有流露出要回去的意思。房门打开后，跟着邹过滤，李华进入屋内。

这间不大的房子，除了摆放床的卧室外，有独立的洗手间和厨房。而令李华没想到的是，卧室内还有另外一个女孩。她是邹过滤妹妹的同学小文，当天早上10时许抵达的福州，想在这里谋一份生计。

这是小文在福州居住的第一个晚上，她刚躺到床上不久，还未睡实，就被开门声吵醒。听到还有一个男人的声音，她瞬间坐起身，有点懵，怔怔地看着眼前的这两个人。

此时，李华也注意到了小文。他有些意外，就抓住邹过滤的胳膊想一起出去过夜，邹过滤则用双手推着李华的胸口试图阻止。小文在接受讯问时直言不讳："出去过夜"就是到其他地方发生性行为。

要么留下来过夜，要么带邹过滤一起出去，浑身散发着酒气的李华用行动表达着这样的意愿。无奈之下，邹过滤只好提出将李华送到电梯口。李华终于松口同意离开。

在电梯口，李华突然用力向电梯间的方向开始拉扯邹过滤。"我当时吓坏了，用力挣脱了他，并快速往家里跑。"邹过滤跑回家后立刻把房门锁上了。李华紧随其后，仍被锁在门外。一阵敲门声伴随着"开门"的叫喊声在楼道里响起。

屋内是两个女孩，屋外是李华。这道铁质的防盗门成为了一道安全"屏障"。然而，这样的"屏障"很快被这个说话略带四川口音、体型偏瘦的男人用力的踹门动作打破了——门被踹开了。

"他进门后直接想要抱住我，还对我说想要留下来过夜。我觉得他想要和我发生关系，就大声说不可以，让他出去，并用力推他，但他一直抓着我，我根本没办法推开他……"邹过滤在接受讯问时说。

在房间进门的过道上，李华背对着门口，邹过滤面对着他。"你再不走，我就报警了。"邹过滤说着将手伸进衣服口袋摸出手机，表示要报警。李华见势，立即从邹过滤手中夺过手机摔到地上，还抬起左手甩了邹过滤右脸一个耳光，并一字一句地说："你敢报警，我就弄死你。"接着，他扭头看向小文："你要敢报警，我也弄死你。"

"救命啊！救命啊！"此刻，邹过滤吓坏了，她开始呼救。声音在楼道里回荡，加之此前的争吵声、踹门声，邹过滤注意到，门口不知何时已经有三位邻居在围观了。

李华情绪越发激动，他拿起桌子上一个蓝绿色玻璃水壶举在手里，"你信不信我拿这个砸到你头上"。听到这句话，小文赶忙起身冲过去，一手去抓李华的手臂，一手试着抢水壶，抢到后便放到了远处的桌子上。

"快出去报警。"邹过滤和小文对视了下，由于害怕她向后退了几步，声音略显发抖。当看到小文拿着手机匆忙走出去后，李华从地上拿起一把椅面为塑料质地的圆凳向邹过滤的头部砸去，那一瞬间，邹过滤感到眩晕，有些不受控地靠在了身后的墙上。李华顺势放下手中的圆凳，双手用力将邹过滤向墙的方向按压，随后，他用左手抓着邹过滤的头发，右手持手机开始击打邹过滤的头部，口中还大声说着"你信不信我今天让你死"之类的话。邹过滤意识尚存，她本能地抬起双手想护住自己头部，伴着身体晃动微弱地挣扎。没一会儿，她的额头上很快肿起了一个包。

看到这一幕，门口站着的一位名叫赵宇的年轻男邻居走进来了。"你还打女人，算什么男人？"说着，他伸出左手去拉李华肩膀处的衣服，右手搂着李华的脖子试图将李华从邹过滤身边拉开，结果两个人一起倒在地上。李华爬起身后，向赵宇的右胸口、脖子处分别打了一拳。赵宇被打后推了李华一把，李华倒在地上。

"我准备把他拉起来理论，便用右手去拉他左手腕，他却用右手使劲掰我右手的中指、无名指及小拇指。我当时感觉很疼。"这时，为了制止李华继续掰自己手指，赵宇抬起右腿朝李华肚子踩了一脚。

被踩后，李华松开手，嘴里却依然骂骂咧咧："我要叫人弄死你们……""别打女人，让人瞧不起。"赵宇说着从地上拿起圆凳想朝他身上打，被邹过滤制止后便起身离开。

事后，赵宇在笔录中提到："他倒地后我踩他，是因为担心离开以后那名女子又被打，我不放心。而且我手指被掰得很疼，情急之下才踩他。"

经法医鉴定。李华腹部横结肠破裂，伤情属重伤二级；邹过滤面部挫伤，伤情属轻微伤。

2018年12月27日，福建省福州市公安局晋安分局以赵宇涉嫌故意伤害罪立案侦查。28日下午，赵宇主动向福州市公安局晋安分局投案。29日，赵宇被刑事拘留。2019年1月4日，晋安分局向福州市晋安区人民检察院提请批准逮捕。

2019年1月10日,晋安区人民检察院因案件"被害人"李华正在医院手术治疗,伤情不确定,以事实不清、证据不足作出不批准逮捕决定,并督促公安机关补充赵宇是否见义勇为的证据。同日,公安机关对赵宇取保候审。

(二)

2019年2月15日,福建电视台新闻频道《现场》栏目以"一陌生男子尾随女住户回家意图不轨"为题,报道了赵宇在制止暴力侵害过程中致对方受伤,被警方以涉嫌故意伤害罪刑事拘留。该报道经网络传播后,引发不少关注。

两天后,名为"被冤枉的赵宇"的微博发帖称,2018年12月26日,在听见一女子呼喊"救命"后,他前往制止侵害行为并踹伤一李姓男子,造成其内脏损伤(伤残达二级),因涉嫌"故意伤害罪"被福州警方刑拘14天,后得以保释。

这一事件引发舆论高度关注。有网民评论称,"双方有撕打、女生有呼救,作为一个见义勇为者来说,此刻的判断只能是男子试图侵害女子。所以,无论涉事男女双方关系如何,都不能改变赵宇见义勇为的性质。""做好事就应该被表扬,凭什么让英雄流泪?这个社会怎么了?""见义勇为的成本和风险如此之大,今后还有没有人敢'该出手时就出手'?""正义就是这样一点点被消磨的,悲哀!"

对此,《半月谈》发文称,此前昆山事件受害人因正当防卫被判无罪,扶老人被讹的小伙维权成功,都让人们对见义勇为、正当防卫案件给予了更多关注,期盼法律能真正为见义勇为和正当防卫行为撑腰。中央广播电视总台中国之声栏目认为,法律不能成为不顾危险的见义勇为者的最大风险,期待法律为见义勇为者撑腰。

2019年2月20日,公安机关以赵宇涉嫌过失致人重伤罪向检察机关移送审查起诉。2月21日,福州市晋安区人民检察院检委会经研究认为,赵宇的行为构成故意伤害罪,但鉴于赵宇在实施制止不法侵害行为的过程中防卫过当,有投案自首情节,综合全案事实证据,犯罪情节轻微,社会危害性不大,不需要判处刑罚,对赵宇作出相对不起诉决定。

这一决定引发舆论关注。据统计,截至2019年2月21日,赵宇的喊冤帖被转发59万余次,评论达8万余条,微博话题"制止侵害被拘留14天"阅读量高达39亿次,讨论量32万余条。

最高检领导注意到了该案引发的关注度。张军检察长、陈国庆副检察长等先后与福建省人民检察院检察长霍敏通过电话了解相关情况。福建省检察院领导高度重视,要求立即派员跟踪指导,并及时将案件有关情况层报最高检。

"在接到福建省检察院补充报告的相关材料后,21日晚上,我们连夜审查了福州市晋安区检察院的审查起诉电子卷宗,并认真研究。"最高检第一检察厅二级高级检察官陈雪芬介绍,通过阅卷发现,该案尚有一些具体细节未完全查清。"比如,有媒体报道称,赵宇为制止李华正在对邹过滤实施强奸而用脚踢踹李华,因此符合刑法规定的无限防卫情形,但是,在案证据不能证明李华正在实施强奸行为。又比如,据李华供述的一个细节是,由于邹过滤给赵宇打电话,赵宇才下楼对其实施殴打。那么,赵宇和邹过滤是否认识?当时邹过滤是否给赵宇打电话进行求助?对此,卷宗中未见相关证据证明……这些细节尚未完全查清,可能会影响案件定性。"

很快,公安机关经调查核实后,对上述具体细节一一查清。比如,对于"在案证据不能证明李华正在实施强奸行为"情况,经核实认定,李华和邹过滤于2018年10月认识,李华多次在邹过滤工作的夜总会消费,并多次在外请邹过滤吃饭。案发当晚,两人饮酒后,一同乘车到达邹过滤暂住处房间内,李华误以为邹过滤同意其过夜，但因邹的室友在房内，二人便产生争执。案发时邹过滤房间内有室友、门口有目击证人，根据现有证据，不能认定李华的不法侵害行为属于强奸。又比如，赵宇和邹过滤是否认识？当时邹过滤是否给赵宇打电话进行求助？经核实，住在楼上的赵宇听到吵闹声后，因担心其怀孕女友受打扰所以下楼看发生的情况等。

最高检第一检察厅征求公安部对此案的有关处理意见，并在详细列明经审查认定的案件事实后提出："第一，赵宇的行为属正当防卫，且没有明显超过必要限度；第二，对福州市晋安区检察院的不起诉决定应予纠正。"有关认定依据也分别一一阐明。

2019年2月26日，时任最高检检察委员会副部级专职委员、第一检察厅厅长张志杰向霍敏传达了张军检察长的有关指示后，霍敏表示："福建省检察院正着力做好相关工作。"

26日当天，张军作出指示："应当依法结合本案具体情况，通过正确办案引领社会价值创新……"27日，公安部明确表示，将指导福建省公安机关与检察机关密切配合，依法妥善做好相关工作。

值得一提的是，福建省委主要领导同样对该案给予高度重视，多次听取该案情况汇报、作出批示指示，通宵达旦研究处置措施。

（三）

在散布于各主流媒体的报道中，有不少法学专家的身影。他们对此也纷纷发声。

中国法学会民法学研究会副秘书长孟强认为，司法机关在处理相关案件时，对于何谓"必要的限度""不应有的损害"，不能仅考虑最终对侵权人造成的损害后果，而应结合侵权人的行为性质、时间地点、被侵权人所处的具体环境等因素综合考虑。是否防卫过当，应总体符合社会一般人的认知，不能脱离生活实践，否则会导致人们不敢防卫、只能逃跑的局面。"此外，要处理好媒体与司法的关系：首先是司法具专业性，应依据法律来判案，不能简单地受舆论影响。其次，司法应具有人民性，在以法律为准绳的同时，也要关注到舆论中反映出的正当群众诉求。"

"该案正当防卫不需要承担责任，但定性问题还需要商榷。"北京师范大学中国刑法研究所副所长彭新林表示。

中国政法大学教授阮齐林则认为，正是由于正当防卫不被追究法律责任，导致现今对正当防卫认定标准过高，被不恰当地缩小适用。

"近年来，一系列正当防卫案件存在争议，说明民众的法治观念的确发生改变，权益观、大局观也有了变化，也反映出仍有一些执法者的法治观念、执法能力没能跟上法治进步的步伐。"同济大学法学教授金泽刚发表题为《处理正当防卫案不能被舆论推着走》评论称，对于与违法犯罪行为作斗争等防卫型案件，司法机关更应慎重对待，这是考验执法水平的时刻，决不能认为伤了人就涉嫌犯罪，甚至"抓了再说"，必须改变"宁可错抓不可错放"等错误认识。

在法学理论界不断发声的同时，最高检对于该案的办理更是高度重视。2019年2月28日，最高检第一检察厅接到最高检领导指示："把握好节奏，取得最好效果。"随后，在检察机关的调解下，赵宇和李华达成和解，并签订和解协议书。

2019年3月1日，最高检向福建省人民检察院发出《关于做好赵宇案纠错相关工作的通知》。随后，福州市晋安区人民检察院接到了福州市人民检察院"重新作出不起诉决定"的指令。这一天，各大媒体纷纷发布"检察机关依法纠正赵宇案处理决定"消息。值得注意的是，消息还提及该案"参照最高检第十二批指导性案例，对赵宇作出无罪的不起诉决定"。

那么，认定赵宇行为属于正当防卫的主要理由是什么，有着怎样的意义？上述消息发布当天，时任最高检检察委员会副部级专职委员、第一检察厅厅长张志杰在就赵宇正当防卫案通过答记者形式，回应社会关切。

赵宇的行为为何属于正当防卫？"赵宇的行为符合正当防卫的要件。本案中，李华强行踹门进入他人住宅，将邹某摁在墙上并用手机击打邹头部，其行为属于'正在对他人的人身进行不法侵害'的情形。赵宇在这种情况下，上前制止李华殴打他人，其目的是阻止李华继续殴打邹某，其行为具有正当性、防卫性，属于'为了使他人的人身免受正在进行的不法侵害'的情形。"张志杰表示。

赵宇的防卫行为有没有明显超过必要限度，这是广大网友最为关心的一个问题。对此，张志杰回应道："首先，从防卫行为上看，赵宇在制止李华正在进行的不法侵害行为过程中始终是赤手空拳与李华扭打，其实施的具体行为仅是阻止、拉拽李华致李华倒地，情急之下踩了李华一脚，虽然造成了李华重伤二级的后果，但是，从赵宇防卫的手段、打击李华的身体部位、在李华言语威胁下踩一脚等具体情节来看，不应认定为'明显超过必要限度'；其次，从行为目的上看，赵宇在制止李华殴打他人的过程中，与李华发生扭打是一个完整、连续的过程，整个过程均以制止不法侵害为目的。李华倒地后仍然用言语威胁，邹某仍然面临再次遭李华殴打的现实危险，赵宇在当时环境下踩李华一脚的行为，应当认定为在'必要的限度'内。"

他还表示，"认定赵宇的行为属于正当防卫，依法不负刑事责任，有利于鼓励见义勇为，弘扬社会正气。检察机关通过办案实践，把社会主义核心价值观融入办案过程，使司法活动既遵从法律规范，又符合道德标准；既守护公平正义，又弘扬美德善行，最终实现'法、理、情'的统一……"这份答记者问，对于正当防卫权利的行使，正当防卫与防卫过当的界限以及该案依法认定背后的意义等问题，均作了条分缕析的阐释。在广大网友看来，这样的结果实属众望所归。

2019年3月4日，央视《新闻调查》栏目提出拟对赵宇案进行采访。经最高检新闻办报请后，张军对此批示道：要讲深、讲透，讲出"三个效果"的统一。司法理念要适应新时代人民群众对公平、正义更高水平的需求，及时转变、跟上。

"一年来，最高检党组提出一系列新理念、总要求、总基调，非常符合新时代检察工作的当下和长远。"2019年3月6日，检察自媒体"沂蒙地三鲜"发文称，增强法律监督的刚性是全社会的关切，也是全体检察人员的心声。对检察机关而言，要增强法律监督的刚性，全面履行法律赋予的法律监督职责，把法律赋予的法律监督职责履行对。坚持以办案为中心，把案子办对办准，把该尽的法律监督职责全部尽到、该用的法律监督手段用足。

2019年3月12日，在被认定为正当防卫11天后，福建赵宇案与此前的"昆山反杀案"一同出现在2019年最高检工作报告中："媒体披露'昆山反杀案'后，指导江苏检察机关提前介入，提出案件定性意见，支持公安机关撤案，并作为正当防卫典型案例公开发布；指导福州市检察机关认定赵宇见义勇为致不法侵害人重伤属正当防卫，依法不负刑事责任，昭示法不能向不法让步。"

在人民大会堂，代表们用热烈的掌声表达着内心的支持之声。经媒体报道后，"法不能向不法让步"成为当天的网络热词，引发全网共鸣。

12日晚上，赵宇在网络上发声，并向最高检表示感谢："我相信见义勇为不应该是'技术活'，每个有良知的人看到类似情况都会出面制止。我希望这份工作报告可以鼓励更多的好人在需要时能'路见不平一声吼'，不要因为我的经历而有后顾之忧。"

一周后的3月19日，赵宇收到福州市公安局晋安分局送来的《见义勇为确认证书》。至此，对于不到30岁的赵宇而言，近3个月的经历"像过山车一样",还好最后事情画上了圆满的句号,当然也留给司法工作者以及民众更多的省略号——对于正当防卫制度适用的思考仍在继续。

在类案办理中,如何判断正当防卫行为是否超过必要限度呢?"在立法机关设定的防卫过当条件中,一是强调超过必要限度的明显性。这里的明显就不是一般的超过,而是显著超过,这种超过是一目了然的。对于见义勇为的正当防卫,更应从有利于防卫人的视角判断是否超过必要限度。二是造成重大损害。这里的重大损害显然不是制止不法侵害所必需的。只有在两者同时具备的情况下,才能认定防卫过当。"北京大学法学院教授陈兴良表示,在我国以往的司法实践中,有的只注重对构成要件该当性的判断,而忽略违法性和有责性的判断,因而,往往不能准确区分罪与非罪的界限。这在正当防卫案件中表现得较为明显。福建赵宇案就是一个生动的例子。

司法者在实践中逐渐将法治的真正价值——人权保障放在突出位置,将刑法所设置的正当防卫条款作为体现法治精神的重要因素。或许这些个案的意义并不止于厘清真相、作出判决。

四、涞源反杀案：对住宅安全的不法侵害不退让

"非法侵入住宅行为，侵害到人民群众安全、安宁的寄托之地，严重威胁到人民群众对住宅的主权感和支配感。法律应当维护住宅庇护功能以及住宅主人的主权感。因此，赋予住宅主人在自己住宅、维护住宅安全的优越地位，启动防卫权无可厚非。"中国政法大学教授阮齐林在谈及正当防卫的规则时提出"城堡规则"。那么，对于何种侵犯住宅的行为，可以按照"城堡规则"，启动防卫权？涞源反杀案或许可以给出一个答案。

2019年3月3日，河北省涞源县看守所，如释重负的王新元坐在椅子上，阳光映照下，他的神情略显激动又尽量克制。在听到不起诉决定宣告后，王新元沉默良久，哽咽着说出："终于可以过日子了……"

涞源反杀案当事人王新元在听到不起诉决定后那触人心弦的场景，至今已过去两年多。对笔者而言，却依然记忆犹新。

（一）

时间回溯至2018年1月，正在读大学的王琳（化名）迎来了自己的寒假。她前往北京，去找在朝阳区某餐厅当洗碗工的母亲赵印芝。为了给家里减轻些经济负担，王琳选择在这家餐厅兼职做服务员。

兼职之余，王琳认识了该餐厅的传菜工王磊（化名）。谁曾料到，这样的短暂交集，却是一个噩梦的开始。

相貌清秀的王琳，性格开朗。接触没多久，王磊便对她颇有好感。然而，寒假很快结束了，在王琳结束兼职回到学校后，王磊对她一直念念不忘，多次想要进行视频通话，还多次提出要给她买衣服和化妆品。对此，王琳均婉言拒绝。

2018年4月28日，劳动节前夕，王琳再次来到北京看望母亲。第二天下午，王磊约王琳去北海公园玩。近晚上8点时，王琳逛累了，就提出要回去。王磊拽着她的衣服不放手，还抢走了王琳的手机和钱包，不让她和家人联系。就这样僵持了数个小时，直到30日凌晨2点前后，王磊把王琳带到北京市青年路一旧车厂内，想要强奸她，王琳奋力抵抗，王磊没有得逞。

30日凌晨时分，忙碌了一天的赵印芝下班后发现王琳电话打不通，"不会出什么事吧"，赵印芝心里忐忑不安，并赶紧请同事帮忙一起寻找。30日凌晨5点前后，赵印芝和同事在一个红绿灯路口找到了王琳。

"有人想欺负我，你快点送我走。"王琳有些害怕。

在知道大致情况后，赵印芝拉起王琳就往宿舍走。刚打开房门，没一会儿，王磊就出现在宿舍门口。简单拿上行李，赵印芝和王琳匆匆向地铁站走去，然而，到地铁站后却发现，原来王磊一直跟着她们。

"我们尽力想办法把他甩在后面，然后决定改乘大巴车。"30日早上9时30分，赵印芝目送女儿王琳乘坐大巴车离开北京。尽管车身已远去，但这一整天，赵印芝的心始终处于忐忑中。

"当天下午5点左右，王磊跟着我来到我家。"王琳有些无可奈何。父亲王新元见状，就劝王磊："王琳不想和你搞对象，你就别再找她了。"这是王磊第一次见到王新元，听到这话后，他就起身离开了。

第二天上午9时许，正值五一劳动节，王磊又来到王琳家，王新元联系派出所有关工作人员帮着一起劝说王磊，经派出所口头调解，王磊答应以后不再纠缠王琳。这样的承诺，很快失效了。王琳收到王磊扬言"还要继续来找"的电话和信息。

半个月后的5月16日，王琳下课走出教室后发现，王磊再次站到了她面前。有些慌乱的王琳给父母发信息告知此事，王磊扯着王琳的胳膊说要带她走。王琳的同学们见状，便出言相劝，虽然带不走王琳，但王磊却未曾离开学校。当日17时前后，王新元和赵印芝闻讯赶来后，没敢直接回家，打车带着女儿到涞源县城一个宾馆住了一晚，第二天才回到家中。

2018年5月17日，王磊拿着电棍，口袋里装着四把刀前来，要求见王琳；

2018年5月19日，王磊携带刀具，手上戴着黑色半截手套，白天和谈、晚上又反悔后，在王新元家门口喝药自杀，后因王新元报警后离开；

2018年5月21日，王磊再次前来，见家中没人，将王琳抽屉里的700元压岁钱拿走；

……

这样的场景一次次发生，每次都令王新元全家提心吊胆。2018年6月18日，在各家各户欢度端午佳节之时，王新元在家门口的河边看到了王磊。"我要纠缠王琳20年，你们等着……"王磊甚至还扬言要杀王琳兄妹。

两周后的6月30日，王琳的哥哥王亮找亲戚借了两条狗，放在家中护院，还在院中安装了视频监控设备。王新元找来一把铁锹放在自家炕上、一根木棒放在客厅，为了进一步防范，他还备了一把菜刀放在女儿王琳的房间。

（二）

这个雨夜注定不平静。

2018年7月11日，一场淅淅沥沥的细雨，打湿了从北京开往涞源县大巴车的车窗，润了北方这座县城的地面，却未能令王磊那颗躁动的心趋于安宁。

当天下午5时许，王磊抵达涞源县新汽车站，在附近超市购买了两把水果刀。晚上9时前后，他预约了一辆黑出租车，出发前往王新元家所在的涞源县邓家庄村。

听到院里接连不断的狗叫声，王新元掀开窗帘，在大门口路灯的掩映下，他看到一名个子较高的男子手拿甩棍和刀正从南墙头向院里跳。定睛一看，是王磊。王新元心里咯噔一下，看了一眼墙上的表，快晚上11点了。

"我来了，你们都出来吧。"刚到院中，一手拿甩棍、一手拿水果刀的王磊喊道。

见没人出来，王磊抬起拿水果刀的手想去拉客厅的推拉门。

"王琳，快给你哥打电话，赶紧报警。"说完这话，身着短裤、拖鞋的王新元深吸一口气，拿起铁锹就出来了。

两人在院中开始打斗，没一会儿，王新元的右手腕被划伤了。赵印芝看到丈夫受伤了，情急之下，她拿起放在客厅的木棒也出来了。王磊身高一米八左右，年轻力壮，年逾五十的王新元和赵印芝并不占优势。

这时，告知住在县城的哥哥情况后，正准备报警的王琳掀开窗帘一看，父亲正处于弱势，便拿起之前放在房间的那把菜刀也来到院中。"别打了，别打我爸了！我已经报警了，你赶紧走吧。"王琳冲着王磊喊道。

正在打斗的王磊一听见王琳的声音，立刻朝她的方向扑来，王琳扭身就跑，但依然被手持水果刀的王磊划伤了右侧腹部。王磊用胳膊搂住王琳的脖子，听着女儿的叫喊声，赵印芝使劲去拽王磊的衣服，还咬他胳膊，王磊仍未松手。王新元则捡起地上的木棒向王磊身上乱打。

四个人就这样扭打在一起，僵持不下。慌乱中，王新元手中的木棒掉在地上。在扭打中，王琳用菜刀的刀背砍了王磊的左肩三下，王磊又朝王琳扑过来。王新元和赵印芝拼命护着女儿。在这个空当，王琳赶紧回屋打了报警电话。

看到再次回到院中的王琳，王磊又准备扑过来。"快拿刀去。"情急之下，赵印芝大声喊道。在一旁有些愣住的王琳踉踉跄跄地走向厨房。这时，王新元看到地上躺着一把刚刚扭打中掉落的那把菜刀，就捡起来从身后向王磊砍去。很快，王磊倒在地上。看到王磊挣扎着正要爬起，赵印芝从女儿手里抢过其刚拿来的菜刀后，又朝王磊砍了几刀。

听到院里安静下来，王琳从里屋走出，此时的王新元和赵印芝坐着，在阳台上。她的余光瞥见了倒在地上的王磊，心里有些害怕。"他不会再起来伤害我们吧。"王琳声音有些抖。听到这句话，情绪尚未完全平静的赵印芝仿佛再次被触动了敏感神经，捡起地上一把菜刀继续砍了几下，直到王磊不再动弹。

王新元、赵印芝、王琳三人坐在阳台上，等待着警察的到来。

（三）

2018年7月12日，河北省涞源县公安局依法受理该案。

经鉴定，王磊头面部、枕部、颈部、双肩及双臂多处受伤，因颅脑损伤合并失血性休克死亡；王新元胸部、双臂多处受刺伤、划伤，伤情属于轻伤二级；赵印芝头部、手部受伤，王琳腹部受伤，均属轻微伤。

这也成为公安机关最初认定其行为属于防卫过当的关键点。

"王磊倒地，我怕他是诈死、装死，怕他再起来打我们，所有才又砍了他。"赵印芝在回忆这一幕时仍旧伴着轻微的抖动。

"当时就是想，如果王磊站起来，肯定没我们家三人的好……"王新元说着闭上了眼睛。

在侦查终结后，涞源县公安局以王新元、赵印芝涉嫌故意杀人罪，于2018年10月17日向涞源县人民检察院移送审查起诉。因事实不清、证据不足，涞源县人民检察院于2018年11月

14 日将该案退回补充侦查。河北省人民检察院、保定市人民检察院及时跟进退回补充侦查进展。

其间，公安机关电话告知检察办案人员"视频中听到王磊说了一句'我错了'疑似求饶"。河北省人民检察院检察长丁顺生对此高度重视，组织三级院有关人员共同研究案件定性等问题，并将该案办理情况层报最高检。最高检领导亲自阅卷后，指示第二检察厅全程关注、指导该案办理。

经四级检察机关共同研究，最高检第二检察厅认为，案发现场视频是本案的关键证据，应全面补充侦查到位。2019 年 1 月 25 日，该案被第二次退回补充侦查。

春节临近，保定市检察机关持续督办案件补充侦查进展。时过两年多，正月初八的那趟厦门行依旧令保定市检察院检委会专职委员田文利印象深刻。

2019 年 2 月 12 日，农历正月初八，田文利带队与公安机关办案人员一同前往厦门，目的地是福建省一家司法鉴定中心——在公、检办案人员的见证下，该鉴定中心对案发现场视频进行了恢复处理。

一周后，田文利带着恢复的音视频文件返回涞源县。涞源县公安局结合恢复的音视频资料对王新元、赵印芝、王琳进行了三轮讯问。2019 年 2 月 24 日，该局以王新元、赵印芝涉嫌犯故意杀人罪（构成防卫过当）重新移送审查起诉，以王琳行为属于正当防卫为由撤销对其立案。

经向最高检及时报告请示后，河北省三级检察机关办案组成员赴京，在最高检第二检察厅的组织下，反复多次观看案发当晚的现场视频。在对照公安机关制作的《关于王磊被杀案现场监控经恢复后的视频情况说明》后，检察办案人员发现，该说明尚有遗漏部分，未能全面客观反映视频全部内容，且有主观推断性描述。

"案件事实是研究的基础，监控视频是认定事实的关键证据，要对监控视频出具逐帧逐秒的观看说明。"第二检察厅提出。

四级检察机关办案人员很快分成三组——第一组围绕事实关键节点，如进院、勒脖子、倒地前后等情况，集中梳理案件证据；第二组对案发现场视频画面进行反复观看，制作观看说明；第三组在保定当地寻找能听懂当地语言的人员，对案发现场音频进行辨听，制作观听说明。

经审查，办案组认为，由于音视频画面未能同步，无法认定王磊是在何种情况下说出"我错了"，因此无法证明其不法侵害在说话时已经终止，而且实践中不乏先示弱再反击的事例。在双方处于激烈打斗的环境下，苛求处于极度惊惧、激愤中的王新元一家，在被动局势转变为主动局势时，自愿相信王磊示弱的话语，马上放弃制服王磊的念头，不具有合理性。结合王磊案发前表现，其在之前的多次滋扰中也曾有多次向王新元一家承认错误并达成"和解"，但很快就反悔，足以证明王磊的性格反复无常、言而无信。王新元一家选择不相信王磊认错的话语，也符合常理。因此，王新元等人的行为不构成防卫过当，仍应适用无限防卫的法律规定。

经连夜审查，办案组还发现，公安机关在视频说明及认定事实方面还不够精准，比如，王磊入院后后退的动作是由于被狗追，并不是迅速后退、转身逃跑的行为；王琳被勒脖子后是在王新元、赵印芝的营救帮助下挣脱王磊控制，并不是"被放开带倒"；王磊倒地后体位发生变化，经辨认，有两次起身过程；赵印芝全程呼救"来人啊，杀人啦……"、王琳喊"放开我妈"等在公安机关视频观看说明中未记载等。

笔者注意到，在案件定性中十分关键的另一个争议焦点是，王磊倒地后，王新元、赵印芝继续持刀砍击行为是否属于防卫过当或者事后防卫？办案组认为，由于王磊身材高大，年轻力壮，其倒地后，王新元、赵印芝在无法准确判断不法侵害是否会终止的情况下，继续用菜刀砍击王磊，与之前的防卫行为具有紧密连续性，属于一体化的防卫行为。而且，结合当时情境，王新元、赵印芝情绪极度惊惧、激愤，此时要求他们看到王磊倒地后即刻冷静、停止防卫，不具有合理性。正当防卫是"以正对不正"，当防卫者和不法侵害者的人权保障发生冲突时，利益保护的天平应当倾向于防卫者。

根据案发经过的关键节点，对照视频观听说明以及王新元、赵印芝、王琳三人的历次供述以及客观物证，办案组在完成对案件事实的认定后一致认为，王磊携带凶器夜晚闯入他人住宅实施伤害的行为，属于刑法规定的暴力侵害行为。王新元、赵印芝为保护自己及家人的人身生命权利免受正在进行的暴力侵害，对深夜携凶器翻墙入宅行凶的王磊采取制止暴力侵害的行为，符合《中华人民共和国刑法》第20条第3款特殊防卫的条件，构成正当防卫，不负刑事责任。

2019年3月3日一早，涞源县人民检察院依法对王新元、赵印芝进行了不起诉宣告。当天上午10时，保定市人民检察院发布关于对"涞源反杀案"决定不起诉有关情况的通报。该院常务副检察长彭少勇就案件办理经过、审查认定的主要事实、成立正当防卫的主要理由以及意义等详细作出回应。

上述通报发布后，《人民日报》等500余家媒体进行转发，有些媒体还专门发表评论文章。该案相关内容迅速成为舆论焦点。

在涞源的安置宾馆房间里，王新元一家团聚，王琳哭着想要下跪，却被年近花甲的父母拦住后三人相拥，看到这样的场面，包括笔者在内的每一位观者都无不动容……

网友们对此也保持高度关注。有网友这样留言，对持凶器进入别人家行凶者应实行无限防卫权，才能真正保护公民权益，才是法律公平正义的体现，才会让那些恶徒有所顾忌。

《北京青年报》发表评论称，从昆山反杀案到涞源反杀案，司法机关的处理结果无疑是对传统司法理念的适度取舍和革新，也是对民意和舆论中有益部分的合理吸纳。

中国政法大学教授阮齐林认为，从于欢案、昆山反杀案到福建赵宇案,再到涞源反杀案,这些案件的处理,不仅激活并准确适用了正当防卫的法律规定,而且越来越符合天理人情。因此,该案具有里程碑式的意义。

微信公众号"烟语法萌"发文称,最高检第十二批指导性案例以及近期处理的正当防卫案件所体现的精神,标志着司法机关正在摆脱以往"以结果损失论"的办案认识。在司法认定上,不能让正义向不义低头,让守法者无所适从。

此外,还有部分网友呼吁,希望尽快出台针对正当防卫较为详细、可操作性较强的相关规定,既能指引一线办案人员更为精准办案,也可以成为公民的日常行为指南。

……

截至2019年3月4日8时,该案在微博、客户端、微信等平台相关信息达5.8亿余条。其中,微博话题"涞源反杀案女生父母属于正当防卫"阅读量达6303.9万次,讨论1.2万次。

"公民在遭遇不法侵害时有权不退让。"中国政法大学教授阮齐林表示,至于针对何种不法侵害可以不退让,实施防卫,应以人们交往规则为依据。

毋庸置疑,发生纠纷、争执,需恪守一定规则,选择先摆事实,讲道理。而在涞源反杀案中,王磊多次上门,这样的场景令王新元全家提心吊胆,甚至还向亲戚借了狗护院,在院中安装监控;报警未能解决问题,加之一次次劝说后,王磊口中依然说出"我要纠缠王琳20年"……"住宅"是人们身心安宁的港湾,而案发当晚,王磊携带刀具翻墙而入,王新元一家的人身安全、住宅安全都受到威胁,又何谈尊重住宅安宁呢?或许,这也正是此案广受关注的原因之一。

令人欣慰的是,涞源反杀案被写入2020年最高检工作报告,"法不能向不法让步"再次出现在了最高检工作报告中——表述由2019年的"昭示法不能向不法让步"变为"'法不能向不法让步'深入人心"。

五、董民刚案：对人格尊严的不法侵害认定要注重考量前因

"指导地方检察机关查明涞源反杀案、邢台董民刚案、杭州盛春平案、丽江唐雪案等影响性防卫案件事实，依法认定正当防卫……"与涞源反杀案一同写入2020年最高检工作报告的还有3起正当防卫案例。

正当防卫的直接功能固然在于保护生命、健康、财产等具体法益免遭他人侵害，但更为重要的是，它能够保障公民的法律地位和人格尊严不受贬损。从人格尊严不受贬损角度而言，上述3起案件中的邢台董民刚案，对此作出了较生动的诠释，同时生动体现了在案件办理中关注前因的重要性。

（一）

2018年5月20日晚11时许，田某接到了一通电话，来电显示是董民刚的手机号，然而，电话里却传来一个有些焦急的女子声音："家里出事了，你赶紧看看去。"田某愣了一下，反应过来这女子是邻居董民刚的妻子李云。

挂断电话后，田某隐约听到了隔壁家中有吵闹声，便立即起身走出家门，来到董民刚家大门口。眼见大门并未上锁，田某便走到院内北屋客厅门口向内张望。此刻，他看到屋内客厅地上淌着很多血，一个体型偏胖的男子躺在这滩血上，头朝向西北。田某冲着在旁边的董民刚一句："怎么回事？""这人进到我家来，说要整死我……"董民刚答。

在一个多小时前，董民刚和妻子李云刚从李云娘家走亲戚回来，李云感到有些累，便在北面客厅里屋歇息，董民刚则在客厅沙发上看电视，而小儿子躺在沙发上已经睡着。

这天晚上10点前后，躺在里屋床上的李云半睡半醒间听到放在客厅的手机响了两次，间隔1分钟左右，她没起身接电话。没过一会儿，李云听到院子里有动静，便让董民刚出去看看。刚按下院子灯的开关，董民刚还没走出客厅，就看到一个身影站在院内的客厅门口。

"这么晚了，你来干啥？她已经睡了。"定睛一看是刁某某，董民刚说道。

"你这是想死呀？"刁某某说着便将拳头冲着董民刚的头挥过去，一拳又一拳，董民刚伸手去挡。在这个过程中，刁某某的鼻子被董民刚不小心碰到，开始流血。

就在一身酒气的刁某某一边骂着董民刚，一边向里屋走去之前，李云已迅速起身，将里屋门反锁，并伸手抓了白色短袖T恤和裤子套在身上。被反锁的里屋门被刁某某一下一下用脚踹着，门板已经变形。李云意识到，还是得面对，门被从里面打开了。

刁某某一个箭步冲进来，抓住李云的头发大声说："谁让你穿成这样了？"话音刚落，就动手从领子处向下去撕套在李云身上的白色T恤。伴着布料被扯裂的声音，一条长长的裂缝出现了。

见状，董民刚便一边好言好语劝说，一边拉住刁某某。哪里拦得住？刁某某伸手就去撕扯董民刚的上衣。在两人相互拉扯间，李云迅速换了一件上衣。

"我们出去说，别在我家里闹腾行么？"李云略带央求地说。

"我不走，今天我就想整死你这一家子。"刁某某回道。

"你不走我走。"说完，李云拿着手机走出家门。她以为董民刚会跟上来，便顺着胡同往北走，直到进村的牌坊处才停下。

在董民刚家中的北屋客厅,刁某某冲着董民刚大声质问:"李云呢?你现在就给我出去找她。"

"我去哪里找?"董民刚声音中有些无力。

这时,刁某某的来电显示出现在了李云电话上。

"你在什么地方?"刁某某问。

"只要你从我家出来,你说去哪儿咱就去哪儿。"李云说。

……

刁某某执意留在董民刚家里,口里嚷嚷着"今天就要整死他"。

几分钟后,李云半威胁半好言相劝下,刁某某起身出门,开着车向东边驶离。惊魂未定的董民刚去里屋将被撕坏的上衣换成了一件保暖内衣。此时,李云迈着匆匆的脚步,想返回家中告知董民刚带着孩子出去躲躲。还没走出多远,看到刁某某开着车返回董民刚家门口。

(二)

"你把我鼻子弄破了,我今天要整死你"。院子里再次传来刁某某的声音。

听到这声音,董民刚有些害怕,然而,更多的还是一种无力感。

刁某某手里拿着一个金属样的东西就朝董民刚的脸划去,接着是鼻子、耳朵等部位,一下一下……董民刚吓得本能地用手阻挡。

"在阻挡过程中,我感觉我脸上有血流下来了,伸手去摸,发现果然是血。"董民刚恳求道:"别闹了,有事咱们明天再说吧。"说这话时,董民刚的余光瞥到小儿子已经醒了。他担心吓到小儿子,就移身去里屋拿纸巾擦脸。刁某某跟着董民刚进里屋后,继续用手中的金属质地的那个东西划董民刚的肚子等部位。

两人再次回到客厅后,刁某某让董民刚跪在他面前,并大声问道:"离婚吗?"

"离，明天就离。"董民刚答。

"不行，你得给我写个离婚协议。"刁某某继续咄咄逼人。

董民刚被迫答应后，从茶几上拿了一张便笺纸准备写，却由于紧张不小心将笔掉在地上。刁某某一边继续戳扎他，一边说："看来你就想死哩，今儿我就整死你。"

笔者了解到，董民刚在接受讯问时表示："我看到他手里拿着一个白色的东西，不确定是什么，他一直拿这个东西向我脸上搌，将我鼻子搌了一个口子，还把我的左耳打流血了……我很害怕，想要起来向外跑，又被他拉住衣服，继续对我的头部进行殴打，我说：'别打啦！别打啦！我求求你了'，他还是不住手，一边打一边说着'我今儿就得整死你'"。

此时，董民刚看到旁边茶几桌面上有一把干活用的剪刀，便顺手拿起剪刀向刁某某身上戳去。

"我一边捅他，他还在不停地打我，嘴里依然喊着'要整死我'，我就一直捅他，后来我俩一起倒在地上，接着打了一会儿，他不说话了，我才停手。当时我看到他的手和脚还在动，我怕他起来以后再打我，就拿着剪刀从屋里出来了。"案发后，董民刚在接受讯问时说。

刚从客厅走出来，董民刚就看到邻居田某恰好走进院中，紧接着，妻子李云也进来了。

"怎么了？"看到董民刚后，李云问。

"给他打躺这里了。报警吧。"董民刚答，说完，他拖着步子将剪刀放在北屋门西边的一张小方桌上，在门前顺势蹲坐下。

李云、田某二人，先后通过董民刚的手机拨打了急救和报警电话。没一会儿，救护人员到达现场，检查后发现，刁某某已无生命体征。经证实，刁某某用来戳扎董民刚的金属样的东西是他的尖头车钥匙。董民刚一直在案发现场等待，直到被随后到达的公安人员带走，警方以故意杀人罪对该案立案侦查。

经鉴定，刁某某胸部、颈部、面部、上肢、背部等部位有多处锐器伤，被锐器作用于头颈部、躯干及肢体伤及左颈静脉、左心室导致心脏破裂而死亡；董民刚鼻子、耳部、面部、左前臂、腹部等部位有多处撕裂伤、挫裂伤、软组织挫伤、皮肤损伤，其损伤程度属轻微伤。

第二天，董民刚被巨鹿县公安局刑事拘留。2018年6月4日，经巨鹿县人民检察院批准，由巨鹿县公安局执行逮捕。同年8月4日，该案由巨鹿县公安局侦查终结后，按照程序由邢台市公安局以董民刚涉嫌故意杀人罪向邢台市人民检察院移送审查起诉。

"受案后，我们审查完全案卷宗认为，董民刚的行为具有防卫性质，认定董民刚涉嫌故意杀人罪部分事实不清、证据不足。"该案承办检察官、邢台市检察院第二检察部副主任温可红表示。

2018年9月19日，邢台市人民检察院将该案退回公安机关补充侦查。公安机关在补充侦查后认为，董民刚的行为明显超过必要限度，属于防卫过当，以故意杀人罪再次移送邢台市检察院。同年12月4日，邢台市人民检察院再次就此案是否具有正当防卫情节，详细列出补充侦查提纲，退回公安机关补充侦查。

在此期间，邢台市人民检察院检察长邢伟收到了来自董民刚母亲的一份申请书，后面还附有970余名村民的签名和按压指印。邢伟对此高度重视，立即作出批示："如此多人签名摁手印，务必认真审查，依法办理。"

为何村民们会联名请司法机关对董民刚宽大处理？随着对案件调查的进一步深入，这些问题的答案一一揭晓。

（三）

据调查，这位38岁的刁某某身高约一米七二，与李云存在婚外男女关系。

"从2016年下半年开始，刁某某就开始来我家找事，经常一来就问我啥时候离婚，次数已经记不清了。他几乎每次来我家不是喝完酒后来，就是拿着酒来我家喝，喝多了就开始和我闹腾，经常打骂我，还说着'你的命不值钱'之类的话。我不想和媳妇离婚，想给孩子们一个完整家庭，所以就一直这么忍着。"董民刚在接受讯问时表示。

原来，2016年5月，李云和朋友一起玩时认识了刁某某，后来刁某某经常主动联系李云，二人关系逐渐密切。

在李云的讲述中，开始和刁某某交往是出于自愿，之后是迫于无奈。"后来觉得他特别凶残、特别狠，他甚至经常威胁我，让我跟他好好的，如果我主动离开他，他就拿我的儿子和老人说事，所以我不敢和他分开。"

而李云和刁某某的这种关系，早在2016年9月，董民刚便已知晓。董民刚还曾因此去天津打过工。直到2017年五一前后，董民刚从天津回来后就没再去外地。然而，即便是董民刚在家，刁某某还是经常到家里来。"每周刁某某能来两三次，有时就直接将李云带走。"据董民刚回忆。

2017年上半年的一个晚上11点多，刁某某从董民刚家院墙上翻进来后，让董民刚去里屋跟孩子睡，让李云留在北客厅的沙发床上跟他一起睡。其实，董民刚当时也试图阻止刁某某，然而，在刁某某的推搡、吵骂甚至威胁中，董民刚怕把事情闹大，就默默忍受了。

"刁某某经常当着我的面对董民刚说，他小舅子在机关上班，要是董民刚敢动他，他会把轻伤改成重伤，还说一旦董民刚住进监狱，就别想活着回来。甚至还威胁董民刚说，他会叫地痞流氓来家里砸东西、扔酒瓶、扔死狗、摆花圈……让董民刚老实点，不要惹他，惹急了后果自负。"李云表示，她也担心事情闹大了没办法收场，因此，刁某某每次提出无理要求，她也尽量顺从他。

在村民们的印象中，董民刚很老实，几乎很少与别人发生矛盾，在村里的人缘很好。因此，案件发生后，多位村民自发到村委会为董民刚喊冤，970余位村民还联名发出申请书请司法机关对董民刚宽大处理。

"董民刚的行为属于防卫行为没有异议，但防卫行为是否明显超过必要限度，属于防卫过当，仍存有争议。"这是摆在邢台市检察机关面前的一个难题。

在最高检、河北省人民检察院的指导下，邢台市人民检察院办案检察官多次到巨鹿县听取公安、检察院意见，分析研判证据，指明侦查补证方向。

2019年1月29日，邢台市检察院检委会经讨论后一致认为，董民刚的行为属于正当防卫，董民刚制止不法侵害的行为并未超过必要限度。

笔者注意到，对于董民刚的行为系正当防卫，没有超过必要限度，该院在认定时给出了如下理由：

其一，本案中，董民刚受到刁某某的现实侵害是一个持续的过程，当其拿起剪刀自卫时，刁某某仍然对其不断辱骂、殴打。董民刚使用剪刀扎了刁某某多下后，依然无法制止刁某某的不法侵害，直到刁某某的打骂声变小，董民刚也随即停止了防卫行为。

其二，从期待可能性上看，防卫人在孤立无援、高度紧张的情况下，无法期待其正好适时结束反击，不应以事后的理性视角评判，应当考虑防卫人所处的境遇。在董民刚内心害怕、一心自救的情境下，要求其理性并准确判断刁某某何时失去侵害能力，避免伤害到刁某某的要害位置，是强人所难。

其三，不能以工具的不对等、创口数量多少来判断防卫是否超过限度，应结合具体案情分析：

关于死者身上的创口：法医鉴定认为，刁某某身上的创伤是二人在持续的对打过程中形成的，并非在被害人丧失侵害能力的情况下所形成。除致命伤外，创口均较浅。

关于作案工具：董民刚没有选择防卫工具的现实可能性。在当时的情况下，恰巧茶几上有一把剪刀，他是随手拿起了剪刀。即根据防卫发生时的具体情境，董民刚并不存在选择更为轻缓防卫手段的可能。

2019年2月2日，邢台市人民检察院派员赴巨鹿县案发地复勘现场、到董民刚和刁某某所在村调取新的证人证言、走访村民、复核相关证据，核实了更多与案件相关的情况，相关事实和证据得到了充分印证。同年2月18日，邢台市人民检察院公开宣告了对董民刚的不起诉决定。河北省人民检察院对刁某某父亲提出的申诉作出复查决定，维持邢台市人民检察院的不起诉决定，并于2019年5月31日公开宣告了不起诉决定。

董民刚可能做梦都没想到该案会有这么大的转机，他曾发自内心地感慨："到最后释放的时候，我感觉站都站不稳，有种心都快跳出来的感觉，特别激动。"

（四）

至此，河北董民刚案可谓画上了圆满的句号。但是，这个案件留给社会公众以及检察机关的思考却未止于此。

值得一提的是，河北董民刚案第二次退回补充侦查期间，恰逢最高检发布第十二批指导性案例。作为该案的主办检察官，河北省邢台市检察院第二检察部副主任温可红对该批指导性案例进行了仔细研读。她坦言，这对董民刚案的办理起到了不可小觑的作用。

"刁某某长期侮辱欺负董民刚，甚至公然在董民刚家中过夜。案发当日，刁某某多次威胁董民刚'今晚就要整死你'，并要董明刚下跪并签离婚协议，还多次使用车钥匙戳扎董民刚，致其满脸是血……"温可红表示，该案不能仅看不法侵害发生瞬间"法"与"不法"的对比，而应系统、整体地看待案件发生的起因、经过及行为人的一贯表现，考虑天理、国法、人情，在法律规定的范围内作出符合人民群众公平正义观念的司法结论。

"……关键是讲清楚结案的法理、情理和事理。"在该案办结后,张军检察长曾作出批示。

如何讲透、讲清楚案件中蕴含的法理、情理和事理?最高检从各省检察机关征集了88个正当防卫案件,经最高检第一检察厅、第二检察厅进一步把关,筛选出了12个案件,河北董民刚案就在其中。2019年6月5日至7日,最高检新闻办组织8家中央媒体赴河北省邢台市巨鹿县进行集中采访。

为何会选中河北董民刚案?作为曾指导办理该案的检察官,最高检二级高级检察官王健认为,该案的案发前因事实对于认定案发当晚董民刚的主观心态具有重要意义。对于正当防卫案件的认定,要注重查明前因后果,分清是非曲直,综合案件具体情况,特别是被害方有无过错以及过错大小进行判断,坚持法理情统一,确保案件的定性处理于法有据、于理应当、于情相容,符合人民群众的公平正义观念。

谈及"法不能向不法让步"价值理念在该案中的适用时,中国人民大学法学院副教授、博士生导师陈璇说:"如果公民甲在权益遭受公民乙的不法侵害时,若无自卫之权利,仅有忍受之义务,那就不仅意味着甲的某个具体法益在劫难逃,更意味着乙由此获得了强制和支配甲的特权。这样一来,甲原本在法律上享有的与乙完全平等的地位就会发生动摇,甲在自由空间范围内不受干预地安排生活的自我决定权也会荡然无存。"

六、唐雪案：即使有其他选择，也可以行使防卫权

这是继昆山反杀案后又一起引发广泛关注的案件，在案发之初经媒体报道后，曾引起"唐雪的行为属于正当防卫还是防卫过当"的热烈探讨。该案在2019年岁末经依法认定发布通报后不久，还被写入了2020年最高检工作报告。

与前面所述案件不同的是，这起案件在受到舆论关注后，有人提出，唐雪在还有其他选择的情境下，认定正当防卫是否公正？正当防卫是否以"不得已"为条件？这起案件在正当防卫制度适用中又有着怎样的意义？不妨从案件事实说起。

（一）

唐雪是云南省丽江市永胜县人，曾当过兵，退伍后在当地的一家蛋糕房工作。

2019年2月8日，农历正月初四。这天晚上11时许，时年25岁的唐雪在乘坐朋友的车返家途中，行至离家不远的一路口拐角处时，看到路中央停着一辆轿车，路边站着四个人。定睛一看，唐雪认出了其中一位是同村的李德湘。

这位比唐雪年长一岁、身材高大的李德湘浑身散发着酒气，一边用手敲打车窗玻璃一边大声嚷道："你们下来……"在李德湘朋友劝说下，挡在路中央的轿车被其朋友挪开。

道路通畅后，唐雪乘坐的车辆便尽快驶离，车尾处李德湘的喊骂声也逐渐消失。到一个路口，唐雪看时间不早了，便让朋友返回，她准备步行回家。没走多远，身后又出现了李德湘辱骂的

声音。唐雪未理睬，继续步行回家。

走到家门口时，因没带钥匙，唐雪给父亲唐加勇打电话。电话中，唐雪将被李德湘辱骂一事告诉了唐加勇。此时，正在家附近吃烧烤的唐加勇便起身准备回家。途中，看到李德湘仍在刚才的路口叫嚷。

抬头看到不远处的唐雪正朝自己走过来，唐加勇便想着带唐雪去找李德湘理论下。

"……这个是你妹妹，喝了酒就早点回去休息。"唐加勇带着唐雪来到李德湘面前后说道。

"今天酒喝多了，你们走吧，我不打你们……"李德湘说。

然而，没走几步，李德湘冲着唐加勇喊道："今天这个事情你要给我一个交代。"

唐加勇应道："你酒喝多了，先回去休息，明天你要什么交代，大爹给你。"说完后继续向前走。没走多远，李德湘从后面追上后踢了唐加勇一脚，随后唐加勇、唐雪与李德湘扭打在一起。之后，李德湘被其朋友劝走回家了。

然而，李德湘回到家中后并未休息，说要到唐加勇家为之前发生的事情进行道歉，随后在其父母、朋友等人陪同下来到唐加勇家。在道歉后，李德湘又开始为扭打的事情讨说法，这个过程中，因酒醉讲话语气不大好，再次发生争执，李德湘放言"我要喊人来把你们一家人砍死"。陪同李德湘前来的人员将其拉回了家。为防止李德湘再次出去，其父母让几位朋友留住在家里陪同。

2019年2月9日1时许，李德湘趁人不注意从家中跑了出来，几位朋友发现后便跟在李德湘身后追了出来。到了唐雪家大门口，李德湘手持菜刀砍砸唐家大门，见状，其朋友赶忙上前抢走李德湘手中的菜刀，并将菜刀扔到唐家门前地上。

唐雪听到门外的动静后，心里有些害怕的她从床上爬起来，走到厨房拿了一把削皮刀及一把水果刀放在裤兜里。走到院中时，看到姐姐唐琳（化名）也出来了。

"我刚刚将门打开，他就从我的左侧面朝我的小腹位置踢了一脚，我被踢得朝后仰了一下，然后我跑到门外的斜坡下方。"唐雪在接受讯问时表示，这时，李德湘再次朝她左脸打了一下。被打后，唐雪从右边裤兜里拿出削皮刀和李德湘发生厮打，李德湘的朋友和唐琳纷纷上前拖拉两人。被两位朋友拉着向巷子外面走的李德湘挣脱后再次朝唐雪冲过来。由于削皮刀掉在了地上，慌乱间，唐雪掏出放在裤兜里的黑色手柄水果刀用力反抗、挥刺，并将左手握拳朝李德湘身上打。

两人再次被拉开后，唐雪和父亲、姐姐回到家中，李德湘边往巷道外跑边大喊"拿刀来"，没跑多远，李德湘便扑倒在地上，朋友李某上前发现李德湘受伤，其他几位朋友知情后迅速跑过来。很快，李德湘的父母也赶到了，在被送医救治后，经抢救无效死亡。经鉴定，李德湘死因系被他人用锐器致伤右胸部，伤及升主动脉，致急性失血性休克死亡。

随后，李德湘的朋友报案，永胜县公安局于2019年2月9日立案侦查，唐雪于当天被公安机关带走，第二天被刑事拘留。同年2月22日，经永胜县人民检察院批准，唐雪被永胜县公安局执行逮捕。

2019年3月13日，该案侦查终结后，永胜县公安局以唐雪涉嫌故意伤害罪，向永胜县人民检察院移送审查起诉。因案件事实不清、证据不足，该院分别于2019年5月16日、6月19日两次退回公安机关补充侦查。

永胜县人民检察院于2019年8月7日对该案提起公诉，不久便引发社会热议。同年8月26日，云南省人民检察院指定专人阅卷，对案件事实、证据依法全面审查，并指导案件办理。笔者了解到，为准确查明案件事实，检察机关还委托公安部及云南省公安厅法医、刑侦专家对该案刑事技术材料进行补证，对现场进行重新勘验；补充调取了物证检验、现场勘查、伤情鉴定、证人证言等方面证据。经永胜县人民检察院建议，永胜县人民法院于 2019 年 9 月 4 日、26 日两次决定对该案延期审理。

经补充侦查和依法重新审查后，2019 年 12 月 30 日，永胜县人民检察院认定，唐雪为保护本人和家人的人身安全而采取的制止正在进行的不法侵害的自行防卫行为，符合《中华人民共和国刑法》第 20 条第 1 款的规定，系正当防卫，依法不负刑事责任。永胜县检察院对该案撤回起诉后，于同日对唐雪作出不起诉决定。

（二）

该案的争议焦点在于：唐雪的行为是否构成防卫过当？案发之初，曾存在两种不同意见。

第一种意见认为，唐雪的防卫行为超过正当防卫必要限度，构成防卫过当，应当追究刑事责任，其理由如下：一是虽然李德湘持刀砍砸唐雪家大门，但唐雪开门时李德湘的刀已被他人夺下并扔到较远的地方；二是现场拉架劝阻人员较多，李德湘并不能随心所欲地对唐雪实施严重伤害行为；三是李德湘始终未进入唐雪家院内，未危及其住宅安全；四是唐雪面对李德湘时亦非孤身一人。唐雪事发时并非"迫不得已""别无选择"，仍有选择其他处理方式的余地。

第二种意见认为，李德湘三番五次对唐雪进行挑衅，甚至在凌晨 1 时许到唐雪家门口用刀砸砍大门。面对李德湘的挑衅，唐雪在持刀反抗过程中将李德湘刺死，其防卫行为并没有超过必要限度，构成正当防卫。

那么，在刑法理论上究竟应如何评价唐雪的行为呢？

清华大学法学院教授张明楷认为，判断一个防卫行为是否超过必要限度，不是简单地仅在不法侵害人已经造成的侵害结果与防卫行为已经造成的损害结果之间进行比较，而是要将不法侵害人已经造成侵害、可能造成的侵害与防卫人造成的损害进行比较，而且要充分考虑到防卫人的利益处于明显优越的地位。

"就本案而言，特别需要注意以下几点：第一，要整体地看待李德湘的不法侵害行为。李德湘不仅实施一连串的不法侵害行为，而且声称要喊人把唐加勇一家人砍死，后来又持菜刀前往唐雪家。应当认为，李德湘的不法侵害行为完全可能造成他人重伤或者死亡的严重后果。第二，要对比双方的力量。李德湘身高约一米九，体育教育专业毕业；唐雪身高一米七左右，虽然唐雪是军人出身，但作为女性，其力量明显小于李德湘的攻击力量。事实上，李德湘在酒后并没有减轻攻击能力，相反，几名劝架的男士都拉不住李德湘，在这种情况下，要求唐雪精准控制自己的防卫行为，明显不当。第三，要考虑唐雪对自己防卫行为的克制。唐雪在出门后，并没有立即对李德湘实施反击行为。在李德湘冲过去踹了唐雪腹部一脚后，唐雪开始只是拿出缺乏攻击性的削皮刀朝李德湘冲过去。在李德湘挣脱他人朝唐雪冲过去时，唐雪不得不挣脱他人对李德湘进行反击；唐雪是在削皮刀掉在地上的情况下，才拿出水果刀。而且，唐雪并没有特意用水果刀刺杀李德湘的关键部位，只是胡乱挥刺。既然如此，就难以认定唐雪的行为有不当之处，难以认为唐雪的行为明显超过了必要限度。"张明楷教授表示。

北京大学法学院教授陈兴良从行为是否过当和结果是否过当两个角度进行了细致分析。"在司法实践中，判断行为是否过当应考虑防卫行为的必要性、防卫行为的合理性以及防卫行为的应激性等因素。就防卫行为的必要性而言，防卫行为具有对于不法侵害的反击性和防御性，在一定程度上具有被动性，以此区别于不法侵害的主动性。但防卫行为是否过当主要应当考察其是否为制止不法侵害所必要，只要是防卫所必要的行为就不能认为过当。就防卫行为的合理性而言，主要根据在防卫特定情境下的具体案情进行考察，虽然防卫行为的合理性与不法侵害的对等性之间具有一定的关联，但不能认为只有对等才是合理的，防卫行为的合理性应当考虑防卫人在实施正当防卫时候的主客观等各种因素。"

"从整个事态发展来看,李德湘不仅是不法侵害的挑起者,而且也是事端升级和矛盾激化的责任人。唐雪完全是在迫不得已的情况下,为保护本人的人身权利而实施防卫。虽然在唐雪持刀对李德湘进行挥舞时,李德湘的菜刀已经被他人夺走,处于赤手空拳状态,但对于防卫行为是否超过正当防卫的必要限度,不能机械地根据防卫工具与侵害工具是否对等进行判断,而是应当综合全案情况,对防卫行为是否必要以及防卫强度是否合理等进行考察。在本案中,唐雪的防卫行为是在当时情况下制止李德湘的不法侵害所必要的,尤其是考虑到李德湘深夜持刀上门进行不法侵害的特殊背景,我认为,唐雪的防卫行为没有超过必要限度。"陈兴良表示。

在陈兴良看来,结果过当应当考虑以下因素:一是结果是否过当一般都存在与侵害结果对比的视角,但侵害结果没有现实化,而防卫结果却已经发生。在这种情况下,要将防卫结果与不法侵害可能造成的结果进行对比,以此确定结果是否过当。二是结果是否过当不仅要与可能发生的侵害结果进行对比,而且应当考察这种结果是否为制止不法侵害所必要。在有些案件中,造成伤害结果就足以制止不法侵害,就没有必要造成死亡的结果。三是防卫行为是在十分紧迫的情况下所实施的,防卫人处于精神高度紧张的状态,不可能像在心情平静状态一样,能够对结果具有准确的掌控和把握。在这种情况下,还要考察结果发生的具体情境。

"成立防卫过当必须符合两项法定标准,一是防卫行为明显超过必要限度;二是造成重大损害。在过去相当长的时间内,一些地方的执法和司法人员对刑法关于正当防卫的规定在理解上存在一定偏差,有时会将上述两项标准混为一项标准,即认为只要造成了重大损害,就是明显超过必要限度,从而形成根深蒂固的

'唯结果论'。"在中国社会科学院法学所研究员陈泽宪看来，这些对刑法规定的理解偏差，就难免会导致一些正当防卫案件被错误地认定为双方互殴或者防卫过当。

有人认为，面对不法侵害，唐雪完全可以逃跑、躲避或者等待他人来制止李德湘的不法侵害行为，在有其他选择的情况下，没有防卫的紧迫性，因此，没有必要选择实施防卫。对此，陈泽宪认为，这种似是而非的认识，在司法实务中带有一定的普遍性，不利于正确认定正当防卫案件，因此需要特别予以澄清。

"正当防卫权是法律赋予公民的一项重要权利。作为权利，它可以被主动放弃，但不可以被任意剥夺。因此，公民在面对正在进行的不法侵害时，可以选择逃避，更可以选择适度自卫反击。特别是对于打上家门的不法侵害行为，现代各国的法律、判例和刑法学说都普遍支持'不退让原则'。"陈泽宪认为，我国刑法关于正当防卫规定的初衷，也是鼓励公民勇于同侵害国家、公共利益及公民权利的违法犯罪作斗争。

有人认为，唐雪开始主要是害怕，后来更多的是愤怒，因此，不能认定为正当防卫。"但是，愤怒并不影响防卫过当与否的判断。不管是防卫人还是一般人，对不法侵害行为很愤怒是十分正常的事情。不能要求防卫人必须一直在恐惧状态下实施防卫行为。况且，恐惧与愤怒也完全可以同时存在，愤怒更不意味着防卫人没有防卫意识。"张明楷认为，与紧急避险不同的是，正当防卫不以"不得已"为条件。即使能够轻易逃避，也完全可以实施正当防卫，诚所谓"法不得向不法让步"。

长期以来，我国司法机关在正当防卫的司法认定上，存在较多考虑死者利益，从而对防卫人作出不利判断的情况，这与我国刑法鼓励公民运用法律武器和违法犯罪作斗争的立法精神是不相符合的。"通过唐雪案件，可以进一步明确正当防卫与防卫过当的界限，对于正当防卫的正确适用具有重要指导意义。"陈兴良如是评价。

理越辩越明。从法理上而言,案件定性问题已经较为清晰,然而,笔者注意到,随后发布的"云南省检察院有关负责人就唐雪案答记者问",在涉及检察机关对该案作出不起诉决定的意义时,有这样一段话:"这个案件发生在乡村、熟人社会,构建和谐乡村,需要全社会共同努力。回到本案,固然每个人都有防卫的权利,但面对的是自己的同村邻里,虽然事出有因,有施以正当防卫的法律依据,但大家都不希望类似的悲剧再次发生。"

对于该案,这是一个值得关注之处。毕竟,节日期间醉酒滋事较为常见,矛盾纠纷升级引发血案也难以避免。但从人情角度而言,法理正确并不意味着从情理角度鼓励类似的事情。这段话对案件当事人、对社会公众无疑都是一个提示和警醒。

至此,这个被数以亿计的网民关注、发生于春节期间、因一方醉酒滋事而引发同村邻里之间纠纷的案件画上了句号。

第二部分

正当防卫制度司法适用疑难解析

一、好制度如何充分发挥制度红利
——理念层面的变化是根本

"正当防卫是个好制度。"中国刑法学研究会副会长、北京师范大学法学院教授卢建平认为,倘若好制度难以产生好效果,这一现象就值得反思。

其实,早在2017年5月27日于欢案二审开庭时,坐在旁听席上的全国人大代表、湖北得伟君尚律师事务所律师蔡学恩就开始思考这样一个问题:司法机关谨守法律办理同一起案件,结果却有分歧,原因何在?

"从立法层面看,我国1997年刑法中关于正当防卫的规定对防卫人较为有利,甚至是世界上对防卫人最有利的立法规定,但司法实践中常出现有争议的正当防卫案件。"蔡学恩认为,20年间,正当防卫的司法适用相对保守,加之"明显超过""必要限度""造成重大损害"规定较为笼统,不易把握。

为此,2019年全国"两会"前夕,蔡学恩提交了《关于准确适用正当防卫制度、维护见义勇为社会风尚的建议》,建议进一步健全完善正当防卫制度规定。在他看来,准确适用正当防卫规定条款,就是彰显"法不能向不法让步"理念的实质体现。

2019年全国"两会"结束后,在最高检专门召开的全国人大代表议案建议交办会上,最高检党组强调,"要本着对人民负责、对新时代检察事业负责的态度,办出成效,办成精品"。

最高检法律政策研究室具体承办蔡学恩提交的上述建议。2019年5月底,时任最高检法律政策研究室副主任缐杰带队到山东省调研,蔡学恩作为受邀代表之一参加座谈。在座谈中,蔡学恩了解到,公检法司等有关部门正在为研究制定正当防卫有关细化规定共同努力着。

就在此次调研之前，2019年3月5日，最高法、最高检、公安部有关部门负责人与数位专家学者、律师就办理正当防卫案件涉及的具体法律适用问题进行研讨。中国政法大学教授阮齐林就是其中一位。

"涞源反杀案树立了对公民住宅的特别保护，增强了群众安全感，这与严惩入户盗窃、抢劫的逻辑是一致的。"阮齐林在研讨时表示。

同年3月，中央政法委法治局邀请公检法司有关部门召开研究制定正当防卫司法解释的工作会议。

"刑法规定的'不法侵害''明显超过必要限度'适用问题以及特殊防卫权等问题有待进一步明确。"最高检法律政策研究室参会人员在会上表示，将多措并举打好正当防卫准确适用"组合拳"，防止"一刀切""简单化"。

"对能够形成共识的问题以指导意见明确，对争议较大的疑难问题开展立项研究。"中央政法委法治局有关负责同志在会上提出。

会后不久，最高法、最高检、公安部等有关部门再次一起进行研讨，起草了《关于依法适用正当防卫制度的指导意见（审议稿）》。

新时代全面依法治国，既要兼收并蓄，又要融会贯通。公检法司各家一次次探讨、一遍遍征求意见，对有关条文规定进一步细化、厘清。这份审议稿在征求意见过程中，既有理论界的积极建言，亦吸纳了实务部门的办案经验。比如，有理论界学者提出，要综合考量司法实践中涉正当防卫案件的起因多样化的趋向，明确正当防卫起因条件中的"不法侵害"，不能作不当限缩解释。笔者了解到，对于这份审议稿，最高检多次召开检委会进行研究讨论。

关注案件背后的社会问题，提出推进社会治理的意见建议，最高检还致力于从个案办理延伸至案件背后规律的总结、把握，为此，曾数次召开正当防卫专题座谈会、专家论证会等。

其中一次专题座谈会是在2019年6月30日。来自9个省市的14名正当防卫案件承办人悉数到场，分别围绕13起正当防卫典型案例办理情况，就正当防卫案件办理中涉及的司法理念和公众认识转变等进行了深入交流。

据悉，朱凤山案、涞源反杀案、侯雨秋案、董民刚案、上海外卖小哥案等案件承办人均在此次座谈中提出，包括昆山反杀案在内的最高检第十二批指导性案例以及此前的于欢案，在帮助其树立正确司法理念，准确认定正当防卫上发挥了积极作用。

会后不到一个月，由最高检第一检察厅编写的《最高人民检察院第十二批指导性案例适用指引》于 2019 年 7 月出版，该书对正当防卫相关指导性案例和典型案例进行深层次解读，对有关法律适用问题进行细致阐释，对司法实践中正当防卫案件办理具有较好指导意义。

这年的农历岁末之时，2020 年 1 月 18 日召开的全国检察长会议进一步明确，正当防卫理念的指引，"法不能向不法让步"观念的形成，就是客观公正的体现，鼓励人民群众与犯罪作斗争。

"客观公正"四个字，可谓重逾千斤。这也意味着，追求极致、步步扎实，成为每一位检察官在司法办案中的"必修课"。在认定正当防卫行为时，需要同时具备起因、时间、对象、意图等要件，每个要件又涉及多个具体问题，因此做到让群众有温暖、有遵循、有保障，更为难能可贵。

不久，在最高检领导业务讲座上授课时，张军检察长讲的第一个问题就是更新检察办案理念。在讲到正当防卫时，张军说："去年以来，一系列涉及正当防卫的案件引发社会关注，如果按照惯常思维、传统司法理念，这些案件在司法机关都可能作为有罪案件来侦查、批捕起诉，为什么这几个案件大多公众一致认为是正当防卫，而司法机关一开始却不这么认为？对此应从更新司法理念的角度加以反思。一是传统司法观念影响。这些案件之所以一开始甚至炒热以后，都被司法机关作为犯罪案件去对待，很大程度上是受传统司法观念的影响，没有把法与不法、正义与非正义、见义勇为与不法侵害作出根本区别。二是受缺乏灵魂的司法观念影响，脱离实际、学理地对防卫时机、防卫手段、防卫力度、防卫后果等作出种种不切实际的限制，没有把活生生的人、把自己摆进去，真正贴近实际、融入案情去设身处地考虑。三是司法机关在处理客观上已造成重大伤亡案件的时候，往往存在息事宁人的办案心态。很多时候不是从与犯罪作斗争、严格依法维护正当防卫人合法权益的角度考虑怎样引领社会法律意识的养成，怎么真正体现法不能向不法让步，没有积极主动地去做这方面的思考，也就是缺乏习近平总书记强调的斗争精神。总体来说，一个时期以来，检察机关通过不起诉权的行使纠正了社会关注的一些案件，得到了广泛认可。但是这一类案件的处理，以及背后司法理念的转变，也说明检察机关过去责任担当有不够的地方。近来对几起正当防卫案件依法履职，就是检察机关认真思考如何在新时代满足人民群众对民主、法治、公平、正义等方面的新需求，努力在供给侧提供更多更好的法治产品、检察产品。

不可否认的是，一系列正当防卫案件的认定，表明了正当防卫的理念正逐步从以往机械地守规则，向着符合常情常理的正义防卫观念转变。

就上述指导意见审议稿，最高检法律政策研究室还专门三次征求了第一检察厅、第二检察厅等有关部门意见。在最高检第一检察厅负责人看来，应区分案件类型明确正当防卫的认定标准。对非法传销、黑恶势力、非法侵入住宅等明显的不法侵害，可适当放宽从宽认定的标准、条件，鼓励防卫人依法保护自身权利。对因见义勇为引起的防卫行为，适当从宽认定，有利于弘扬社会正气。

这份备受期待的指导意见历经法学理论界和司法实务界的一次次用心打磨，最终印发后能否深孚众望呢？

2020年9月3日，最高人民法院、最高人民检察院、公安部联合发布《关于依法适用正当防卫制度的指导意见》（以下简称《指导意见》）。《指导意见》全文共22，主体包含三个部分，分别规定了正当防卫、防卫过当和特殊防卫的具体适用，并提出了正当防卫的起因、时间、对象条件等十方面规则。

令人欣慰的是，《指导意见》充分吸收借鉴了检察机关好的经验和做法，在总体要求中强调要坚决捍卫"法不能向不法让步"法治精神；在准确把握正当防卫起因条件中，吸收了最高检指导性案例"陈某正当防卫案"的要旨。

笔者注意到，《指导意见》对此前研讨中多位法学专家和最高检有关部门的意见进行了有益吸纳。比如，针对实践中的易发情形，《指导意见》明确列举了非法限制他人人身自由、非法侵入他人住宅等不法侵害行为，具有较强的针对性和现实意义，进一步提升人民群众安全感。

公平正义，国之基址。司法机关审慎的态度，赢得理论界多位法学专家好评。"在正当防卫领域，深奥的刑法理论、严格的裁判规则都可以用普通社会成员的常识解读。如今，正当防卫司法认定规则回归常识，回归百姓日常生活应遵守的规则，标志着我国正当防卫的司法判断规则进入了全新阶段。"中国人民大学法学院教授、中国刑法学研究会副会长黄京平表示。

武汉大学法学院副教授、法学博士陈金林认为，《指导意见》最大的亮点，就是理念层面的转变。"理念层面的变化是根本，只有树立了'正当防卫是一种权利、权利不需要让步于不法'的理念，理论界的呼吁及其配套的技术性建议才能转化为实践。"

在中国人民大学法学院副教授、博士生导师陈璇看来，《指导意见》确立的一系列司法规则，纠正了理论和实践中长期以来存在的积弊和误区。例如，为了避免对"不法侵害"作过分狭窄的理解，强调不应将不法侵害不当限缩为暴力侵害或者犯罪行为；为了克服"唯结果论"和对等均衡的观念，强调认定防卫过当应当同时具备"明显超过必要限度"和"造成重大损害"两个条件，不应当苛求防卫人必须采取与不法侵害基本相当的反击方式和强度；为了摒弃"事后诸葛亮"的思维，提出对于不法侵害是否已经开始或者结束，应当立足防卫人在防卫时所处情境，按照社会公众的一般认知，依法作出合乎情理的判断；为了防止对遭遇不法侵害的公民科以退避义务，指出不能仅因行为人事先进行防卫准备，就影响对其防卫意图的认定；为了防止将特殊防卫权条款理解为法律拟制，强调对于不符合特殊防卫起因条件的防卫行为，致不法侵害人伤亡的，如果没有明显超过必要限度，也应当认定为正当防卫，不负刑事责任。

"终于不是谁能闹谁有理了。"这是《指导意见》出台后不少网民的最大感受。他们纷纷在自媒体发声。有网友认为，法治的初心，就是守护一个社会最核心的价值关切，"鼓励正当防卫"，也推动了全社会对"法不庇恶"的信心。还有网友指出，正当防卫制度的真正激活，终究不能完全依赖公共舆论和个案纠偏，而必须立足于普适性的规则细化和制度重构。从这个意义而言，《指导意见》的诞生，无疑是司法理念自我更新、法治不断进步的产物。

与《指导意见》一同发布的还有七个涉正当防卫的典型案例。其中就包括前面提到的赵宇案。《指导意见》发布后，还有一些人重提昆山反杀案。其实，不仅仅是一系列正当防卫个案的推动，理论界的呼吁，司法实务界理念的转变以及一起起个案推动带来的法治理念的觉醒等，都对《指导意见》的出台起到了积极的推动作用。

而从更深的层面而言，《指导意见》的出台也是法治建设与公共民意良性互动的典范。在此过程中，天理、国法与人情的深度融合，为国家法治建设、公民权利兑现奠定了坚实的基础，也为民间正义认知、公众法治信仰开辟了广阔的空间。这样的综合效应，也正是正当防卫一件件个案依法精准认定的意义之所在。

二、缺少目击证人，证据链如何精准认定
——"农妇遭强奸勒死施暴男子"引发关注

正当防卫案件涉及的情形纷繁复杂，需要综合考虑的因素众多，加之往往"细节决定性质"，一个变量的不同就足以影响行为整体的性质认定。作为具有普遍指导性的适用规则，无论是法律规定还是司法解释，未能完全为千差万别的正当防卫案件提供现成的解决方法。因此，指导性案例和典型案例的适时发布，对于指导司法实践正确理解和适用正当防卫的规定具有极为重要的意义。

2020年11月27日，"最高检发布6起正当防卫不捕不诉典型案例"登上微博热搜榜。这是继《指导意见》发布以来，最高检在进一步弘扬"法不能向不法让步"法治精神方面又一个备受关注之举。

"发布这批典型案例，是对《指导意见》有关内容作进一步阐释，推动《指导意见》全面贯彻实施；以案析法，突出不捕不诉案件特点；对部分法律适用问题作更加深入、具体的阐释，提供明确的办案指引；发挥典型案例的警示意义，开展生动鲜活的法治宣传。"最高检第一检察厅厅长苗生明表示。

笔者注意到，此次发布的6起典型案例，虽然都是正当防卫，但各有侧重，起因既涉及故意伤害、强奸、非法侵入住宅等，也涉及道路行车纠纷、暴力拆迁、传销等多发或受到社会较多关注的情形。比如，甘肃省泾川县王某民正当防卫不批捕案，主要涉及对严重危及人身安全的暴力犯罪"正在进行""行凶"等的准确理解和把握。该案的指导意义还在于，进一步明确了防卫的起因条件，既包括针对本人的不法侵害，也包括危害国家、公共利益或者针对他人的不法侵害。河北省辛集市耿某华正当防卫不批捕案，主要涉及为保护住宅安宁、

人身自由实施防卫的认定,也是对非法暴力拆迁行为的否定性评价。湖南省宁乡市文某丰正当防卫不起诉案,主要涉及对共同侵害人实施防卫的认定,即对于正在进行的共同不法侵害行为,防卫人反击,造成暴力程度较低的不法侵害人死亡的,不影响防卫强度的整体判断。此外,准确界分正当防卫与相互斗殴,是司法实践中面临的重点和难点问题,湖北省京山市余某正当防卫不起诉案对此进行了准确界分,等等。

而这6起典型案例中,媒体转载率和受关注度最高的是安徽省枞阳县周某某正当防卫不起诉案。不少媒体将该案择出来单独予以重点报道。在诸多媒体的报道中,该案的关键词为"农妇遭强奸勒死施暴男子属正当防卫"。

这是一起因强奸引起的正当防卫案件,发生的地点位于野外田间,由于发生在晚上,缺少目击证人、缺乏视频监控,证明案发全过程的直接证据仅有当事人周某某的供述与辩解。因此,要还原基本案情,确认引起正当防卫的不法侵害行为,依法作出公正处理,就要对周某某供述的真实性、客观性予以科学评价。承办检察官是如何做到这一点的?这就得从案件事实说起。

(一)

周某某与许某某是同村邻居,除2017年的某天,许某某曾趁四周无人之际言语调戏周某某、欲与周某某发生性关系后被周某某严辞骂走一事外,两家及二人间素无其他矛盾。

2018年9月23日傍晚6时许,周某某赶完一天工回到家里,为避免耽搁第二天进城务工,她决定当晚赶去地里把农活做完——为水稻打农药。于是,她匆匆吃了口饭,就骑着自行车携带手电筒、药水箱、塑料桶、农药、弯刀等出发了。

正当她全身心地投入这块田地时,处于醉酒状态的许某某驾驶一辆电动三轮车到野外捕鸟时途经附近田埂,注意到了正在稻田里忙活的周某某。随即,他将三轮车停在周某某的自行车旁后便继续在车上等周某某。

不久，看到周某某背着药水箱走来，许某某主动与其打招呼后，迅速下车将周某某推倒在田埂旁的稻田里，意图强行与周某某发生关系。此时的周某某在奋力抵抗时将许某某头的面部、耳朵、下颌等部位抓破。

挣扎间，周某某摸到了药水箱上连接的黄色软管，便使劲将其扯下，并用这根软管将许某某颈部缠绕住。出于无奈，被勒住脖子的许某某暂停侵害并站立起来，周某某为了防止其继续对自己实施强奸行为，一直站在许某某身后拽着软管控制其行动。就这样僵持了好一会儿，许某某声称不再招惹周某某，并表示愿意送周某某回去。听到这话，周某某内心仍有些忐忑，便拽着软管和许某某坐上三轮车。

随后，许某某又要求将软管放松一点，他要返回田里捡回矿灯。于是，周某某看着手里的软管，松了些许，两人便下车返回稻田里找矿灯，再次坐上三轮车后，许某某一直没有发动车辆。

见许某某没有送自己回去的意思，周某某开始大声哭喊求救。该地西侧有家养鸡场，经营户邹某听到哭喊声后用头灯朝二人所在方向照射，但并未靠近上前查看。四周几乎都是稻田，一片寂静，只有周某某的哭喊声听起来格外清晰。至此，周某某心里认为，许某某仍然没有放弃侵害她的企图。一直拉着软管的周某某与许某某在车上处于"对峙"状态。

"你这勒得太紧了，放松一些可以么？"许某某说道。

周某某心一软，便稍稍将软管放松了些。谁料，许某某趁机采用手推、牙咬等方式想要挣脱软管。

此时的周某某内心充满恐惧，她担心许某某挣脱软管后会继续侵害行为，于是用嘴猛咬许某某手指、手背，同时用力向后拽拉软管及许某某后衣领。持续片刻后，许某某突然身体向前倾，趴在了田埂土路上。周某某无法分辨其是否装死，用力拽拉软管数分钟，直到感觉许某某应当不会再继续起身侵害她了才起身回家。

此时已经近晚上9时，周某某离开后并未直接回家，她径直赶往同村许某开、许某国的家中，分别向两家人讲述了许某某意图强奸并与其发生纠缠的事情，并尝试邀请他们一起返回田地查看情况，两家人都劝她早些回家或报警。周某某在其劝说下返回家中。

次日清晨 5 时许，周某某起床后匆匆赶往田里。临近田地时，她看到许某某的三轮车和自己的自行车还在原地，便找到村干部王某，并对其陈述了事情经过。在王某陪同下，周某某再次来到田地后发现许某某已经死亡。

随后，二人报警。后经鉴定，许某某死因系被他人勒颈致窒息死亡。2018 年 9 月 25 日，周某某因涉嫌故意杀人罪被安徽省枞阳县公安局刑事拘留。

在侦查终结后，公安机关以周某某涉嫌过失致人死亡罪，于 2018 年 11 月 28 日向枞阳县人民检察院移送审查起诉。该案于 2019 年 1 月 11 日、2019 年 3 月 13 日被两次退回公安机关补充侦查。在此过程中，检察机关积极调查取证、引导侦查。

（二）

江苏省苏州市人民检察院副检察长王勇在 2021 年全国"两会"期间接受笔者采访时曾提及："命案证据体系天然地缺少被害人陈述、缺少目击证人的证言等直接证据，在犯罪嫌疑人真实供述不易获得的前提下，往往需要运用大量的间接证据来形成证据体系，进而再结合嫌疑人供述对其行为进行认定。因此，全面、客观、有针对性地收集相关证据，对于精准认定行为是属于正当防卫还是防卫过当等具有重要意义。"

在正当防卫案件认定中，上述情况往往较为常见。比如，该案据以认定事实的直接证据是周某某的供述与辩解，其余则需要大量间接证据来形成印证。那么，周某某的供述与辩解是否客观、真实，从而能够作为定案依据？承办检察官为此作了大量"功课"。

回顾下案情，不难发现，该案中有如下细节问题均需有其他证据进行印证：

第一，如何认定当天傍晚周某某是去自家田里干农活，而非有预谋地要杀害许某某？

据安徽省枞阳县人民检察院承办检察官介绍，在周某某的供述中,当天傍晚六点半,她从铜陵打工回到家就拿了一个药水箱、带了红色塑料桶、手电筒、农药、弯刀,骑着自行车去田里打农药;现场勘查笔录及照片显示案发现场遗留了自行车、药水箱,且从周某某家中提取到了红色塑料桶及桶内的残留农药包装袋、弯刀。汪某霞、王某凤的证言证实,当天周某某在与她们一起务工回家路上,"讲晚上要去田里打药水,因为我们回去都得要6点钟了,天都黑了,我们就劝她第二天一早再去,她坚持去,因为第二天还得继续到城里干活"。此外,另有周某某的供述与相关证言表明,周某某与许某某两家并无矛盾纠纷,且许某某自己当晚七点出来是为了出门捕鸟,其行踪具有随机性。上述事实表明,当晚,周某某与许某某相遇及案件的发生是偶然事件,周某某并无预谋杀害许某某的动机和表现。

第二,如何确认在许某某用手推、用牙咬试图挣脱绕颈软管时,周某某担心其挣脱软管后会继续侵害自己,于是用嘴咬许某某手部,迫使其松开手,后将软管套回许某某颈部的事实?

该案承办检察官表示,周某某供述"许某某开始用手把其中一道管子往下巴上顶,都顶到嘴边了,后来他还用嘴巴咬着管子,我怕他把管子辇掉,就用嘴咬他的手背,我记得咬了好几口,还把他手背咬出血了"。证人许某国的证言称,"我当时看到周某某胸前衣服有血迹,我还问周某某是谁的血?周某某说是她把许某某手咬破后淌的血"。证人王某凤的证言称,"当时周某某身上有血,我就问血是怎么回事,她就讲是许某某想强奸她时被她咬的"。而从现场勘查照片可以看出,许某某手背、手指均有疑似血迹、伤口,在周某某家提取的上衣照片上可见血迹;尸体检验鉴定书及照片显示,"双手背见片状皮下出血、表面可见条形挫裂创,左手食指见一长为0.7cm不规则浅表创,创角钝、创缘不规则,创深达真皮层";法医物证鉴定书显示,周某某的上衣上面可疑斑迹中检出的DNA与许某某的血样有15个基因座基因型相同,其似然率为8.4648×10^{16}。

"上述证据能够互相印证,如非周某某亲身经历,不会供述得如此翔实,另一方面,也不至于出现其上衣沾染许某某血迹情况,此外,周某某供述的这种对峙过程也具有合理性。因此,这一事实应予确认。"该案承办检察官说。

第三，如何确认案发时周某某曾大声呼救，但期间除了附近一养鸡场方向有人将手电朝案发地照射过一次外，一直无人到现场查看、救助的事实？

据该案承办检察官介绍，周某某供述，"我看许某某没有送我回家的意思，我就开始大声喊'救人哦，这里出人命了'，许某某见我喊就讲'你喊有什么用？'在我喊时，距离五六百米的一家养鸡场那里有人拿手电筒朝我这边扫了一下，后来也没人前来，我心想喊也没用，就和许某某僵持了一段时间"。事发地附近养鸡场的经营户邹某何的证言称，"案发当晚八九点前后，我听到田地里有妇女哭喊的声音，我还出了养鸡场大门，到门口小桥高处用头灯朝妇女哭喊的地方照了有两分钟左右，距离较远也没看到什么，只听到除了妇女哭喊的声音，还有一个男人讲话的声音，具体内容听不清，后来在我回宿舍后，那个妇女哭喊声还持续了有一个多小时"。村干部王某的证言称，"周某某在早上跟我讲事发经过时提到'双方开始拉扯，这个过程中，周某某还看见附近养鸡场方向有人拿灯照，她就开始喊，但那个人也没有过来'，周某某讲她不敢放手"。

"养鸡场的邹某何与周某某之间素不熟识，案发后，周某某第一时间返回本村并于次日清晨投案，能够基本排除二人串供的可能，且次日清晨找到村干部王某，周某某也在第一时间将这一细节告诉他。根据这些高度印证的供述与证言，应认定其客观性、真实性。"该案承办检察官表示。

......

经过仔细审查、细心辨别，该案承办检察官认为，周某某在公安机关的九次讯问、一次参加侦查实验以及在审查起诉阶段接受承办人直接讯问过程中，所作供述基本稳定、一致，对造成被害人死亡结果的恐惧、对其可能要承担法律责任的压力以及紧张感等，都表现得很明显，结合其他证人对周某某一直以来勤劳、老实、胆小等评价来看，周某某编造案件情况、虚构有关事实的可能性极低，其供述具有相当的可靠性、可信度。

"另外,根据上述分析,周某某归案后的供述中至少有六处重要细节能够与其他证据相互印证。其中,有两处关键细节情况(即案发前许某某曾意图与其发生性关系,案发时自己曾大声呼救、长时间与许某某对峙),在能够排除串供可能性的情况下,与证人许某红在案发前所获取的信息、证人邹某何在案发时间段独立观察所了解到的情况相互印证。因此,应充分认可周某某供述的真实性、关联性、合法性,并可以将其作为定案依据。"该案承办检察官说。

经综合分析后,枞阳县人民检察院检委会研究认为:

首先,应排除周某某事先就有杀人的主观故意。理由如下:从行为前双方表现来看,周某某无杀害许某某的作案动机和必要;从行为过程中周某某的表现及许某某死因来看,周某某没有积极追求许某某死亡结果的发生;从事发后周某某与有关人员聊天的情况和周某某投案的积极主动性来分析,在亲眼确认许某某已死亡前,周某某未能确定最后勒紧软管是否导致许某某死亡。

其次,应确认周某某主观上具有防卫意识。理由如下:许某某意图强行与周某某发生关系的情节属实,周某某所作许某某想要对其强奸的辩解具有合理性,应予确认;虽然两人对峙时间长,但周某某保持防卫的意识具有合理性,周某某保持防卫的行为和状态具有必要性;周某某用牙咬许某某手指、手背,并用力勒软管以防许某某挣脱的行为是防止许某某挣脱后继续对其侵害的防卫行为。我国刑法第20条第3款规定,对正在进行行凶、杀人、抢劫、强奸、绑架以及其他严重危及人身安全的暴力犯罪,采取防卫行为,造成不法侵害人伤亡的,不属于防卫过当,不负刑事责任。因此,周某某的行为属于正当防卫。

作出这一认定结论后,枞阳县人民检察院就此层层报请,铜陵市人民检察院、安徽省人民检察院、最高检第一检察厅分别对此进行了谨慎研判。2019年5月25日,铜陵市人民检察院收到安徽省人民检察院对于该案的批复:"本院经检委会研究并按检察长指示请示最高检第一检察厅后认为,周某某构成正当防卫,不追究刑事责任。请及时向当地党委、政法委汇报案件处理情况,并做好释法说理工作。"

一个月后的 2019 年 6 月 25 日，枞阳县人民检察院对周某某作出不起诉决定。至此，这起发生于荒郊野外、直接证据仅为周某某供述的案件依法得到公正处理。然而，对于该案的承办检察官、枞阳县检察院检察官方文兵而言，这起案件留下的反思仍待沉淀。

（三）

作为一名基层检察院的承办人，遇到类似案件的次数并不多。在该案办理过程中，方文兵也听到过多种声音，比如：

有意见认为，对峙过程持续近两个小时，在许某某明显醉酒的状态下，许某某都没有进一步采取侵害的行动，随着时间推移，许某某会逐渐清醒，或许已经放弃侵害的想法，没有必要持续实施防卫行为、保持防卫状态；

也有意见认为，当许某某坐在地上时，显然已经体力不支，他趁周某某放松软管之机推、咬软管，实际不是为了侵害周某某，而是想要求生，此时不具备防卫的条件和必要了；

还有意见认为，当周某某用牙咬许某某的手背、手指，把挣脱到面部的软管又褪回许某某脖颈部位后，就恢复到了控制许某某的状态中，且许某某一直没有严重暴力行为或表现出严重暴力的倾向，没有必要还勒紧软管致其死亡。

"我们对事实的判断，不能脱离当时的情境和周某某本人的心理状态，当时的具体情境不具备期待周某某作出如上意见所述的完全理性的判断和行为。法律不能强人所难。"方文兵说。

在与方文兵的交流中，笔者还注意到了几处细节：第一，周某某家境较为贫困，其丈夫长期在外务工，由于要供两个女儿读书，经济压力较大，周某某除了从事繁重农活之余，还常常外出打零工。案发当天，即使是在经过一天务工劳作的情况下，她还连夜去干农活、以免耽误第二天出去打工。第二，案发后，周某某曾请求知道案情的有关证人，"如果许某某人没死，就不要对外张扬，毕竟是件'大丑事'"。第三，案发前，许某某有一次趁四下无人调戏她，想要强行与其发生关系，周某某将其骂走后便放在心里，只是在老公外出打工回来时提及此事，后再也没有张扬。第四，案发后第一时间向同村有关人员陈述大致经过，并于次日清晨与村干部王某一同前去现场查看情况，在归案后多次对造成许某某死亡表示后悔，甚至情绪崩溃后大哭。

与前面几起案件相比，该案发生后，并未受到舆论过多关注。"周某某本人对其造成许某某死亡的结果表示愿意承担有关责任，但我们不能因为周某某认错忏悔就顺水推舟追究本不应由其承担的责任，无论是从法理还是情感上，都说不过去，我们始终持有一个信念：无论如何，都应对周某某的行为给予公正的评价，依法作出正确处理。"方文兵表示。

值得一提的是，在审查起诉阶段，在讯问快结束时，方文兵问了句："还有要补充的吗？"周某某沉默了一会说："这个丑事我不好讲。""让你补充说的话，不管是什么方面，都可以讲。希望你实事求是地向我们反映有关事实、想法。"在方文兵的耐心开导劝说下，周某某敞开了心扉，说出一个此前没有透露的细节。

"在许某某坐到地上后，他还讲要跟我发生关系，他说他晓得我明天要到铜陵去做小工，他讲如果不行晚上就再到我家里去，因为错过今晚，下次也不可能再有这样的机会了，他讲'我也晓得你不会对我怎么样的'……"听完后，周某某更加忐忑不安，她冲着许某某说："你今晚不把我害到是不会罢休的。"许某某听后没有答话。

这个细节在方文兵看来，十分关键。"不能因为许某某没有更进一步的暴力言行，就认为或者要求周某某认为许某某已经停止侵害意图，就要求周某某终止防卫行为，反而更应当认可周某某觉得自己手中的软管是控制对方进一步侵害的'救命稻草'想法。"方文兵表示。

"有一点需要特别指出，就是如何关注案件细节。人们常说，魔鬼隐藏在细节之中。细节很重要，一定要将细节置于案件之中，将案件置于当时当地大的社会背景之下。"中国政法大学刑事司法学院教授曲新久认为。

为何会选择上述案件作为正当防卫不捕不诉典型案例发布？最高检第一检察厅苗生明厅长表示，2019年，检察机关起诉强奸犯罪人数

法不能向不法让步：正当防卫类案纵横

位于所办理的刑事犯罪数第 10 位,且多年持续高发,严重侵害了妇女的性权利和身心健康,有的还因此失去了生命。因此,需要进一步提升人民群众依法保护自身合法权益的意识,充分保障和尊重妇女人身安全,鼓励其勇于同违法犯罪行为作斗争。

三、反抗非法传销组织致死，如何认定
——以盛春平案为例

除了强奸犯罪外，正当防卫不捕不诉典型案例中受到较多关注的还有一起涉传销犯罪案件——江西省宜春市高某波正当防卫不起诉案。笔者了解到，从 2019 年办案数据看，全国检察机关起诉组织、领导传销活动罪 9683 人，位于所办理的刑事犯罪数量的第 30 位，略低于故意杀人罪。

"传销犯罪近年来处于多发态势，非法传销往往伴随着对公民人身权利和财产权利的严重侵害，容易滋生黑恶势力违法犯罪，防卫人往往力量对比明显失衡，面对不法侵害如不采取防卫行为将可能遭受严重侵害。"苗生明表示，防卫人在被骗入传销组织后，其人身自由、健康、安全面临遭受传销人员不法侵害时，面对多人围殴，尽管不法侵害人没有持器械，防卫人持刀反击，造成伤亡结果的，应从防卫人的角度设身处地考虑防卫行为是否明显超过必要限度。

从近年来已经发布的涉正当防卫的指导性案例以及典型案例来看，与高某波正当防卫不起诉案场景有些类似的，还有盛春平正当防卫案。后者也是"两高一部"发布《指导意见》时配发的 7 个涉正当防卫典型案例之一。

近年来，由于暴力传销组织往往会实施故意伤害、抢劫、非法拘禁等犯罪行为，被骗入传销组织的受害人实施反抗，造成传销人员伤亡的案件时有发生。如何依法、准确办理此类案件，社会各界普遍关注。盛春平正当防卫案和高某波正当防卫不起诉案，一先一后发生，都因涉及传销组织而备受关注。而两起案件在办理过程中值得借鉴的点也各有特色。

（一）

时间回溯至 2018 年 7 月 9 日，一位名叫郭某的女网友主动加盛春平为好友，此后，两人几乎每天都通过 QQ 联系。

"我们有逐渐向男女朋友发展的趋势。郭某告诉我她在杭州一个超市当服务员，让我去杭州见一面，如果合适就可以交往。"盛春平在接受讯问时表示。

2018 年 7 月 29 日，盛春平购买了一张山东至杭州的汽车票。到达杭州时已经是 30 日凌晨。天亮后，盛春平接到郭某的电话，让其买车票直接去桐庐县。

抵达桐庐后，郭某带着一个女性朋友来接站，三人一起打车来到某超市旁边的肯德基聊天 2 小时。之后，郭某等人将盛春平带到一栋老旧小区的出租房里。

在出租房的客厅，盛春平见到了郭某口中的"表弟"。当一直被劝说到卧室休息时，盛春平开始感觉有点不大对劲，便找了个理由说想去洗手间。郭某的女性朋友说"厕所堵了"，此刻盛春平心中更为疑惑，就想着找机会离开那里。而后郭某的表弟敲了下旁边卧室的房门，这时，一位身着白衣的男子成某从卧室走出来。盛春平多次要求出去，却一再被阻止。

"我要出去，你们放我走吧。"盛春平从口袋里拿出一把水果刀一边央求道。

遭到拒绝后，客厅里的 4 个人开始逐渐靠近盛春平，并劝其将刀收起来。僵持了一会儿后，郭某表示可以让其走。然而，盛春平快走到门口时，郭某朝卧室方向喊了一声"叔叔"，卧室又出来三个男子将其围住。

"如果你们要钱的话，我可以都给你们。"盛春平惊恐地说。

成某等人并未理会，开始逐渐围上来试图夺取盛春平手中的刀。慌乱之下，盛春平持刀挥刺，划伤了成某右手腕及左颈，刺中了成某的左侧胸部。

"他受伤了，赶紧送他去医院吧。"说完后，盛春平放弃随身携带的行李便夺门而出。

当日，郭某等人将成某送往医院治疗。2018年8月4日，成某出院后，未遵医嘱继续进行康复治疗。一个星期后的8月11日，成某在传销窝点突然昏迷，被送医后抢救无效死亡。经法医鉴定，成某因左胸部遭受锐器刺戳作用致心脏破裂，在愈合过程中继续出血，最终引发心包填塞而死亡。

桐庐县公安局于2018年8月12日接受报案并立案侦查，同年8月13日盛春平在山东被刑事拘留。同年8月27日，经桐庐县人民检察院批准，公安机关依法执行逮捕。2018年10月24日，案件被移送桐庐县人民检察院审查起诉，该院于2018年11月20日将案件报送杭州市人民检察院审查决定。

（二）

盛春平的发小王某在案发后接受询问时表示，"盛春平虽然话不多但也不内向，一般下班就回家，比较热心肠，平时跟朋友、同事关系都还挺好，也没听到过打架之类的事情发生。"

"案发时的水果刀是之前买的，在家中写字台抽屉放了有5年了。"盛春平的父亲说。

杭州市人民检察院在审查时认定，案发时，盛春平并不知道对方是传销组织人员，也不知道对方的意图。同时，案件发生时间很短，进入传销窝点后，盛春平的恐惧感不断增强，后其用随身携带的水果刀挥舞，目的是逃离，却在挥舞中刺中了上前夺刀的成某。

2019年3月26日，笔者在浙江省女子监狱见到了因非法拘禁罪被判处有期徒刑一年七个月的郭某。郭某透露，她是2017年4月被骗到该传销组织的，进入该传销组织已近两年。"一般'新人'进来后，会被考察一段时间。在考察期间，如果'新人'不听话，就会受到体罚，比如，罚站罚蹲，甚至还可能被泼冷水、打耳光。"

作为邀约盛春平去浙江省桐庐县见面的网友，网名为"百花蓉"的郭某坦言，自己被分配的任务是去车站接人。

"在进出租房之前，我告诉盛春平，房间里一共住一男两女三个人，后来成某出来后盛春平感觉人数不对，并且一直被劝进入卧室，盛春平可能觉得害怕，就从右边口袋里拿出一把水果刀。"郭某告诉笔者，盛春平没有做错什么，她相信法律是公正的。

在离开浙江省女子监狱前，郭某低下头低语了一句："如果当时没有被骗，现在我可能已经结婚了吧。"这句话仿佛是说给自己听，却有着一股令人动容的心酸。

"对于该案的认定，我们审查全案证据、综合分析后认为，盛春平对防卫行为方式的选择是合理且必要的。第一，案发时，双方人员力量对比悬殊，盛春平不借助防卫工具无法实现防卫目的；第二，案发时的环境封闭、隔绝，盛春平在慌乱和惊恐的状态下，身心处于应激状态，要求其对防卫手段的选择、对防卫程度的把控作出精准判断，既不客观，也不合理；第三，双方对峙时，盛春平先试图躲避，而后才拿出水果刀警告，当时他一边退向门口，一边持刀进行警告，这个过程中，并无蓄意主动加害的故意和行为；第四，盛春平并非刻意选择工具，所持的是日常使用的折叠水果刀；第五，盛春平在防卫过程中仅刺中其中一名非法侵害人，且未实施进一步的侵害行为，之后放弃行李仓促间离开现场，足以反映出其防卫目的。"该案承办人、时任杭州市人民检察院公诉一部主任张洪阁表示。

据张洪阁介绍，案发后，成某被送往医院，经救治后伤情稳定，生命体征平稳。在出院后，医院建议其到当地医院进一步康复治疗，注意休息，避免情绪激动，注意康复锻炼。但成某并未遵医嘱进入当地医院进一步康复治疗，存在怠于送医、疏于照看等情况，后成某在传销窝点突发昏迷，被送至医院抢救无效死亡。"可见，成某死亡结果的发生，存在多种因素的共同作用，所以，不能将此作为判断和评价防卫行为是否超过必要限度的唯一因素。"

2019年3月22日，杭州市人民检察院通过官方微信发文："对涉嫌故意伤害罪的盛春平作出不起诉决定，认定盛春平的行为属于正当防卫，依法不负刑事责任。"

在杭州的采访接近尾声时，作为当事人的盛春平，生活已经开始回归到正常轨道。笔者通过电话与盛春平交谈了十多分钟，言语间，他既有对法律公正的感激，也有希望生活不被打扰、归于平静的期待。

之所以着较多笔墨对盛春平案进行详说，是因为该案案发时间相对较早，依法作出不起诉决定的时间是2019年3月，与前面所述的福建赵宇案、涞源反杀案、河北董民刚案作出不起诉决定的时间较为接近。

当时，司法实践中长期存在的正当防卫认定难、条件严的问题在一定程度上仍然存在。尽管有数起个案在先，依法予以认定，最高检也发布了第十二批指导性案例予以指导，然而，对于个案中的防卫时间认定、防卫主观认定等问题的争议和探讨也在继续。因此，盛春平案依法被认定为正当防卫，更为难能可贵。

（三）

在最高检2020年11月发布的6起正当防卫不捕不诉典型案例中，有一起是宜春市高某波正当防卫暴力传销不起诉案。

2018年3月5日上午，高某波被传销人员陶某某以谈恋爱为由骗至宜春市袁州区。根据传销组织的安排，陶某某将高某波带入传销窝点，郭某某、缪某某、张某某、刘某某四人要求高某波交出手机，遭到高某波的拒绝。

因高某波情绪激动，在房间外的安某某和孟某某也进入房间，帮助控制高某波。随后，孟某某抢走高某波的手机，安某某用言语呵斥、掐脖子等方式逼迫其交出钱包。

见高某波仍不配合，在房间外的梁某某和胡某某也进入该房间共同控制高某波。高某波从裤袋内拿出随身携带的折叠刀（非管制刀具），要求离开。安某某、张某某见状立即上前抢刀，其他同伙也一齐上前欲控制高某波，其中张某某抱住高某波的左手臂，郭某某从背后抱住高某波的腿部。高某波持刀挥舞，在刺伤安某某、张某某、梁某某等人后，逃离现场。安某某胸腹部被刺两刀，经抢救无效死亡。经鉴定，安某某因锐器刺击导致心脏破裂死亡；张某某枕部软组织创口，损伤程度为轻微伤；梁某某左手拇指软组织创口，损伤程度为轻微伤。

相比于本书前面提及的涉正当防卫案件，盛春平正当防卫案和高某波正当防卫不起诉案，当事人盛春平和高某波均面临相似情境，在被骗入传销组织、人身自由、健康、安全遭受传销人员不法侵害时，面对多人围殴，在人数力量对比悬殊的情况下，动用刀具等器械进行反击，造成侵害人重伤死亡结果。

在论及有关法理之前，笔者想到清华大学法学院教授张明楷曾专门撰文论述正当防卫与故意伤害罪的界限时指出，正当防卫不成立犯罪是家喻户晓的法律规定，但是这并不意味着司法机关能够准确适用刑法规定。在文末，张明楷还生动地提到一个"悖论"——若我先殴打你，如果你不反击，我不必负刑事责任，因为你只会忍气吞声；如果我先殴打你，你反击造成我轻伤，我们属于相互斗殴，你要承担刑事责任和民事责任，我也能占到便宜；如果我对你实施轻伤害行为，你反击造成我重伤，你要承担刑事责任与民事责任，而我不仅不承担刑事责任，反而能得到民事赔偿。在这种局面下，一些人当然愿意先动手殴打或者伤害他人。

这个有趣的论述令人印象深刻，却也给予了我们更多思考空间。从盛春平正当防卫案和高某波正当防卫不起诉案的处理结果（均为正当防卫）来看，传递出了这样一种信号：在被骗至传销窝点，面对多人非法限制其人身自由、对其围攻，强制其加入传销组织，为摆脱困境实施防卫，持刀反击，其行为虽然造成一人死亡等客观后果，但从防卫人面对多人围殴的场景和情势急迫状况来看，持刀反击的行为并没有明显超过必要限度。

清华大学法学院教授张明楷表示，不可认为，只要造成重伤，而不法侵害又不属于正在行凶等严重危及人身安全的暴力犯罪，就属于防卫过当。

"在正当防卫中，一直到防卫人采取防卫措施实施反击之前，危险是否发生都还处在侵害人的掌控中。而正是由于不法侵害人自己的行为将其带入与防卫人利益冲突的境地，也就是说，不法侵害人身陷险境是因为其非法侵犯他人权利造成的。既然不法侵害人引起了自己与他人利益的冲突，那么，不法侵害人值得保护程度就低于防卫人，为消除该冲突所需付出的代价就应当由不法侵害人来承担。"中国人民大学法学院副教授、博士生导师陈璇说。

值得一提的是，在办理高某波正当防卫不起诉案过程中，江西省宜春市袁州区人民检察院在作出不起诉决定后，2019年1月16日，该院承办检察官前往位于陕西省西安市的不法侵害人安某某家中，向其父亲、姐姐开展释法说理工作，详细介绍了审查认定的事实经过，检察机关的办案过程及相关法律规定，并听取了安某某家属的意见。

在了解到安某某家中生活较为困难后，2019年3月21日，该案承办检察官召集高某波与安某某家属双方，在西安市未央区三桥新街派出所进行调解。高某波表示自愿支付5万元对安某某家属进行补偿，安某某家属接受检察机关的不起诉决定，并对高某波的行为表示谅解。

"在依法严厉打击传销犯罪的同时，支持遭受传销组织不法侵害的公民正当防卫，同违法犯罪活动作斗争。将案件当事人的行为依法认定为正当防卫，有利于依法保护公民正当防卫权，有利于震慑犯罪，遏制传销犯罪的蔓延。"最高检第一检察厅负责人认为，检察机关在秉持客观公正立场、严格依法规范办案过程中，还要注重释法说理，提升办案质效。

那么，对于正在进行的共同不法侵害行为，防卫人反击，造成暴力程度较低的不法侵害人死亡的，是否影响防卫性质的整体判断？最高人民法院、最高人民检察院、公安部《关于依法适用正当防卫制度的指导意见》规定，正当防卫必须针对不法侵害人进行。对于多人共同实施不法侵害的，既可以针对直接实施不法侵害的人进行防卫，也可以针对在现场共同实施不法侵害的人进行防卫。

四、家庭暴力中的正当防卫，如何认定
——以华某反抗家暴杀夫案为例

在收录了28位被家暴妇女口述访谈个案、由中国社会科学出版社出版的《妇女受暴口述实录》一书中，一位受虐妇女曾说："他（被家暴女子的丈夫）说时候到了的那一刻，我能感觉到他要杀死我。"这让她意识到，在"时候到了"时只有杀死他，自己才能幸免于难。

基于对生命健康权的保护，对家庭暴力中的身体暴力，受暴者无疑是享有防卫权的。然而，与一般正当防卫的主体相比，家庭暴力中的受暴者和施暴者互为家庭成员，就社会层面而言，有时难免会仅将其视为家庭矛盾，然而这种宽宥施暴者的态度也为受暴者以暴制暴行为埋下了隐患。

那么对于家庭暴力中受暴者以暴制暴行为应如何认定？司法实践中，对于此类行为性质认定还存在哪些值得探讨的难点？

（一）

在儿子陈一（化名）的印象中，父母经常吵架，在吵架时，父亲还常常会动手打母亲，甚至拿东西砸向母亲。

"大概两年前的一次吵架过程中，我爸用皮带把我妈的头抽到出血，后来还去医院缝了几针。我爸打我妈的时候，我妈从来不还手。"在陈一的眼中，母亲华某是一个比较软弱的人，但是特别顾家，而父亲陈建祥（化名）则似乎永远感觉自己是对的，"他常常活在自己的世界里，一遇到问题就怪别人，不从自己身上找原因"。

在老三陈建立（化名）眼中，"哥哥是个暴脾气，容易冲动，在年轻时经常跟人家发生争执，甚至打架。嫂子华某则比较忠厚老实，话也不多。他们两人吵架一直都有,只是最近这一两年吵得更频繁了,一般吵架就是哥哥陈建祥在家砸东西,华某都是能忍就忍,能躲就躲。"

"几年前,他们夫妻吵架,在上海打工的侄子陈一回来将华某带到上海去了。"在老二陈建中的印象中,哥哥知道后非常生气,"他在家里发脾气,还把华某放在家里的衣服烧了几件,甚至还说气话'他们不让我好过,我就把家里都毁掉,把房子烧了,再在家里自杀'。"

说回这起案件的当事人华某,她初中毕业后,做过缝纫,之后在自家开的饭店工作,25岁时嫁给陈建祥,后两人一起做些卖卤菜等小生意。

2019年2月11日上午11时前后,华某和丈夫陈建祥来到当地民政局,准备办理离婚手续,但由于两人在民政局发生口角,财产分割也未达成一致,陈建祥离开了民政局。

随后,华某去了母亲家,午饭后回到家中,看到陈建祥正在二楼靠在床上一边抽烟一边看电视。

"你回来了啊?"陈建祥大声说道。应了一声后,华某就下楼了。

没一会儿,华某听到陈建祥下楼的声音,冲着她所在的厨房一边走一边说:"你回来了,老子今天要把你搞死,你活不过今晚7点钟,我用刀子把你搞死……"他看起来喝了不少酒,眼睛直勾勾的,脸色有些发白。当走到厨房后门时,陈建祥把厨房方桌上的玻璃果盘摔到地上,并将厨房后门上了锁。

用拳头捶了几下华某的头,用脚踹了两下她的肩膀后,陈建祥直奔堂屋的卷闸门,将卷闸门锁死。然后他来到华某身边,抓住华某的头发,把原本坐在凳子上的她一把拖到地上,一边说着"跟我到楼上去,老子要把你搞死",华某吓得在原地不敢动。

"你还是怕死啊!我把门锁死了,你在下面也是死。"陈建祥说。

由于拽不动华某,陈建祥就打开厨房的柜子门,从里面拿出东西就向后门砸去,后又转身开始拖拽华某,华某依然没有起身,陈建祥又双手端起煤气灶上的炒锅,朝厨房的窗户玻璃砸去。

随后,陈建祥从煤气灶下面的柜子拿出一把刀,朝华某身体方向刺过来，华某吓得身体迅速向右翻了一下，"他手里的刀子掉地上了，又朝向水槽的方向走去，水槽旁边的菜板下面是菜刀，我想他去拿菜刀了。我把他掉在地上的刀子捡到后，赶紧爬起身。"

拿到菜刀的陈建祥开始追着华某砍，华某在厨房转着圈躲，两人在厨房转了几圈后，华某想跑到空间更大些的堂屋。这时，陈建祥将身体靠在厨房前门，"你的死期到了，让你过去你也不敢过去，你到了堂屋也是死，堂屋的门被我卡死了"。

说着，陈建祥举着菜刀的右手开始向下落，刀口朝下，对着华某的方向。华某用手里的刀子朝陈建祥挥过去。"当时我很害怕，看到他右脚向前跨了一步，并继续拿着菜刀朝我砍过来，我也朝他继续挥着刀，具体几次我记不清了。我看见他拿菜刀的右手垂下来了就停止了，这时，看到他的棉毛裤上面有血流下来。"华某说。

"你流血了，我把大门打开带你去看。"听见华某这么说，陈建祥说了句："老子流血也死不了，还是要先把你搞死。"

华某走向堂屋的卷闸门，想着打开门喊人过来帮忙。"把他送到医院去看，但是当时门锁已经给他砸坏了，搞不开，我还问他钥匙放在什么地方，他没理我。然后我拿起手机给小哥华明打了一个电话，让他过来帮忙把陈建祥送到医院去。"

华明喊了他的大舅子一起，从华某打开的厨房后门来到家里，看到这情形，三人在着手准备将陈建祥送医过程中同时报了警。后陈建祥经抢救无效死亡，经鉴定，其血液中乙醇含量为 74.9mg/100ml。

2019 年 2 月 12 日，安徽省广德县公安局以华某涉嫌故意伤害罪立案侦查。

据悉，案发后，陈建祥的大姐、两个弟弟以及其儿子陈一，均表示事发当天陈建祥的死亡对华某来说确属迫不得已和意外，对华某的行为予以谅解，请求对华某减轻或者免于处罚。

2019 年 2 月 20 日，公安机关以华某涉嫌故意伤害罪提请批准逮捕华某。安徽省广德县人民检察院审查后认为，该案事实不清、证据不足，且华某可能构成正当防卫，理由如下：

第一，陈建祥的行为可能属于刑法第 20 条第 3 款规定的"行凶"。华某关于长期遭受家庭暴力的供述有其他证据佐证。本案案发现场系封闭环境,华某辩解其系在陈建祥持菜刀多次追砍的过程中,躲闪不了,遂捡起之前陈建祥持有的水果刀刺向陈建祥,想让陈建祥感觉到疼痛,不再对其继续追砍。结合现场勘查笔录等证据,该辩解具有一定合理性。综合在案证据分析,陈建祥在案发时可能是在持菜刀追砍华某,华某的人身安全处于现实的、急迫的和严重的危险之下,陈建祥的行为符合"行凶"的特征。

第二,华某的行为可能具有防卫性质。经在案证据证实,华某本分老实,陈建祥好饮酒、脾气暴躁,且对华某长期进行家庭暴力。华某对陈建祥的家庭暴力行为一直持容忍态度。根据华某供述,双方打斗的起因是陈建祥酒后施暴,扬言要砍死她,且陈建祥之前将大门紧锁并用螺丝刀将门卡死,在陈建祥持菜刀追砍华某的过程中,华某无处可逃,且二人身高差距较大,体能力量悬殊。此时虽然华某还没有因陈建祥的侵害行为而受到严重伤害,但其人身安全面临紧迫的、现实的危险。可见,华某刺死陈建祥具有偶然性。华某可能具备防卫的正当性和合法性。

广德县人民检察院在给出不批准逮捕理由后,决定暂不予批准逮捕华某。同时,还列出详细补充侦查提纲,建议公安机关对该案进行补充侦查。随后,在进一步核实在案证据、补充相关证据材料并充分论证研讨后,公安机关以华某构成正当防卫作出撤案决定。

(二)

在中国裁判文书网,以家庭暴力为案由进行搜索,可以发现大部分涉及家庭暴力案件的起因主要包括一方不同意离婚、感情破裂、赌博、吸毒、酗酒、不生育以及婚外情等,由此引发受暴者反抗造成重伤或者死亡的案件起因条件占比较高的是妇女长期遭受丈夫家庭暴力。在这些案件中,受暴者的辩护人往往会提出受暴者的行为系正当防卫的辩护意见。

2015年3月,最高人民法院、最高人民检察院、公安部、司法部联合发布的《关于依法办理家庭暴力犯罪案件的意见》指出,要准确认定对家庭暴力的正当防卫。为了使本人或者他人的人身权利免受不法侵害，对正在进行的家庭暴力采取制止行为，只要符合刑法规定的条件，就应当依法认定为正当防卫，不负刑事责任。

笔者注意到，在2015年之前，司法机关在一定程度上考虑到了家庭暴力中杀夫行为系家庭矛盾激化引发，与一般严重破坏社会治安的犯罪有所不同，对酌定从宽情节作了相应考量，但仍从犯罪构成角度承认了受虐妇女"以暴制暴"行为的不法性，大多未将其在违法本质上与普通故意伤害、故意杀人罪加以区分。而2015年之后，此类行为被认定为防卫过当的案例逐渐增多。尤其是在2018年以来，被认定为正当防卫的案件数量开始呈现增长趋势。

从正当防卫的构成要件角度而言，家庭暴力案件往往在防卫时间和防卫限度的认定方面，并未完全符合构成要件的要求，而从情理角度来看，又存在一定的争议和分歧。

比如，有人提出，家庭暴力应该看作是一种长期持续的侵害行为，作为整体来把握，因为不少现实情况是，施暴者将就受暴者打倒在地后，受暴者出于畏惧或体能悬殊，可能无法站起来反抗，此时要求其对施暴者进行防卫有些强人所难。

还有人提出，受暴者无法预测下一次家暴何时会到来，他们可能终日处于提心吊胆的状态下，而这一切都源自施暴人的恶劣行为。正如"雪崩的时候，没有一片雪花是无辜的"，家庭暴力案件中的起始原因不同于普通案件中的一次突如其来的侵害，而是施暴者长期加害行为累积的效果。因此，在不法侵害尚未开始但受暴者根据以往经验判断出施暴者即将开始施暴或是不法侵害已经结束的状态下，虽然没有正在进行的不法侵害，那么，受暴者是否仍有权进行反抗？毕竟成立正当防卫的起因条件是存在不法侵害，且通常是针对不法行为进行防卫。

上述关于家庭暴力中的难点问题，如何从天理、国法和人情角度进行综合考量，如何进一步完善制度构建，仍需进一步探讨，但秉持客观公正立场是一以贯之的核心要义。过犹不及，非司法之追求。

正如张军检察长所言，涉及正当防卫问题，司法实践中也要防止法律适用中的矫枉过正，特别是要注意确属防卫过当，或者本不属于正当防卫的斗殴、伤害行为，比如，防卫过当、假想防卫等，因为受一时舆论的影响，把不是正当防卫的案件作为正当防卫处理。如果那样，违背立法本意，社会治安秩序将受到严重挑战。

在反家庭暴力法正式实施约五年之际，2021年4月，最高检发布6起依法惩治家庭暴力犯罪典型案例。

"反家庭暴力法实施五年来，家暴是违法犯罪行为的观念逐渐得到认同，不再被认为是'家事''私事'。"最高检第一检察厅负责人表示，民法典颁布实施，强化了公民人格权保护，婚姻家庭编更是明确禁止家庭暴力，禁止家庭成员间的虐待和遗弃。这对于巩固、发展平等、和睦、文明的婚姻家庭关系，保护妇女、儿童、老人合法权益具有重要意义。要通过贯彻落实反家暴相关法律，真正把这种精神内涵、基本理念融入办案全过程。

第三部分

检察官办案感悟

一、于海明正当防卫案办案体会

距离 2018 年 8 月 27 日轰动全国的于海明正当防卫案案发已经过去两年多，但每每提到这个案件，那几天的经历仍旧会像放电影一样一幕幕在我眼前闪现，当时身处舆论中心的我们并不知道，这个案件将会对正当防卫制度的适用以及司法理念的变革带来如此深刻的影响。作为于海明正当防卫案提前介入的参与者之一，这个案件也让我感受很多。

（一）事实，事实，还是事实

案发第二天下午，现场监控视频突然在微信朋友圈迅速转载扩散，引发网民热议，视频中嚣张跋扈的"宝马男"与"自行车男"的阶层对比，强烈刺激着公众的神经，挑战群众的道德底线，并对于海明的行为判断呈现出一边倒的肯定态势，是新中国成立以来罕见的全民高度关注的刑事案件。

事实自有千钧力！无论办理什么案件，查清案件事实总是最基础、最根本的，对于有防卫性质的命案，则更要在精准查清案件每个细节的基础上予以判断，特别是案件背景、起因、防卫人的行为是否"明显超过必要限度"、侵害行为是否属于"行凶"、不法侵害是否"正在进行"，等等，只有准确查明案件事实，我们才可能在此基础上判断案件性质。于海明正当防卫案恰有路面监控完整记录了案发经过。为了完全复原案件事实，我们和侦查人员一帧一帧反复查看现场监控录像数十遍，查清于海明 7 秒中的 5 刀分别捅刺刘海龙的腹部、臀部，砍击其右胸、左肩、左肘，根据法医鉴定，刘海龙因腹部大静脉等破裂致失血性休克而死亡，也就是说致命伤是在腹部。根据监控确定于海明第一刀是垂直捅刺,部位为被害人腹部,也就是说于海明捅刺的第一刀就是刘海龙的致命伤!这也为后来认定正当防卫打下了坚实的事实基础。

(二)法无须向不法让步

长期以来,司法机关对于正当防卫制度的适用趋于保守,不敢或不善于适用正当防卫制度,将本属于正当防卫的行为认定为防卫过当甚至认定为普通故意伤害、故意杀人的现象仍然客观存在,所以有学者批评正当防卫制度一定程度上处于"休眠"状态,成为"僵尸"条款,未能发挥其应有的作用。回顾我们办理的一些案件,这种批评意见不无根据和道理,值得我们认真反思。正如该案案发后,司法界很多人认为于海明的行为具有防卫性质,但是在刘海龙被砍后已经逃离的情况下,于海明仍持刀追砍,造成对方死亡,是否超过必要限度,构成防卫过当?虽然刘海龙嚣张跋扈,从情理上都支持认定于海明构成正当防卫,但是按照以往的经验来看,被认定为防卫过当的可能性更大,如果能判个缓刑就已经是一种胜利了。

产生上述状况的原因很复杂,既与理念认识偏差有关,与立法过于抽象有关,也与司法环境不够理想有关。我们长期受"唯结果论""死者为大"等观念的影响,逐渐形成了"谁伤谁有理""谁死谁有理"的思维定势,当刑事案件的定性需要在正当防卫、防卫过当、故意伤害甚至故意杀人之间做出选择的时候,严格依法认定为正当防卫,并非易事。

所以,当案件的最终处理结果出来后,我们在感到大快人心的同时,也猛然发觉:原来这么多年我们的司法理念都太保守落后了!"江苏检察在线"2018年9月1日发布的《为什么认定于海明的行为属于正当防卫——关于昆山"8·27"案件的分析意见》一文中写道:正当防卫的制度价值就是优先保护防卫者,正当防卫的实质在于"以正对不正",对于防卫者应当优先保护。司法不是和稀泥,不是不分对错、各打五十大板了事,虽然"死者为大",但是也有"死有余辜"的说法。司法的功能不仅仅在于"据法裁判"纠纷解决,更重要的是对行为进行法与不法的准确评价，进而推动形成新的社会规则。

（三）司法应与民意良性互动

汹涌的舆情给了我们很大压力，在舆情一触即发的紧要关头，我们的处理结论有任何偏差都将把司法机关推向风口浪尖。司法机关在缜密侦查案发现场、深入分析案件证据、准确理解相关法条的基础上，顺应了公众直接朴素的正义观，认定于海明的行为构成正当防卫。通报发布后，舆论场一片欢呼，超过九成网民为昆山市政法机关点赞。昆山市检察院微信、微博阅读量在十日内达627万，点赞7万，留言1.2万条，留言点赞量31万；央视新闻新浪官方微博上"检方释法"视频播放366万次、转发3182条、点赞6382个，收到全国各地网民赠送的锦旗10面。这一决定的作出，不仅警示了那些恶意滋事者，更重要的是向社会传递了"法不能向不法让步"的价值理念。"办案应当兼顾天理国法人情""以正制不正"——在本案中，司法机关发出的铿锵声音激荡人心，开启了一场生动的全民法治教育课。

民之所盼，即法之所向。司法需要回应社会关切，更要秉持理性、客观的态度，"舆论越喧嚣，司法越冷静"。越是群情激奋，越是舆论热议一边倒，司法越需要保持冷静、理性、平和，千万不能被民意牵着鼻子走。但是，司法也绝不是处于真空之中，需要平衡各方面利益，考虑法理法情、常理常情、民理民情，尊重民众的朴素情感和道德诉求，反映社会的普遍正义观念，才能始终坚守维护公平正义的善意。本案正是司法机关综合全案事实，依据法律条文、立法精神、价值判断，作出了一个合乎天理国法人情的决定，维护了公平正义，也顺应了民情民意。

（四）唤醒"沉睡"的条款

如前所述，有学者诟病正当防卫条款是"僵尸"条款，认为我国的正当防卫制度一直在沉睡。所以在于海明认定正当防卫后，有学者称该案唤醒了"沉睡"的正当防卫条款，但"唤醒"后，如何让有影响的案件更有影响，使正当防卫条款在激活后不再沉睡，是案件审结后检察机关一直在思考的问题。

首先，从司法实践来看，于海明正当防卫案树立了正当防卫办案标杆，此后有不少案件都被认定为正当防卫，如涞源反杀案、邢台董民刚案、福建赵宇案等。当然，这只是被报道出来的一部分，还有很多没有被曝光的案件，这些案件都让人们看到了正当防卫制度的强大生命力，使得正当防卫条款不只书写在条文里面，而是真正地鲜活在了巷陌之间。

其次，从学术讨论来看，2018年9月，国家检察官学院和中国犯罪学学会举办"法·善"系列沙龙之经典案例研讨第一期《正当防卫中的天理、国法、人情》；2019年6月，高检院组织了一场正当防卫专题座谈会。案件承办人和法学专家学者们畅谈正当防卫制度的理论和实践。法学家们交流了对于海明正当防卫案及其他正当防卫典型案例的看法，对我国正当防卫制度适用的现状和未来提出了中肯的意见。理论和实践的相互交锋、碰撞，带给我们很多深层次的思考，对于今后我们如何更好适用正当防卫制度指明了方向。

最后，从制度规范来看，2018年12月，最高人民检察院第十二批指导性案例公布，包括于海明正当防卫案在内的4个涉正当防卫案件入选，进一步明确对正当防卫权的保护，积极解决正当防卫适用中存在的突出问题，为检察机关提供司法办案参考。2019年3月，苏州公检法三部门会签了《关于在办理案件中准确认定防卫性质的意见》，规定了正当防卫案件的判断原则、正当防卫的判断要素、防卫过当的判断、特殊防卫权的判断、在聚众斗殴或互殴案件中合理认定防卫性质、准确区分犯罪行为等内容。2020年8月28日，在距离于海明正当防卫案案发两年之际，最高法、最高检、公安部联合印发了《关于依法适用正当防卫制度的指导意见》，对依法准确适用正当防卫制度作出了较为全面系统的规定。2021年，根据高检院安排，江苏省人民检察院起草了《关于加强涉正当防卫案件严格把关的意见》。对于涉正当防卫案件的认定，将会逐渐构建出融法律制度、司法解释、办案规范三位一体的机制，从而在司法实践中有效落实正当防卫制度。

二、关于赵宇正当防卫案的一些思考

新的时代背景对检察工作提出了更高的要求，当前的检察办案已不能就案办案，执法办案不仅要知其然，还要知其所以然，要突破司法"工匠"的局限，深入思考挖掘案件背后的深层法理基础、社会背景，注意办案的辐射作用，延伸效果。作为新时代的检察官，必须要熟练掌握法律，精准适用法律；要勇于担当，坚守立法本意；要跟紧时代脚步，及时更新理念；要提高素能，妥善应对舆情；要敏感警觉，重视请示报告。

（一）准确把握防卫过当中的"明显超出必要限度"

正当防卫是否过当的认定关键，在于"明显超过必要限度"的"度"的认定，该认定应综合全案证据、事实，以社会公众的"一般人"标准，采取有利于防卫人的原则来认定事实，并判断防卫人行为。

首先，要结合全案进行整体判断，防止机械判断，防止唯结果论。对于防卫过当既要看防卫结果，也要针对侵害行为看防卫行为、手段是否明显超过限度；既要看防卫时间点，也要看防卫前因和侵害行为可能带来的后续延伸，要进行整体判断，防止机械判断，防止唯结果论。从赵宇案的办理过程看，存在对李华重伤伤情的唯结果标准倾向，且对赵宇脚踩行为割裂于整体防卫现场，忽略了前因与行为延伸。其次，准确把握社会公众的"一般人"标准，避免做"事后冷静人"。对公民遇到不法侵害时防卫行为的选择及程度要进行合理的分析。要设身处地充分考虑防卫人面临不法侵害的紧迫性，对可能实施的侵害种类及程度难以当即做出准确判断的客观性，而不能在事后办案中判断防卫人行为。最后，在防卫限度难以判断，或者存在较大争议时，应充分支持公民行使法律赋予的"以法对抗不法"的正当防卫权,坚决贯彻"有利于防卫人原则",大胆积极认定正当防卫。

(二)主动勇敢担当,坚守立法本意

检察办案应当以事实为依据,以法律为准绳,确保法律的准确适用。正当防卫是国家为保护公民权益而赋予公民的权利。从刑法对防卫过当"明显"条件的设置、无限防卫权的设置等来看,立法本意是遵循有利于防卫人原则。但司法办案中,对这一立法本意贯彻得不彻底,正当防卫的适用一直趋于保守,畏首畏尾,顾虑赔偿、信访反弹等因素,忽略了正当防卫制度本身的立法价值,认定防卫过当多,认定正当防卫少。这一思维导向同样影响到赵宇案的办理,"不敢"或"不愿"做无罪处理。案件审查逮捕阶段已发现存在防卫性质问题,但全案存疑不捕、相对不诉决定的做出,均说明案件办理的实体认定上,存在"不敢"或"不愿"坚决适用正当防卫条款。

推进法治建设,严守法律底线,培育和弘扬良好社会风尚,是检察机关执法办案体现司法担当的必然要求。检察机关应坚决担负起法律监督职责,深刻认识自身该坚持什么、该主动做什么、该发挥什么样的作用。在罪与非罪上,坚持原则,坚守底线;在面对社会关切时,主动面对,积极回应;在犹豫不决时,靠紧法律,贴近公众。在群众关注度高的、重大、争议案件面前,勇敢担当,充分发挥案件可能在全社会产生的价值观影响作用,正面引领社会价值观。

(三)紧跟时代脚步,更新司法理念

随着社会发展进步,社会主要矛盾已转化,具体到法治领域,就是人民群众对较高水平法治产品的需求,法律制度在带来传统秩序价值的同时,其所维护的权利价值权重应有所提升。新时代的检察人员,必须紧跟时代脚步,不断更新司法理念,切实落实"以人民为中心"的司法理念,及时提供更高水平的法治产品。赵宇案的"舆情"并非一般的社会舆论,其背后有深刻的社会背景和群众的价值期待。在赵宇案发生之前,江苏昆山于海明案等系列正当防卫案的社会舆论,已充分反映出社会公众对"正当防卫""法不能向不法让步"这一权利的积极追求,而赵宇的行为不同于一般的正当防卫,属应给予

更高价值评价的见义勇为。

如局限于平息处理个案的角度，不重视司法结果与社会期待之间的反差，则易引发舆论事件，带来不良影响，难以实现"天理、国法、人情"相统一。落实"人民为中心"，不能就案办案，必须把人民利益扎根于心，要看到案件背后活生生的人，看到司法职能在民生中的作用。以人民为中心，不是简单的口号，要在执法办案上体民情、有温度，察民意、明是非，积极回应社会关切；在案件判断上，设身处地从防卫人的角度考虑，不能做冷冰冰的事后"冷静人"，不能机械执法，不能在评判是非曲直时对防卫人过于苛责；在案件处理上，不能仅追求案结事了，要切实考虑当事人权利是否得到真正保障，考虑当事人的清白是否挂上污点；在社会效果上，要看到结果与民意的差距，更要考虑到案件处理对社会风尚的推动传导效果。

（四）重视舆情分析，提高应对能力

在全民自媒体时代，必须树立在公开透明、舆论关注下办案的新理念、新思维，重视舆情，提高舆情应对能力。赵宇案舆情发酵，检察机关由非舆情对象到成为舆情对象，反映出对涉舆情案件的敏感度及处理能力存在不足。

当今时代的检察机关，在执法办案的同时，必须加强对新舆情环境下执法办案规律的研究，深入学习研究"三同步"工作原则相关文件和操作手册的核心内容、重点知识。进一步规范舆情处置工作，面对网络舆情，及时回应舆论质疑和社会关切。同时进行具体的实时监控，联动业务部门与综合部门，做好做实案件舆情风险研判，强化舆情线索排查和监测。同时要加强舆情处置能力培训，联合有丰富办案经验的检察官，提高舆情处置的专业性、及时性和战斗力。

（五）增强大局意识，加强影响性案件请示报告

检察机关上下级领导关系既是业务领导，也是政治领导。法律监督职能是宪法赋予检察机关的神圣职责，严守法律底线原则是党推进全面依法治国方略的基本要求。赵宇案的舆情通过自媒体及网络扩散传播，成为全国高度关注案件，其处理决定可能对全社会起到价值传

导作用，需要从更加宏观的社会视角来把握案件处理可能对社会大局、公众价值、政策导向带来的影响，在高度敏感案件决定前，要第一时间按程序逐级请示上报。

只有切实学好弄通法律规定，严格执法，树立大局观，及时更新理念，妥善应对舆情，切实将新时代的检察理念落实到办案中，才能以更高水平的检察履职推动新时代检察工作由"好"向"更好"迈进，才能达到更好、更优的办案效果，提供更加符合时代需求的检察产品，法治产品，真正实现为党分忧、为民司法。

三、涞源反杀案中的"正"与"不正"

2018年11月,河北省保定市涞源县一起故意杀人案在网络上以"涞源反杀案"之名引发舆论广泛关注。报道称涞源县一男子屡次骚扰女大学生并持刀入室行凶,遭一家三口合力反杀,检察机关认为一家三口行为有正当防卫性质,向涞源县公安局建议对犯罪嫌疑人之一赵印芝变更强制措施,但未被涞源县公安局采纳。案情争议引发多家网络媒体争相转载,中央电视台和浙江经视相关栏目也相继报道该案。该案引发社会广泛关注。面对舆情,保定市院按照高检院、省院指示精神,迅速成立"涞源反杀案"专案组,深入一线指导工作,凭借高超的业务水平和始终为民的责任担当,积极履职查明案情,攻坚克难,圆满完成任务。2019年3月3日,保定检察机关经严格依法审查,最终认定王新元、赵印芝的行为属于正当防卫,决定不起诉,获得了社会各界高度认可和一致好评。本案的最终案件结论,对司法机关和公众如何区别正当防卫和特殊防卫,正确辨析刑法第20条第3款规定的适用范围,具有重大的示范意义。

(一)案件办理过程

"涞源反杀案"舆情出现后,高检院要求河北省院及时关注案件办理,尽快部署工作。河北省院高度重视,组织省院专案团队,指导保定市院办理该案。保定市院按照省院要求,指示常务副检察长彭少勇带队,迅速抽调保定市、县两级院精干力量成立办案组,坚决彻查案件,并要求随时向省院上报舆情处置及案件办理的相关情况,听取省院领导指示。

市院专案组成立后,第一时间从涞源县院调取原始卷宗,获取第一手案件材料,赴涞源实地走访案发现场,增强亲历性,将案件审查从静态审阅变成动态参与，真正做到每个成员把案情吃透，确保证据审查全面、准确、无遗漏。同时，专案组多次组织协调市、县两级公安、检察机关办案人员，在保定、涞源两地进行案件汇报、案情研究，就犯罪嫌疑人一家三口是否构成正当防卫等焦点问题，广泛听取各方意见。经过半个月认真核实证据、反复研判案情，专案团队将案情基本还原，认定案发当日，死者王磊深夜持凶器翻墙侵入王新元一家住宅，与王新元一家三口发生打斗，王新元、赵印芝持家中菜刀、铁锹击打王磊，致王磊死亡。结合案件事实，在大量查阅相关资料的基础上，办案组依据高检院最新出台的指导案例，最终大胆提出了犯罪嫌疑人故意杀人的行为属"正当防卫"的意见，形成了翔实的方案材料提交市院检委会获同意。

为确保案件质量，专案组赴省院汇报案件处理方案。会议形成了初步预案，并由省院带领保定市、县院专案组人员，共同到高检院当面汇报该案。高检院组织四级院共同研究，初步同意认定三人构成正当防卫的意见。

在案件汇报过程中，高检院提出已经损毁的现场监控视频对于案件定性处理至关重要，应坚持主客观证据并重，排除所有合理怀疑，尽力补证。在舆情持续高热的情况下，专案组顶住压力，将案件退回补充侦查，穷尽侦查手段查明真相。退查期间恰逢春节假期，为提高办案效率，市、县院专案组成员放弃休假，会同县公安机关远赴福建，到国内视频恢复技术最先进的福建中证司法鉴定中心对监控视频进行处理，边恢复边由办案组成员审查。虽然因数据丢失，恢复的视频画面模糊，有严重的卡顿、跳帧、片段丢失，但仍然给定案提供了关键性客观证据。

证据补充完毕，并非案件审查的终点，而是新的起点。重新组卷后，侦查机关根据新补充的证据，对其中一名犯罪嫌疑人作出撤回起诉的决定，而对王新元、赵印芝二人依旧以故意杀人罪重新移送检察机关审查起诉。这一结论，无疑又引发了新一轮的舆论热议。

面对着新的卷宗和证据，专案组成员不敢懈怠，力求将每一份证据的审查起诉工作做到极致。为了既保证快速平息案件舆情，又能将案件的关键证据解读到位,专案组兵分两路。一组在高检院、省院的领导下,由彭少勇带队尽快再次梳理全案证据,围绕事实的关键节点,如进院情况、勒脖子、倒地前后等情节,对照视频画面进行反复观看,逐人逐次比对一家三人的言词证据,集中核实相关证据,归纳更加精准的案件事实;另一组由冯国华带队,赶赴涞源,迅速组织通晓涞源当地方言的人员12名,连夜反复审查视频,形成逐帧逐秒的审查说明,完善证据体系。

为了和时间赛跑,专案组成员几次工作到深夜,将案件事实结构,逐阶段进行研究,对每份证据、每个可能出现的情形,制作表格,从各个角度分析论证。经认真审查,专案组发现了涞源县公安局在认定事实方面存在的问题。检察机关对于王磊深夜持凶器入宅并与一家三口打斗的行为,有充足的证据加以证实,作出了与公安机关不一致的认定,王磊的行为属于正在进行的不法侵害,构成"行凶",对王新元三人行为的评价应当适用特殊防卫的规定。最终,专案组依据新调取的证据,认定本案中其余两名犯罪嫌疑人均构成正当防卫,依法对二人作出了不起诉决定。

(二)办案体会

综观全案,"涞源反杀案"的不起诉决定,为正当防卫提供了一个鲜活的新范例,进一步明确了正当防卫的界限标准。正当防卫不是"以暴制暴",而是"以正对不正",是法律鼓励和保护的正当合法行为。通过正确执行刑法第20条第3款的规定,可以有效激活司法实践中正当防卫制度实际"沉睡"的状态。本案以案例的形式进一步明确厘清了正当防卫与防卫过当之间的界限,为之后的司法实践提供了重要参考。"涞源反杀案"办案团队在办理本案中,勇于担当,充分发挥职能,积极回应社会关切,弘扬社会正气,彰显了司法价值取向。本案的处理结果,既合乎国法,也合乎天理、人情,揭示了正当防卫"以正对不正"的法律本质,弘扬了法不能向不法低头的法治精神,有利于制止不法侵害行为,有利于保障公民正当权益,有利于维护公民人身权利和住宅安全。

本案中王磊在前期一系列较偏执的骚扰王琳的行为后，案发当日选择夜晚携带杀伤性较强的工具——水果刀、甩棍，通过不法方式侵入王新元家居所，持工具连续对王新元、赵印芝、王琳实施不法侵害，造成王新元、王琳身体重要部位受伤，其行为已经严重危及三人的生命健康权，具有严重的暴力性质，属于正在进行的不法侵害，应当认定为"行凶"，对王新元三人行为的评价应当适用特殊防卫的规定。

以往，大多数情况下，在判定"正当防卫"时，考量标准一般为双方的"对等性"。放在本案中，即横向比较王新元一家与王磊双方，在打斗人数、打斗工具、打斗持续时间、打击部位、最终伤害结果等方面的多寡强弱。依照此种刻板的判定标准，本案中王磊倒地后，因其暴力行为在此时处于中断状态，那么王新元、赵印芝继续砍击的行为，很可能会被认定为"防卫过当"。

专案组经认真审查，发现了涞源县公安局在认定事实方面存在的问题：一是王磊入院后后退的动作是因为被狗追的原因，并不是迅速后退、转身逃跑的行为；二是王琳被勒脖子后系在王新元、赵印芝的营救帮助下挣脱王磊控制，并不是"被放开带倒"；三是发现王磊倒地后体位发生变化，有两次起身过程；四是前期打斗中主要是王新元与王磊对打，并不是一家三人对王磊劈砍打击的单向性行为；五是核实了视频中"救命啊"呼救声系王新元，赵印芝全程呼救"来人啊，杀人啦"，王琳喊"放开我妈"等语言未在公安机关视频观看说明中记载；六是公安情况说明中所称王磊在打斗过程中说"我错了"等话语期间，仍有打斗声音。

基于上述证据，检察机关作出了不同的认定：首先，王新元、赵印芝、王琳三人的行为系防卫行为。王磊携带刀具、甩棍翻墙进入王新元住宅，用水果刀先后刺伤、划伤王新元、王琳，用甩棍打伤赵印芝，并用胳膊勒住王琳脖子，应当认定王磊已着手实施暴力侵害行为。王新元一家三人为使自己的人身权利免受正在进行的严重暴力侵害，用铁锹、菜刀、木棍反击王磊的行为，具有防卫的正当性，不属于防卫过当。其次，王磊倒地后，王新元、赵印芝继续刀砍棍击的行为仍属于防卫行为。王磊身材高大，年轻力壮，所持凶器足以严重危及人身安全，王磊虽然被打倒在地，还两次试图起身，王新元、赵印芝当时不能确定王磊是否已被制服，担心其再次实施不法侵害行为，又继续用菜刀、木棍击打王磊，与之前的防卫行为有紧密连续性，属于一体化的防卫行为。王琳在本案中无任何过错，王新元、赵印芝保护的是女儿及全家人的合法权益。正如最高检孙谦副检察长所讲，正当防卫不是"以暴制暴"，而是"以正对不正"，是法律鼓励和保护的正当合法行为。

根据案发时现场环境，不能对王新元、赵印芝防卫行为的强度过于苛求。王新元家在村边，周边住宅无人居住，案发时已是深夜，院内无灯光，王磊突然持凶器翻墙入宅实施暴力侵害，王新元、赵印芝受到惊吓，精神高度紧张，心理极度恐惧。在上述情境下，要求他们在无法判断王磊倒地后是否会继续实施侵害行为的情况下，即刻停止防卫行为不具有合理性和现实性。

最高检在2018年12月发布了第十二批指导案例，孙谦副检察长专门就案例进行了答记者问，将鼓励正当防卫列入了重点内容，专门指出，"正当防卫是以正对不正，在防卫者和不法侵害者的人权保障冲突时，利益保护的天平应当倾向于防卫者，这既合乎国法，也合乎天理、人情"。本案的处理，正是这种精神的具体体现。因此，案件的处理引起社会强烈反响，社会各界对于检察机关的决定给予高度评价，纷纷表示检方这一处理"熨帖人心，更守护了法治天平""具有很好的示范意义""体现了法治的勇气与担当"。本案明确表达出的检察机关的鲜明立场，将会让各级检察机关今后在面对类似案件时，处理得更加理性、客观，更加注重协调统一社会效果与法律效果；也会让老百姓越来越感受到检察机关不容或缺的存在价值和重要意义，越来越相信通过司法机关的不懈努力，社会的公平正义是能够实现的。

四、盛春平正当防卫案办案体会

2019年3月22日，杭州市人民检察院对涉嫌故意伤害罪的盛春平作出不起诉决定，认定盛春平的行为属于正当防卫，依法不负刑事责任。时光如白驹过隙，转眼已过去两年多时间。作为承办人，我们当时并没有预想到这个案件的影响会如此之广、如此之久，只是在得知不起诉决定已经向盛春平宣告的时候，我们都长舒了一口气，想到这个来自山东的小伙子可以不用承担刑事责任、安心回到老家，由衷欣慰。

通过盛春平案件的办理，我们获得了些许荣耀，也对检察工作有了更全面、深刻的理解与感悟，同时也深深认识到在新时代做一名合格检察官绝非易事。

（一）持续深化理念变革

理念一新天地宽。做一名新时代合格检察官，首先要与时俱进不断更新工作理念。一是秉持客观公正理念。长久以来，检察机关被看作是犯罪的追诉人和惩治者，甚至不少检察人员也认同这样的"标签"或者在潜移默化中受到这种观念的影响，在办案中重打击轻保护、重实体轻程序，更注重彰显检察机关打击犯罪的职能与定位，而对罪轻、无罪等申辩带有一种天然的排斥心理。在最初审查盛春平案件时，我们也受到了这种犯罪追诉者心理的影响，更多从定罪方面寻找依据。新修订的检察官法将检察官客观公正立场写入法律，作为刑事检察部门检察官必须及时更新理念：检察官既是犯罪的追诉者，同时也是无辜的保护者，应坚守客观公正立场。二是坚持以人民为中心的法治理念。刑事检察部门检察官所面对的往往都是犯罪嫌疑人、被告人，很多检察官对如何在工作中体现以人民为中心的法治理念认识并不清晰。实际上，人民群众对公平正义的获得感，通常来自具体案例，而我们所办理的案件都是其中之一，这就要求我们不能机械办案，对人民群众的声音置若罔闻，要注意倾听人民群众的心声、尊重人民群众的朴素正义观，提供优质高效的检察产品、加强典型案例的宣传，"努力让人民群众在每一个司法案件中感受到公平正义"。三是筑牢"三个效果"有机统一的理念。要充分认识办案不仅仅是司法工作，处理不好可能影响到国家、社会的稳定。坚决摒弃就案办案、孤立办案的错误理念，做到既能入乎其内、又能出乎其外，在准确作出法律处断的同时充分考虑社情民意，做到因人制宜、因事制宜、因案制宜，努力做到情、法、理有机统一，实现案件"三个效果"的有机统一。

（二）长怀悲天悯人情怀

"我们办的不是案件，是别人的人生"，在办案时我们如果仅以案件顺利办结为目的，而对当事人的遭遇不以为然、漠不关心，只会沦为冰冷的办案机器。可以说，是否具备悲天悯人的法治情怀以及维护正义的司法理想，尤其是能否发自内心地尊重每个个体生命尊严平等，是能否成为一名合格检察官的重要因素。进入新时代，人性化司法逐渐成为新的司法价值观，我们应当带着感情执法、带着温暖办案。在办理盛春平案件时，我们深知一旦判断失当，对他来说就是有罪或无罪的天壤之别，正是内心怀有悲天悯人的情怀以及对个体权利的无比尊重，我们反复研究盛春平的辩解，将自己代入案发情境，设身处地分析他当时所面临的不法侵害是否已形成现实紧迫危险、反击行为是否必要、反击的方式和强度是否明显超过必要限度等，最终作出盛春平系正当防卫的结论。即使我们现在已经离开刑事检察部门，但是这份悲天悯人的法治情怀将永远是我们做好其他检察工作的强大保障。

（三）勇于作为敢于担当

司法办案中，检察官无时无刻不承担着来自办案机关、被告人、辩护人等多方面的压力，在重压之下能否坚持正确、独立、清晰的司法判断，是检验检察官办案能力和责任担当的重要标准。实践中出现的错捕或者错诉等案件，部分是因为办案检察官存在能力短板，但更多的是因为缺乏担当精神。检察官在办案时要勇于顶住多方压力，善于依据事实与法律作出准确司法判断，敢于承担办案责任。在办理盛春平案件时，被害人死亡，侦查机关也已对盛春平采取强制措施并移送审查起诉，检察机关面临着被害人家属、侦查机关以及社会舆论隐患等多重压力，在这种情况下，作出不起诉决定要承受的压力之大可想而知。如果当时我们因为害怕被害人闹访、侦查机关复议、社会舆论炒作，不敢坚持自己的司法判断、不敢承担办案责任，盛春平案可能会有不同的结果。

（四）着力提升办案能力

进入新时代，人民群众在民主、法治、公平、正义、安全、环境等方面提出了新的更高要求，检察机关也应当适应新时代的新要求，立足检察职能，满足人民群众对美好生活的新需求，为人民群众提供更多更优质更实在的法治产品、检察产品。如何才能为人民群众提供更优质的检察产品？归根到底还是需要检察机关扎扎实实去做，踏踏实实办好案件，检察官具备高超的司法办案能力是检察机关办好案件的基础。正如张军检察长所说："作为国家法律监督机关的检察机关，在刑事、民事、行政诉讼环节中承上启下，如果能力素质不行，凭什么去监督人家？因此，我们必须对自己有更高的要求。"我们要不断锤炼本领、补足短板、提升能力。一是要提升审查运用证据准确认定事实的能力。准确认定事实是案件成功办理的第一步，案件事实认定准确与否直接影响到案件后续处理的正确与否。检察官应当善于审查运用各类证据，熟练运用证据规则及逻辑、经验法则，准确查明与认定案件事实，敏锐发现并把握关键细节。二是要提升精准理解与适用法律的能力。专业化的法律素养是检察官区别于其他职业从业者的最大特点，也是检察官最重要的能力之一。全面、深刻地理解法律，需要注重法学理论的学习，同时注重理论与实践的结合碰撞，对于日常工作中碰到的难点疑点要了解清楚、精研深透，不解决问题不放手，真正做到"吃透"法律。盛春平案件中，正是因为检察机关对正当防卫的构成要件有着相较于侦查机关更全面深刻的理解，才能在审查时精准适用法律，作出正确的判断。三是要提升案件总结提炼升华的能力。典型案例对于司法实践具有示范引领指导作用，同时也可以引领良好的社会行为风尚。因此在典型性案件办结后，检察官还要善于做好办案的后半篇文章，及时总结典型案例、发布案件宣传稿件，提炼升华案件意义，引领指导司法实践办案，倡导引领良好社会行为风尚。

一个时代有一个时代的责任，一代检察官有一代检察官的使命，作为新时代检察官，应当心怀悲天悯人情怀、持续更新理念、敢于责任担当、不断锤炼本领，为让人民群众在每一项检察工作、每一个检察行为、每一起检察办案中感受到公平正义而奋斗终生！

五、办理周某某正当防卫案总结

周某某正当防卫案发生在安徽省枞阳县的农村。一名普通的农妇周某某，在外辛勤务工一整天后，傍晚在自家农田里打农药时，受到同村村民许某某骚扰并对其实施强奸行为，周某某使用农药箱上的软管缠住对方脖子与其周旋，经过两个小时的对峙，最终在对方试图挣脱时使用软管勒脖导致其死亡。公安机关以周某某涉嫌过失致人死亡罪移送审查起诉，枞阳县人民检察院经过认真审查、请示，根据省、市两级院的批复，依法认定周某某构成正当防卫、决定不起诉。该案作出处理后，周某某及其亲属万分感谢，周边群众反映良好，社会舆论一片赞扬，取得了良好的政治、法律和社会效果。通过该案的办理，我们深刻体会到：

（一）审查案件事实，准确认定案件性质是办案的基础

我国刑事诉讼法的基本原则就是以事实为依据、以法律为准绳。任何案件，首先必须查清案件事实，然后在事实的基础上依照法律规定进行认定。在办理本案时，针对证明案发过程的直接证据仅有周某某供述与辩解这一实际情况，我们对许某某在案发前对周某某有过骚扰行为是否可以印证、周某某供述的案发过程是否可信、强奸行为发生地点留下的痕迹和许某某身上伤痕是否合理、案发现场是否有电动三轮车倒车痕迹、周某某有没有逃离现场的可能、周某某自述的二人对峙细节和心态描述是否客观等方面进行了细致审查，并亲赴案发现场，查看周边环境、重走现场道路、参与侦查实验，就案发现场遗留痕迹、当事人伤情、测谎条件、案发情境模拟等问题与勘查、法医、专业技术人员进行交流，认真听取了当事人及辩护律师的意见。

通过上述工作，我们认为，本案证据体系属于口供补强，周某某供述符合常情常理，与其他证据能够相互印证，可以作为定案依据。案发过程中周某某一直受到强奸的现实威胁，处于孤立无援状态，没有逃离现场的途径，侵害人没有停止侵害的意思表示，使用软管勒脖进行周旋是其唯一选择。在经历两个小时的紧张对峙，且侵害人又有进一步的举动时，不能要求周某某在此种情况下作出准确判断、控制自己的行为，周某某构成正当防卫。

（二）注重天理国法人情，转变执法理念是办案的关键

即使查清了案件事实、分析出了案件性质，如果不能转变思想，树立科学的执法办案理念，确立天理国法人情并重的思想，也难以作出真正公正的处理决定。从公安机关认定周某某"防卫过当"，到审查起诉过程中多次案件讨论存在分歧，可以看出相当多的司法工作人员，执法理念还存在"谁闹谁有理""谁死伤谁有理"的错误倾向，遇到类似案件，习惯性将考虑的重点放在"人毕竟是她杀死的，不冤枉她""不处理她，死者家属缠访闹访怎么办"上面，而不注重从天理国法人情角度出发，作出有担当的处理。

"法律是成文的道德，道德是内心的法律。"中华文明中，天理代表符合自然规律和社会道德的事物，也是符合广大人民群众朴素正义观的情感认同，作为司法工作人员，我们要坚定文化自信，把天理作为衡量是非曲直的标准。本案中，周某某勤俭持家，在铜陵市打工之余，还要利用傍晚时间回家务农，却遭他人骚扰、继而实施强奸行为，在反抗过程中，持农药箱的软管将加害人勒死，孰是孰非，不言自明。从社会道德和正义观念的角度，我们应当给遵循天理、符合道德要求的周某某以更大的宽容。

从国法的角度来看，我国法治是"为了人民、依靠人民、造福人民、保护人民"。公民的人身权利是宪法规定的基本权利，妇女的性自由权又是人身权利不可分割的部分，我国刑法将强奸罪定性为严重危害公民人身权利的犯罪，最高可判处死刑，也将"强奸"行为列为可以实行无限防卫的情形之一。本案周某某遭遇他人强奸，在荒郊野

外孤立无援的情况下与不法侵害人对峙了两个多小时，侵害人始终没有明确放弃侵害意图的行为表示，周某某遭遇强奸甚至灭口的现实危险性始终存在。在此情形下，周某某受许某某意图挣脱软管，摆脱控制行为的刺激，进而勒紧软管导致侵害人死亡，当然应该评价为正当防卫。

从人情的角度而言，我们长期以来的司法实践都陷入了以事后冷静状态下，甚至是以专业的司法人员在事后冷静状态下的判断，作为评价正当防卫是否成立、防卫是否明显超过必要限度标准的误区。事实上，对于正当防卫案件中防卫人——普通的公众，在案件发生时的紧急状态下是很难作出冷静、准确判断的。这就要求我们转变执法理念，要从案件发生时的实际情况出发，从一个普通人的角度出发，对案情具体情况进行分析判断，不能过于苛求。"法不能强人所难"，如果我们要求周某某在经历了两个多小时与侵害人的紧张对峙之后，仍然能够准确判断许某某意图挣脱软管的行为是想停止加害、离开案发现场，还是想挣脱软管之后继续加害，进而要求周某某掌握力度、控制节奏，妥善化解当时的危机，显然是对周某某过于苛求。

"法不能向不法让步。"正当防卫案件通常表现为侵害人加害在先，防卫人防卫在后，前者违背天理国法人情，后者遵循天理国法人情。准确办理正当防卫案件，要充分考虑天理国法人情，树立"给合法以更大宽容，就要给不法以更多限制"的办案理念。

（三）引领社会价值观，促进社会治理是办案的追求

人民利益要靠法律保障，法律权威要靠人民维护。我国刑法设立"正当防卫"的本意是鼓励人民群众积极与违法犯罪行为作斗争，及时有效地保护国家、公共、本人及他人合法权利免受正在进行的不法侵害。作为司法工作人员，我们要遵循天理、遵守法律、尊重人情，以一个个鲜活的案例，树立法律榜样、捍卫法律尊严、体现法律权威，引领社会价值观，促进社会治理。

过去相当长的一段时间里，对于类似的案件，我们过于顾忌案件

后果和信访压力，不勇于认定正当防卫，最后以"防卫过当"或者被害人有过错等"和稀泥"的方式对当事人予以从轻处罚。这种处理方式非但违背了立法本意，也给人民群众树立了反面榜样，让人民群众产生——在遭遇不法侵害时，"我不防卫我受伤害，防卫了我构成犯罪，还是我受伤害"的感觉。长此以往，整个社会自觉与违法犯罪行为作斗争的人就会越来越少，犯罪分子的气焰就会越来越嚣张，形成法向不法让步的乱象。近几年的扫黑除恶专项斗争中，很多涉黑涉恶案件都出现了黑恶势力围殴他人时，无人敢管、无人愿管的现象，原因固然很多，但司法机关对正当防卫的严苛认定至少也是其中一个原因。

好的案例有引领社会风气向好的方向发展的作用，不好的案例则与之相反。如"昆山反杀案"，检察机关就准确把握了天理国法人情，认定于海明构成正当防卫，给社会正义注入了一支强心针；又如南京彭宇案，"不是你做的你为什么要去扶"的诘问就导致老人在路上跌倒无人敢于帮助，使整个社会的道德水平受到冲击。

"一个案例胜过一打文件"，我们应当充分预见到具体案例可能会产生的典型效果、示范效应，把每个案件当成典型案例来办，让人民群众在每一个案件中都感受到公平正义。以正当防卫案件引领"违法犯罪人人喊打"的社会价值观，更需要我们准确把握立法精神，突出鼓励正义、弘扬正气的立法精髓，对应当认定为正当防卫的案件要坚决予以认定，引导人民群众积极同违法犯罪行为作斗争。

本案检察机关依法认定周某某构成正当防卫、作出不起诉决定之后，社会反响好评如潮，取得了良好的法治教育效果和司法宣传效果。2020年11月，最高人民检察院将该案作为正当防卫不捕不诉典型案例进行发布，详细公布了该案的基本案情和检察履职情况，提炼了法律要旨与典型意义，得到网络和媒体的极大关注。在发布当晚就被微博、头条新闻等排名热搜第一，仅"农妇遇强奸勒死施暴男子属正当防卫"微博词条阅读量就达8.5亿，得到数百万网友点赞好评，生动地展示了检察机关践行"法不能向不法让步"的司法自觉和主动性，有力地提升了检察机关公正执法的良好形象。该案的正确处理，对弘扬社会正气，消除社会戾气，促进社会治理产生了积极影响，有利于鼓励公民勇于同违法犯罪行为作斗争。同时，对社会公众养成保护弱势群体的风尚，弘扬真善美，抵制假恶丑，自觉践行社会主义核心价值观，维护社会和谐安宁起到了积极的引领作用。

六、耿某华正当防卫不批捕案背后的检察支持

2017年8月,石家庄某房地产公司与康某某达成口头协议,由其负责该公司开发的辛集市某城中村改造项目中尚未签订协议的耿某华等八户人家的拆迁工作。2017年10月1日凌晨2时许,康某某纠集卓某某等八人赶到项目所在地强拆民宅。张某某、谷某明、王某某、俱某某、赵某某、谷某章、谷某石等人,在康某某带领下,携带橡胶棒、镐把、头盔、防刺服、盾牌等工具,翻墙进入耿某华家中。耿某华妻子刘某某听到响动后出屋来到院中,即被人摁住并架出院子。耿某华随后持一把农用分苗刀出来查看,强拆人员对其进行殴打,欲强制带其离开房屋,实施拆迁。耿某华遂用分苗刀乱挥、乱捅,将强拆人员王某某、谷某明、俱某某三人捅伤。随后,卓某某、谷某章、赵某某等人将耿某华按倒在地,并将耿某华架出院子。刘某某被人用胶带绑住手脚、封住嘴后用车拉至村外扔在路边。与此同时,康某某组织其他人员使用挖掘机等进行强拆。当晚,强拆人员将受伤的王某某、谷某明、俱某某以及耿某华等人送往医院救治。经鉴定,王某某、俱某某二人损伤程度均构成重伤二级,谷某明、耿某华因伤情较轻未作鉴定。经勘验检查,耿某华部分房屋被毁坏。

2019年5月29日,河北省辛集市人民检察院经审查认定耿某华打伤强拆人员的行为为正当防卫,不构成故意伤害罪,依法对其作出不批准逮捕决定。回顾办案过程,可以看到案件背后有力的检察支持。

(一)秉持客观公正的立场是检察职责所在

最高检张军检察长指出:"秉持客观公正的立场履行检察职责,

牢记检察官既是犯罪的追诉者,也是无辜的保护者,更要努力成为中国特色社会主义法律意识和法治进步的引领者。"在办案实践中,必须秉持客观公正的立场对待每一起案件绝不是一句空话,检察官既要严厉打击严重刑事犯罪,又要审慎处理轻微刑事案件;既要充分考虑处理结果可能给犯罪嫌疑人及家庭带来的影响,又要充分考量捕与不捕所带来的社会效果和法律效果孰轻孰重。做到该严的严得起,彰显法律权威;该宽的宽得下,体现司法温度。本案中,侦查机关认定耿某华用分苗刀将强拆人员王某某、俱某某捅伤,造成重伤二级的行为属于防卫过当,以涉嫌故意伤害罪提请逮捕。如果按照"死者为大""伤者为大"的传统执法理念,耿某华肯定要负刑事责任。检察机关并没有因此简单地认定其行为违法,在对案件的过程及原因的深入调查后发现,强拆人员王某某、俱某某二人伙同他人携带凶器凌晨进入耿某华家中,强行带离耿某华夫妇并进行殴打后,对其房屋进行非法强拆,严重侵害了耿某华的人身权和财产权。耿某华为保护个人合法权益不受侵害,在反抗过程中用分苗刀将强拆人员捅伤,虽然造成了二人重伤的实质后果,但应充分考虑到耿某华在仓促、紧张状态下很难准确地判断侵害行为的性质和强度,更难以周全、慎重地选择相应的防卫手段,如果因其行为造成他人重伤就认定其防卫过当,明显有失客观公正,当事人倘若为防卫的手段和尺度投鼠忌器,甚至退缩逃避,反而会纵容犯罪分子的行为。只有适当放宽防卫限度条件,鼓励正当防卫,才能更好地保护当事人的合法权益,震慑和减少违法犯罪行为。检察机关综合评价后,对耿某华依法作出不批准逮捕决定,对王某某、俱某某等人以涉嫌故意毁坏财物罪提起公诉,正是客观公正司法理念的充分体现。

(二)依法准确适用法律是检察监督基本要求

正当防卫的前提是存在不法侵害。不法侵害既包括侵犯生命、健康权利的行为,也包括侵犯人身自由、公私财产等权利的行为;既包括犯罪行为,也包括违法行为。不应将不法侵害不当限缩为暴力侵害或者犯罪行为。对于非法限制他人人身自由、非法侵入他人住宅等不法侵害，可以实行防卫。本案中，耿某华面对正在进行的非法暴力拆迁，其实施防卫行为具有正当性；对于致二人重伤的结果，应当综合不法侵害行为和防卫行为的性质、手段、强度、力量对比、所处环境等因素来综合分析判断，作出正确的法律评价。不法侵害人凌晨两点翻墙非法侵入耿某华的住宅，强制带离耿某华夫妇，强拆房屋。耿某华依法行使防卫权利，其防卫行为客观上造成了二人重伤的重大损害，但是耿某华是在被多人使用工具围殴，双方力量相差悬殊的情况下实施的防卫，综合评价耿某华的防卫行为没有明显超过必要限度，属于正当防卫。

(三）及时召开检察官联席会、检察委员会是保障

在案件审查中我们及时召开了检察官联席会，就案件性质进行认真探讨，并初步达成意见，认为耿某华的防卫行为属于正当防卫，但是对于适用刑法第 20 条第 1 款的一般防卫，还是第 20 条第 3 款的特殊防卫，存在认识分歧。2019 年 5 月 29 日，经检察委员会研究认为，卓某某等人的行为属于正在进行的不法侵害，耿某华的行为具有防卫性质，其防卫行为没有明显超过必要限度；此外，此案不法侵害的主要目的是强拆，是对财产权利实施的暴力，对耿某华夫妇人身伤害的主要方式和目的是强制带离现场。虽然强制带离和围殴也是对耿某华夫妇人身的伤害，但是综合案件具体情况，不法侵害行为不属于刑法第 20 条第 3 款规定的"行凶、杀人、抢劫、强奸、绑架以及其他严重危及人身安全的暴力犯罪"，应当适用一般防卫的法律规定。依据刑法第 20 条第 1 款的规定，耿某华的行为属于正当防卫，不负刑事责任，依法作出不批准逮捕决定。同日，公安机关对耿某华作出撤销案件决定。

(四）积极参与社会治理、强化检察自觉是分内之事

在我国经济社会快速发展的背景下，因暴力拆迁引发的矛盾和冲突时有发生，在这类案件办理中，检察机关要查明案件事实，弄清强拆是否依法合规正当，依法惩治犯罪、保障无辜的人不受刑事处罚。同时，妥善处理拆迁中的矛盾纠纷，促进社会稳定有序。要引导房地

产企业依法文明规范拆迁行为，教育被拆迁业主参与协商，依法维权，避免财产损失和人身伤害的发生。检察机关要通过正当防卫案件的办理，大力弘扬"法不能向不法让步"的法治精神，勇于担当，积极作为，维护人民群众合法权益。耿某华正当防卫不批捕案，就是彰显了法律对于住宅安全的保护，有助于提升人民群众安全感，形成公民住宅权不可侵犯的社会共识，进一步提升社会治理能力。

（五）鼓励正当防卫，倡导见义勇为，引领社会主义核心价值观是应有之义

在一些情形下，正当防卫常与见义勇为相伴而生，鼓励正当防卫的同时也鼓励了见义勇为。准确认定正当防卫，就会打消公众对见义勇为可能遭受风险的后顾之忧，使更多人在国家、公共利益或者他人的利益遭受不法侵害时挺身而出。检察机关通过办案实践，把社会主义核心价值观融入办案过程，使司法活动既遵从法律规范，又符合道德标准，既守护公平正义，又弘扬美德善行，最终实现法理情的有机统一。旗帜鲜明地保护正当防卫者和见义勇为人的合法权益，弘扬社会正气，引导社会公众依法、理性、和平解决琐事纠纷，增进社会和谐，是为推进法治建设、培养良好社会风尚、引领社会主义核心价值观贡献检察智慧和检察力量。

七、办理董民刚正当防卫案的几点感悟

"董民刚正当防卫案"已经尘埃落定,作为邢台乃至河北省检察史上第一次对命案作出绝对不起诉决定的案件,每每想起此案,每个过程、每个环节至今依然历历在目,难以忘怀。不管是观点的碰撞,还是矛盾的化解,也不管是内心曾经承受过的压力,还是以后该起案件耀眼的光环,这一切都已经过去,我只想就案件本身谈几点个人浅浅的感悟。

"息事宁人"的想法稳妥,但有失公允。张军检察长指出:理念是指引、引领我们办好检察案件的思想、灵魂。按照传统的办案思维,董民刚正当防卫案大概率是作为有罪案件起诉到法院,由法院作出终结的认定。这也是一种理念,是传统的固有的办案思维,而且在相当长的时期内被人们广泛运用和认同。作为司法人员,关键是你想秉承什么司法理念,是遵循传统的办案模式,求稳妥,还是不甘认同,敢于向法律求证、向事实求证、向司法良知求证,然后"逆行"接受未知的评判,而去自愿承担风险。这个选择,决定于办案人员的司法价值取向。

首先,法律不强人所难。正当防卫是否超过必要限度,应当以防卫人当时所处的环境下去判断,而不是行为后的冷静判断。就本案而言,有人认为死者身上的创口数量较多,表明董民刚在长期受到侮辱的情况下,面对刁某某的不法侵害行为,没有任何节制,从开始的防卫转向了后期的泄愤报复。观点碰撞才有火花。去伪存真,需要多角度客观冷静分析当事人所处的环境、面临的危险、对抗的烈度等因素,依据事实证据,并作出判断。董民刚一案,就需要站在局外,同时站在董民刚的角度分析对抗捅刺的主观心态:一方面,不能仅看不

法不能向不法让步：正当防卫类案纵横

法侵害发生时一瞬间"法"与"不法"的对比，应系统、整体地看待案件发生的起因、过程及行为人的一贯表现等作出综合判断。刁某某长期侮辱欺负董民刚，甚至在董民刚家中过夜，董民刚都不敢反抗。案发当日，刁某某多次威胁董民刚"今晚就要整死你"，并多次使用车钥匙戳扎董民刚，致董民刚满脸是血，使董民刚足以认为生命受到威胁。面对刁某某侵入私宅持续的不法侵犯，董民刚是出于恐惧下的防卫行为，而不是基于泄愤、报复的事先有准备的不法侵害。"强敌"入侵，三番五次进行凌辱，反击具有合法性、正当性。再从局外人角度分析工具的不对等、捅刺刀数较多等，就是对弱者的不公正。另一方面，用事后冷静的视角来评判防卫人在当时情境下的心理状态，可以想象、推演，没有事实依据的推定就是"强人所难"。深夜，防卫人性格懦弱、孤立无援、高度紧张，如何适时结束反击、获得自救，还要避免伤害到刁某某的要害位置，这种高雅、睿智、从容不迫，只能在"神剧"中实现，对常人不现实也不人性。法律不强人所难，我们不能事后站在局外人的角度判断分析特殊环境下当事人的行为，应坚持双向思维，才能作出客观的判断。

其次，法不能向不法让步。该案第二次退回补充侦查前夕，高检院发布了第十二批关于正当防卫的指导案例，明确了对公民正当防卫权的保护，界定了防卫是否过当的界线，彰显了"法不能向不法让步"的司法理念。我们国家没有判例法，但"法不能向不法让步"的司法理念可以作为指引。正当防卫无论是在制度设计上还是法律适用上，优先保护的是依法防卫人群体。正当防卫的本质，不是公平竞技，而是正对不正；不是拳击比赛，而是抗击侵略。在防卫者和不法侵害者的人权保障发生冲突时，利益保护的天平倾向于防卫者。对于多年的传统办案思维，好的要继承，落后的、不适宜的就要摒弃。不能因为造成了不法侵害人死亡的后果，就认为是防卫过当，这是司法常见的误区，是简单机械执法，是规避司法风险的不担当。坚持先进的司法理念，坚持守正司法，坚守司法职业道德，不必向不法低头。

最后，"人死为大"不能大于"法"。受"人死为大""谁死伤谁有理"和"维稳优先"的传统观念影响，司法实践中，在办理相关案件时，司法机关往往需要在保护个人权益和维护社会安定之间进行权衡。董民刚案也不例外，很多资深的前辈建言：按照防卫过当起诉到法院吧，法院哪怕判个缓刑，对于死者一方也有了交代。如果作出不起诉决定，死者一方家属肯定不能接受，引起涉检访是大概率。实践中这种各打五十大板，和稀泥并不是正确处理案件的应有之义。检察官既要追诉犯罪，也要保障无罪的人不受刑事追究。检察机关站在客观公正的立场，从严格依法维护正当防卫人合法权益的角度考虑，对是非善恶依法作出价值判断，就会向社会宣扬什么行为是法律鼓励的、什么行为是法律禁止的，就会坚定公众对法治的信仰。如果我们将董民刚起诉到法院，或许董民刚获罪，并就此息事宁人，但结果会牺牲正当防卫人的利益，长期来看会牺牲整个司法公信力，减损公众对司法的信任度。

　　我们应当跳出案件看案件。就该案而言，因为处理公正得当，在维护社会的和谐稳定方面发挥了巨大作用。通过积极的释法说理工作，给死者家属心理做好铺垫，使其认识到刁某某的行为确实违反了人伦道德，是常人无法忍受的行为，非法侵入他人住宅、暴力行凶已涉嫌犯罪。宣布不起诉决定后，引导死者家属通过法律途径寻求救济。刁某某家属向省检察院申诉也是以董民刚构成防卫过当为由，表明其心理已接受董的行为是防卫行为，只是超过了限度。事后，死者家属情绪平稳，未出现上访等过激行为，平和地接受了不起诉决定。摒弃"息事宁人"的固有思维，准确区分法与不法的区别，客观公正、审慎地对董民刚作出了不起诉决定，收到了良好的效果。

　　自行补充侦查解决争议焦点。越是重大、敏感、社会高度关注的案件，越是要检察官站在客观公正的立场，全面查清案件事实，保证案件的质量。为此，我们两次将案件退回公安机关，引导公安机关全面补查证据，并启动自行补充侦查程序，为准确判定案件性质奠定了坚实的证据基础。

　　从死者刁某某的伤情来看，其身体多处创口，直观反映董民刚的防卫行为连续性、持久性，这也是其他办案人员认定防卫过当的直觉判断。本案的争议焦点是董民刚的防卫行为是否超过了必要限度。通过全面审查证据，对死者创口进行鉴定、多次补证，案件疑点一一得到合理解释：一是鉴定法医表示，二人是在运动过程中打斗形成的创伤，运动过程捅刺造成的伤口方向有直的也有斜的，表明死者创口的形成是在二人持续的对打过程中，并非在被害人丧失侵害能力的情况下所形成。二是刁某某身上的创口除致命伤外，均较浅，表明创口是在二人对打的过程中形成，董民刚实施的是防卫行为，而不是在泄愤。三是剪刀捅刺一次会形成二个创口，因此刁某某身上的创口数量不能代表董民刚捅刺的数量。通过引导公安机关全面补查证据，为准确判定案件性质奠定了证据基础。

自行补充侦查对于准确认定本案性质具有重要作用。我们未因公安机关认定案发起因是由于董民刚妻子与死者刁某某具有不正当男女关系，而是客观还原案发前董民刚与刁某某的交往事实以及双方的平时表现。我们通过检察官亲历性的办案实践，自行补充侦查，多次到案发地复勘现场、到董民刚和死者刁某某所在村调取新的证人证言、走访村民、复核相关证据。经过补充证据，查明董民刚平时就很惧怕刁某某，董民刚为人老实，在案发当晚是恐惧的心理，而不是报复泄愤的心理，所以他始终是防卫的目的。从案发前刁某某一系列的非法行为和品格证据表明其实施不法侵害的强度，由此也证明了案件发生时正当防卫的紧迫性和实施防卫的强度，从而为准确判定案件性质奠定了基础。

司法结论应坚持法理情的统一。本案在当地影响重大，社会关注度高，在办理案件过程中检察机关接到970多名村民的联名信，一致要求对董民刚从宽处理。如果此案处理不当，将会产生不良的社会影响。对社会公众而言，他们朴素观念是，家里最安全的地方，保护家人人身安全和财产安全理所应当。他人破坏我的家庭，还深夜闯进我家对我实施暴力，反抗是必然，不反抗不正常。在对本案严把事实、证据关的基础上，我们将司法专业判断与民众朴素情感结合起来，在法律规定的范围内做出符合一般人价值判断的司法结论，符合人民群众的公平正义观念，让人民群众感受到民主法治进步，感受到社会公平正义，彰显了司法鲜明的价值取向。

该案经媒体报道后，获得了一致好评，网络舆论呈"一边倒"的态势，称赞检察机关和检察官办案公正、勇于担当，取得了良好的社会效果。究其原因在于，检察机关的处理结果与普罗大众最朴素的道德观、价值观相吻合，实现了人民群众可接受的公平正义，满足了人民群众对社会公平正义的司法期待。此外，对董民刚行为属于正当防卫的判断，发挥着重要的价值导向和社会指引作用，普及了正当防卫制度知识，使社会公众明白，在面对不法侵害时如何维护自己的合法权益，引导了正确的社会价值观。

迈过去了就不叫坎。我不敢说自己是第一个"吃螃蟹的人"，但多年的办案经历，办理董民刚这样的案件不少，但做出这样的处理决定还是第一次。当初受理该案时，命案依据刑法第20条第1款的规定对正当防卫作出认定的尚没有先例，而且命案作出绝对不起诉在河北省历史上从来没有过。当时可供借鉴的案例只有于欢故意伤害案，在办理董民刚案件过程中于海明正当防卫案（昆山龙哥案）作出撤案决定。而于欢案以防卫过当作出判决，于海明案是依据特殊防卫的规定作出撤案决定。当时，检察机关承受了巨大的压力，我一样经历了焦虑和忐忑。公安机关以董民刚涉嫌故意杀人罪移送我院，虽然经过补充侦查后，公安机关改变起诉意见，但仍然认为董民刚的行为属于防卫过当，再次以故意杀人罪移送我院。董民刚已被批捕、公安机关的坚持、不同观点的分歧、被害人家属的诉求、员额检察官的办案责任等因素相互交织，在没有先例可遵循的情况下，作出不起诉决定压力巨大。包括我院邢伟检察长收到附有970余名村民签名的董民刚母亲来信后，如何公正客观处理此案，及时回应民众司法诉求，每个问题都需要面对，需要解决。

喧闹过去，一切都归于寂静。该案画上句号，在收获太多太多当中，最重要的是司法初心。压力也好，困难也好，能迈过去的就不是坎。

八、唐雪正当防卫案办案心得

唐雪正当防卫一案，从2019年2月15日检察机关受理公安机关提请批准逮捕到2019年12月30日对唐雪作出不起诉决定，前后历经319天，案件的定性经历了从故意伤害，到防卫过当，再到正当防卫的争议，最终认定为正当防卫，不负刑事责任，检察机关依法作出不起诉决定。作为唐雪案的承办检察官，对整个案件的办理情况总结如下。

（一）执法理念得到了更新

1. 坚守客观公正立场，坚决捍卫"法不能向不法让步"的法治精神。首先是改变了在案件的审查过程中因考虑熟人之间冲突引发案件而对防卫认识的误判；其次是改变了固化思维，增强案件情境意识，改变以事后的冷静理性取代事发时的紧迫情境；再次是改变了简单化地以防卫结果来倒推防卫行为是否符合必要限度的判断思路；最后对案件作出的处理决定做到以事实为依据，以法律为准绳，不受舆论影响，忠诚履行职责。

2. 关注社会热点案件，及时请示报告，提前制订工作方案。办理该类敏感案件时，对案件中重大情况、重要问题要及时向上级院请示报告，在开始办理本案时，注意到当前社会公众普遍关注司法机关对正当防卫的认定，当发现本案有可能涉及认定正当防卫时，我院在2019年5月向上级院就案件重大事项请示报告，对案件可能引发舆论风险作了分析，制定了"三同步"工作方案。

3. 密切关注案件舆情，提高舆情应对意识，严守办案纪律。在办理本案时，始终关注该案各办案节点是否有网络舆情出现，2019年8月25日，发现有人在网络上披露案情后，立即向院领导、上级院、当地党委、政法委汇报，并就网络披露的案情与起诉书的内容进行详细比对，逐点分析，就披露不实部分向上级院作了专项书面汇报，按照既定工作方案积极应对。在面对敏感案件发生网络舆情时，做到不通过新媒体平台泄露传播案件相关情况、不向无关人员谈论此案、不参与网络讨论，在有媒体记者到办公场所问询时，明确告知办案纪律规定，不接受任何媒体采访，确保不发生次生舆情。

4. **提升办案能力，提高办案风险意识。**作为一名基层检察院的检察官，要及时了解社会公众关注的敏感类型案件，认真学习最高人民检察院发布的相关指导性案例，通过不断的学习、总结、积累，提升自己的办案能力，遇到存在有舆情风险的案件时，提高风险意识，提前做好相关准备工作。在日常办案过程中，不能对案件区别对待，对办理的每一起案件都应本着一丝不苟的态度，将案件办好、办实，经得起法律和历史的检验。

（二）通过办案引领社会价值导向

1. **及时回应社会关注问题，积极引导舆论方向。**案件引发舆论关注后，认真梳理社会关注问题，清晰展现查明案件事实，深入分析法理、情理，阐述清楚法律依据，坚守法律底线，抵御盲目的舆论偏见绑架理性司法，从而获得当事人、社会公众对司法机关所做决定的理解和认同，提高司法活动的公信力，树立良好的社会价值导向。依托省委政法委，市、县委政法委，省、市两级检察院，由网信办牵头，通过新闻发布会、专家论证会等形式阐释法律适用争议，这样一起案件，就是一堂生动的面向社会普通公众的普法课，也为公众法治信仰开辟了进一步提升的空间，也是正当防卫认定的意义所在。

2. **依法认定正当防卫，引领、重塑正当防卫理念，让"法不能向不法让步"的法治精神更加深入人心。**鼓励人民群众与违法犯罪作斗争，减少公民在制止违法犯罪行为时的心理负担，形成向上向善的社会风气。引导公众循法而为，让更多人有底气制止不法侵害，鼓励人们依法行使正当防卫权。检察机关紧跟新时代节奏，秉持"法不能向不法让步"的原则办案，改善社会的法治生态，抓好法律监督，勇于担当、主动作为，努力让人民群众在每一个司法案件中感受到公平正义。

3.立足通过案件办理来引领正当防卫理念，使该案的处理成为法治和社会主义核心价值观的宣传。对正当防卫的每个构成要件作出细致说明，给出法理论证、情理论证，契合社会的公平正义和人民的朴素善良情感，符合社会主义核心价值观，作为一种社会正能量被人们所认可，受法律坚决支持和保护。一方面坚定公众对法治的信仰，弘扬社会正气，引导社会公众依法、理性、和平解决纠纷，另一方面也形成对那些无视法律、恣意妄为的不法侵害人的有效震慑，消除社会戾气，增进社会和谐。

（三）齐抓共管，多措并举，强化社会综合治理

在本案的社会面管控工作中，由云南省委政法委牵头，协调全省各级公、检、法、司力量分别成立专门工作组，依托当地党委政府、案发地乡镇党委政府、村委会、派出所、司法所，分工配合，责任到人，针对可能存在的风险点，逐一排查梳理。密切关注案件双方当事人及家属的活动轨迹，实行每日专人专报，各工作组收集情况及时分析研判。最终侵害人父母书面写了承诺书，不再就该案进行无理纠缠。

对唐雪及其家属方面，一是做好释法说理工作，尊重司法机关的处理决定。从法理上充分阐释唐雪的防卫行为虽然造成侵害人死亡的重大后果，但考量案发的整个过程、时间、环境，认为唐雪的防卫行为没有明显超过必要限度，依法不负刑事责任；从人情上充分阐释本案发生在熟人社会，在唐雪家和侵害人起纠纷的整个过程中，侵害人的父母和朋友均多次善意积极劝阻。在释法说理的基础上，要求唐雪及其家属不发表激化双方矛盾的不当言论，不做激化双方矛盾的行为。二是积极化解唐雪及其家属与侵害人家属的矛盾，促成和解。三是要求其配合相关部门的稳控工作，对涉及侵害人家属及其他可能激化矛盾的情况，及时向当地村委会、镇政府、公安机关、检察机关等相关部门反映。

对侵害人家属方面，一是提前掌握侵害人家属思想动态，认真做好释法说理工作。在办案过程中，当面接待侵害人家属，充分听取侵害人家属提出的诉求，认真做好书面记录，及时了解掌握侵害人家属的思想动态。通过不断的情绪疏导，肯定侵害人家属在案发整个过程的积极劝解行为，同时从法理上充分阐释唐雪的防卫行为虽然造成侵害人死亡的重大后果，但考量案发的整个过程、时间、环境，结合我国刑事政策的导向，鼓励公民积极行使正当防卫权利的角度，认为唐雪的防卫行为没有明显超过必要限度，依法不负刑事责任。二是告知其检察机关对案件高度负责，没有被舆论左右，对案件进行重新审查并做了大量的复核复查工作，审查认定唐雪的行为是正当防卫，依法对唐雪作不起诉决定。说服侵害人家属尊重司法机关对本案的处理决定。三是告知侵害人家属不服不起诉决定的申诉途径、方式，引导其依法表达诉求，认真听取侵害人家属意见，通过法律援助等工作，做好释法说理和化解矛盾工作。四是动员侵害人亲属、同村村民积极配合稳控工作，发现可能激化矛盾的情况，及时向村委会、镇政府、公安机关、检察机关等相关部门反映情况。

作为唐雪正当防卫案件的承办检察官，通过办理该案积累了宝贵经验，拓展了办案思路，提升了舆情应对能力，深刻理解了司法案件的处理会对整个社会造成极大的影响。在今后办案过程中，对每一个经办案件做到更加公正、更加严谨。最后，也特别感谢最高检和省、市检察院，以及省、市、县三级政法委在该案办理过程中的指导和协调，使该案处理结果达到了政治效果、社会效果和法律效果的有机统一。

九、办理王浪防卫过当案总结

在"昆山反杀案"引起全民对"正当防卫"话题关注的背景下,陕西省人民检察院受理了一起二审上诉的命案。该案称为"陕西版反杀案",互联网上大量转载,被告人王浪(化名)作无罪辩解,辩护人以王浪构成特殊防卫作无罪辩护。① 同时,本案现场监控视频流至网上。在此情况下,省检察院专门成立了办案组,认真审阅了全部案卷材料,准确分析研判案情,充分准备庭前预案,在 6 个小时的庭审直播中积极履职,释法说理,回应辩护意见。最终,陕西省高级人民法院采纳了检察机关定罪量刑的意见,认定被告人王浪的行为属于防卫过当,依法应当减轻处罚,判处有期徒刑五年。陕西省检察院办案部门针对该案办理有以下三个方面的总结:

---

① 本案基本案情:2017 年 12 月 10 日晚,王浪与朋友苗某在陕西省泾阳县某酒吧内喝酒。20 时 32 分,李雷(化名)和两个朋友来到酒吧。服务生引导李雷等人经过王浪的桌子时,李雷认为王浪用眼睛瞪了他,即上前质问并从旁边的桌子上拿起一个烟灰缸扔向王浪,王浪遂抓起啤酒瓶起身与李雷发生争执,双方的朋友及酒吧工作人员对二人进行劝阻,李雷不听劝阻,抓起啤酒瓶准备应对,双方的朋友分别从二人手中夺下啤酒瓶。20 时 36 分 11 秒,李雷再次递给王浪一个啤酒瓶,自己也拿起一个啤酒瓶,并语言挑衅。接着,李雷用手推搡了一下王浪的脖子,王浪随即用啤酒瓶击打李雷头部、肩部,瓶身断开,双方厮打在一起。厮打中,王浪持断开的啤酒瓶多次捅刺李雷,致李雷受伤倒地。20 时 36 分 50 秒,李雷倒地后仍抓住王浪的上衣和头发,王浪手持破碎的啤酒瓶,与李雷撕扯在一起;20 时 37 分 20 秒,李雷起身走到酒吧大厅门口,蹲在门口处后躺倒在地。酒吧老板拨打了 120,王浪也拨打了 120。20 时 48 分,120 急救人员将李雷送往医院救治,经抢救无效死亡。经鉴定,李雷系被他人用带有弧状边缘的不规则带刃器物刺扎胸部,伤及心脏,致失血性休克死亡。

（一）检察办案理念引领办案实践

社会是发展的，司法办案过程中总会遇到新的问题，这就需要与时俱进的办案理念引领我们办好案件。只有树立起新的检察办案理念，才能切实、真正让人民群众在每一个司法案件中感受到公平正义。虽然本案在办理之时，检察官法还未修订，但办案部门在本案办理过程中秉持的办案理念与随后修订出台的检察官法相契合，在严格履行客观公正义务的同时，坚持天理国法人情相融合，切实做到"三个效果"有机统一。

本案被害人李雷在进入案发酒吧后，无故将烟灰缸扔在被告人王浪胸前，后又对王浪进行语言威胁和肢体推搡，并多次拿起啤酒瓶来回挥舞，在王浪已经朝李雷赔笑、试图和解平息事态的情况下，李雷仍向王浪手中强塞酒瓶，挑衅王浪朝其头上击打。在王浪的朋友上前劝阻并意图夺下李雷手中啤酒瓶时，李雷先后两次举起啤酒瓶威胁要殴打王浪朋友。在面对李雷这种寻衅滋事行为时，受到挑衅的一方应当如何应对？通过该案的办理应当向社会发出怎样的信号来引导公众正确处理类似问题？这是办案部门在办理本案办理过程中思考最多的，也是最难的问题。

正如张军检察长所言，作为一名检察官，不能满足于做一名办案"工匠"，要通过办案引领社会正义和价值取向。结合到本案中，李雷实施的不法侵害正在进行，具有紧迫性，此时若不认可王浪实施的反击系防卫行为，就会导致人民群众在遇到类似不法行为时，不敢反抗，不敢自救，反而助长了违法行为人寻衅滋事的习气。通过对王浪防卫行为的认定，实际上释放出一种信号，即在面对他人肆意威胁，借酒闹事，公然挑衅社会秩序时，肯定人民群众有权利捍卫自身权益，敢于向不法行为还击。这才是人民群众普遍能接受的符合公序良俗的道德法则，也就是天理。

同时，肯定人民群众向不法行为还击时，更应当提醒大家把握好法律所规定的界限，也就是"度"。一旦过限，这种还击行为本身就具有了违法性，这是道德准则更是法律所不允许的。同时，这个

"度"的审视应当符合"人情"即符合民意和大众朴素的情感和司法认知。也就是说，在判断行为人的反击行为是否超过了必要限度时，要把自己融入案情中设身处地地去考虑，而不能用事后理性的目光来审视侵害发生当时，受困状态下的防卫人采取的行为是否合理，是否过限。结合到本案中，被害人李雷与王浪案发前并不认识，更无任何过节，李雷将烟灰缸扔在王浪胸前的行为是一种无理取闹、寻衅滋事行为。王浪拿起啤酒瓶欲上前殴打李雷被人拦下后，李雷认为自己颜面扫地，进而对王浪实施语言威胁、肢体推搡、摔碎啤酒瓶、掀翻桌椅泄愤，并手持啤酒瓶来回挥舞，目的是争强好胜。特别是李雷将酒瓶强塞到王浪手中、挑衅王浪朝其头部击打这一行为，反映出李雷逞强的主观心态。李雷后又用左手在王浪颈部附近推搡一下，整体上其仍然属于闹事、耍酒疯、寻衅滋事的范畴。李雷的上述行为，与手持凶器动辄行凶、为泄愤报复而直接实施严重暴力行为的情形存在明显区别。王浪在李雷向其扔烟灰缸后，持酒瓶站起与李雷争执，在他人劝解过程中又拿起啤酒瓶意图冲上去击打李雷，在李雷向其强塞啤酒瓶并推搡其颈部附近一下时，王浪仍然有继续与李雷进行周旋的余地，但王浪却在停留片刻后，突然用手中啤酒瓶朝李雷头部、肩部击打数下，在将啤酒瓶打破后，其明知啤酒瓶已经破碎，又持断茬的啤酒瓶连续捅刺了李雷的要害部位，在李雷头部受伤、手中啤酒瓶掉落后仍不停手。在李雷倒地、基本失去反抗能力后，王浪仍持断茬的啤酒瓶捅刺李雷左背部，最终造成李雷死亡的重大损害后果。可以看出，被告人王浪面临的不法侵害不属于严重危及人身安全的暴力犯罪，王浪的防卫行为强度明显超出必要限度，防卫造成的损害结果与所保护的权利对比相差悬殊，明显超过必要限度造成重大损害，属于防卫过当。

本案经两次部门检察官联席会讨论，多次向主管检察长汇报，研判事实、分析证据，权衡法、理、情后，认定了被告人王浪的行为具有防卫性质，属于防卫过当，做到了客观公正，展现了检察机关追诉人、保护人、公正司法人三个角色的融合统一。

（二）证据裁判原则指导办案实践

证据裁判原则是司法制度发展到一定历史阶段的产物，是指在诉讼中，对于案件事实的认定必须依据证据的原则。诉讼中的事实应依据证据认定，没有证据的对相关事实不能予以认定。该原则在我国已经确立，在案件办理中应当坚持该原则，做到一切事实的认定要靠证据来说话。

办案检察官秉持客观公正的立场，秉承证据裁判原则，对案发现场两个监控视频逐"帧"定格，将案发现场所有人的行为——罗列，全面分析。在此基础上，针对辩护律师所提本案属于特殊防卫，被告人王浪具有无限防卫权的辩护意见，结合全案在卷证据审查、分析。检察机关认为，在案证据显示被害人李雷仅有扔烟灰缸、掀翻桌椅、言语挑衅威胁、肢体推搡等行为，上述行为属于一般的违法行为，并不属于严重危及人身安全的暴力行为，也未对王浪的生命、健康造成严重侵害。基于上述证据分析，提出本案不属于特殊防卫的意见，最终省高级人民法院采纳了检察机关的意见。同时，针对王浪家属及辩护人提出被害人李雷及其同伴有涉黑背景的情况，办案部门也积极进行了相关的调查核实工作，有效回应了当事人诉求和辩护意见。

（三）检察一体化确保法律统一正确实施

在我国检察制度中，检察一体既是行使检察权的原则之一，也是检察机关的组织原则。本案的成功办理离不开检察一体化优势，离不开上级检察机关的支持。本案在办理中，网上热议"陕西反杀案"，舆论高度关注，被告人父母多次要求检察机关撤回"防卫过当"的意见。被告人父母到最高检和最高法反映诉求，并多次来电反复要求省院撤回出庭意见，表示要去监委上访。网络媒体抖音播放了王浪当庭痛哭流涕诉说"我想知道如果再发生这种事的话，我怎样做才是对的，如果再发生一次，我一定站着不动被他们打"视频。在这样的背景下，检察机关严格依法依规办理案件，确保了案件质效。该案做到了对辩护律师及被告人父母的每一次来访都热情接待，耐心听取各方诉求，努力做好释法说理和社会矛盾化解工作。同时，办案部门及时与宣传部门协调，共同做好舆情应对预案。在案件办理过程中，最高检第一检察厅给予了全方位的指导。检察机关充分发挥检察一体化优势，保证严格依法办案，为法院最终采纳检察机关意见奠定了坚实基础，确保了法律的统一正确实施。

十、办理赵建鹏正当防卫案的曲折心路

"我也是没有办法了,孤儿寡母的,他这种样的来欺负……"这是我办理赵建鹏正当防卫不起诉案件时,观看出警视频第一次听到被不起诉人赵建鹏说的第一句话,彼时我还没有对她进行讯问,但通过审查公安机关收集的证据,我发现赵建鹏始终坚称自己的行为是正当防卫,而我审查后决定对她批准逮捕,甚至审查起诉认为她涉嫌故意伤害犯罪可能判处无期徒刑以上刑罚报送市人民检察院审查起诉。经市人民检察院审查和上下两级院领导的有力指导,最终我改变了对本案的意见,还给被不起诉人一个彰显着公平与正义的结果。至今,案件作出不起诉决定已有两年多了,把当时办案的一些感想写出来,当作一个总结。

从检十四年,类似案件前后办理过数十件,而且本案案情不算复杂:被不起诉人赵建鹏与死者杜熙曾经系男女朋友,于案发前半年分手,杜熙因对分手不满,于2019年2月14日赵建鹏经营的饭店开业至案发当日多次到饭店驱赶客人、打砸餐具、殴打赵建鹏滋事,2019年3月10日晚8时许,杜熙醉酒(血液酒精含量为293.1mg/100ml)后独自驾车到饭店驱赶客人,其间赵建鹏先后打电话报警和请求杜熙父亲前来劝阻,当店内仅剩赵建鹏和两名店员时,杜熙对赵建鹏拳打脚踢并多次将其踢倒在地上,还用手掐着赵建鹏的脖子使其难以呼吸,赵建鹏挣扎起身后将放在厨房旁杂物间外窗套上一把水果刀拿在手中,当杜熙再次掐住赵建鹏脖子时赵建鹏即胡乱挥舞水果刀进行防卫,杜熙掐住赵建鹏的脖子拉向自己后二人扭打倒地,扭打过程中赵建鹏胡乱挥刀刺中杜熙右胸部、小腹部、右腰部、右腰背部各一下,后赵建鹏听到杜熙说难以呼吸时起身再次报警和打"120"急救,当晚

9时50分许，杜熙抢救无效死亡，经鉴定，死因为单刃锐器由右胸部刺入右侧胸腔致右肺中叶根部动脉分支断裂造成急性出血死亡。

案发后赵建鹏主动报警并在现场等候配合民警调查，如实交代了事实经过，公安机关正是基于此，提请批准逮捕前未商请本院提前介入。我在审查批准逮捕时，同意公安机关认定赵建鹏具有自首情节，同时认定赵建鹏的行为属于防卫过当，涉嫌故意伤害罪，经过部门检察官联席会讨论后决定批准逮捕。公安机关侦查终结，以赵建鹏涉嫌故意伤害罪移送审查起诉，但不认定赵的行为具有防卫情形。按照捕诉一体办案模式，继续由我审查起诉，其间恰逢检察机关内设机构改革，部门人员变更，再次提交部门检察官联席会讨论时，部分人提出赵建鹏的行为不具有防卫情形，涉嫌故意伤害（致人死亡）罪，可能被判处无期徒刑以上刑罚，应当报送上级人民检察院审查起诉。

本案报送上级人民检察院后，上级院认为本案存在防卫情形，又交回本院办理。与上级院承办检察官交流时得知，在她提交部门检察官联席会讨论时，有人认为本案属于正当防卫，应当不起诉。至此，我一方面在反思自己是否对正当防卫的有关法律规定理解有偏差，及时向检察长汇报；另一方面再次找出2018年间最高人民法院、最高人民检察院发布的有关正当防卫指导性案例进行学习，发现自己在理解正当防卫不能"明显超过必要限度"时的确沿用了传统的司法观念，认为不法侵害行为未造成被不起诉人人身损伤（被不起诉人的伤情照片及人身检查情况没有反映出被不起诉人身上有明显的伤痕），而且案发时被不起诉人已先后报警和打电话给死者父亲求助，现场也有两名店员可寻求救助，选择用水果刀防卫，措施明显超过了必要限度，认定为防卫过当，没有立足于案发时的具体情境，过多考虑了防卫行为造成人员死亡的损害后果，苛求被不起诉人在紧迫状态和紧张心理下，精准选择防卫的手段并控制防卫的结果。

检察长亲自带领我找上级院汇报，上级院检察长等直接听取汇报，并翻阅卷宗后指出本案现场勘验及对赵建鹏的人身检查方面存在问题，经深入案发现场，通知案发时在场证人详细陈述案发经过，召开有公安机关侦查人员出席的证据分析会，提出补充侦查意见：一是重新勘查现场，让赵建鹏补充辨认打斗过程拿水果刀的地点、捅伤杜熙的地点和民警到场后提取水果刀的地点；二是继续找饭店其他店员和赵建鹏羁押期间同监室人员询问核实杜熙到饭店纠缠、滋扰情况和赵建鹏人身损伤情况；三是要求公安机关提供赵建鹏进行人身检查时的全部照片并更换法医重新鉴定，同时要求此前做检查的法医说明检查未发现赵建鹏有损伤的原因；四是核实双方当事人社会关系。

根据补充侦查意见，公安机关更换法医对赵建鹏进行人身检查时的全部照片重新鉴定，发现其左膝关节内侧、左踝关节内侧有表皮脱落损伤。同时开展自行补充侦查，询问赵建鹏同监室人员得知其刚入所时颈部有明显指压淤青，还通过询问在场证人及其他店员了解到死者自赵建鹏经营的饭店开业至案发当日多次到饭店驱赶客人、打砸餐具和殴打赵建鹏进行滋事，实质上不法侵害行为一直持续到案发时止，而且在场两名店员还因知道死者是"混社会的"，案发时不敢劝阻。我个人也在不断学习正当防卫有关法律规定及典型案例，对认定"明显超过必要限度"有了更进一步的认识和理解：准确认定"明显超过必要限度"，应当综合不法侵害的性质、手段、强度、危害程度和防卫时机、手段、强度、损害后果等情节，考虑双方力量对比，立足防卫人防卫时所处情境，结合社会公众的一般认知做出判断。

经过补充侦查，进一步查明案情，综合考虑案件具体情节和案发时的具体情境，以及双方当事人的性别和身高差造成的力量悬殊，最终依法认定赵建鹏的行为属于正当防卫，作出不起诉决定。

2020年1月22日，宣布不起诉决定时，赵建鹏及死者家属均表示对案件定性没有异议。同年7月，赵建鹏将申请国家赔偿所得53709.8元全数给予死者父母及其孩子，死者家属书面谅解了赵建鹏。

第四部分

理论述评

一、近年来正当防卫研究综述

从刑法立法本身看，我国正当防卫制度不可谓不完善。然而，长期以来，我国正当防卫制度因在司法实践中适用率极低而成为"沉睡的规定"甚至沦为"僵尸条款"。近年来，最高人民检察院立足办案参与社会治理，从于欢故意伤害案、昆山反杀案、丽江唐雪案等社会热点案件着手，通过指导办案、发布指导性案例和典型案例、制定规范性文件重塑正当防卫理念，重构正当防卫司法规则，激活正当防卫制度，弘扬社会正气，维护公民权利，"法不能向不法让步"的法治观念深入人心。其中，2017年于欢故意伤害案是个案契机，2018年昆山反杀案等指导性案例的类案推动是初步构建，2019年涞源反杀案、邢台董民刚案、杭州盛春平案、丽江唐雪案等社会影响性案件的类案推动是深入扩展，2020年8月最高人民法院、最高人民检察院、公安部《关于依法适用正当防卫制度的指导意见》是成熟标志，2020年11月"遭遇暴力传销反击案""反抗强奸致施暴男死亡案""阻止非法暴力拆迁伤人案"等6起正当防卫不捕不诉典型案例是推广普及的代表和表现。随着正当防卫制度的激活及其司法实践的深化，我国正当防卫的问题意识、价值理念、本质原理、体系构造、司法适用的理论研究不断深化。

（一）正当防卫制度沉睡的司法异化

我国理论界和实务界一直以来都毫无争议地认为正当防卫的制度功能在于鼓励公民与犯罪作斗争。然而，与之形成鲜明对比的是，我国正当防卫制度在司法实践中长期被束之高阁，正当防卫的成立"难于上青天"。[1]在1997年之前，人们将这种不正常现象主要归咎于

---

[1] 周光权：《正当防卫的司法异化与纠偏思路》，载《法学评论》2017年第5期。

1979年刑法关于正当防卫的规定过于笼统粗糙。①由此，1997年刑法从五个方面进一步完善了正当防卫制度：一是进一步明确国家利益和财产权利是正当防卫的保护对象；二是进一步明确正当防卫行为是制止不法侵害的行为；三是进一步明确正当防卫的行为对象是不法侵害人本人；四是进一步放宽正当防卫的限度条件；五是进一步增设特殊正当防卫制度。②可是，后来的事实表明，当时人们关于特殊正当防卫制度可能导致防卫权滥用的担忧不但毫无必要，而且一般正当防卫制度的严格适用并未有实质性改观。学者主要从刑法体系的内部和外部两个方面反思了正当防卫司法异化的现状与原因。

1. 刑法体系内部的限制

根据现行《刑法》第20条规定，正当防卫所对抗的不法侵害无须具有紧迫性，没有程度限制，且范围较广，涉及国家、公共利益、本人或者他人的人身、财产和其他权利。但是，司法机关往往严格限制适用该规定。

（1）正当防卫起因条件"不法侵害"的严格限制。学者研究发现，以下情形经常被排除在"不法侵害"之外：一是单纯针对财产权利的具有不法性质的侵害；二是针对生活安宁的具有不法性质的侵害，如非法侵入住宅；三是针对人身自由的具有不法性质的侵害，如非法拘禁行为；四是针对生命健康但侵害程度不高的不法侵害；五是

---

① 1979年刑法第17条第1款规定："为了使公共利益、本人或者他人的人身和其他权利免受正在进行的不法侵害，而采取的正当防卫行为，不负刑事责任。"该条第2款规定："正当防卫超过必要限度造成不应有的危害的，应当负刑事责任；但是应当酌情减轻或者免除处罚。"

② 1997年刑法第20条第1款规定："为了使国家、公共利益、本人或者他人的人身、财产和其他权利免受正在进行的不法侵害，而采取的制止不法侵害的行为，对不法侵害人造成损害的，属于正当防卫，不负刑事责任。"该条第2款规定："正当防卫明显超过必要限度造成重大损害的，应当负刑事责任，但是应当减轻或者免除处罚。"该条第3款规定："对正在进行行凶、杀人、抢劫、强奸、绑架以及其他严重危及人身安全的暴力犯罪，采取防卫行为，造成不法侵害人伤亡的，不属于防卫过当，不负刑事责任。"前二款为一般正当防卫，第2款为（一般）正当防卫的限度条件，或称防卫过当；第3款为特殊正当防卫，或称为特殊防卫、无过当防卫、无限防卫（权）。

双方事前存在一定纠纷（包括一般的生活纠纷）的不法侵害。① 如此一来，作为正当防卫起因条件的"不法侵害"，只能是针对生命、身体健康的、纯粹由不法侵害人一方原因惹起的重大不法侵害。这就大大限制了"不法侵害"的认定，从而压缩了正当防卫的适用空间。

（2）正当防卫时间条件"正在进行"的严格限制。学者指出，考察我国司法实务的以往做法，一方面有将"正在进行"理解为一个时点而非一个过程的倾向，因而除非正当防卫人针对即刻正在发生的不法侵害即在不法侵害发生的那一刹那进行反击，否则便可能被认为防卫不适时；另一方面在"正在进行"之外增加独立的紧迫性要件。此外，还有将不法侵害人的退却机械地一律视为不法侵害结束。② 在我国司法实践中，紧迫性要件有五种认识：一是不法侵害正在进行即为紧迫；③ 二是没有防备、来不及躲避，如果行为人能够明确预见侵害且能够离开现场但仍积极持凶器反击，则不存在紧迫的不法侵害；三是不法侵害足够严重，如果只是轻微伤害，则不存在紧迫的不法侵害；四是缺少寻求其他公民帮助或者公力救济的可能，如果案发现场人流量较大、有多名亲友或者能够向有关部门报告，则不存在紧迫的不法侵害。④ 紧迫性要件这一不成为文的正当防卫要件无疑更加限制了正当防卫的司法认定。

（3）正当防卫主观条件防卫意思（防卫认识与防卫意志）的严格限制。一旦出现相互打斗，就轻易将正当防卫认定为互相斗殴进而否

---

① 赵军：《正当防卫法律规则司法重构的经验研究》，载《法学研究》2019年第4期；劳东燕：《正当防卫的异化与刑法系统的功能》，载《法学家》2018年第5期；张明楷：《故意伤害罪司法现状的刑法学分析》，载《清华法学》2013年第1期；周光权：《正当防卫的司法异化与纠偏思路》，载《法学评论》2017年第5期。

② 劳东燕：《正当防卫的异化与刑法系统的功能》，载《法学家》2018年第5期；陈志军：《准确认定特殊防卫需要纠正三大偏差》，载《检察日报》2019年7月15日，第3版。

③ 李世阳：《正当防卫中法益侵害急迫性的存立根据与司法认定》，载《中外法学》2021年第1期。

④ 陈璇：《正当防卫、维稳优先与结果导向——以"于欢故意伤害案"为契机展开的法理思考》，载《法律科学》2018年第3期。

定防卫性质。在认定正当防卫的主观要件时，不但要求防卫人同时具备防卫认识和防卫意志（防卫意思），而且要求防卫意思的纯正性，不允许在防卫意思中掺杂任何其他因素。如上所述，学者总结道，但凡出现以下情形，就会否定防卫意思，进而否定正当防卫的成立：一是行为人预先准备反击工具的；二是行为人有退避可能的；三是行为人有求助第三方可能的；四是双方存在纠纷的；五是不法侵害较为轻微的；六是行为人能够遇见不法侵害的。① 由此可见，同一种情形完全可能致使行为人的行为既无法符合正当防卫的"不法侵害""正在进行"等客观要件，也无法符合正当防卫的主观要件，关于正当防卫主观要件的严格限制又为正当防卫的司法适用上了一道枷锁。

（4）正当防卫限度条件"没有明显超过必要限度造成重大损害"的严格限制。一旦防卫后果严重，就轻易将正当防卫认定为防卫过当甚至否定防卫性质。学者研究发现，对防卫限度的理解和把握曾完全以结果为中心或者强调强度相适应即"武器对等"。② 具言之，只要出现重伤或者死亡的结果，即便肯定行为人的行为具有防卫性质，也基本上依据结果的严重性被认为构成防卫过当，具体表现为以下两种情形：一是防卫强度与不法侵害强度相当或基本相当，但造成重伤或死亡结果的；二是防卫强度低于甚至明显低于不法侵害强度，但造成重伤或死亡结果的。③ 这种将"明显超过必要限度造成重大损害"的判断简化为重伤或死亡结果的有无的做法，使得那些防卫强度与不法侵害强度相当或基本相当、防卫强度低于甚至明显低于不法侵害强度情形的防卫性质被极易否定，极大限制了正当防卫的正确适用。

2. 刑法体系外部的干扰

正当防卫在刑法体系内部的不当限制具有刑法体系外部的深层原因。正当防卫的认定如此之难，固然是直接源于对其要件施加了如上

---

① 劳东燕：《正当防卫的异化与刑法系统的功能》，载《法学家》2018年第5期；陈璇：《克服正当防卫判断中的"道德洁癖"》，载《清华法学》2016年第2期。
② 张峰：《正当防卫认定之判断逻辑》，载《检察日报》2018年1月15日，第3版。
③ 曾粤兴：《正当防卫的司法误区》，载《中国刑事法杂志》2019年第5期；劳东燕：《正当防卫的异化与刑法系统的功能》，载《法学家》2018年第5期。

诸多限制，而这些限制是如何生成的是需要进一步追问的问题。就此，学者从社会传统、体制机制、司法理念、司法技术等方面进行了深入挖掘。① 这其实也是从刑法体系的外部视角对正当防卫司法现状的观察。

（1）维稳优先。维稳观念的不当贯彻，导致正当防卫的成立空间在司法实务中被大大压缩。有学者认为，作为一种个人的暴力反击举动，公民行使防卫权的行为不可避免地会在一定程度上打破社会的平和状态。因此，统治者往往就需要再保护个人权益和维护社会安定这两个方面进行权衡。② 在维稳观念的支配下，正当防卫的认定在无形之中又增加了一个避让条件。③ 具言之，面对不法侵害时，应首选逃跑以维护社会安定有序的状态。只有当行为人因事发突然而来不及躲避，无路可退时，方可满足紧迫性要件进而可认定正当防卫。换言之，如果能够通过逃跑避免遭受他人的不法侵害，就没有必要对不法侵害予以反击。这显然不利于鼓励公民积极与犯罪行为作斗争这一正当防卫立法目的的实现。

（2）机制缺失。司法机制的配套缺失，使得正当防卫立法修正、正当防卫理论研究都不能真正改变正当防卫司法现状。学者认为，实体内容的法律移植是第一层面的法律移植，法律体系运作机制的问题是第二层面的法律移植的问题。第一层面的法律规则移植是否能够成功，取决于相应规则在第二层面移植的法律体系中的运作，尤其是要看该规则能否被司法裁判所接受与肯定。作为具有实体内容的一项法律制度，正当防卫规定被移植到我国之后，由于未能完成与之配合的第二层面的法律移植，也就是缺乏一套具有自主性的法律系统与相应的司法裁判机制作为支撑，于是在司法实务中根本得不到应有的贯彻与适用。正当防卫规定在我国效力欠缺问题，本质上是所移植的法律

---

① 钟兴全、姜小青：《我国正当防卫制度的实践样态与实现路径》，载《中国检察官》2020年第1期。
② 陈璇：《正当防卫、维稳优先与结果导向——以"于欢故意伤害案"为契机展开的法理思考》，载《法律科学》2018年第3期。
③ 王志祥：《论正当防卫制度司法适用的纠偏》，载《法学论坛》2019年第6期。

规则未能成功实现本土化的问题，而移植之所以不成功，是因为以对行为的法与不法进行评价为首要功能诉求的司法裁判机制在我国一直未能真正建立起来。① 由此，近年来我国最高司法机关自上而下重塑正当防卫理念、纠正正当防卫司法适用、克服正当防卫司法惯性的必要性与决定性作用可见一斑。

（3）唯结果论。唯结果论的思维方式，使得正当防卫的限度条件成为正当防卫认定的最大障碍。学者指出，如果优先从防卫结果出发思考问题，在认定是否成立正当防卫时习惯于事后"算经济账"，就会导致只要有防卫结果就属于防卫过当，从而对大量防卫手段虽有必要性但防卫结果是较重或重大损害的情形，不愿意也不敢于认定正当防卫的成立。② 学者认为，唯结果论的盛行根源于国人的生死观和实用理性。一方面，在"死者为大"的社会观念和"杀人者死，伤人者刑"的朴素正义观的深远影响下，只要防卫人造成不法侵害人重伤或死亡结果，就会被认定为防卫过当甚至否定防卫性质，其背后逻辑仅仅是防卫人毫发无伤或至少无生命危险。此外，个人死亡与宗族社群具有密切关系，个人往往与家族联系在一起，死伤者家属往往情绪激动，采取暴力、闹访等过激措施给司法施加压力。③ 另一方面，在定分止争的司法功能观下，实用理性导致人们只关注纠纷造成的最终结果，只考虑怎样的案件处理方式能够最大限度地达成尽量使各方满意的实效，不惜以牺牲防卫人的正当权利为代价。④ 唯结果论对正当防卫司法适用的不利影响已在学界取得共识。

（4）道德洁癖。正当防卫主观条件防卫意思的认定具有绝对的道

---

① 劳东燕：《正当防卫的异化与刑法系统的功能》，载《法学家》2018 年第 5 期。
② 周光权：《正当防卫的司法异化与纠偏思路》，载《法学评论》2017 年第 5 期。
③ 贺卫：《正当防卫制度的沉睡与激活》，载《国家检察官学院学报》2019 年第 4 期；张田田：《义理伦常下的正当防卫》，载《检察日报》2017 年 4 月 6 日，第 3 版；张田田：《"尊长"之下，岂有尊严——清代"拒奸"案的罪与罚之二》，载《检察日报》2018 年 3 月 30 日，第 6 版。
④ 陈璇：《正当防卫、维稳优先与结果导向——以"于欢故意伤害案"为契机展开的法理思考》，载《法律科学》2018 年第 3 期。

德洁癖。学者指出，以往常常将防卫权的享有者仅仅限定在对于冲突的发生毫无道德瑕疵的绝对无辜者之上；一旦认定行为人先前的某个行为对于他人的不法侵害产生过惹起或推动作用甚至自招侵害，或者双方具有矛盾纠纷，即使一般的生活纠纷，也常常会导致以双方之间纯属斗殴或者行为人主观上具有伤害故意或过失为由，认定行为人的反击行为不属于正当防卫，而是成立故意杀人、故意伤害、寻衅滋事等犯罪。① 该道德洁癖背后的深层逻辑是，一旦允许自招侵害者正常地行使正当防卫权，就会放纵甚至是鼓励人们去实施挑拨防卫，进而导致斗殴案件数量激增、社会治安形势恶化。这种毫无必要的担心为防卫人提出了很高的道德要求，对防卫动机、防卫意思纯洁性的要求大大阻碍了正当防卫的司法适用。

（二）正当防卫制度激活的个案契机

2017 年的于欢故意伤害案即"辱母杀人案"是正当防卫制度激活的个案契机。2017 年 3 月 23 日，《南方周末》发表题为《刺死辱母者》一文，报道了于欢用刀捅伤羞辱其母的追债人员，造成一人死亡、两人重伤、一人轻伤；一审法院认为于欢的捅刺行为不具有防卫性质，既不成立正当防卫，也不成立防卫过当，判决于欢犯故意伤害罪，判处无期徒刑，剥夺政治权利终身，并赔偿附带民事原告人经济损失。3 月 24 日，该文引爆网络，引起社会广泛关注。正如学者所评价的那样，"于欢故意伤害案是迄今为止关注度最高的一起正当防卫案件。"② 根据法律和《人民检察院刑事诉讼规则（试行）》的规定，最高人民检察院领导地方各级检察院和专门检察院的工作，上级检察院领导下级检察院的工作；上级检察院对下级检察院的决定，有权予

---

① 杨毅伟：《自我防卫与相互斗殴的刑事司法判定研究：以个案为线索的分析》，载《西南政法大学学报》2012 年第 6 期；张明楷：《故意伤害罪司法现状的刑法学分析》，载《清华法学》2013 年第 1 期；陈璇：《克服正当防卫判断中的"道德洁癖"》，载《清华法学》2016 年第 2 期。

② 陈兴良：《正当防卫如何才能避免沦为僵尸条款——以于欢故意伤害案一审判决为例的刑法教义学分析》，载《法学家》2017 年第 5 期。

以撤销或变更；发现下级检察院办理的案件有错误的，有权指令下级检察院予以纠正。检察机关作为法律监督机关，担负着惩罚犯罪与保障人权的双重职责。最高人民检察院对该案高度重视，第一时间派员赴山东阅卷并听取山东省检察机关汇报，对案件事实、证据进行全面审查。

1. 法律争议及其理论讨论

正当防卫的司法适用因于欢故意伤害案而成为我国刑法理论研究和刑事司法实践的热点问题。于欢故意伤害案的争议焦点有三：一是本案是否具有防卫性质，亦即本案是否存在作为正当防卫起因条件的不法侵害；二是本案是否属于防卫过当，亦即本案是否符合正当防卫的限度条件；三是本案是否属于特殊防卫，亦即本案能否适用刑法第20条第3款。[①] 学者围绕这三个方面在刑法理论上进行了深入探讨。

（1）本案是否具有防卫性质。理论界的观点比较统一，都认为本案存在不法侵害，具有防卫性质。

本案是否具有防卫性质关键在于判断本案是否存在作为正当防卫起因条件的不法侵害。传统观点认为只有那种杀人等现实的、即将或者正在发生的、对生命健康产生紧迫威胁的激烈的行为才是不法侵害，而那些持续的、相对和缓的、以人身自由和人格尊严为对象的不法侵害不经意地被忽略掉了。[②] 学者认为，只要存在客观现实的不法侵害，为了避免这种侵害，公民都可以对不法侵害人实行防卫，而没有忍受不法侵害的义务。除非侵害结果已经发生，不能通过防卫予以排除。非法拘禁具有对人身自由的侵害性，这是没有问题的。而且，非法拘禁罪属于继续犯，对他人进行扣押以后，他人的人身自由被剥夺的整个期间都属于犯罪行为进行的时间，被害人完全可以通过防卫解除非法拘禁的状态。在本案中，非法拘禁持续时间长达六个多小时，在此期间不法侵害人不间断地对于欢母子进行辱骂、殴打和精神折

---

① 赵秉志、袁彬：《刑法学：理论与实践的回顾、反思及前瞻》，载《检察日报》2018年1月2日，第3版。

② 沈海平：《辱母杀人案背后的法意与人情》，载《检察日报》2017年3月29日，第7版。

磨，使于欢处于极度的心理紧张状态。在民警来到现场以后，于欢要求出去。这里的出去，应当理解为解除非法拘禁状态。但讨债人仍然对此加以阻止，并且使用暴力殴打。在这种情况下，于欢使用从办公桌上拾起的水果刀捅刺杜志浩等讨债人。因此，在非法拘禁案件中，为解除对自己的非法拘禁，对拘禁人采取适当的暴力措施，应当认为具有防卫的性质。从整个案件看，于欢确实是针对不法侵害采取了防卫措施，存在防卫起因。① 总之，关于本案具有防卫性质在理论上和实践中都已不存在争议。

（2）本案是否属于防卫过当。理论界存在正当防卫和防卫过当的分歧，司法实践的立场是后者。

学者普遍认为，在考虑本案中的正当防卫必要性时，既应当从客观上的暴力程度、力量对比来考察，也要从防卫人的心态变化和主观感受考察被告人受到长时间折磨产生的压力和激怒，综合进行分析。② 学者认为于欢的行为是防卫过当有不同理由。在本案中，不法侵害人实施的是非法限制他人人身自由并伴有侮辱、轻微殴打的不法侵害行为。学界将这种不法侵害情形概括为"静态"的不法侵害。有观点认为，针对这种"静态"的不法侵害实施防卫行为没有问题，只是于欢的行为"明显超过必要限度造成了重大损害"。还有观点认为，针对"静态"的不法侵害就不应当实施这种"激烈"的"防卫行为"，因此自一开始于欢实施的"防卫行为"就与对方"不对称"或"不对等"，加之"明显超过必要限度"和出现死亡结果，所以只能认定于

---

① 陈兴良：《正当防卫如何才能避免沦为僵尸条款——以于欢故意伤害案一审判决为例的刑法教义学分析》，载《法学家》2017年第5期。也有学者分析认为，于欢故意伤害案引起民愤的并非"现时"的拦阻行为，而是辱母行为，该行为虽是"过去侵害"，但也是极有可能再次发生的"未来侵害"，被告之所以反抗，不是因为"现时侵害"（拦阻），而是因为担心这一极有可能发生的"未来侵害"，若回避这一事实，则于情不符。鉴于此，应当认定不法侵害"正在进行"。潘星丞：《正当防卫中的"紧迫性"判断——激活我国正当防卫制度适用的教义学思考》，载《法商研究》2019年第2期。

② 陈兴良：《正当防卫如何才能避免沦为僵尸条款——以于欢故意伤害案一审判决为例的刑法教义学分析》，载《法学家》2017年第5期。

欢的行为为"防卫过当"。①不难看出，该立场充分从不法侵害的性质、手段、强度、危害程度，以及防卫行为的性质、时机、手段、强度、所处环境和损害后果等客观情节考虑正当防卫限度条件的解释适用。

（3）本案是否属于特殊防卫。理论界有两种观点：一种观点认为本案属于特殊防卫的情形；另一种观点则认为本案不应适用特殊正当防卫条款。司法实践持后者立场。

有学者认为本案有成立特殊正当防卫的余地。首先，本案持续侵害的情形可能认定为"行凶"。其次，本案强制猥亵、侮辱情形能够类推适用对强奸行为的特殊正当防卫规定。再次，本案侵害危险升高后的非法拘禁情形能够类推适用对绑架行为的特殊正当防卫规定。最后，本案持续侵害的情形能够被评价为刑法第20条第3款的"其他严重危及人身安全的暴力犯罪"。②该观点总体上是对特殊正当防卫"严重危及人身安全的暴力犯罪"的较为宽松的解释。

也有学者认为本案情形不符合特殊正当防卫的规定。该观点认为，根据刑法第20条第3款，只有当不法侵害严重危害人身安全，且具有暴力犯罪性质时才能适用。从本案情况看，可能还没有达到这一程度。因为对方是来讨债的，其目的是为债权人实现债权。在讨债过程中虽然存在拘禁、殴打和辱骂等不法侵害行为，但这是为了对债务人施加精神压力，以便达到还债的效果。从这个意义上说，本案中的讨债人并没有想要致于欢母子人身伤亡的目的和行为。因此，本案于欢的行为不具备刑法第20条第3款无过当防卫的适用条件。③还有学者认为，关于防卫行为限度问题的理论共识是，一般防卫行为存在"必要限度"的限制，不能显著超过，而特殊防卫则不存在

---

① 李晓明：《"正当防卫"四十年："于欢案"映射刑法第20条的修改》，载《河北法学》2020年第4期。
② 周光权：《论持续侵害与正当防卫的关系》，载《法学》2017年第4期；孙文海：《致毙"辱母"者正当防卫之证立》，载《青海社会科学》2018年第6期。
③ 陈兴良：《正当防卫如何才能避免沦为僵尸条款——以于欢故意伤害案一审判决为例的刑法教义学分析》，载《法学家》2017年第5期。

限度的限制。本案中，在承认于欢拥有防卫权的前提下，他是否可以实施特殊防卫权？根据刑法第 20 条第 3 款的规定，特殊防卫有严格的限制条件，即仅针对严重危及人身安全的暴力犯罪，而本案似乎不存在这种情况，反复、多次遭受不法侵害不是行使无限防卫权的充分条件，所以于欢只拥有一般防卫权。① 可见，该观点对"严重危及人身安全的暴力犯罪"的解释较为稳健。此外，是否符合特殊防卫情形的认定，需要紧紧围绕"严重危及人身安全的暴力犯罪"这一实质标准。② 首先，上述将持续侵害解释为"行凶"的观点尚需考虑该持续侵害是否达到"严重危及人身安全的暴力"程度，本案情形与该实质标准相比无疑还有不小差距。其次，将本案强制猥亵、侮辱情形解释为"强奸"、将本案非法拘禁解释为"绑架"虽然是有利于被告人的类推，但当其强度没有达到"严重危及人身安全"及其该程度的暴力性时，这种类推恐怕不能成立。最后，如上所述，本案的不法侵害虽然具有一定的持续性，但其主要是轻微殴打和侮辱，和"严重危及人身安全的暴力犯罪"显然还有一定距离。

2. 司法结果及其实践意义

最高人民检察院会同山东省人民检察院专案组全面开展调查工作，针对群众关切的于欢的捅刺行为是否成立正当防卫进行审查，还

---

① 沈海平：《辱母杀人案背后的法意与人情》，载《检察日报》2017 年 3 月 29 日，第 7 版；陈珍建、吴宇星：《在反复被侵害中有准备的反击算不算正当防卫》，载《检察日报》2020 年 11 月 10 日，第 7 版。

② 学者认为，根据刑法第 20 条第 3 款"造成不法侵害人伤亡的，不属于防卫过当"的规定，当防卫行为造成伤害时，对于特殊防卫的前提条件没有必要进行限制解释；当防卫行为造成死亡时，则应当对特殊防卫的前提条件进行限制解释（张明楷：《刑法学》（上）（第 5 版），法律出版社 2016 年版，第 215 页）。在于欢故意伤害案中，防卫行为造成了不法侵害人的死亡，应当对特殊防卫前提条件进行限制解释，不宜将本案中的持续侵害情形类推为"强奸""绑架"，或者宽松地解释为"行凶""严重危及人身安全的暴力犯罪"。或许，可以这样评价：对本案"一人死亡"的结果，认定于欢的防卫行为构成防卫过当；对本案"两人重伤、一人轻伤"的结果，认定不法侵害人的行为构成"行凶"，进而认定于欢的防卫行为符合特殊防卫；综合全案，于欢的防卫行为既有正当防卫（特殊防卫）的一面，也有防卫过当（仅就"一人死亡"结果）的一面。

原了事实真相,明确提出于欢的捅刺行为具有防卫性质,起诉书和一审判决书认定事实、情节不全面,适用法律错误。2017年5月27日,于欢案二审开庭,检察机关派员出庭并发表了于欢的捅刺行为属于防卫过当的意见。同年6月23日,山东省高级人民法院采纳检察机关的意见,认定于欢的捅刺行为具有防卫性质,但属于防卫过当,原判认定于欢犯故意伤害罪正确,审判程序合法,但认定事实不全面,部分刑事判项适用法律错误,量刑过重,依法改判于欢有期徒刑5年。而对引发这起案件的高利贷和违法索债行为,检察机关依法履职,坚决予以打击。同年8月3日,聊城市东昌府区检察院依法对于欢案中的涉黑团伙吴某等15人提起公诉,让不法分子得到了法律的惩处。《最高人民检察院工作报告(2018)》指出,检察机关高度重视舆论监督,对媒体曝光的于欢故意伤害案等热点敏感案件及时发声、深入调查、依法监督,维护司法公正。

2018年6月20日《最高人民法院关于发布第18批指导性案例的通知》(法〔2018〕164号)将于欢故意伤害案入选为指导案例93号,其裁判要点如下:(1)对正在进行的非法限制他人人身自由的行为,应当认定为刑法第20条第1款规定的"不法侵害",可以进行正当防卫。(2)对非法限制他人人身自由并伴有侮辱、轻微殴打的行为,不应当认定为刑法第20条第3款规定的"严重危及人身安全的暴力犯罪"。(3)判断防卫是否过当,应当综合考虑不法侵害的性质、手段、强度、危害程度,以及防卫行为的性质、时机、手段、强度、所处环境和损害后果等情节。对非法限制他人人身自由并伴有侮辱、轻微殴打,且并不十分紧迫的不法侵害,进行防卫致人死亡重伤的,应当认定为刑法第20条第2款规定的"明显超过必要限度造成重大损害"。(4)防卫过当案件,如系因被害人实施严重贬损他人人格尊严或者亵渎人伦的不法侵害引发的,量刑时对此应予充分考虑,以确保司法裁判既经得起法律检验,也符合社会公平正义观念。由此可知,司法实践虽然认定于欢行为构成防卫过当,而没有像有些学者所主张的那样将其认定为正当防卫,但在量刑上予以了充分考虑,迈的步子比较稳,比较符合当时的司法现状。

长期以来，我国正当防卫规定由于适用率极低的不正当现象被称为"沉睡条款""休眠条款""僵尸条款"。于欢故意伤害案经媒体报道迅速引起全社会关于正当防卫的大讨论，成为激活正当防卫制度的开端。更多学者称之为司法的进步，认为其对正当防卫的司法适用具有示范作用。[1] 正当防卫问题引发社会广泛关注，反映了人民群众对民主、法治、公平、正义、安全的普遍诉求。"民之所欲，法之所从"，明确正当防卫的界限标准，回应群众关切，是当前司法机关一项突出和紧迫的任务。最高人民检察院以 2017 年终审判决的于欢故意伤害案为契机，在 2018 年、2019 年、2020 年连续三年以高度的政治自觉、法治自觉、检察自觉，通过一系列指导性案例、典型案例，将该案的办理上升为规范性文件，彻底克服正当防卫传统司法的惯性，扭转正当防卫传统司法的思维，重塑正当防卫司法的理念，重构正当防卫司法的规则。自此之后，正当防卫的理论研究围绕正当防卫类案进入一个新阶段。

（三）正当防卫司法适用的类案推动

一波尚平，一波又起。继 2017 年的于欢故意伤害案，2018 的昆山反杀案（于海明正当防卫案）再次引发社会各界关于正当防卫司法适用的热烈讨论，对公安司法机关如何处理本案、最高司法机关关于正当防卫的司法导向抱有更高期待。媒体披露昆山反杀案后，最高人民检察院指导江苏检察机关提前介入，提出案件定性意见，支持公安机关撤案。2018 年 12 月 19 日，最高人民检察院印发第 12 批指导性案例，涉及的 4 个案例均为正当防卫或者防卫过当的案件，昆山反杀案入选其中，正当防卫的制度价值在个案中进一步得以释放。[2] 2019 年，最高人民检察院指导福州市检察机关认定赵宇见义勇为致不法侵害人重伤属正当防卫，依法不负刑事责任，昭示法不能向不法让步；

---

[1] 李文杰：《司法过程中的利益衡量——以于欢故意伤害案为例》，载《辽宁工业大学学报（社会科学版）》2020 年第 3 期。

[2] 应建廷、黄有富：《在个案中释放正当防卫制度价值——基于最高检第十二批指导性案例的分析》，载《检察日报》2019 年 9 月 24 日，第 3 版。

指导地方检察机关查明涞源反杀案、邢台董民刚案、杭州盛春平案、丽江唐雪案等影响性防卫案件事实，依法认定正当防卫，引领、重塑正当防卫理念，"法不能向不法让步"深入人心。这些类案极大推动了正当防卫司法理念的转变和司法规则的转型。

1. 昆山反杀案：于欢故意伤害案后的又一司法考验

昆山反杀案是继于欢故意伤害案之后又一对正当防卫司法实践的考验。在最高人民检察院指导下，江苏检察机关提出本案系属正当防卫，公安机关最终采纳了检察机关的意见而撤案。该处理结果得到了刑法学界的一致赞同。

具有代表性的理论观点认为，不法侵害结束前的防卫行为处于正当防卫限度内，不法侵害结束后，超过时间限度的防卫行为没有造成伤害结果的（刑法并不评价的结果），不能认定为防卫过当，必须认定为正当防卫。在昆山反杀案中，刘某某先下车与于海明发生争执，经同行人员劝解返回车辆时，刘海龙突然下车，上前推搡、踢打于海明。虽经劝架，刘海龙仍持续追打，后返回宝马轿车取出一把砍刀（经鉴定，该刀为尖角双面开刃，全长59厘米，其中刀身长43厘米、宽5厘米，系管制刀具），连续用刀击打于海明颈部、腰部、腿部。击打中砍刀甩脱，于海明抢到砍刀，并在争夺中捅刺刘海龙腹部、臀部，砍击右胸、左肩、左肘，刺砍过程持续7秒。刘海龙受伤后跑向宝马轿车，于海明继续追砍2刀均未砍中，其中1刀砍中汽车（经勘查，汽车左后窗下沿有7厘米长刀痕）。本案于海明后2刀的追砍行为虽然超过了时间限度，但由于没有砍中，没有造成值得刑法评价的结果，因此不能认定为防卫过当，只能在整体上认定为正当防卫。① 总之，昆山反杀案的争议焦点在于于海明之行为是正当防卫还是防卫过当。公安司法机关经过认真分析，最终得出本案系属正当防卫而非防卫过当，这在于欢故意伤害案之后具有重要意义。

昆山反杀案后被入选最高人民检察院第12批指导性案例，为正当防卫司法理念的进一步转变、正当防卫司法规则的进一步转型奠定了

---

① 张明楷：《防卫过当：判断标准与过当类型》，载《法学》2019年第1期。

实践基础，树立了规范依据，将"法不能向不法让步"的法治实践向前推进了一大步。

2. 四个指导性案例进一步明确正当防卫的解释适用

最高人民检察院于2018年12月印发了包括陈某正当防卫案、朱凤山故意伤害（防卫过当）案、于海明正当防卫案（昆山反杀案）、侯雨秋正当防卫案在内的第12批指导性案例，针对司法实践中有关正当防卫的突出问题，专门阐释正当防卫的界限和把握标准以提供司法办案参考。有学者认为这四个案例实际上主要是针对目前司法实践存在的两个突出问题提供指导性意见，并对该批指导性案例进行了全面解读：①

（1）普通防卫中防卫限度的理解。就我国刑法第20条第1款、第2款所规定的一般正当防卫而言，实务界存在的一个突出问题就是如何判断"正当防卫明显超过必要限度且造成重大损害"。过去的司法实务通常自觉或者不自觉地强调结果，即只要出现了致使加害人死伤的结果，就难以认定正当防卫，最多只能考虑防卫过当。但本次公布的陈某正当防卫案则放弃这种唯结果论的主张，明确指出在被人殴打、人身权利受到不法侵害的情况下，防卫行为虽然造成了重大损害的客观后果，但是防卫措施并未明显超过必要限度的，不属于防卫过当，依法不负刑事责任。这种判旨，不只是考虑发生了什么样的结果，更是重在考虑使用什么样的手段，从重结果向重行为、重情境的方向转变。

同样，在对防卫限度从重结果向重行为的转变过程中，对于行为的考虑，不能仅只考虑行为本身，还要考虑加害行为的起因、加害人所追求的目的等，从而考虑反击行为的性质。如在朱凤山防卫过当案中，加害人上门滋事主要是为了复婚，与离婚后进行报复行为不同；加害人虽有投掷瓦片、撕扯行为，但整体上看并没有达到危及防卫人朱凤山及其家人的生命健康的程度。但防卫人却选择了使用刀具捅刺齐某要害部位的手段，并最终造成齐某死亡的结果。从加害行为的起

---

① 黎宏：《适用正当防卫规定的重要指导》，载《检察日报》2019年7月15日，第3版。

因、加害人所追求的目的、双方手段的对比以及所保护法益的重大程度来看，朱凤山的防卫行为明显超过了必要限度且造成了重大损害。

（2）对特殊防卫的前提条件的理解。我国刑法第20条第3款规定了不受第20条第1款防卫限度限制的特殊正当防卫，但其仅适于"对正在进行行凶、杀人、抢劫、强奸、绑架以及其他严重危及人身安全的暴力犯罪"，其中"杀人、抢劫、强奸、绑架"比较容易理解，但"行凶""其他严重危及人身安全的暴力犯罪"则比较难以判断。对此，本次公布的案例提供了重要参考。关于"行凶"，于海明正当防卫案指出，对于犯罪故意的具体内容虽不确定，但足以严重危及人身安全的暴力侵害行为，应当认定为刑法第20条第3款规定的"行凶"。"行凶"已经造成严重危及人身安全的紧迫危险，即使没有发生严重的实害后果，也不影响正当防卫的成立。这意味着，"行凶"的判断，即使犯罪故意不确定，但若行为外形上已经足以危及对方人身安全，也能认定为"行凶"。换言之，"行凶"的判断上，客观的行为形态非常重要。

同时，关于"其他严重危及人身安全的暴力犯罪"，侯雨秋正当防卫案指出，单方聚众斗殴的，属于不法侵害，没有斗殴故意的一方可以进行正当防卫；单方持械聚众斗殴，对他人的人身安全造成严重危险的，应当认定为刑法第20条第3款规定的"其他严重危及人身安全的暴力犯罪"。这一要旨表明了两层意思：一是即便在所谓"打架斗殴"的场合，也存在成立正当防卫的可能，但其成立只在没有斗殴故意的一方；二是单方持械聚众斗殴，具有致人重伤、死亡危险的，与杀人、抢劫等暴力犯罪具有类型性，可以将其认定为"其他严重危及人身安全的暴力犯罪"。除论者所阐述的上述内容，该批指导性案例的指导意义也明确了检察办案的工作方法，如人民检察院办理刑事案件，必须高度重视犯罪嫌疑人、被告人及其辩护人所提正当防卫或防卫过当的意见，这一点值得称赞。

总之，该批指导性案例的发布，积极解决了正当防卫条款在司法适用中存在的突出问题，及时回应了民众的关切，体现了"法不能向不法让步"的价值取向，不仅为实务部门办理正当防卫案件提供了良好指导，也为学术研究提供了重要参考。

3. 丽江唐雪案等：指导性案例推动作用进一步显现

最高人民检察院第12批指导性案例以案例的形式展示了正当防卫的司法规则。在此之后，该批指导性案例在司法实践中发挥了重要作用，促使福建赵宇案、涞源反杀案、邢台董民刚案、杭州盛春平案、丽江唐雪案等社会影响性案件得以正确处理，取得了良好的政治效果、社会效果和法律效果。学者在理论上积极予以回应，有力策应了正当防卫司法理念和司法规则的转变与重构。例如，有学者就福建赵宇案发表了观点。（1）关于防止性质。赵宇在本案中的行为可以分为两个阶段。其中，第一阶段的行为明显具有制止李华对邹某的不法侵害的防卫性质，对此没有争议。而第二阶段的行为如何认定，则容易产生分歧意见。主要争议在于：在制止了李华对邹某的不法侵害以后，赵宇和李华发生扭打，此时不法侵害是否还正在进行？如果从对邹某的不法侵害而言，因为赵宇的及时制止已经结束。但李华又要对赵宇进行殴打，形成对赵宇的不法侵害，赵宇的行为就转化为制止李华对其本人的不法侵害，同样具有防卫性质。因此，赵宇的行为具有防卫性质。（2）关于防卫限度。在面对李华殴打的情况下，赵宇将李华拽倒在地并踩其一脚，这个行为本身不能认定是明显超过正当防卫必要限度的，因此不存在行为过当。而就该行为造成的重伤结果而言，确实具有一定的严重性。在李华没有明显要重伤邹某的情况下，这个重伤结果是超过必要限度的。但这个重伤结果并不是赵宇主观上故意追求的，而是过失造成的结果。在李华进行不法侵害而受到赵宇防卫的情况下，这一结果属于李华应当承受的不利后果。综上，赵宇的行为不构成防卫过当，不应当承担过失致人重伤罪的刑事责任。（3）关于认定程序。公检法三机关的刑事程序设计，对于正当防卫案件来说，犹如三道防线，经过三个环节的审查，有利于正确认定正当防卫。当然，对于正当防卫或者防卫过当的认定来说，更为重要的还是实体要件的把握。只有正确地把握了正当防卫或者防卫过当的构成条件，才能准确地认定正当防卫或者防卫过当。① 另外，学者还主要研究了丽江唐雪案，普遍赞成检察机关对唐雪作出的不起诉决定。

（1）唐雪的行为完全符合正当防卫的前提条件。学者认为，李德湘醉酒滋事，纠缠、辱骂及殴打他人，属于不法侵害行为，唐雪有权实施正当防卫行为；而且，案件起因是被害人李德湘的过错，其过错程度不断加重，所以不可以将本案认定为互殴案件。② 还有学者具体分析如下：（1）被害人李德湘从 2019 年 2 月 8 日 23 时起，就在酒后开始实施了一连串的不法侵害行为。如李德湘拦截他人汽车，对唐雪言语挑衅；后来又殴打唐雪的父亲唐某勇，并且声称要喊人把唐某勇一家人砍死；2 月 9 日 0 时 20 分许，李德湘继续到唐雪家滋事；在被众人合力将其强行送回家后，李德湘又手持菜刀到唐雪家，砍唐雪家大门；唐雪出门后，李德湘冲上去踹唐雪腹部一脚；唐雪反击时没有打着李德湘，左脸反而被李德湘打了一拳。（2）唐雪显然是在不法侵害正在进行时实施防卫行为的。（3）唐雪是为了保护自己以及家人的人身安全而实施的防卫行为，而且防卫行为针对的是实施不法侵害的李德湘本人，并没有针对其他人。总之，唐雪的行为完全符合正当防卫的前提条件。③ 此外，学者认为，愤怒并不影响正当防卫成立与否或防卫过当与否的判断。不管是防卫人还是一般人，对不法侵害行为很愤怒是十分正常的事情。不能要求防卫人必须一直在恐惧状态下实施防卫行为。况且，恐惧与愤怒也完全可以同时存在，愤怒更不意味着防卫人没有防卫意识。

（2）唐雪的行为没有明显超过必要限度造成重大损害。有学者认为，应当从行为是否过当和结果是否过当两个方面进行考察。在这

---

① 陈兴良：《赵宇正当防卫案的法理评析》，载《检察日报》2019 年 3 月 2 日，第 3 版。另有学者指出，鼓励正当防卫，就是鼓励见义勇为，打消公众对见义勇为可能遭遇风险的后顾之忧，使更多人在国家、公共利益或者他人的利益遭受不法侵害时，都能挺身而出制止违法犯罪行为。张淳艺：《面对不法侵害，正确的防卫姿势不该只是跑》，载《检察日报》2018 年 9 月 19 日，第 5 版。

② 曲新久：《关于唐雪一案的意见》，载《检察日报》2020 年 1 月 1 日，第 4 版。

③ 张明楷：《唐雪防卫行为的简要分析》，载《检察日报》2019 年 12 月 31 日，第 3 版。

一思路之下，有两种不同观点。一种观点认为，唐雪的正当防卫行为致使李德湘受伤死亡，应属造成重大损害，但其防卫行为没有明显超过必要限度，因而不构成防卫过当。① 另一种观点认为，就行为方面而言，唐雪的防卫行为是在当时情况下制止李德湘的不法侵害所必要的，尤其是考虑到李德湘深夜持刀上门进行不法侵害的特殊背景，所以唐雪的防卫行为没有超过必要限度；就结果方面而言，如果唐雪故意将李德湘杀死，则显然属于结果过当，但是，唐雪并不是故意致使李德湘死亡，而是在持刀向李德湘挥舞过程中刺中李德湘胸部，过失致使李德湘死亡。这里涉及的问题是结果过当究竟应当客观考察，还是结合防卫人的主观心理进行考察。对此，论者主张结合防卫人主观心理进行考察的观点。具言之，同样是造成他人死伤结果，故意追求该结果和过失造成该结果，在刑法评价上应当加以区分。基于以上分析，论者认为，唐雪对李德湘的防卫行为并不存在结果过当的情形。② 还有学者从"明显超过必要限度"和"造成重大损害"一体的角度，主张一个防卫行为是否超过必要限度，不是简单地仅在不法侵害人已经造成的侵害结果与防卫行为已经造成的损害结果之间进行比较，而是要将不法侵害人已经造成侵害、可能造成的侵害与防卫人造成的损害进行比较，而且要充分考虑到防卫人的利益处于明显优越的地位。就本案而言，整体考虑李德湘实施的一连串的不法侵害行为，要对比双方的力量，要考虑唐雪对自己防卫行为的克制，要动态地理解和认定重大损害。并不是说只要防卫行为造成重伤或者死亡就是重大损害，或者说，并非只要造成了静态意义上的重大损害就是防卫过当。换言之，对于重大损害必须进行动态考虑，需要根据不法侵害的缓急、强度及其类型、防卫手段与强度的必要性，以及所防卫的利益等方面，进行综合判断得出妥当结论。③ 综上，无论是采用二分的还

---

① 陈泽宪：《正当防卫与防卫过当的界限——唐雪案的分析视角》，载《检察日报》2019年12月31日，第3版。
② 陈兴良：《本案为何不是防卫过当：唐雪正当防卫案的法理分析》，载《法制日报》2019年12月31日，第2版。
③ 张明楷：《唐雪防卫行为的简要分析》，载《检察日报》2019年12月31日，第3版。

是一体的思路判断正当防卫的限度条件，都会得出唐雪的防卫行为没有过当的结论。

（3）唐雪的行为是一般正当防卫还是特殊正当防卫。有学者认为唐雪的防卫行为是特殊正当防卫。该学者主张，认定李德湘的行为属于"行凶"并不存在障碍。一方面，李德湘起先拿着菜刀去唐雪家。另一方面，即使后来菜刀被人夺走，但"行凶"并不以手持凶器为前提，拳打脚踢当然也是"行凶"。况且，"行凶"也不以足以造成他人死亡为要件。所以，认定李德湘当时的行为属于"行凶"，进而肯定唐雪的行为属于特殊防卫也没有障碍。① 但也有学者认为唐雪的行为仅是一般正当防卫行为，并非特殊正当防卫行为。理由是，本案李德湘虽然一再对唐雪及其家人进行暴力滋扰、挑衅，甚至持刀砸砍唐雪家门，但在唐雪正面反击李德湘的暴力攻击时，李德湘砸门的菜刀已被他人夺下扔掉，其挣脱他人束缚冲向唐雪对其拳打脚踢的行为，虽属不法暴力攻击，但尚未达到足以允许唐雪进行无限防卫的严重程度。② 可见，无论是否适用特殊正当防卫规定，唐雪的行为是正当防卫没有争议。

总之，正当防卫类案激发了相关问题学术研究的繁荣，更推动了刑事法治的进步。学者认为，于欢故意伤害案、于海明正当防卫案（昆山反杀案）、丽江唐雪案等涉正当防卫（防卫过当）类案的司法处理皆是妥当的。中国传统法文化强调"天理""国法""人情"的统一，西方法文化崇尚以自然权利、普遍理性、公平正义为内涵的自然法，都反对纯粹的形式理性而强调良法善治。司法不应忽视公众的正义直觉，部分学者的感受不可能优越于多数公众的正义感。因此，要在"国法"这个实定法的基础上，引入"天理""人情"价值因素。法律人要上通天理，下达人情，于欢故意伤害案、于海明故意伤害案等的司法处理实现了形式正义和实质正义的有机统一，对于促进正当防卫的妥当适用，乃至刑法其他规范的正确理解，具有积极意

---

① 张明楷：《唐雪防卫行为的简要分析》，载《检察日报》2019年12月31日，第3版。
② 梁根林：《唐雪的行为依法成立正当防卫》，载《检察日报》2020年1月1日，第4版。

义。综上所述，正当防卫类案促进了关于正当防卫的学术争鸣，有利于正当防卫适用规则的进一步明确，[①]为正当防卫规范性文件的形成积累了素材和经验，为正当防卫司法规则的体系重构奠定了实践基础。

（四）正当防卫司法规则的体系重构

经过个案激发、指导性案例的阶段性总结、类案检验和推动，以规范性文件的形式对正当防卫司法规则进行体系性重构的时机已经成熟。于欢故意伤害案后，就有学者呼吁，我国应确立"防卫权本位"价值取向，为正当防卫司法确立明确的判断标准，避免正当防卫的司法实践严重违离国民规范意识。[②]2020年8月28日最高人民法院、最高人民检察院、公安部《关于依法适用正当防卫制度的指导意见》（以下简称《指导意见》），充分吸收借鉴检察机关之前在正当防卫个案、类案和指导性案件中好的经验和做法，从总体要求、具体适用和工作要求三大方面将正当防卫的司法适用规范化、体系化、明确化，标志着正当防卫司法理念的更新确立和司法规则的成功转型，为依法准确适用正当防卫制度，维护公民的正当防卫权利，鼓励见义勇为，弘扬社会正气，把社会主义核心价值观融入刑事司法工作提供了规范指引。正当防卫司法规则的体系重构，同时也意味着正当防卫理论知识的更新和转型。

1. 正当防卫司法理念的重塑

《指导意见》指出，正当防卫是法律赋予公民的权利。要准确理解和把握正当防卫的法律规定和立法精神，对于符合正当防卫成立条件的，坚决依法认定。要切实防止"谁能闹谁有理""谁死伤谁有理"的错误做法，坚决捍卫"法不能向不法让步"的法治精神。学者指出，我国正当防卫以往的司法实践已经逐步脱离了公众认同。脱离公众法感情的正当防卫司法实践不利于社会秩序的维护；为了实现公

---

① 徐然：《在生活与法律中适用正当防卫》，载《检察日报》2018年9月18日，第3版。
② 姜敏：《正当防卫制度中的"城堡法"：渊源、发展与启示》，载《法学评论》2018年第5期。

众对刑法的认同和信仰，为了确保作为刑事立法之基础的公众观念在刑法适用中不被违背，民众朴素的正义感情不应成为刑法理论随意嘲笑和轻视的对象，刑法解释也应当在法律条文的范围内尽量与社会一般观念保持一致；因此，对正当防卫诸要件的把握必须遵从公众的道德情感和普遍认知。[①] 以往维稳优先、唯结果论、道德洁癖等陈旧的正当防卫司法理念，往往导致不法侵害人和正当防卫人被各打五十大板，正所谓"打输了进医院，打赢了进牢房"，致使正当防卫人瞻前顾后、畏首畏尾、忍气吞声，不能理直气壮地与犯罪做斗争。

"法不能向不法让步"司法理念的重塑为防卫者撑起司法保护伞，使正义"不委屈也可以求全"。学者认为，国家权力本位理念导致正当防卫制度在司法实践中适用率较低，即公权力的过度干预挤压了私人自决的行动空间。自由是法治的价值核心，秩序是法治的价值基础，自由与秩序应当在社会情势的发展变化中实现动态平衡。苛求防卫人"瞻前顾后"的正当防卫认定模式，寄希望于公民在面对不法侵害时应当报告单位或者公安司法机关，而不是自行反击，即使反击，也是退避不能再反击，这有违常识、常理、常情，因为没有人愿意站在那里等着被侵害、被救援。正当防卫是正对不正的宣战，正所谓"正不得对不正退步，法不得对不法妥协"。该模式与正当防卫的立法精神相违背。[②] 正当防卫，作为"以正对不正"的法律武器，就是要让见义勇为者不再望而却步，让受害者该出手时就出手，更让违法乱纪者心存畏惧。[③] 有检察官主张，如何让人民群众在每一起司法案件中感受到公平正义，需要法律人在办案时多一份细心，多一丝共

[①] 陈璇：《论正当防卫中民众观念与法律解释的融合——由张德军案件引发的问题和思考》，载《中国刑事法杂志》2007年第4期；储陈城：《正当防卫回归公众认同的路径——"混合主观"的肯认和"独立双重过当"的提倡》，载《政治与法律》2015年第9期。

[②] 王群：《正当防卫界限判定转向的证成——基于自由与秩序的动态平衡》，载《北京理工大学学报（社会科学版）》2016年第2期。

[③] 张琴：《正当防卫："该出手时就出手"》，载《检察日报》2020年9月15日，第7版。

情,多一点担当。① 总之,理念是行动的先导,正当防卫司法实践的转变在根本上有赖于司法理念的更新。

2. 正当防卫阻却违法的根据

由于正当防卫的成立不以其造成的损害小于所避免的损害为前提,刑法理论一直讨论正当防卫阻却违法的根据。所谓正当防卫阻却违法的根据,也即正当防卫的正当化根据或者正当防卫的本质或性质,旨在回答为什么防卫行为造成的损害大于所避免的损害时也不违法。关于正当防卫的正当化根据,目前英美国家存在自主性理论、保护社会—法律秩序理论、权衡利益和选择较小危害理论三种代表性理论,以苏联为代表的社会主义国家也曾经存在过一种类似西方的"保护社会—法律秩序理论"。② 在大陆法系国家,主要是二元论和法益衡量说之间的对立。我国刑法学界沿袭了大陆法系国家的讨论,主要存在以下三种观点。

(1) 二元论。该说主张,正当防卫的正当化根据在于个人保护原则(个人保全原则)和法确证原则(法秩序维护原则或法保护原则)。所谓个人保护原则,是指防卫行为因为保护了个人利益,所以具有正当性。所谓法确证原则,是指防卫行为因为确证了法秩序,所以具有正当性。有学者主张,二者的关系应为"社会秩序保护·个人权利保护"。③ 还有学者认为,离开了法确证原则,优越利益说无法说明正当防卫的正当性。把法确证原则降为法益衡量的一个要素,存在很多不足,也无法说明正当防卫的正当性。在二元论中,个人保护原则是基本原则,影响正当防卫成立条件的认定,具有扩张正当防卫权的功能。法确证原则是补充性原则,与正当防卫的成立条件无关,具有限缩正当防卫权的功能。亦即,正当防卫的起因条件、对象条件、时间条件、限度条件都由个人保护原则决定,法确证原则的功能仅仅

---

① 沈惠:《他是正当防卫》,载《检察日报》2019年9月5日,第6版。
② 蔡宏伟:《正当防卫理论中的国家和个人》,载《法制与社会发展》2017年第6期。
③ 高明暄、王红:《我国正当防卫制度理论根据的自主选择》,载《学习与实践》2020年第5期。

在于对正当防卫进行社会伦理限制。① 总之，二元论的个人保护原则和法确证原则如何相互作用实现正当防卫的正当化是值得进一步研究的问题。

（2）法益衡量说。该说主张，正当防卫的正当化依据在于法益衡量。有学者认为，源于德国的二元论并不适合说明中国的正当防卫规定。个人保护原理显然与我国刑法第 20 条的规定不相符。我们也不能为了引入这一原理，而对刑法第 20 条作出扭曲的解释或者要求修改法条。法确证原理在不同层面都存在难以克服的缺陷，不能成为正当防卫的原理。违法阻却事由的成立，是对受法所保护的对应利益进行权衡的结果。在违法阻却事由的状态中，所遵从的标准就是受到较高评价的利益优于受到较低评价的利益（二元论也是变相的利益衡量）。与不法侵害相比，正当防卫具有本质的优越性；优越的利益保护就是正当防卫的原理。正当防卫的特点，决定了必须将不法侵害者造成的损害、危险以及在受到防卫过程中为对抗防卫所实施的新的不法侵害造成的损害、危险与正当防卫造成的损害进行比较，全面比较时必须充分考虑防卫人所处的本质的优越地位。要求或者以为正当防卫中的利益衡量就是将正当防卫造成的损害与不法侵害者造成的损害相比较，是一种常识性错误。② 还有学者认为，正当防卫只在例外即法益严重失衡时才应进行"离谱"控制，而原则上不进行法益衡量。③ 可见，二元论与法益衡量的关系以及法益衡量如何实质地作用于正当防卫的正当化，是当今学者关注的问题。

（3）理性人的普遍同意说。该说主张，正当防卫的正当性依据在于自利理性人的普遍同意。学者认为，法确证原理认为正当防卫通

---

① 欧阳本祺：《论法确证原则的合理性及其功能》，载《环球法律评论》2019 年第 4 期。
② 张明楷：《正当防卫的原理及其运用——对二元论的批判性考察》，载《环球法律评论》2018 年第 2 期；魏超：《法确证利益说之否定与法益悬置说之提倡——正当防卫正当化依据的重新划定》，载《比较法研究》2018 年第 3 期。
③ 熊琦：《正当防卫中法益衡量问题的客观归责之解》，载《环球法律评论》2019 年第 3 期。

过对不法侵害的消极预防和积极预防维护法秩序的经验有效性。在我国，应当承认正当防卫具备维护法秩序的功能，唯有如此才能与我国刑法对正当防卫保护对象的规定相协调。当前学界对于法秩序维护说的批评大多是建立在对该说的误解之上，并不能真正否定法秩序维护说的立场。但是，法秩序维护说也确实面临欠缺理论基础的难题。从理性人普遍同意的角度理解正当防卫的正当性依据，不仅能够解决法秩序维护原则在正当防卫论中的理论定位问题，也能妥善界定正当防卫的限度。根据理性人的普遍同意说，防卫限度的认定，应采必需说；即便不法侵害并未严重危及他人人身安全，以造成不法侵害人死伤的必要措施进行防卫的，也有构成正当防卫的余地；但在防卫行为所损害的法益不成比例地远超所保护的法益、面对明显无责任能力的不法侵害人、防卫挑拨以及被侵害人与侵害人之间存在紧密的家庭关系等情形中，应当对防卫权予以限制。①

此外，有学者认为，应当构建符合我国制度和需求的"社会危害性欠缺"与"公力救济的备用救济方式"有机结合的复合型正当防卫的正当化根据。② 有学者认为二元论和法益衡量说都不可取，正当防卫的根据应采权利说。③ 还有学者认为，正当防卫不只是违法阻却事由。把正当防卫看作违法阻却事由，有悖于正当防卫的正面形象，是德日刑法理论的体系性错误。虽然暴徒杀人与防卫杀人的客观表象是一样的，但把本质正当的防卫杀人，与完全邪恶的暴徒杀人放在一起，按照犯罪成立条件进行三阶层的评价，是黑白同框。未来，中国刑法在构建犯罪论体系时，应当在一开始就将正当防卫排除在犯罪构

---

① 王钢：《正当防卫的正当性依据及其限度》，载《中外法学》2018年第6期；王钢：《法秩序维护说之思辨——兼论正当防卫的正当性依据》，载《比较法研究》2018年第6期。
② 刘项南：《适度扩大正当防卫正当化根据》，载《检察日报》2018年2月11日，第3版。
③ 赵雪爽：《对无责任能力者进行正当防卫——兼论刑法的紧急权体系》，载《中外法学》2018年第6期。

成之外。① 不同的正当防卫本质的认识，会得出不同的正当防卫成立条件的解释结论。

3. 一般正当防卫的司法认定

根据刑法第 20 条第 1 款和第 2 款的规定，一般正当防卫的成立需要满足不法侵害现实存在（起因条件）、不法侵害正在进行（时间条件）、防卫意思（主观条件）、不法侵害人本人（对象条件）、没有明显超过必要限度造成重大损害（限度条件）等五个条件。《指导意见》要求，把握立法精神，严格公正办案；立足具体案情，依法准确认定；坚持法理情统一，维护公平正义；准确把握界限，防止不当认定。

（1）起因条件：**不法侵害现实存在**。现实的不法侵害是正当防卫的起因条件。该条件的认定要点有三：**不法性、侵害性、现实性**。

①**不法性**。《指导意见》指出，"对于正在进行的拉拽方向盘、殴打司机等妨害安全驾驶、危害公共安全的违法犯罪行为，可以实行防卫。成年人对于未成年人正在实施的针对其他未成年人的不法侵害，应当劝阻、制止；劝阻、制止无效的，可以实行防卫。"不法性认定的难点问题是对物防卫是否成立正当防卫。客观违法性论持肯定说，主观违法性论持否定说。近年来，主观违法性论受到青睐。例如，对无责任能力者的不法侵害能否成立正当防卫。有学者认为，对无责任能力者的侵害的反击究竟构成正当防卫还是紧急避险，不是一般违法性论对立的结果，而是取决于正当防卫的合法性根据理论。法益衡量论和二元论都着眼于利益衡量，既无法对正当防卫相比于紧急避险的"尖锐性"做出解释，也无法妥当处理无责任能力者的侵害问题。正当防卫的根据在于权利和强制权能之间的双重否定式关联，因此"不法侵害"必须表达出对他人权利的蔑视。无责任能力者的侵害无法表达这种蔑视，所以不能对其正当防卫，而只能进行防御性紧急避险。换言之，正当防卫的本质是回应他人对自己权利的蔑视，只有

---

① 高艳东：《用德日刑法理论限缩正当防卫是"南橘北枳"》，载《检察日报》2019年10月19日，第3版。

能够按照自由的法则行动的人才能表达对他人权利的尊重或者蔑视，无责任能力者则无法表达对他人权利的蔑视，因而也就不能被正当防卫。① 又如，对于动物自发的侵害攻击行为，有论者认为，不能认定为刑法上的不法侵害。首先，动物的侵害攻击行为不具有刑法意义上的"不法"性质，其不具备侵害社会法益这一条件。其次，实施侵害的主体是动物而非自然人或者单位，故也不具备主观故意这一社会意识。最后，正当防卫针对的对象是人，而不能是动物。所以不能将动物自发的攻击行为界定为正当防卫中的不法侵害，但是可以针对动物自发的攻击行为实施紧急避险，这是刑法规定的另一种排除犯罪的法定事由。② 相比之下，《指导意见》在该问题上可谓采取了折中说。

②侵害性。《指导意见》指出，"不法侵害既包括侵犯生命、健康权利的行为，也包括侵犯人身自由、公私财产等权利的行为；既包括犯罪行为，也包括违法行为。不应将不法侵害不当限缩为暴力侵害或者犯罪行为。对于非法限制他人人身自由、非法侵入他人住宅等不法侵害，可以实行防卫。不法侵害既包括针对本人的不法侵害，也包括危害国家、公共利益或者针对他人的不法侵害。"学者关注的问题，一方面是不作为可否成为不法侵害。就此，学者主张，不作为可以构成正当防卫意义上的不法侵害。当行为人的不作为与即将造成的法益损害间不再存在显著的时间间隔，或者行为人故意或过失地导致自己丧失之后履行作为义务的可能性时，不作为的不法侵害已开始；行为人以不作为的方式维持对法益既存的危险状态，且这种状态的延续仍然在提升对相关法益的危险或者扩大法益损害的范围，则不作为的不法侵害就尚未结束；对不作为之不法侵害的防卫行为受防卫必要性要件的限制，只有在其客观上确属有效制止不作为之不法侵害所必需的手段时，才能通过正当防卫合法化。③ 另一方面，在以往的正当

---

① 赵雪爽：《对无责任能力者进行正当防卫——兼论刑法的紧急权体系》，载《中外法学》2018年第6期。

② 钟晓敏：《动物侵害并非一律属于刑法上的"不法侵害"》，载《检察日报》2018年2月14日，第3版。

③ 王钢：《论正当防卫中不作为的不法侵害》，载《法学》2020年第2期。

防卫司法实践中，大多数观点都认为只有针对防卫人的人身健康权所实施的、程度激烈的侵害行为才能构成正当防卫中的"不法侵害"。学者的观点与《指导意见》相同，认为不仅只有针对人身健康权的侵害行为能构成正当防卫中的"不法侵害"，针对人身自由权、财产权等权利的侵害行为也可以构成正当防卫中的"不法侵害"。[①] 除此之外，学者研究的另一难点问题是持续侵害是否能作为正当防卫起因条件的不法侵害。

所谓持续侵害场合，就是持续危险即"构成危险的状态具有较长的持续时间"的情形，主要是指非法拘禁、绑架等继续犯以及非法侵入住宅、组织传销活动等侵害状态得以持续的不法形态，还包括攻击在相当长时间内持续的围殴等侵害形态。在持续侵害的场合，不法行为的成立和既遂往往都相对较早，但犯罪行为在较长时间内并未结束，在犯罪人彻底放弃犯罪行为之前，违法状态也一直持续，犯罪并未终了，在此过程中，防卫人理应都可以防卫。但是，持续侵害场合会产生以下争议问题：首先，对那些外观上似乎较为平和的非法拘禁等持续侵害，如果防卫人造成对方死伤的，是否就不能肯定行为的防卫性质？其次，在持续侵害过程中，如果危险处于"累积升高"状态，防卫人突然实施防卫强度较高的行为，造成不法侵害人死伤的，是否就不能再成立正当防卫？再次，相当长时间内的围殴等不法侵害形态发生时，防卫人使用类似"挥刀乱捅"的防卫手段时，是否一概没有成立正当防卫的余地？最后，在持续侵害过程中，当防卫人展示或亮出防卫工具时，加害方未停止侵害反而"往上扑"的，防卫人后续造成的后果究竟归属于哪一方，防卫行为是否还有正当化的余地？

学者认为，在不法侵害持续发生的场合，即便反击结果造成对方死伤的，也应该承认行为的防卫性质，且要考虑防卫人对未来的担忧即"侵害者有可能改采更严重的法益侵害手段"，而不能轻易得出防卫过当的结论。具言之，无论持续侵害外观上是否平和，防卫人即便

---

① 张鹏成：《适用正当防卫：注重"整体"评价不法侵害》，载《检察日报》2019年6月4日，第3版。

造成对方死伤，也应当肯定反击行为的防卫性质；在持续侵害发生时，防卫人使用类似"挥刀乱捅"的防卫手段的，也可能成立正当防卫；当防卫人展示防卫工具时，对持续侵害人主动迎上前的，要评价为系其主动升高不法侵害危险，防卫人后续造成的后果应归属于侵害一方；在持续侵害过程中，如果能够认定危险处于累积升高的状态，即便防卫人突然实施防卫强度较高的手段造成不法侵害人死伤，也不能一概否定正当防卫的成立。① 由此可见，该观点进一步扩大了不法侵害的内涵和外延。

③现实性。不法侵害必须是客观真实存在的。客观上并无不法侵害，但行为人主观臆想存在不法侵害因而进行所谓防卫的，属于假想防卫。刑法理论的通说认为，假想防卫是由于行为人对事实认识的错误而发生的，因而应依事实认识错误的处理原则来解决其法律责任问题：如果行为人应当预见到对方行为可能不是不法侵害，那么他在主观上就具有过失，应对其假象防卫所造成的损害负过失犯罪责任；如果行为人在当时的情况下不能预见到对方行为不是不法侵害，那么他在主观上无罪过，其假象防卫造成的损害属于意外事件而不负刑事责任；故意针对合法行为进行所谓反击的，则不是假想防卫，而是故意犯罪。② 学者关注的问题是，不法侵害人持杀伤力似乎很强的凶器实施抢劫等不法侵害，事后证明凶器为假，行为客观上危害较小，但防卫人使用了强度很大的手段进行防卫，对防卫人的行为性质究竟如何评价？

目前刑法学通常的思路是从假象防卫的角度加以考虑的。根据这种思路，不法侵害人客观上未实施不法侵害，而行为人误以为有不法侵害而进行所谓的防卫，所以上述情形成立假想防卫。然而，该种处理方案具有以下两个缺陷。一方面，不法侵害人持杀伤力似乎很强的凶器实施抢劫等不法侵害，事后证明凶器为假，行为客观上危害虽较小，但并非毫无侵害性，这样就导致假想防卫理论的适用前提存在问

---

① 周光权：《论持续侵害与正当防卫的关系》，载《法学》2017年第4期。
② 高明暄、马克昌主编：《刑法学》（第8版），北京大学出版社、高等教育出版社2017年版，第132页。

题。如上所述,假象防卫是行为人确实由于主观认识上的错误,把实际上并不存在的不法侵害误认为存在,因而对臆想中的不法侵害实行了所谓正当防卫,造成他人的无辜损害。不法侵害人持虚假凶器实施在一般人看来通常危害性很大的行为时,大多侵害或者威胁被害人的行动自由、住宅安全或者公共安全、社会秩序。虽然其侵害性或者危险性比该不法侵害人所宣称的或者其行为外观上所显示的要小,但是此种情形仍然存在不法侵害是一个事实。如果承认存在一定程度的不法侵害,行为人(防卫人)的行为就不能用假想防卫来解释。另一方面,行为人能否预见结果的侵害性,往往是一个很复杂的、见仁见智的问题。在很多情况下,防卫人也很难摆脱其具有认识可能性的指控。对此,学者认为,正当防卫的所有条件是否具备,在很多时候都需要评价者站在中立的立场,结合防卫当时的具体"情境"做整体的、假定的判断,而不是进行事后的、"马后炮"式的判断。具言之,可以对正当防卫的成立条件进行整体判断:防卫行为是否有必要,是否正当,需要将具有一般理解力、行动力的"社会一般人"放到事件发生当时的境地进行客观的观察,即假设有一个处于与防卫人情状相同的、有通常理解能力、冷静且理智的第三人,在行为当时的特殊"情境"下,按照防卫人所处的实际地位究竟会有何种反应;如具有社会一般理解能力的第三人面临侵害,会认为存在不法侵害,会认为不法侵害正在进行,会产生防卫意思,会针对不法侵害人本人进行防卫,并且也会选择和特定的防卫人相同的激烈反应,就可以说理智的第三人或者社会一般人对正当防卫成立条件的判断是合理的,实际存在的防卫人的举动就是可以接受的,正当防卫的成立条件是全部具备的;即使事后证明侵害人所使用的凶器为假,也应当承认不法侵害是客观存在的,防卫人的防卫行为也具有正当性。[①]总之,论者认为如果任何一个正常的社会一般人在当时的情况下都认为侵害迫在眉睫,那么即使事后证明凶器为假,在法律上也要评价为或者推定为不法侵害存在。论者的观点无疑进一步放宽了不法侵害现实性的认定,

---

① 周光权:《正当防卫成立条件的"情境"判断》,载《法学》2006年第12期。

从而有利于正当防卫的扩大适用。

（2）时间条件：不法侵害正在进行。《指导意见》指出，"正当防卫必须是针对正在进行的不法侵害。对于不法侵害已经形成现实、紧迫危险的，应当认定为不法侵害已经开始；对于不法侵害虽然暂时中断或者被暂时制止，但不法侵害人仍有继续实施侵害的现实可能性的，应当认定为不法侵害仍在进行；在财产犯罪中，不法侵害人虽已取得财物，但通过追赶、阻击等措施能够追回财物的，可以视为不法侵害仍在进行；对于不法侵害人确已失去侵害能力或者确已放弃侵害的，应当认定为不法侵害已经结束。对于不法侵害是否已经开始或者结束，应当立足防卫人在防卫时所处情境，按照社会公众的一般认知，依法作出合乎情理的判断，不能苛求防卫人。对于防卫人因为恐慌、紧张等心理，对不法侵害是否已经开始或者结束产生错误认识的，应当根据主客观相统一原则，依法作出妥当处理。"学者亦主张，"不法侵害正在进行"包括了行为虽然已经既遂但能够即时挽回损失的场合。① 因为立法目的的不同——刑法严格区分既遂和未遂是为了确定刑事责任的大小，正当防卫的时间要件是将防卫人的正当防卫行为限定在可以即时挽回损失以保全法益的范围之内，所以正当防卫中不法侵害的结束没有理由非要与犯罪的既遂保持一致。② 总之，正当防卫的时间条件进一步放宽放松。

（3）主观条件：防卫意思（防卫认识与防卫意志）。《指导意见》指出，"正当防卫必须是为了使国家、公共利益、本人或者他人的人身、财产和其他权利免受不法侵害。对于故意以语言、行为等挑动对方侵害自己再予以反击的防卫挑拨，不应认定为防卫行为"；"防卫行为与相互斗殴具有外观上的相似性，准确区分两者要坚持主客观相统一原则，通过综合考量案发起因、对冲突升级是否有过错、是否使用或者准备使用凶器、是否采用明显不相当的暴力、是否纠

---

① 陈璇：《论正当防卫中民众观念与法律解释的融合——由张德军案件引发的问题和思考》，载《中国刑事法杂志》2007年第4期。
② 陈璇：《论正当防卫中民众观念与法律解释的融合——由张德军案件引发的问题和思考》，载《中国刑事法杂志》2007年第4期。

集他人参与打斗等客观情节，准确判断行为人的主观意图和行为性质"。这是关于正当防卫主观条件即防卫意思的规定。防卫意思由防卫认识和防卫意志构成。其中，防卫认识是指防卫人认识到某项合法的权利此时正在受到不法侵害；防卫意志则是指防卫人具有制止不法侵害、保护合法权利的正当目的。① 通说认为，正当防卫的成立需要主观条件。该条件司法认定的难点问题在于，相互斗殴、防卫挑拨、偶然防卫的场合一律不成立正当防卫。换言之，能否仅仅因为行为人具有加害对方的意图而一概否定正当防卫存在的可能性。② 该问题反映的正是正当防卫司法实践中的道德洁癖现象。

学者认为，如上所述，司法机关往往会通过认定防卫人的主观意思不唯一来否定正当的成立。然而，事实上，任何防卫人的主观方面都必然包含着"保护"和"伤害"两种意思。这种混合的主观意思并不一定排斥正当防卫的成立。防卫人是否符合正当防卫的主观要件，关键要看两种意思在主观方面中所占据的地位。第一种情形：对法益的保护积极追求，对侵害人的伤害持放任态度但不积极追求。综合案情，具备以下要素的两个以上者，可以认定为第一种情形：其一，防卫人在遇到侵害人的侵害之前，与侵害人之间没有矛盾，对侵害人不存在进行侵害的基础；其二，侵害人的侵害并没有激起防卫人的愤怒，防卫人面对侵害选择的首先是积极退让，迫不得已时才还击，或者虽然没有积极退让，但是选择的是侵害程度最低或者较低的手段进行防卫；其三，在制止了侵害人的侵害行为之后，防卫人及时停止防卫行为；其四，防卫行为造成侵害人伤亡的结果，防卫人积极寻求救助。第二种情形：对法益的保护积极追求，对侵害人的伤害由于愤恨等情绪也是积极追求。第一，防卫人与侵害人在防卫进行之前素来不和，有较大矛盾。在面对侵害人正在进行的不法侵害时，防卫人很有可能产生"一石二鸟"的想法。这种主观意思是在侵害产生的前提下产生的，如果没有侵害人侵害的情况下，防卫人则没有伤害侵害人的

---

① 曾妮、曾斌：《正当防卫须具备相应主观意图》，载《检察日报》2018年3月23日，第4版。

② 黎宏：《论正当防卫的主观条件》，载《法商研究》2007年第2期。

意思和打算。第二，侵害人屡次挑衅防卫人，或者其侵害行为极易激发防卫人的愤怒情绪。在这种情况下，防卫人也极可能会产生积极伤害的意思。第三，防卫人选择的防卫手段具有较高的侵害性，如面对他人的拳脚殴打，防卫人选择锋利刀具予以防卫。在这些情形中，前一种主观意思占据主导地位，理应成立正当防卫。第三种情形：对法益的保护持放任态度，对侵害人的伤害积极追求。此种情形如相互斗殴。此时，对侵害人的伤害意思占主导地位，行为人的行为不构成正当防卫。① 此外，关于偶然防卫，彻底的结果无价值论者主张偶然防卫是正当防卫；行为无价值者持犯罪既遂说或犯罪未遂说。还有学者另辟蹊径，认为就主观上没有防卫意识而客观上引起了防卫效果的偶然防卫而言，该行为不能成立正当防卫，但该行为并没有引起法益侵害的结果（从事后来看，偶然防卫行为不但没有造成剥夺无辜者生命的严重后果，反而在客观上起到了法律上所允许的挽救自己或他人生命的正当防卫效果），因而对行为人应当作无罪处理。②

（4）对象条件：不法侵害人本人。《指导意见》指出，"正当防卫必须针对不法侵害人进行。对于多人共同实施不法侵害的，既可以针对直接实施不法侵害的人进行防卫，也可以针对在现场共同实施不法侵害的人进行防卫。"学者还关注的问题是，防卫行为导致第三人伤亡时如何处理。例如，乙侵害甲，甲反击，但没有击中乙而是导致丙受伤，或者导致乙和丙同时受伤。甲的行为对乙而言无疑是正当防卫。就丙而言，甲的行为如何定性有四种观点。一是甲对丙也成立正当防卫。二是甲的行为成立紧急避险。三是如果甲对丙符合紧急避险的条件，就认定为紧急避险；否则，便成立故意犯罪或者过失犯罪。四是甲的行为成立假想防卫。③

（5）限度条件：没有明显超过必要限度造成重大损害。《指导意见》指出，"根据刑法第20条第2款的规定，认定防卫过当应当同

---

① 储陈城：《正当防卫回归公众认同的路径——"混合主观"的肯认和"独立双重过当"的提倡》，载《政治与法律》2015年第9期。
② 黎宏：《论正当防卫的主观条件》，载《法商研究》2007年第2期。
③ 张明楷：《刑法学》（第5版），法律出版社2016年版，第210—211页。

时具备'明显超过必要限度'和'造成重大损害'两个条件，缺一不可"；"防卫是否'明显超过必要限度'，应当综合不法侵害的性质、手段、强度、危害程度和防卫的时机、手段、强度、损害后果等情节，考虑双方力量对比，立足防卫人防卫时所处情境，结合社会公众的一般认知作出判断。在判断不法侵害的危害程度时，不仅要考虑已经造成的损害，还要考虑造成进一步损害的紧迫危险性和现实可能性。不应当苛求防卫人必须采取与不法侵害基本相当的反击方式和强度。通过综合考量，对于防卫行为与不法侵害相差悬殊、明显过激的，应当认定防卫明显超过必要限度"；"'造成重大损害'是指造成不法侵害人重伤、死亡。造成轻伤及以下损害的，不属于重大损害。防卫行为虽然明显超过必要限度但没有造成重大损害的，不应认定为防卫过当"。一方面，与《指导意见》的立场相同，学者认为应当将"明显超过必要限度"拆成"必要限度"和"明显超过"分别加以理解。其中，"必要限度"是指最低强度的有效防卫行为的强度；"明显超过"是指防卫行为给不法侵害人造成的危险比最低强度的有效防卫行为给不法侵害人造成的危险至少高出一个档次，并且，在判断防卫行为是否超过必要限度时，存疑有利于防卫人。关于"明显超过必要限度"的判断视角，应当采用情境论的立场，以防卫人的实际能力作为标准，并且以防卫人在行为时实际获取的信息以及当时本来应当能够获取的信息作为事实依据。[①] 另一方面，实务立场采取了二分说，即认为"明显超过必要限度"和"造成重大损害"是两个要件，这也是理论界目前的通说。[②] 具言之，防卫过当需要分别考察防卫必要性和防卫结果这两个独立条件。

[①] 邹兵建：《正当防卫中"明显超过必要限度"的法教义学研究》，载《法学》2018年第11期。

[②] 高铭暄：《正当防卫与防卫过当的界限》，载《华南师范大学学报（社会科学版）》2020年第1期；童伟华、王献英：《正当防卫限度判断的路径修正与视角转换》，载《广西社会科学》2020年第6期。此外，还有单行为说，即防卫过当的判断只看防卫手段必要性。储陈城：《防卫过当判断中"行为限度单独标准"的证成——基于刑法与刑事诉讼法的交叉论证》，载《法律科学》2020年第4期。

①二分说。关于二分说两个要件"明显超过必要限度"和"造成重大损害"的主次,有学者主张,防卫手段是否具有必要性是判断防卫过当的优先考虑因素、决定性因素,防卫后果的意义是退居其后的,是辅助性标准,尤其在对防卫正当与否有争议时,不能仅以利益衡量作为判断标准,而需要在否定防卫行为必要性、相当性的前提下,再考虑能否通过利益衡量进行限缩性思考:即便防卫行为明显超过必要限度,但并未造成重大损害的,也不是防卫过当。只有根据事前的危险预测与事后的利益衡量都同时否定防卫行为的正当性的,才能认为反击行为超过正当防卫的限度条件。[①] 二分说的具体判断如下:

首先,要制止不法侵害,防卫行为必须足以排除、制止或终结不法侵害。是否具有必要性,需要就侵害或攻击行为的方式、轻重缓急与危险性等因素,参考防卫人可以运用的手段等客观情况加以审查。

其次,必要性判断是行为时的事前判断("事前的危险预测")。此时,应假定有一个理性的第三人处于防卫者所面临处境时,站在防卫行为发生的时点,判断当时的客观情况,并进一步分析:针对防卫人遭受侵害的具体情状,理性第三人是否会采取同样强度的防卫行为;如果防卫人不防卫,其是否会遭受进一步的侵害?刑法理论在讨论法益侵害时通常认为其包括法益实害和法益危险,那么,在分析不法侵害时,没有理由将不法侵害"向前发展极有可能造成重大损害"这一危险排除在外。不法侵害危险是防卫人事前的"危险预测",很多防卫措施从外观上看似乎带有"提前"性质,但实际上如果不是防卫者自己的防卫行为,我们几乎没有其他任何方法可以保证其安然无恙,此时其防卫就是理所当然的。

再次,防卫必要性判断与防卫结果(利益衡量原理)无关,而应就防卫行为本身进行评价。说防卫是不是必要的,说的是防卫行为,而不是防卫的结果。也就是说,考察的是防卫行为的性质和方式。实践中针对防卫性质的错误判断,都与简单地以防卫结果为判断核心,弱化防卫必要性要件有关。有学者主张,比例原则作为法治国捍卫公

---

① 周光权:《正当防卫的司法异化与纠偏思路》,载《法学评论》2017年第5期。

民基本权利的一项宪法性原则,对于确定正当防卫权的限度具有指导作用。正当防卫必须符合适当性和必要性原则,但狭义比例原则对它的制约却极弱。防卫限度的判断应在原则上放弃法益均衡的考量,这是基于合宪性解释所得出的合理结论。① 例如,在公力救济的场合,防卫过当判断中的利益衡量不能一概绝对化、简单化。国家权力缺位,个人行使权利时,不能严格按照法律对处理相关事项的警察等公职人员的要求,来强求防卫人必须分毫不差地遵守利益衡量和比例原则。因此,只要防卫人的防卫行为是制止不法侵害所必需的,具有适当性、必要性即可,对利益衡量的要求反而是次要的。② 学者认为,在法治国中,应最大限度地实现维护公力救济机制的权威性和保护公民合法权益这两大价值诉求的平衡。其一,应当把正当防卫的前提条件和行使条件区分开来;公力救济优先只能通过防卫权行使条件从程序上"冻结"防卫权,而不能从实体上消灭防卫权的存在。其二,只有当同时满足以下要件时,公力救济才需要并且能够取得优先于正当防卫的地位:一是法律在相关领域具有追求秩序稳定的特殊价值目标;二是受到不法行为损害的法益,能够通过事后的公力救济得到恢复;三是受害公民在寻求公力救济途径的过程中,不会遭遇过分重大的困难。③

最后,中国刑法语境下的防卫必要性还意味着只要没有"明显超过必要限度"就是有必要的防卫。防卫必要性判断需要就防卫行为本身同不法侵害的强度、不法侵害的缓急等进行对照。不法侵害的强度越大,防卫的强度就可以越大;不法侵害越紧迫,防卫过当的标准就应当越宽松。简言之,防卫行为和不法侵害之间有大致对等关系即可。但是,考虑到刑法第20条第2款具有"明显超过"必要限度的明确规定,那么,防卫行为和不法侵害并不对等,一般性地超过必要限度的,并不必然违反防卫必要性,即就防卫行为同不法侵害的强度、

---

① 陈璇:《正当防卫与比例原则——刑法条文合宪性解释的尝试》,载《环球法律评论》2016年第6期。
② 周光权:《正当防卫的司法异化与纠偏思路》,载《法学评论》2017年第5期。
③ 陈璇:《正当防卫中公力救济优先原则的适用——以暴力反抗强拆案和自力行使请求权案为例》,载《法学》2017年第4期。

缓急等方面进行简单的、大致的比较，要求其均衡并不符合刑法第20条第2款的立法主旨，唯有对明显不对等，或者说明显超过必要限度的防卫行为才能以防卫过当论处。

第一，"明显超过"，当然不是要求防卫行为与侵害行为"基本相适应"。不法侵害都具有紧迫性，防卫人面临正在进行的不法侵害时，往往没有充足的时间去准确认识不法侵害的方式、程度、强度和可能造成的损害结果的大小，也没有余暇去充分地、冷静地判断防卫行为的手段、程度、强度、将要造成的损害大小等。特别是在较为弱小的被害人突然面临不法侵害，其在猝不及防的情况下实施防卫行为时更是如此。要求防卫行为与侵害行为基本相适应，实际上就在很大程度上剥夺了防卫权，这无异于对不法侵害行为的鼓励。因此，防卫行为只有"明显"超过必要限度的，才可能成立防卫过当，那么，在防卫行为反应强烈，不法侵害程度相对低的场合，防卫行为虽与不法侵害存在一定程度的不相适应，但只要其没有明显超过必要限度，就属于具有防卫必要性的情形。在防卫必要性的判断上，不能采取太过严格的态度。谁都不会否认，防卫必要性当然强调要尽可能给被攻击者造成小的损害，实施必要最小限度的防卫行为。但是，在攻击行为具有急迫性、危险性，防卫手段的选择极其困难，挑选余地极其有限时，可以认为，反击造成侵害人死伤就是必要最小限度的防卫行为。由此可以得出一个重要的结论：如果某一相对缓和的防卫措施的有效性并不确定可靠，反击者一旦防卫"失手"可能面临更大的被侵害风险时，其为避免付出不必要的代价而不采用相对缓和的手段，转而实施"更高级别"的反击行为的，原则上都应该肯定其防卫没有明显超过必要限度，司法上更不能要求防卫人"坐以待毙"。这一结论完全符合正义不必向非正义屈服的要求。

第二，"明显超过"是典型地超过，是"一看就不应该下手这么重"的防卫，即不法侵害行为强度小、紧迫性有限；以及根据当时的客观环境，防卫人明显不需要采取类似手段即可制止不法侵害的，而防卫人的反击过于强烈，其与不法侵害行为之间的不匹配、不对应的性质清楚地、显而易见地展示出来，一般人很容易看出来，一看就可以认定防卫行为明白无误地超过了防卫限度（例如，防卫人将实施辱骂行为的人打成重伤的）。

第三，在是否"明显超过"有争议的场合，司法判断上就需要特别慎重。按理说，凡是对防卫必要性有争议的，对其就难以径直认定为是明显超过，因为明显超过防卫限度，一定是防卫必要性没有争议的情形。凡是有争议的场合，原则上就应该按照存疑有利于被告原则，得出防卫行为不明显超过必要限度的结论。

第四，明显超过的规定意味着不能苛求"武器对等原则"。侵害人徒手进攻，防卫人用刀防卫的，防卫似乎不具有必要性，实务中也通常严格按照这种立场处理案件。但是，这与"明显超过必要限度"的规定不符。防卫人在当时的具体情境下，针对侵害的客观危险，对其他防卫方式的有效性有所怀疑，认为如不采取更为激烈的防卫方式就不能自保时，即便其采取具有危险性的防卫方式甚至使用工具（包括枪支、管制刀具），防卫行为也在限度之内。例如，侵害人双手死死掐住对方脖子，防卫人用刀具实施反击的，不能轻易否定防卫行为的有效性、必要性。

②一体说。一体说主张，对于刑法第20条第2款所规定的"正当防卫明显超过必要限度造成重大损害"，不应当区分为行为限度与结果限度两个要件，而应作为一个要件并进行综合判断。对于被侵害人利益的优越程度，应当根据刑法第20条第3款的提示性规定得出结论：首先，不法侵害是严重危及人身安全的暴力犯罪，法定最高刑为10年有期徒刑的，造成不法侵害人死亡的防卫行为没有过当。其次，不法侵害属于其他普通犯罪行为，即使法定刑为3年以下有期徒刑，防卫行为造成不法侵害人重伤的，一般也不属于防卫过当。最后，防卫行为对违反治安管理处罚法的不法侵害人造成轻伤的，不可能属于防卫过当。就具体案件主张防卫过当的司法人员，应当善于倾听和采纳"不过当"的结论与理由，可以采取多数服从少数的原则。例如，审委会有9人，虽然6人主张防卫过当，但仍有3人主张防卫不过当。在这种情况下，可以说过当并不明显；如果明显，为什么仍有3人认为不过当？此时，认为过当的6人应当倾听3人所提出的不过当

的观点与理由，反思自己关于防卫过当的判断。

防卫过当包括质的过当与量的过当的结论；量的过当具备防卫过当减免处罚的实质根据，应当减轻或者免除处罚。量的防卫过当，是指超越正当防卫的时间界限，并且造成了值得刑法评价的法益侵害结果的情形。但是，长期以来，我国刑法理论与司法实践只承认质的防卫过当；不仅将量的防卫过当归入防卫不适时，甚至认为防卫不适时均属于故意犯罪，没有将量的防卫过当作为防卫过当的一种情形。在我国，量的防卫过当的认定需要注意以下四个问题：第一，不法侵害结束前的防卫行为处于正当防卫限度内，不法侵害结束后，超过时间限度的防卫行为没有造成伤害结果的（刑法并不评价的结果），不能认定为量的防卫过当，必须认定为正当防卫。第二，不法侵害结束的行为处于正当防卫限度内，不法侵害结束后，超过时间限度的防卫行为造成了重大损害的（重伤与死亡结果），在防卫人对过当具有故意或者过失的前提下，属于量的防卫过当，适用刑法第 20 条第 2 款的规定，应当减轻或者免除处罚。如果防卫人对过当没有故意与过失，则只是不法层面的防卫过当，而非不法且有责意义上的防卫过当。即该情形属于意外事件，不成立犯罪。第三，不法侵害结束的行为处于正当防卫限度内，不法侵害结束后，超过时间限度的防卫行为造成了非重大的普通损害的（如轻伤害），也应当认定为正当防卫，而不应认定为量的防卫过当。第四，不法侵害结束的行为处于正当防卫限度内，但难以查明不法侵害结束后超过时间限度的防卫行为是否造成了重大损害（重伤与死亡结果）的，应当根据事实存疑时有利于被告人（防卫人）的原则认定为正当防卫，而不能认定为量的防卫过当。①

此外，也有学者借鉴英美刑法正当防卫中的躲避原则认为，在使用致命性暴力防卫的场合，如果可以安全躲避，应当先行躲避，只有在不能躲避的情况下才能够杀死不法侵害者或对其造成致命伤害。具言之，躲避原则是英美刑法正当防卫中的一项重要原则，起源于杀人

---

① 张明楷：《防卫过当：判断标准与过当类型》，载《法学》2019 年第 1 期；李磊：《量的防卫过当的界限——以日本最高法院平成 20 年 6 月 25 日决定为视角》，载《中国检察官》2020 年第 1 期。

罪的正当防卫辩护理由，具有悠久的普通法历史，其目的是尽量减少正当防卫中杀人行为的发生。躲避原则对中国刑法具有三个方面的启示：首先，不应将"正义不必屈从于非正义"绝对化，应当尽力减少防卫中对生命的损害；其次，对致命性暴力与非致命性暴力分别设置使用条件，在使用致命性暴力防卫中增加躲避义务的要求；最后，司法中应当区分不同情形的躲避义务，分别把握其范围和限度。[1]也有学者从客观归责理论的角度出发，认为正当防卫的本质除了法益保护，还在于侵害人因违反不得侵害他人法益的义务，主动使自己陷入法益冲突的险境，从而使自身法益的值得保护性下降。侵害人法益值得保护性的下降程度影响着防卫权边界的划定，从而与防卫限度的判断密切相关。如果站在实施防卫行为时的角度，综合考量侵害行为给有效防卫造成的困难、侵害人给防卫人的安全带来的危险程度，能够认定防卫行为是为有效、安全地制止不法侵害所需的最低限度反击手段，则侵害人法益的值得保护性归于消灭，除非被损害的法益与被保护的法益在价值上存在极端悬殊的差别。[2]在对防卫过当行为时，要防止一律将防卫过当认定为故意杀人罪"情节较轻"的情形，判处3年以上10年以下有期徒刑，从而排除免予刑事处罚的可能。[3]还有学者从刑民交叉的视角进行研究。关于刑法上正当防卫与民法上正当防卫的关系，存在"刑民防卫过当一元论"和"刑民防卫过当二元论"的争论。刑民防卫过当一元论认为，刑法上的正当防卫不可能认定为民法上的防卫过当；刑民防卫过当一元论更契合违法性评价制度、正当防卫制度的目的，在实践层面也更具有比较优势，更能实现刑民防卫限度规定的无缝对接，且在有效保护防卫人利益的同时未过度限制对加害人利益的保护。[4]刑民防卫过当二元论认为，其是在刑法对防卫限度

---

[1] 刘士心：《英美刑法正当防卫中的"躲避原则"及其启示》，载《中国刑事法杂志》2017年第5期。
[2] 陈璇：《侵害人视角下的正当防卫论》，载《法学研究》2015年第3期。
[3] 杨斌：《防卫过当不属于故意杀人"情节较轻"范围》，载《检察日报》2017年9月1日，第3版。
[4] 于改之：《刑民法域协调视野下防卫限度之确定》，载《东方法学》2020年第2期。

进行司法纠偏后协调不同防卫情形下的刑、民法律效果的现实选择；将刑法上应认定为正当防卫的情形，在民法上认定为防卫过当，并不必然违反法秩序统一性的原理，且由私法价值与功能的特殊性所决定的。①

4.特殊正当防卫的司法适用

《指导意见》明确回应了特殊正当防卫与一般正当防卫的关系、特殊正当防卫成立条件的解释适用两个问题。学者亦围绕这两个问题展开研究，关于特殊正当防卫与一般正当防卫的关系，主要的研究难点在于如何理解特殊正当防卫条例的性质；关于特殊正当防卫成立条件的解释适用，主要的研究重点是如何理解和把握"行凶"和"严重危及人身安全的暴力犯罪"的起因条件。

（1）特殊正当防卫条款的性质。《指导意见》指出，"要准确把握一般防卫与特殊防卫的关系。对于不符合特殊防卫起因条件的防卫行为，致不法侵害人伤亡的，如果没有明显超过必要限度，也应当认定为正当防卫，不负刑事责任。"学者一致认为二者不是相互对立或相互独立的关系，②但存在法律拟制说和注意规定说的对立。

法律拟制说认为，由于刑法第 20 条第 2 款对于防卫限度的规定，同时违反防卫行为相当性（没有"明显超过必要限度"）和利益均衡（并未"造成重大损害"）的，才属于防卫过当；而刑法第 20 条第 3 款基本上只重视防卫必要性，对利益均衡原理并不特别考虑，③此时虽然不能进行利益衡量，也可以认为防卫行为并未"明显超过必要限度"，因此，是否造成了被防卫人的重大损害并不在考虑之列。质言

---

① 高铭暄、王红：《刑民交叉视角中的防卫过当》，载《贵州大学学报（社会科学版）》2020 年第 3 期；孙国祥：《民法免责事由与刑法出罪事由》，载《现代法学》2020 年第 4 期。

② 陈兴良：《正当防卫如何才能避免沦为僵尸条款——以于欢故意伤害案一审判决为例的刑法教义学分析》，载《法学家》2017 年第 5 期；张明楷：《刑法学》（第 5 版），法律出版社 2016 年版。

③ 例如，为保护性自由可以杀死强奸犯；杀死仅有扣押人质意思但并无"撕票"故意的侵害者的，侵害利益和保护法益之间也存在不同，难以精确比较。

之，这样的立法基本等于放弃了利益衡量，优先考虑了防卫行为的相当性。由于刑法第 20 条第 3 款主张防卫行为只要具有防卫相当性即可成立正当防卫，也就是说其限制条件和第 2 款相比要少一个，因而可以认为刑法第 20 条第 3 款特殊正当防卫条款属于法律拟制而非注意规定。刑法第 20 条第 3 款特殊正当防卫条款属于法律拟制而非注意规定，意味着刑法第 20 条第 3 款特殊正当防卫条款是一般正当防卫条款的例外规定，根据特别法优于一般法的法理，能够优先适用。[①] 总之，按照这种观点的逻辑，在正当防卫司法实践中，应当优先考虑能否适用刑法第 20 条第 3 款特殊正当防卫的规定；如不能适用，再根据刑法第 20 条第 2 款防卫过当条款（正当防卫的限度条件）检验防卫行为是否属于防卫过当。

注意规定说认为，将刑法第 20 条第 3 款理解为法律拟制缺乏理论根据，存在逻辑上的缺陷，可能导致司法机关将大量正当防卫认定为防卫过当。之所以可能导致司法机关将大量正当防卫认定为防卫过当，是因为将刑法第 20 条第 3 款理解为特殊规定，就必然对适用条件进行特别限制使得致人伤亡的防卫行为仅限于被特别限制的不法侵害，必然导致一般正当防卫的必要限度过于狭窄，进而要求必须区分一般正当防卫与特殊正当防卫，但二者的区分并不容易。注意规定说的理由是，第一，将刑法第 20 条第 3 款理解为注意规定不存在任何文理障碍。从字面含义来看，第 3 款就是对第 1 款与第 2 款的进一步说明：既进一步说明了防卫行为必须针对正在进行的不法侵害，也进一步说明了何谓防卫限度，亦即，在什么情况下不属于防卫过当。况且，如前所述，第 3 款规定的原本就是地地道道的正当防卫行为，因此，理解为注意规定最为合适。第二，将第 3 款理解为注意规定，就不需要将第 3 款的防卫对象与其他防卫对象进行区分，避免因此产生的争议。反过来说，对于任何涉及正当防卫案件，都是按照统一的方法与标准进行判断；而且，对于过当与否的判断，只需要按照第 3 款

[①] 周光权：《论持续侵害与正当防卫的关系》，载《法学》2017 年第 4 期；孔祥参、徐启明：《论作为责任阻却事由的特殊防卫》，载《东北大学学报（社会科学版）》2020 年第 4 期。

的规定对相关案件进行类比即可。第三，将第3款理解为注意规定，有利于使之与第1款的规定相协调、相一致。亦即，由于第3款规定的是"造成不法侵害人伤亡"，而该规定只是提示性规定，所以，第1款所规定的"对不法侵害人造成损害"，也包括造成不法侵害人伤亡，而不是仅限于造成伤亡以外的损害。这样的理解有利于司法机关合理放宽防卫限度，扭转当下司法实践过于严格地认定正当防卫的现象。另一方面，将第3款解释为注意规定，并不意味着对任何不法侵害的防卫都可以造成侵害人的重伤与死亡，如果不法侵害明显低于第3款规定的程度，防卫限度就会相应地发生变化。第四，将第3款理解为注意规定，有利于正确处理量的防卫过当的案件。防卫人在对严重危及人身安全的暴力犯罪进行防卫时，倘若不法侵害人已经完全丧失侵害能力，防卫人的连续防卫行为在时间上超过了限度，造成了不应有的重大损害的，原本可以成立量的防卫过当，减轻或者免除处罚。但是，如果认为第3款是特殊规定，不存在防卫过当，那么，要么认定上述行为依然成立正当防卫，要么认定上述行为成立普通犯罪，但这两种结论都不合适。只有将第3款理解为注意规定，才能合理地将上述行为认定为量的防卫过当。亦即，第3款只是否认成立质的防卫过当，并没有否认成立量的防卫过当，其对"正在进行"的表述就充分说明了这一点。①

（2）**特殊正当防卫的适用条件**。《指导意见》指出，要准确理解和把握特殊正当防卫的适用条件。首先，准确理解和把握"行凶"。下列行为应当认定为"行凶"：使用致命性凶器，严重危及他人人身安全的；未使用凶器或者未使用致命性凶器，但是根据不法侵害的人数、打击部位和力度等情况，确已严重危及他人人身安全的。虽然尚未造成实际损害，但已对人身安全造成严重、紧迫危险的，可以认定为"行凶"。其次，准确理解和把握"杀人、抢劫、强奸、绑架"。"杀人、抢劫、强奸、绑架"，是指具体犯罪行为而不是具体罪名。在实施不法侵害过程中存在杀人、抢劫、强奸、绑架等严重危及人身

---

① 张明楷：《防卫过当：判断标准与过当类型》，载《法学》2019年第1期。

安全的暴力犯罪行为的,如以暴力手段抢劫枪支、弹药、爆炸物或者以绑架手段拐卖妇女、儿童的,可以实行特殊防卫。有关行为没有严重危及人身安全的,应当适用一般防卫的法律规定。最后,准确理解和把握"其他严重危及人身安全的暴力犯罪"。"其他严重危及人身安全的暴力犯罪",应当是与杀人、抢劫、强奸、绑架行为相当,并具有致人重伤或者死亡的紧迫危险和现实可能的暴力犯罪。学者的研究重在理解和把握"行凶"和"严重危及人身安全的暴力犯罪"。

一方面,不宜狭义理解"行凶"。在通常情形下,"行凶"包含了杀人与伤害界限不明,但有很大可能造成他人严重的重伤(重大伤害)或者死亡的行为;对于暴力犯罪造成一般重伤的,要区分不同情况,不能简单划一地得出是否属于"行凶"的结论。[①]首先,行凶是一个相对的、动态的概念,而无绝对标准。其一,一个针对壮年男性的暴力行为要成立行凶,暴力程度一定要比较高;但针对妇女和儿童的暴力行为,暴力程度即便大幅度降低也可能成立行凶。其二,对行凶的判断必须考虑具体情境。特别需要注意的是,多人持续对被害人实施多种不法侵害进行折磨,尤其在介入的公权力行使者及其他救助者迅速离开、被害人处于任人宰割且精神彻底崩溃的状态时,即便不法侵害人对其实施强度有限的行为(例如按压其肩膀、卡脖子、用凳子去撞击防卫人等),对于其为离开被拘禁、控制的场所而言,也完全可以认定为不法侵害累积起来之后对防卫人的行凶。相反,在其他案件中,如果侵害时间短、不存在对防卫人的反复折磨、双方不存在力量悬殊、被侵害人对逃离险境能有期待时,即便不法侵害人对防卫人实施按压肩膀、卡脖子或者用凳子撞击的行为,都难以认定为行凶。其三,行凶通常要使用凶器,但不能绝对化。拘禁者因恼羞成怒对债务人"一剑封喉"地卡脖子的,可以成立行凶;此外,在侵害人使用凶器时,未必要求一定是刀或者枪,只要该种器械能够被作为凶器使用,成为"使用上的凶器"即可。在持续侵害中,如果侵害人"就地取材"使用拘禁场所内存放的凳子去撞击防卫人,该凳子就是

[①] 张明楷:《刑法学》(第5版),法律出版社2016年版,第216页。

当然的凶器。其四，在持续侵害的场合，侵害人对于局面向恶性发展大多并不有意控制，只要持续时间达到一定长度，一般性质的不法侵害也极有可能升高到行凶的程度，从而符合特殊防卫的条件；防卫人要摆脱不法侵害，逃离被长时期控制的现场，实施强度较高的防卫行为（例如，用随手取得的刀具或其他器械乱舞）可能是唯一有效的方法，此时，如果不法侵害人还"向前扑"或"迎上去"，试图重新建立对被害人的压制状态，势必会加重现场气氛的紧张程度，等于是侵害人用自己的行为进一步提升了自己先前所制造的风险，基于客观归责中自我负责的法理，由此造成的防卫后果应当由主动上前"自取灭亡"的侵害人负责。其五，行凶与刑法第20条第3款规定的其他严重危害人身安全的暴力行为大致相当即可。例如，穷凶极恶的甲要置仇人乙于死地，赤手空拳地连续对甲的致命部位进行打击，既可以认定甲的行为是杀害，也可以认定其是行凶。① 总之，"行凶"的理解不能拘泥于形式，而应紧紧围绕"严重危及人身安全的暴力犯罪"这一实质标准进行解释适用。

另一方面，"严重危及人身安全的暴力犯罪"是特殊正当防卫起因条件的实质标准。其一，对非暴力犯罪、一般违法暴力犯罪、轻微暴力犯罪以及一般暴力犯罪实施的防卫，不适用特殊正当防卫的规定，这里的暴力亦不包括以暴力相威胁，但上述持续侵害的场合需要具体问题具体分析。其二，并不是对于刑法第20条第3款所列举的"行凶、杀人、抢劫、强奸、绑架"等暴力犯罪都能进行特殊正当防卫，而是只有当这些暴力犯罪严重危及人身安全时，才适用特殊正当防卫的规定，这里的"人身安全"应作狭义理解，"严重"可根据实行行为、行为的危险性、犯罪的法定刑幅度来考虑。其三，对刑法所规定的转化型杀人、抢劫等能否进行特殊正当防卫，关键在于其是否严重危及人身安全，而不能以其行为最终成立何种罪名为标准得出结论。其四，严重危及人身安全的暴力犯罪，并不限于刑法第20条第3款所列举的"行凶、杀人、抢劫、强奸、绑架"，还包括其他严重危

---

① 周光权：《论持续侵害与正当防卫的关系》，载《法学》2017年第4期。

及人身安全的暴力犯罪，如劫持航空器罪；也不限于直接对人的身体行使有形力的暴力犯罪，对物行使有形力但严重危及人身安全的，也属于严重危及人身安全的暴力犯罪，如严重放火罪、爆炸罪等，但不法侵害明显只针对采取而未危及人身安全时，不能行使特殊防卫权。其五，即使是严重危及人身安全的暴力犯罪，但在暴力犯罪已经结束的情况下，不得因为防卫行为原本针对的是严重危及人身安全的暴力犯罪，而继续进行所谓"防卫"直至不法侵害者死亡。例如，在杀人犯已被制伏的情况下，防卫人应停止防卫行为；防卫人对杀人犯实施新的侵害行为的，不能适用特殊正当防卫的规定。当然，如果后行为并非独立的新的侵害行为，而是一体化的防卫行为，则仍然可以适用特殊正当防卫的规定。① 总之，应当妥当理解和把握"严重危及人身安全的暴力犯罪"的范围，既不能宽泛解释，使存在防卫限度、可认定防卫过当的情形认定为无过当防卫，更不能过度限制，以造成伤亡为由将正当防卫认定为防卫过当甚至否定防卫性质。

此外，还有学者从程序法的角度研究正当防卫的诉讼问题。学者认为，我国刑事诉讼中正当防卫的证明责任、证明标准及证明方式等问题，在理论、制度和实践上都有太多争议，以致出现要么无罪要么死刑的极端差异裁判结果。第一，借助法律经济学一以贯之的成本效益分析工具，通过权衡证明成本、预期错案损失、未来类似案件的社会总成本和法院裁判成本等因素，应要求被告人首先建立以合理怀疑为标准的争点，再由控方排除合理怀疑地予以证伪。辩方形成正当防卫争点时无须完整的印证链条，法官可通过自由心证进行判断。如此方能在合理的证明成本和裁判成本范围内尽可能发现真相，且即便出现错案也能确保损失最小，并引导人们在未来选择成本最低的行为方案。② 第二，刑事诉讼的举证责任只能是控方，对于"正当防卫"抗

---

① 张明楷：《刑法学》（第5版），法律出版社2016年版，第215-217页；周光权：《刑法总论》（第3版），中国人民大学出版社2016年版，第211-216页。
② 兰荣杰：《正当防卫证明问题的法律经济学分析》，载《法制与社会发展》2018年第1期；李蓉、宋家骏：《论正当防卫证明标准的确立——以阶层犯罪论为视角》，载《湘潭大学学报（哲学社会科学版）》2020年第6期。

辩，辩方只有说明义务，没有举证责任；对正当防卫任一个构成要件不成立的证明达到事实清楚、证据确凿即可否定行为的防卫性质，不能达到这一证明要求则不能排除正当防卫的合理怀疑；法官需注重"经验法则"在正当防卫案件证明中的运用，突破现有证据类型的限制，在证据相互印证存在困难的基础上发挥法官的心证作用，以全方位解决正当防卫的司法证明难题。① 第三，有效兼顾经验法则与证据规则、指引实体要件之程序推进的"整体主义"证明模式亦是可能之选择，在正当防卫的证明过程中，需要注重经验法则与"概括"的合理运用，形成"环环相扣"的证明而非强求"印证"，并容纳产生合理怀疑的多元化形式。② 至此，包括一般正当防卫的成立条件、防卫过当的成立条件、特殊正当防卫的成立条件、正当防卫的诉讼程序在内的正当防卫司法规则的基本体系业已形成。

（五）正当防卫司法规则的推广适用

经过于欢故意伤害案的个案契机，昆山反杀案等指导性案例的规则提炼，涞源反杀案、邢台董民刚案、杭州盛春平案、丽江唐雪案等正当防卫类案推动，正当防卫的司法适用最终得以体系化而上升为《指导意见》这一规范性文件。《指导意见》重塑了正当防卫司法理念，重构了正当防卫司法规则，是我国正当防卫司法史上的重要转折点。《指导意见》迅速在正当防卫司法实践中生根发芽、开枝散叶，得以推广适用。2021年《最高人民检察院工作报告》指出，2019年和2020年因正当防卫不捕不诉819人，是之前两年的2.8倍。2020年11月27日，最高人民检察院发布6起正当防卫不捕不诉典型案例，进一步明确正当防卫制度的法律适用，统一司法标准，准确理解把握《指导意见》，为促进严格执法公正司法提供有效指引。这批典型案例是全新的正当防卫司法规则推广适用的生动体现，它们的发布有助于司

---

① 揭萍、余怡：《正当防卫司法认定的证据学实证分析》，载《中国人民公安大学学报（社会科学版）》2020年第6期。
② 谢澍：《正当防卫的证明难题及其破解——激活正当防卫制度适用的程序向度》，载《政治与法律》2020年第2期。

法工作人员进一步更新司法理念，提升司法能力，强化司法担当，更精准地适用正当防卫制度，实现法、理、情有机统一。同时，《指导意见》的发布及其在司法实践中的推广适用也成为正当防卫理论研究新的学术增长点。

1. 推广适用的典型案例

此次发布的典型案例分别是甘肃省泾川县王某民正当防卫不批捕案、河北省辛集市耿某华正当防卫不批捕案、江西省宜春市高某波正当防卫不起诉案、湖北省京山市余某正当防卫不起诉案、安徽省枞阳县周某某正当防卫不起诉案、湖南省宁乡市文某丰正当防卫不起诉案。6起典型案例具有以下特点：一是案件类型全面，包括不批捕案件2件，不起诉案件4件；二是指导意义典型，6起案例，虽然都是正当防卫，但突出的重点各有侧重；三是案件起因多元，既涉及故意伤害、强奸、非法侵入住宅等，也涉及道路行车纠纷、暴力拆迁、传销等多发或备受社会关注的情形。2021年《最高人民检察院工作报告》指出，6起正当防卫不捕不诉典型案例，诠释正当防卫理念和适用规则，坚定捍卫"法不能向不法让步"。

案例1：甘肃省泾川县王某民正当防卫不批捕案，旨在准确理解和把握"正在进行"和"行凶"等严重危及人身安全的暴力犯罪。根据《指导意见》的规定，使用致命性凶器，严重危及他人人身安全的行为，应当认定为刑法第20条第3款规定的"行凶"。正当防卫必须是针对"正在进行"的不法侵害。对于不法侵害已经形成现实、紧迫危险的，应当认定为不法侵害已经开始；对于不法侵害虽然被暂时制止，但不法侵害人仍有可能继续实施侵害的，应当认定为不法侵害仍在进行；对于不法侵害人确已失去侵害能力或者确已放弃侵害的，应当认定为不法侵害已经结束。对于不法侵害是否已经开始或者结束，要立足防卫人在防卫时所处情景，按照社会公众的一般认知，依法作出合乎情理的判断，不能苛求防卫人。对于因婚姻家庭矛盾引发的不法侵害，首先，要正确判断不法侵害是一般侵害还是严重暴力侵害；其次，要正确判断严重暴力侵害是否正在进行。据此来确定是否适用刑法关于特殊防卫的规定。实践中，因不能正确处理感情、婚姻、家庭矛盾引发暴力冲突，导致重大伤亡的刑事案件时有发生，检察机关在正确认定案件事实，准确适用法律，保障无罪的人不受刑事追究的同时，对于因案致贫的家庭给予帮扶和救助，彰显了为民执法的情怀和司法的温度。此案具有一定的警示作用，教育广大公民理性对待感情纠葛，正确处理婚姻家庭矛盾，树立优良家风，建设和谐家庭，避免家庭悲剧发生。

案例 2：河北省辛集市耿某华正当防卫不批捕案，旨在解决为保护住宅安宁、人身和财产安全实施防卫致人重伤的认定。根据《指导意见》的规定，"正当防卫的前提是存在不法侵害。不法侵害既包括侵犯生命、健康权利的行为，也包括侵犯人身自由、公私财产等权利的行为；既包括犯罪行为，也包括违法行为。不应将不法侵害不当限缩为暴力侵害或者犯罪行为。对于非法限制他人人身自由、非法侵入他人住宅等不法侵害，可以实行防卫。"面对非法暴力强拆，防卫人为保护自己和家人的人身安全和财产安全而阻止暴力拆迁的行为，符合正当防卫的前提条件，综合不法侵害行为和防卫行为的性质、手段、强度、力量对比、所处环境等因素全面分析，防卫行为没有明显超过必要限度的，应当认定为正当防卫，依法不负刑事责任。在我国经济社会快速发展的背景下，因暴力拆迁引发的矛盾和冲突时有发生，在这类案件办理中，检察机关查明案件事实，弄清强拆是否依法合规正当，依法惩治犯罪、保障无辜的人不受刑事处罚。同时，妥善处理拆迁中的矛盾纠纷，促进社会稳定有序。引导房地产企业依法文明规范拆迁行为，教育被拆迁业主要参与协商，依法维权，避免财产损失和人身伤害的发生。

案例 3：江西省宜春市高某波正当防卫不起诉案，旨在解决对"明显超过必要限度"的认定。根据《刑法》第 20 条第 2 款的规定，认定防卫过当应当同时具备"明显超过必要限度"和"造成重大损害"两个条件，缺一不可。"造成重大损害"是指造成不法侵害人重伤、死亡，对此不难判断。实践中较难把握的是相关防卫行为是否明显超过必要限度，不少案件处理中存在认识分歧。根据《指导意见》的规定，防卫是否"明显超过必要限度"，应当综合考虑不法侵害的性质、手段、强度、危害程度和防卫的时机、手段、强度、损害后果等情节，考虑双方力量对比，立足防卫人防卫时所处情境，结合社会公众的一般认知作出判断。在判断不法侵害的危害程度时，不仅要考虑已经造成的损害，还要考虑造成进一步损害的急迫危险性和现实可能性。防卫人被骗入传销组织，在人身自由、健康、安全遭受传销人员不法侵害时，面对多人围殴，尽管不法侵害人没有持器械，防卫人持刀反击，造成伤亡结果的，应当从防卫人的角度设身处地考虑防卫行为是否明显超过必要限度。近年来，暴力传销案件在全国各地多发，暴力传销组织肆意实施故意伤害、抢劫、非法拘禁等犯罪行为，对公民人身权利和财产权利带来严重危害，也成为滋生黑恶犯罪的重要领域。在此案办理中，检察机关依法严厉打击传销犯罪的同时，支持遭受传销组织不法侵害的公民正当防卫，同违法犯罪活动作斗争。依法对高某波作出不起诉决定，有利于依法保护公民正当防卫权；有利于震慑犯罪，遏制传销犯罪的蔓延；有利于弘扬正气，营造安全和谐的社会环境。

案例4：湖北省京山市余某正当防卫不起诉案，旨在准确界分相互斗殴与正当防卫。准确界分相互斗殴与正当防卫的界限，关键看行为人在主观意图上是为了防卫合法利益还是故意不法侵害他人。根据《指导意见》的规定，判断行为人是否具有防卫意图，应当坚持主客观相统一原则，通过综合考量案发起因、对冲突升级是否有过错、是否使用或者准备使用凶器、是否采用明显不相当的暴力、是否纠集他人参与打斗等客观情节，准确判断行为人的主观意图和行为性质。因琐事发生争执，双方均不能保持克制而引发打斗，对于有过错的一方先动手且手段明显过激的，还击一方的行为一般应当认定为防卫行为。在道路行车纠纷中，一方正常行驶，另一方违章驾驶，主动挑衅，引发打斗的，在判断行为人是互殴还是防卫时，要从谁引发矛盾，谁造成矛盾升级，以及行为手段和后果等方面进行综合分析评判。要结合社会公众的一般认知依法准确认定，司法结论应彰显公平公正、邪不压正的价值理念。在此案办理中，检察机关切实转变司法观念，坚决摒弃"唯结果论"和"各打五十大板"等执法司法惯性。

对引发争吵有过错、先动用武力、使用工具促使矛盾升级的一方实施还击的，认定还击一方具有防卫意图。在判断是否防卫过当时，不苛求防卫措施与不法侵害完全对等。依法对有过错一方主动滋事的行为进行否定性评价，对于构成犯罪的，依法追究刑事责任。切实防止"谁能闹谁有理""谁死伤谁有理"的错误做法，坚决捍卫"法不能向不法让步"的法治精神。现实生活中，道路行车过程中发生纠纷和轻微剐蹭比较常见，车辆驾驶人员应当遵守交通规则，谨慎驾驶，冷静处理纠纷。此案警示人们要注意道路行车安全，理性平和对待轻微剐蹭事件，避免以武力解决纠纷。

案例5：安徽省枞阳县周某某正当防卫不起诉案，旨在解决对强奸行为实施特殊防卫的认定。"强奸"与行凶、杀人、抢劫、绑架是并列规定的。根据《指导意见》的规定，"杀人、抢劫、强奸、绑架"，是指具体犯罪行为而不是具体罪名。在实施不法侵害过程中存在杀人、抢劫、强奸、绑架等严重危及人身安全的暴力犯罪行为的，可以实行特殊防卫。在强奸犯罪中，严重危及人身安全的表现形式，就是强行与女性发生性关系，而不是要求危及到生命安全。对强奸行为实行特殊防卫不要求侵害行为已经达到严重危及生命安全的程度，防卫人才可以实行特殊防卫。实践中，强奸案件具有证据相对薄弱的特点，在涉强奸的正当防卫案件办理中，在证据采信上要采取口供补强原则，在认定不法侵害人的侵害意图、侵害能力、侵害强度和不法侵害是否处于持续状态时，应体现有利于防卫人的原则。要充分考虑防卫人面临不法侵害时的紧迫状态和紧张心理，防止在事后以正常情况下冷静理性、客观精确的标准去评判防卫人。在此案办理中，检察机关充分发挥诉前主导作用，依法及时作出不起诉决定，体现了对妇女权益的充分尊重和依法保障。此案的不起诉将对弘扬社会正气，消除社会戾气，促进社会治理产生积极影响，有利于鼓励公民勇于同违法犯罪行为作斗争。同时，引领社会公众养成保护弱势群体的风尚，弘扬真善美，抵制假恶丑，自觉践行社会主义核心价值观，维护社会和谐安宁。

案例6：湖南省宁乡市文某丰正当防卫不起诉案，旨在解决对共同侵害人实施防卫的认定。根据《指导意见》的规定,"正当防卫必须针对不法侵害人进行。对于多人共同实施不法侵害的,既可以针对直接实施不法侵害的人进行防卫,也可以针对在现场共同实施不法侵害的人进行防卫。"对于正在进行的共同不法侵害行为,防卫人反击,造成暴力程度较低的不法侵害人死亡的,不影响防卫强度的整体判断。对于不法侵害主观故意的具体内容虽不确定,但实施了足以严重危及他人人身安全的暴力犯罪行为的,应当认定为符合特殊防卫的起因条件,防卫人可以实行特殊防卫。此案中,刘某某指使欧某某恐吓文某丰,到达现场后拿出匕首交给欧某某,尽管其吩咐恐吓的内容不确定,但当欧某某持匕首向文某丰的要害部位刺去时,二人共同实施的不法侵害已严重危及文某丰的人身安全。文某丰面对刘某某、欧某某共同实施的暴力侵害进行反击,无论造成二人中谁的死伤,都属于正当防卫,即使造成暴力程度较轻的刘某某重伤或者死亡,也不属于防卫过当,不负刑事责任。在此案办理中,检察机关认定文某丰的行为属于正当防卫,依法作出不起诉决定,具有积极意义。有利于鼓励公民行使正当防卫权利,在遭受不法侵害,特别是严重暴力侵害时,要敢于积极同违法犯罪行为作斗争。司法机关在办理涉正当防卫案件中,要注重查明前因后果,分清是非曲直,确保案件处理于法有据、于理应当、于情相容,符合人民群众的公平正义观念,实现法律效果与社会效果的有机统一。

2. 理论共识与前沿课题

我国正当防卫司法实践和正当防卫理论研究整体上呈现出相互促进的演进规律。随着《指导意见》、最高人民法院指导案例93号、最高人民检察院第12批指导性案例、最高人民检察院6起正当防卫不捕不诉典型案例的发布和贯彻落实,正当防卫的理论知识也得以根本更新,有些理论立场达成基本共识,有些理论争鸣渐渐平息,有些理论问题有待继续向前探索,继续为正当防卫的司法实践提供理论智识和理论支撑。

(1)共识和当务之急的司法规则。激活正当防卫制度,当务之急需要做到以下几点。一是认识到我国正当防卫的刑法立法比较完善,关键在于如何司法，这是学界的基本共识。二是在发生一般纠纷的过程中，先动手实施殴打行为的，是不法侵害。后动手还击的要被认定为防卫行为。这种情形不能认定为相互斗殴。双方发生纠纷时可以争，可以吵，但不能动手打人。有的人先动手打了人家三拳，人家后动手打一拳造成骨折了，要认定为正当防卫，不能容忍不法先动手的人。当然，防卫挑拨的是另一回事。需要注意的是，通常的、一般的争吵时，先动手是不法侵害。不是说，任何时候先动手的都是不法侵害。三是在一方已经开始实施不法侵害，对方进行警告的情况下，被警告的一方仍然进行不法侵害，警告的一方进行反击的，属于防卫。不能说我警告就是我要和你相互斗殴。警告就是说你不要再打，不要再动手，结果你还动手，警告的一方当然可以进行防卫。四是不能因为事先准备了什么工具或者凶器就否认是正当防卫。因为事前报告司法机关也不一定管用，对方没动手时，只能自己准备，对方来人进行不法侵害了怎么办，不能说准备了工具的就不是正当防卫。五是不能因为双方长期有矛盾就认定为相互斗殴，双方有矛盾不意味着任何时候他们双方都是不法侵害。六是双方相互斗殴打成轻伤的，任何一方都不是犯罪。七是防卫行为造成轻伤的，不成立防卫过当。因为轻伤不可能属于重大损害。如果不法侵害属于犯罪行为，防卫行为造成重伤的，原则上也不过当。如果防卫行为造成不法侵害者死亡，再考虑是否属于防卫过当。八是关于对防卫过当的处理，司法机关一般也只是减轻处罚，而没有免除处罚的。在当前这样一种形势下，即使防卫过当，也要尽可能免除处罚，有很多防卫过当，防卫人只是过失，并不是故意。不能认为防卫行为是故意的，所以防卫过当也是故意的，正当防卫的故意不是犯罪故意；只有当防卫人明知过当还要希望或者放任过当时，才是故意的防卫过当。九是正当防卫案件，公安机关可以直接宣告因为正当防卫而不成立无罪，进而撤案。有罪宣告必须是法院作出的，但无罪的认定不是必须经过法院的。十是一个国家、一个社会，每个时期的问题不一样。如果说将来大家都勇于防卫，而且防卫都过当，再紧缩一下这个防卫限度。但现在不是紧缩防卫限度的时候，现在应当大胆地放宽正当防卫的限度，不要把正当防卫认定为故意伤害，否则的话正当防卫制度就用不上了。[1] 正当防卫的理论研究和司法实践在今后相当长的一段时间内应积极推广这些做法。

（2）公法益是否防卫的权利范围。德国、日本等国刑法都只规定了对于个人权利或者利益可以进行防卫。与之不同，根据我国刑法规定，防卫的范围不但包括本人或者他人的人身、财产和其他权利等私法益，还包括国家、公共利益等公法益。然而，对于侵害公法益的行为能否进行正当防卫，换言之，能否为了保护公共的法益而进行正当防卫，还存在争议。可以肯定的是，如果对公法益的侵害同时侵害了个人法益，是允许进行正当防卫的。问题在于，对公法益的侵害没有侵害个人法益，能否对之进行正当防卫？在德国，有学者认为，对公法益的侵害，只能由国家及其机关进行防卫；如果允许正当防卫，那么正当防卫给社会秩序造成的损害可能会大于其益处。相反，也有学者认为，可以在有限的范围内进行正当防卫。日本也是分成此两派。较为通行的观点是，当现实的国家利益受到直接威胁，而又处于不能期待国家机关的有效保护的极其紧迫的情况下，可以例外地允许公民进行正当防卫。随着我国正当防卫的司法扩张，在可以预见的未来必然会面临这一问题。

（3）正当防卫的主观要件的去留。关于正当防卫的认定是否需要存在防卫意思，学界存在激烈的争论。防卫意思必要说认为，行为是主观与客观的统一体，防卫行为没有防卫意思就不能认定为正当防卫。防卫意思不要说则认为，只要符合正当防卫的客观条件，即有效阻止了正在进行的不法侵害，即使行为人没有防卫意思，也应当将其行为认定为正当防卫。关于防卫意思的理论争议映射到司法实践层面，则直接关系着防卫挑拨、相互斗殴、偶然防卫等行为的定性。在司法实践中，单从防卫意思层面看，如果坚持防卫意思必要说，那么对防卫挑拨、相互斗殴和偶然防卫就不能认定为正当防卫。首先，就防卫挑拨而言，行为人为了侵害对方，故意引起对方对自己实施侵害，然后借助正当防卫的名义给对方造成损害。此时，行为人是蓄意加害他人，因缺乏防卫意思，必然无法认定为正当防卫。其次，就

---

[1] 张明楷：《正当防卫与防卫过当的司法认定》，载《法律适用》2018年第20期。

相互斗殴而言，当双方以侵害对方身体的意图进行斗殴时，因双方主观都具有非法侵害他的意图，缺乏防卫意思，因而也无法认定为正当防卫。最后，就偶然防卫而言，尽管行为人基于故意或者过失侵害他人法益的行为，符合了正当防卫的客观条件，但是由于不存在防卫意思，仍然不能认定为正当防卫。① 这个问题有待刑法理论的深入研究和司法实践的继续探索。

（4）阻却责任的正当防卫的引入。德国刑法规定，防卫人因为惊慌、恐惧等原因造成过当的，免予处罚。学者认为，我国刑法虽然没有规定，但可以在防卫过当上去考虑这一点。因为我国刑法规定防卫过当是应当负刑事责任的，也就是说，防卫过当也必须有责任。既然如此，如果防卫人因为惊慌、恐惧等原因造成结果过当，也可以认为行为人对结果过当没有责任，不是应当负刑事责任的防卫过当。换言之，增加因不法侵害产生的恐慌作为防卫过当的免责事由。防卫人的非理性人特点要求在防卫责任的判断上应从一般人当时的情绪反应出发，合理确定防卫人的防卫过当责任，对防卫人因恐慌等激烈情绪而导致防卫过当行为的进行免责处理。② 这为我国正当防卫司法实践和刑法立法的完善提供了一个思路。

（5）中国特色紧急权体系的建构。学者认为，建构起逻辑清晰、阶层有致的紧急权体系，是全面提升紧急权研究水平的必由之路。一是确定紧急权的正当化根据，是展开紧急权体系化工程的前提。权利空间分配原理是紧急权大厦的最初缔造者，由此建立起自损型和反击型紧急权；在此基础之上，侵害风险归责的视角实现了反击型紧急权内部的层次划分，把对应于强答责侵害的正当防卫和对应于弱答责侵害的防御性紧急避险区隔开来；最后，团结义务的引入，则进一步使转嫁型紧急权获得了立足的空间。二是关于紧急权之间的适用位阶和

---

① 郑自飞：《防卫意识是否需要与实践选择》，载《检察日报》2021年1月16日，第3版。
② 袁彬：《正当防卫的权利扩张及立法完善》，载《检察日报》2020年12月2日，第3版；喻浩东：《论免除罪责的防卫过当——从最高法93号指导性案例的反思切入》，载《法学》2020年第7期。

竞合关系，可以提炼出以下基本规律：（1）三大类型的紧急权之间相互排斥；在检验某一紧急行为的正当性时，应优先考虑自损型紧急权，其次考虑反击型紧急权，最后考虑转嫁型紧急权；（2）在同一类型紧急权的内部，具体权利在前提要件的内容上可能有所重合，从而发生类似于法条竞合的关系；当某一事实状态同时符合多个紧急权的前提要件时，应适用特别法由于普通法的原则。（3）当同一紧急行为因损害了多个对象而涉及不同类型的紧急权时，相应权利之间出现类似于想象竞合的关系，该行为整体的合法性限度受制于行为要件最为严格的紧急权。三是紧急权的行使限度存在着严格的层级划分。从反击型到转嫁型紧急权，法益均衡原则（狭义比例原则）对紧急权限度的制约力总体呈现出逐级递增的趋势。① 这一理论构想拓展并深化了当前关于正当防卫的理论研究，为进一步完善我国刑法紧急权立法体系、提升我国刑法紧急权司法品质提供了理论支撑。

---

① 陈璇：《紧急权：体系建构、竞合适用与层级划分》，载《中外法学》2021年第1期。

二、正当防卫教义学的评析与展望

正当防卫可以说是每部刑法典都不可或缺的内容；然而，正当防卫制度在刑法典的确立，并不等于其能够在司法活动中得到切实的贯彻落实。正当防卫制度在一个国家司法实践中的实施效果，取决于一定的司法理念和刑事政策。我国正当防卫从虚置的法律规范到鲜活的司法规则，经历了一个起死回生的演变过程。随着正当防卫制度在我国司法中的激活，正当防卫教义学原理亦随之获得了前所未有的发展契机。正当防卫可以说是当前我国刑法学界的一个热门课题，爆发出巨大的学术能量。本文追踪正当防卫立法与司法的演变，对我国正当防卫教义学进行法理上的评述。

（一）正当防卫的法律嬗变

正当防卫教义学原理是随着正当防卫的立法与司法的发展变化的，在一定意义上是受立法与司法制约的。我国正当防卫教义学随着立法嬗变与司法激活而获得内在动力。

我国第一部刑法典（1979年刑法）设立了正当防卫制度，该制度赋予公民为避免正在进行的不法侵害，可以对不法侵害人实施一定限度的防卫权。然而，在司法实践中如何正确认定正当防卫，这是一个司法实务的难题。同样一种杀人行为，如果认定为正当防卫，则行为人不负刑事责任；反之，如果不是正当防卫，则行为人构成犯罪。因此，正当防卫的认定实际上是一个罪与非罪的区分问题，关系十分重大。

1979年刑法是从1980年1月1日开始实施的，正当防卫制度由此进入我国的司法领域。然而，我国从1983年紧接着开始了严打运动，以从重从快惩治严重破坏社会治安的刑事犯罪为主要目标。在严打的刑事政策影响下，正当防卫所具有的出罪功能受到极大的抑制，因而正当防卫制度在其实施之初就生不逢时，受到严重挫折。在当时严打的氛围中，正当防卫的认定十分困难，大量的正当防卫案件被作为普通刑事犯罪处理，因而混淆了罪与非罪的界限。

1997年我国对刑法进行了重大修订。其中，正当防卫制度的修改令人瞩目。当时刑法修订的指导思想是可改可不改的不改，只有非改不可的才改。例如，主持刑法修订的王汉斌副委员长1997年3月6日在第八届全国人民代表大会第五次会议上《关于〈中华人民共和国刑法（修订草案）〉的说明》中指出："注意保持法律的连续性和稳定性。对刑法的原有规定，包括文字表述和量刑规定，原则上没什么问题的，尽量不作修改。"[①]因此，修订的重点是刑法分则，刑法总则修订之处寥寥无几。然而，立法机关对正当防卫规定却做了较大规模的修订，由此可见，正当防卫规定属于非改不可的范畴。我国学者把当时正当防卫修订的原因归咎于正当防卫规定过于原则，弹性较大，内容不明确，易使司法人员产生困惑，不利于鼓励广大公民充分运用正当防卫的法律武器与违法犯罪行为进行斗争。因此我国学者指出："如何修改刑法中的正当防卫规定，立法机关实际是在两难之中进行选择，一方面试图鼓励公民积极利用正当防卫与违法犯罪行为进行斗争，另一方面又唯恐导致公民滥用防卫权，造成新的混乱。经过反复权衡，比较多种方案，最终形成现有的规定。立法机关认为，正当防卫的立法要修改的问题较多，但是，这次修改的重点是关于正当防卫的规定不利于打击违法犯罪，保护公民利益的部分。"[②]然而，在笔者看来，1979年刑法关于正当防卫的规定本身并没有缺陷，在法条表述上与各国刑法典关于正当防卫的规定并无差别。因此，我们不能从正当防卫的立法上寻找修订原因，而是应当从正当防卫的司法上寻找修订根据。笔者认为，1997年刑法修订中，正当防卫规定之所以非改不

---

① 高西江主编：《刑法的修订与适用》，中国方正出版社1997年版，代序，第1页。
② 高西江主编：《刑法的修订与适用》，中国方正出版社1997年版，第105、106页。

可，主要原因还是在于司法机关在正当防卫的规范适用上存在明显的偏颇。换言之，正当防卫制度设立的立法初衷没有十分圆满地实现。立法机关试图通过修改正当防卫规定，促使司法机关更为积极地运用正当防卫，保障防卫人的合法权益。

1997年刑法对正当防卫规定的修改主要表现在两个方面：一是在正当防卫与防卫过当之间的关系上，扩张正当防卫的范围，限缩防卫过当的适用。立法机关在正当防卫与防卫过当的法律界定上，即正当防卫超过必要限度这一表述修改为正当防卫明显超过必要限度。这里的"明显"两字的立法意图可谓十分明显：这已经不是暗示而是明示，对于调整正当防卫与防卫过当的界限具有重大意义。二是增设了无过当防卫的规定，即刑法第20条第3款，这种针对正在进行的行凶、杀人、抢劫、强奸、绑架以及严重危害人身安全的暴力犯罪实行的正当防卫，即使造成不法侵害人的伤亡，亦不负刑事责任。相对于刑法第20条第1款的普通正当防卫而言，这种无过当的正当防卫也可以称为特殊正当防卫，简称特殊防卫。特殊防卫的立法创制可谓横空出世，各国刑法都找不到类似规定。从特殊防卫制度的设立可以明显地看出立法机关通过对正当防卫的更为宽松的规定以推动正当防卫的司法适用的意图，从中也可以看出立法机关对于此前正当防卫的司法适用状况的某种不满，因而具有一定的矫枉过正的意思。

在1997年刑法修订过程中，对于正当防卫如此大幅度的修改，尤其是设立特殊防卫制度，无论是我国刑法学界还是司法实务界都还存在一定疑虑。其中，最大的担忧是特殊防卫的规定是否导致防卫权的滥用，由此形成对社会治安的冲击。有些学者甚至认为，特殊防卫会造成防卫权的异化，进而在一定程度上潜藏着破坏法治秩序的危险。[①] 这种担心是可以理解的，然而，这种破坏作用并没有发生。在特殊防卫设立以后，只有极个别案件被认定为特殊防卫。换言之，正当防卫的司法适用并没有发生如同立法机关所预期的明显改观。

对正当防卫规范适用的考察，不能仅仅基于刑法的视角，而且应

---

① 田宏杰：《刑法中的正当化行为》，中国检察出版社2004年版，第264页。

当将其置于司法程序中进行观察。根据我国刑事诉讼程序，公安机关主导的刑事侦查、检察机关主导的起诉和提起公诉、审判机关主导的刑事审判形成刑事司法的三道工序，每个机关在其职权范围内都具有对案件一定的实体处置权。例如，公安机关具有撤案的权力、检察机关具有不起诉的权力、法院具有判决无罪的权力。在这个意义上说，三机关都可以在自身权限范围内，对正当防卫案件进行处置。例如，公安机关在立案以后，如果认定为是正当防卫，可以对案件进行撤案处理，不追究防卫人的刑事责任。例如在江苏昆山于海明正当防卫案（检例第47号）中，公安机关根据侦查查明的事实，依据《中华人民共和国刑法》第20条第3款的规定，认定于海明的行为属于正当防卫，不负刑事责任，决定依法撤销于海明故意伤害案。其间，公安机关依据相关规定，听取了检察机关的意见，昆山市人民检察院同意公安机关的撤销案件决定。检察机关在批准逮捕、审查起诉过程中，如果认定为是正当防卫，可以对案件做出不批准逮捕或者不起诉决定。例如在陈某正当防卫案（检例第45号）中，公安机关以陈某涉嫌故意伤害罪立案侦查，并对其采取刑事拘留强制措施，后提请检察机关批准逮捕。检察机关根据审查认定的事实，依据刑法第20条第1款的规定，认为陈某的行为属于正当防卫，不负刑事责任，决定不批准逮捕。公安机关将陈某释放同时要求复议。检察机关经复议，维持原决定。在赵宇正当防卫案中，公安机关以赵宇涉嫌故意伤害罪立案侦查，侦查终结后，以赵宇涉嫌过失致人重伤罪向检察机关移送审查起诉。福建省福州市晋安区人民检察院认定赵宇防卫过当，对赵宇作出相对不起诉决定。福州市检察院经审查认定赵宇属于正当防卫，依法指令晋安区人民检察院对赵宇作出绝对不起诉决定。审判机关在庭审过程中，如果认定是正当防卫，可以对案件做出无罪判决。如果一审判决有罪的，二审认定为正当防卫或者防卫过当，可以进行改判，甚至通过再审进行改判。例如于欢故意伤害案（最高人民法院指导性案例93号）中，山东省聊城市中级人民法院于2017年2月17日作出（2016）鲁15刑初33号刑事附带民事判决，认定被告人于欢犯故意伤害罪，判处无期徒刑，剥夺政治权利终身，并赔偿附带民事原告人经济损失。宣判后，被告人于欢及部分原审附带民事诉讼原告人不服，分别提出上诉。山东省高级人民法院经审理于 2017 年 6 月 23 日作出（2017）鲁刑终 151 号刑事附带民事判决：驳回附带民事上诉，维持原判附带民事部分；撤销原判刑事部分，以故意伤害罪改判于欢有期徒刑 5 年。

当然，各个司法机关对其他机关做出的处置，都具有一定的救济权。例如，对于审判机关认定为正当防卫并做出的无罪判决，检察机关可以进行抗诉。以上刑事诉讼程序的立法设计，体现了三机关之间互相配合、互相制约的关系。这种程序设计的立法初衷也并非能够完全实现，因为刑事诉讼还会受到刑事政策的影响。在严打的刑事政策指导下，正当防卫的认定就会变得十分困难。当然，在检察机关这个环节还是会有些后果较轻的正当防卫案件受到不起诉的处理而出罪。这些案件由于影响力较小，往往没有进入公众视野。然而，那些后果严重，例如造成重伤、死亡的案件，在公安机关或者检察机关的环节出罪的案件则少之又少，往往被起诉到法院。在这种情况下，法院对正当防卫案件如何处理就成为观察正当防卫制度在我国司法实践中适用状况的一个窗口。但恰恰是在这个窗口，我们看到正当防卫制度的窒息状态。最终，于欢故意伤害案以一种突如其来的方式进入公众视野，成为正当防卫司法激活的一个突破口。

于欢故意伤害案是一起由于讨债纠纷而引发的恶性刑事案件，造成一人死亡，三人受伤的严重结果。此类案件在现实生活中时有发生。在一审判决中，虽然认定死者杜志浩等人具有侮辱言行，并且在长时间限制于欢母子的人身自由的情况下，到了晚上 10 时许，当于欢要离开接待室时仍然被阻止，并且发生冲突，由此导致血案的发生。对此，辩护律师提出了防卫过当的辩护意见，并未被法院采纳。山东省聊城市中级人民法院认为，被告人于欢面对众多讨债人的长时间纠缠，不能正确处理冲突，持尖刀捅刺多人，致一名被害人死亡、两名被害人重伤、一名被害人轻伤，其行为构成故意伤害罪，公诉机关指控被告人于欢犯故意伤害罪成立，被告人于欢所犯故意伤害罪后果严重，应当承担与其犯罪危害后果相当的法律责任，鉴于本案系被害人一方纠集多人，采取影响企业正常经营秩序、限制他人人身自由、侮辱谩骂他人的不当方式讨债引发，被害人具有过错，且被告人于欢归案后能如实供述自己的罪行，可从轻处罚。因而，聊城市中级人民法院以被告人于欢犯故意伤害罪，判处无期徒刑，剥夺政治权利终身。

于欢故意伤害案是2017年2月17日宣判的。本来，于欢故意伤害案是一个稀松寻常的案件，尽管于欢对一审判决不服，提起了上诉。但按照通常惯例，大概率会被二审法院依法驳回，维持原判。然而，2017年3月23日《南方周末》一篇《刺死辱母者》的新闻报道，却将这个案件推到了公众面前。尤其是报道突出了于欢故意伤害案中的辱母情节，更是刺激了公众的敏感神经。一时之间，于欢故意伤害案成为舆论的暴风眼。在于欢故意伤害案推上媒体的第一时间，该案引起了最高人民检察院的关注。最高人民检察院正式介入了于欢故意伤害案。同时，于欢故意伤害案也引起最高人民法院的重视，派员指导该案的二审审理活动。

2017年5月27日，于欢故意伤害案二审公开开庭审理。山东省高级人民法院采取微博直播的方式通报庭审相关信息。2017年6月23日，山东省高级人民法院认定于欢属防卫过当，构成故意伤害罪，判处于欢有期徒刑5年。二审判决认定，于欢持刀捅刺杜志浩等四人，属于制止正在进行的不法侵害，其行为具有防卫性质，其行为造成一人死亡、二人重伤、一人轻伤的严重后果明显超过防卫限度造成重大损害，构成故意伤害罪，依法应负刑事责任。鉴于于欢的行为属于防卫过当，于欢归案后能够供述主要罪行，且被害方有以恶劣手段侮辱于欢之母等情节，对于欢应当依法减轻处罚，遂做出改判有期徒刑5年的判决。值得注意的是，二审判决对案件的性质做了正确的界定，指出："本案系由吴学占等人催逼高息借贷引发，苏银霞多次报警后，吴学占等人的不法逼债行为并未有所收敛。案发当日，杜志浩曾当着于欢之面公然以裸露下体的方式侮辱其母亲苏银霞，虽然距于欢实施防卫行为已间隔约二十分钟，但于欢捅刺杜志浩等人时难免不带有报复杜志浩辱母的情绪，在刑罚裁量上应当作为有利于于欢的情节重点考虑。"这一对案件事实的认定，为于欢防卫性质的认定和刑罚改判奠定了扎实的事实基础。虽然于欢最终仍然被认定为防卫过当，但从一审判决的无期徒刑到二审改判的五年有期徒刑，刑罚减轻的力度还是相当大的，基本上满足了社会公众对本案的正义期待。

于欢故意伤害案是激活正当防卫司法的一个标志性案件，它在我国正当防卫制度演进史上具有重要意义。此后，于欢故意伤害案成为最高人民法院指导案例93号，对正当防卫的审判活动起到指导作用。在于欢故意伤害案的裁判要点中，主要涉及对正当防卫认定具有重要指导意义的三个问题：

1. **不法侵害的界定**。不法侵害的界定涉及两个裁判要点：第一，对正在进行的非法限制他人人身自由的行为，应当认定为刑法第20条第1款规定的"不法侵害"，可以进行正当防卫。第二，对非法限制他人人身自由并伴有侮辱、轻微殴打的行为，不应当认定为刑法第20条第3款规定的"严重危及人身安全的暴力犯罪"。第一个裁判要点是对不法侵害的进一步明确。在传统观念中，只有对杀人、抢劫等带有明显暴力性的犯罪才能实行正当防卫。而在于欢故意伤害案中，杜志浩等虽然在较长时间内限制于欢及其母亲苏银霞的人身自由，并有殴打、侮辱行为，但并没有使用凶器，暴力程度较为轻微。对于这种非法拘禁性质的不法侵害是否可以实行正当防卫，在司法规则上并不明确，因而在某些案件中往往否定对其可以实行正当防卫。而第一个裁判要点明确指出，这种限制人身自由的行为也是不法侵害，可以成为正当防卫的客体。第二个裁判要点涉及刑法第20条第3款的适用，第3款是关于特殊防卫的规定，那么，杜志浩等人采用限制人身自由的方式进行不法逼债行为，是否可以对其实行特殊防卫呢？对此，在于欢故意伤害案的讨论中也是存在争议的。对此，第二个裁判要点明确指出：非法限制他人人身自由并伴有侮辱、轻微殴打的行为不属于第20条第3款中的"严重危及人身安全的暴力犯罪"，由此排除了对其实行特殊防卫的可能性。因此，上述两个裁判要点对于正确适用刑法第1款和第3款，具有重要参考价值。

2. **必要限度的判断**。必要限度的判断涉及第三个裁判要点：判断防卫是否过当，应当综合考虑不法侵害的性质、手段、强度、危害程度，以及防卫行为的性质、时机、手段、强度、所处环境和损害后果等情节。对非法限制他人人身自由并伴有侮辱、轻微殴打，且并不十分紧迫的不法侵害，进行防卫致人死亡重伤的，应当认定为刑法第20条第2款规定的"明显超过必要限度造成重大损害"。正当防卫必要限度如何判断，这是在确定某个行为具有防卫性质以后，需要进一步区分的防卫限度问题。防卫限度的认定涉及行为人是否对防卫后果承担刑事责任：如果防卫行为没有超过必要限度，则属于正当防卫，依法不负刑事责任；如果防卫行为超过必要限度，则属于防卫过当，应当负刑事责任。第三个裁判要点首先确定了考察防卫限度的一般规则，即在防卫限度的司法判断过程中，应该考虑两个方面的因素：一是不法侵害方面，需要考虑不法侵害的性质、手段、强度、危害程度。二是防卫行为方面，需要考虑防卫行为的性质、时机、手段、强度、所处环境和损害后果等各种情节。对于防卫限度应该结合以上两个方面因素进行综合判断，而不是仅仅关注防卫结果。这一裁判要点，对于克服在防卫限度认定上的唯结果论，具有重要指导意义。

3.**防卫过当的量刑**。防卫过当的量刑涉及第四个裁判要点：防卫过当案件，如系因被害人实施严重贬损他人人格尊严或者亵渎人伦的不法侵害引发的，量刑时对此应予充分考虑，以确保司法裁判既经得起法律检验，也符合社会公平正义观念。这个裁判要点主要是根据于欢故意伤害案中的辱母情节而做出的规定，具有一定的特殊性，对于其他防卫过当案件的量刑缺乏普遍的适用性。其实，这里应当考察是防卫过当特定情景下的防卫人的心理特征。不法侵害对于防卫人来说是突如其来的，具有强烈的心理刺激性，因而会导致防卫人在瞬间丧失理智，难以控制其防卫限度。而这种状况是侵害人的不法侵害行为所造成的，因而侵害人应当承受其不利后果，并因而成为在对防卫过当量刑时的减轻或者免除处罚的根据。对此，德国刑法典第33条甚至规定,"防卫人因为慌乱，恐惧或者惊吓而超越紧急防卫的界限的，不受处罚。"我国刑法虽然没有防卫过当在符合一定条件下不受处罚的规定，但我国刑法第20条第2款规定，对于防卫过当应当减轻或者免除处罚。因而，防卫人在防卫过程中的心理因素是在对防卫过当量刑时应当考量的因素。

在于欢故意伤害案以后，正当防卫案件持续受到社会公众的关注，其中，具有极大影响的是以下案件：于海明正当防卫案，亦称昆山反杀案；赵宇正当防卫案；唐雪正当防卫案等。以上案件，在侦查或者审查起诉阶段就被媒体曝光，因而最高人民检察院主动介入。例如对于赵宇正当防卫案，在最高人民检察院的指导下，福建省人民检察院指令福州市人民检察院进行了审查。经审查认为，赵宇的行为属于正当防卫，不应当追究刑事责任，原不起诉决定书认定防卫过当属适用法律错误，依法决定予以撤销，依据刑事诉讼法第177条第1款规定，并参照最高人民检察院2018年12月发布的第十二批指导性案例，对赵宇作出无罪的不起诉决定。最高人民检察院表示，严格依法对赵宇一案进行纠正，有利于鼓励见义勇为行为，弘扬社会正气，欢迎社会各界监督支持检察工作。2018年12月19日最高人民检察院印发第十二批指导性案例，涉及的四个案例均为正当防卫或者防卫过当的案件，社会普遍关注的于海明正当防卫案入选其中。

对于正当防卫司法适用具有历史性意义的是2020年8月28日最高人民法院、最高人民检察院、公安部颁布了《关于依法适用正当防卫制度的指导意见》（以下简称《指导意见》），对正当防卫的适用原则和具体适用做了规定，尤其是强调坚决捍卫"法不能向不法让步"的法治精神。在此，法不能向不法让步就成为理解正当防卫精神实质的一把钥匙。《指导意见》的颁布意味着公、检、法三机关在正当防卫司法适用上达成共识，因而成为正当防卫司法激活的标志性文件。在《指导意见》颁布的同时，最高人民法院、最高人民检察院、公安部还颁布了七个正当防卫典型案例。[①] 此前，最高人民法院2018年6月20日将于欢故意伤害案以指导案例的形式颁布[②]，同时，最高人民检察院还于2018年12月18日专门颁布了第十二批指导性案例，

[①] 这七个案例是：1.汪天佑正当防卫案；2.盛春平正当防卫案；3.陈天杰正当防卫案；4.杨建伟故意伤害、杨建平正当防卫案；5.刘金胜故意伤害案；6.赵宇正当防卫案；7.陈月浮正当防卫案。

[②] 于欢故意伤害案系最高人民法院指导性案例第18批指导案例第93号。

涉及的四个案例均为正当防卫或者防卫过当的案件。①但此次七个正当防卫案例是公、检、法三机关首次联合发布典型案例，虽然它不属于指导案例，但如此集中专门针对正当防卫发布典型案例，其对于各级司法机关认定正当防卫所具有的指导意义是不言而喻的。

正当防卫的理论发展，可以说是与正当防卫制度的演变同步的。当正当防卫仅仅是一种法律设置的时候，正当防卫的理论也只是停留在对刑法规定的解释上而难以深入。正当防卫制度在司法活动中被激活，促进了正当防卫理论的发展。当然，正当防卫理论作为刑法教义学的一个组成部分，它也受整个刑法教义学制约的。在我国刑法知识转型的过程中，正当防卫同样面临着一种蜕变。正当防卫的司法激活不仅仅对正当防卫案件的处理产生影响，而且也在一定程度上激活了正当防卫教义学。

（二）正当防卫的本质特征

正当防卫教义学中的基础理论问题是正当防卫的本质。在某种意义上说，正当防卫的本质在正当防卫教义学中是一个具有法哲学性质的问题，属于对正当防卫的形而上研究。正当防卫本质不仅是正当防卫司法的法理根据，而且还是正当防卫立法的哲理根据。

在刑法教义学中，正当防卫是违法阻却事由，是在三阶层的犯罪论体系的第二个阶层，亦即违法性阶层所要讨论的问题。因此，正当防卫行为符合构成要件，例如，正当防卫杀人已经具备了故意杀人罪的构成要件。在通常情况下，符合构成要件的行为推定为具有违法性，但如果存在违法阻却事由，则因不具有违法性而予以出罪。尤其是正当防卫行为，刑法已经明确规定不负刑事责任，这在司法适用上是没有疑问的。然而，从刑法哲学上来说却需要追问：正当防卫行为已经符合构成要件，那么，其不构成犯罪的根据又是什么呢？这就是正当防卫本质所要解决的问题。

---

① 这四个案例是：1.陈某正当防卫案（检例第45号）；2.朱凤山故意伤害（防卫过当）案（检例第46号）；3.于海明正当防卫案（检例第47号）；4.侯雨秋正当防卫案（检例第48号）。

我国刑法学界关于正当防卫本质的讨论，在20世纪80年代至90年代主要还是围绕着权利行为说与社会利益说而展开的。当然，这是在对西方近代正当防卫理论介绍的名义下进行讨论的，没有完全纳入我国正当防卫的本体理论。权利行为说是古典学派的理论，它是以个人主义思想为基础的，强调正当防卫对于个人权利的保护作用。权利行为说将防卫权视为个人神圣不可侵犯的权利，是从天赋人权中引申出来的，具有天然合理性。而社会利益说则认为，不法侵害不仅是对个人利益的侵害，而且更重要的是对社会利益的侵害。因此，正当防卫存在的正当性根据主要在于维护社会利益。正当防卫的本质的社会利益说基本上是法社会学派的观点，这种观点认为法是以社会为本位的，正当防卫也是建立在维护社会利益的基础之上的，只有从社会本位出发，才能真正揭示正当防卫的本质。[1] 应该说，此时关于正当防卫的本质讨论，仍然是在个人本位的法律观与社会本位的法律观的理论框架下展开的，因而还较为抽象与空洞。

进入21世纪以后，随着德日刑法教义学传入我国，关于正当防卫本质的讨论也在德日话语下展开，其中具有较大影响力的是个人法益保护原则与法秩序维护原则。对此，存在一元论与二元论之争。其中，一元论是指在个人法益保护原则与法秩序维护原则中选择其一，以此揭示正当防卫的本质。二元论则认为，个人法益保护原则与法秩序维护原则两者都是正当防卫的本质。只不过，应当以个人法益保护原则为主，以法秩序统一原则为辅。

对于正当防卫的本质特征的阐述，二元论的观点是德日正当防卫教义学的通说。[2] 例如德国学者罗克辛明确阐述了其关于正当防卫本质的观点，指出："我的立场不变：正当防卫的根据之一是免受不法侵害的个人保护原则，在此语境中也有助于'法确证'。以此方式，'法确证'授予的防卫权适合于防卫不法侵害并由此有助于维护法和

---

[1] 陈兴良：《正当防卫论》，中国人民大学出版社2017年版，第11—14页。
[2] 石家慧：《德国刑法中的正当防卫制度》，载《中国应用法学》2018年第6期。

平（Rechtsfrieden）。"[1] 质言之，罗克辛教授赞同二元论的立场。在此，罗克辛教授提及"法确证"的概念。[2] 事实上，法确证的概念与法秩序的概念具有同工异曲之妙，都是指正当防卫对于维护社会利益所具有的功能，这种观念也称为一般预防功能。在通常情况下，一般预防是与刑罚相联系的，属于刑法目的的内容。那么，一般预防怎么能与正当防卫的本质相关联呢？尤其是，将一般预防确定为正当防卫的本质，是否会将正当防卫混同于刑罚，认为正当防卫具有刑罚的惩罚属性？对于这个问题，罗克辛教授指出：法确证原则有助于一般预防，通过对侵害进行防卫去告诉其他的潜在违法者，不法侵害他人是有风险的。罗克辛教授在教科书中不仅强调了正当防卫之消极的一般预防目的，还强调了其积极预防作用：正当防卫中每个被防卫的侵害都坚固了法秩序。[3] 因此，罗克辛教授所强调的法确证是指正当防卫通过对不法侵害的反击，在保护个人法益的同时，也确证了法秩序。正当防卫，如果说对不法侵害人是个人预防性保护，那么对于其他意欲实施不法侵害的人就施加了一般预防。可以说，罗克辛教授是在与刑罚类比的意义上论述正当防卫所具有的个别预防与一般预防效果，以此作为正当防卫的正当性根据。在日本正当防卫教义学中，二元论的观点同样占据主导地位。例如高桥则夫指出："将正当防卫的违法阻却根据理解为基于从自我保存本能派生出来的'自我保护原则'与从法秩序保护派生出来的'正的确证'这两个原则是妥当的。前者的自我保护原则具有通过被侵害者的防卫行为而使侵害者停止实施违法行为，从而保护被侵害者的功能；而后者的正的确证（法秩序保护原则）则具有通过防卫行为而使侵害者停止实施违法行为，从而保护法

---

[1] ［德］克劳斯·罗克辛：《正当防卫与法确证》，黄德政译，载《西北师大学报》2018年第2期。

[2] 法确证，亦翻译为法信念。［德］克劳斯·罗克辛：《德国刑法学总论》（第1卷），王世洲译，法律出版社2005年版，第424页。

[3] ［德］克劳斯·罗克辛：《正当防卫与法确证》，黄德政译，载《西北师大学报》1918年第2期。

秩序的功能。"① 在此,正的确证就是法的确证,而法秩序原则与法确证原理② 是可以互相替换的两个概念。

在我国刑法学界围绕着正当防卫本质的一元论与二元论同样展开了争议。争议的核心点在于如何看待法秩序原则是否应当成为正当防卫的正当性根据。

我国学者陈璇教授对于正当防卫本质的二元论提出了尖锐的批评,其核心观点是:法秩序的维护并无绝对超越公民个人法益的独立价值。③ 这里主要涉及个人法益与法秩序的关系,法秩序实际上就是社会法益,刑法教义学通常情况下是把个人法益与社会法益相并列的,这是两种不同的法益。然而,正当防卫本质的二元论则并不是将个人法益与法秩序相并列,而是将法秩序隐身于个人法益之后,说明正当防卫在保护个人法益的同时还具有维护法秩序的功能。因此,维护法秩序是正当防卫在保护个人法益的时候所获得的一种附随效果。在这个意义上,似乎难以得出二元论就是在追求超越个人法益的法秩序这一结论。陈璇教授在批判法秩序原则的同时,主张从不法侵害人的视角出发探寻正当防卫的本质,提出了不法侵害人保护性的下降这一命题,以此弥补从防卫人单一视角理解正当防卫本质的偏颇性。④ 在正当防卫中,防卫人与侵害人是一对矛盾,呈现出正与不正之关系。对于正当防卫的正当性根据而言,主要应当说明造成侵害人人身、财产重大损失的防卫行为何以具有实质上的合理性。因而,这是一种对"正"的论证。在这个意义上说,正当防卫本质的理解重点应当是防卫行为的性质,不法侵害只能衬托防卫行为的正当性。在防卫行为与侵害行为之间存在表里关系,因而借鉴被害人教义学原理,引入侵害人的视角,从侵害人值得保护性的下降论证正当防卫的本质,可以说,并没有独立于防卫人视角提供的正当防卫根据的价值。

---

① [日]高桥则夫:《刑法总论》,李世阳译,中国政法大学出版社2020年版,第241页。
② 在日本刑法教义学中,法确证原理也称为法确证的利益说。[日]佐伯仁志:《刑法总论的思之道·乐之道》,于佳佳译,中国政法大学出版社2017年版,第99页。
③ 陈璇:《正当防卫理念、学说与制度适用》,中国检察出版社2020年版,第11页。
④ 陈璇:《正当防卫理念、学说与制度适用》,中国检察出版社2020年版,第21页。

值得注意的是，张明楷教授对个人法益保护说与法秩序维护说都展开了批判，力图以利益衡量原则取代上述学说。张明楷教授认为，优越的利益保护是正当防卫的原理。正当防卫的特点决定了必须将不法侵害者造成的损害、危险以及在受到防卫过程中为对抗防卫所实施的新的不法侵害造成的损害、危险与正当防卫造成的损害进行比较，全面比较时必须充分考虑防卫人所处的本质的优越地位。① 利益衡量说是违法阻却事由根据理论中的一种具有代表性的学说，其适用于紧急避险是没有问题的。然而，该种学说能否适用于正当防卫这始终是存在疑问的。因为紧急避险是牺牲较小的利益保护较大的利益，由此而获得正当性，因而较小利益权衡，将具有赋予优越利益的行为以正当性，这是没有问题的。然而，正当防卫是正与不正之关系，在正当防卫限度的认定中当然需要考察防卫行为与侵害行为之间的轻重缓急，但它并不能决定正当防卫的正当性。正当防卫的正当性首先来自在受到不法侵害的情况下对自我权利保护的必要性，这是个人法益保护说所提供的。至于法秩序维护说，只不过在个人法益保护说的基础上，进一步说明正当防卫不仅能够满足个人防卫的需求，而且在一定程度上能够维护法秩序，由此获得更为全面的正当性。对于个人法益保护的理解，并不能限于自我防卫的场合。因此，那种认为为第三人的利益实施的正当防卫，但个人保全原理不能说明这一点的说法，② 并不能成立。因为紧急救助权是从自卫权中引申出来的，在某种意义上可以说是替代他人实行自卫权，因而也属于个人法益保护的范畴。

更为重要的是，应当厘清正当防卫本质的讨论主题。在此，首先就需要正确区分防卫行为的正当性根据与防卫限度的合理性根据。防卫行为的正当性根据是指防卫行为本身是否具有正当性的问题，即防卫权发动的根据。而防卫限度的合理性根据则是指防卫权应当限制在何种合理范围内的问题。笔者认为，正当防卫的本质应当是指防卫权

---

① 张明楷：《正当防卫的原理及其运用——对二元论的批判性考察》，载《环球法律评论》2018 年第 2 期。
② 张明楷：《正当防卫的原理及其运用——对二元论的批判性考察》，载《环球法律评论》2018 年第 2 期。

发动的正当性根据,并不包括防卫限度的合理性根据。因此,在正当防卫本质的讨论中,主要应当围绕防卫权发动的各种条件设置的正当性根据,而不能将防卫权行使的合理限度问题牵扯进来,否则就会产生某种混乱。我国学者在论述防卫限度判断中的利益衡量时指出,无论是法确证原理,还是个人权利保护原理,都试图通过正当防卫的法理根据来排斥防卫限度判断中的利益衡量。由此带来一个疑问:仅凭正当防卫的法理根据,就能排除防卫限度判断中利益衡量的应用?如何界定正当防卫的法理基础,与怎样判断防卫限度,并不是同一层面的问题。前者解决防卫正当与否的定性问题,后者则关注防卫强度的定量问题。① 笔者认为,这一论述将防卫行为的正当性问题与防卫限度的合理性问题加以区分,正当防卫本质原理,无论是个人法益保护说还是社会秩序维护说,都属于正当防卫本质所讨论的范畴。而利益权衡说则是防卫限度的合理性中所要讨论的问题,两者不可混淆。

对于阐述防卫行为的正当性根据来说,以防卫权为中心的个人法益保护原则已经提供了具有较强说服力的根据。那么,为什么还需要以法确证为核心的法秩序维护原则为补充呢?这里涉及法秩序维护原则的功能问题。对此,我国学者指出:"个人保护原则决定了正当防卫的必要性,其功能在于扩张正当防卫。法确证原则决定了正当防卫的相当性(需要性),其功能在于限制正当防卫。成立正当防卫的起因条件、对象条件、时间条件、限度条件不是由法确证原则决定的,而是由个人保护原则决定的。法确证原则的功能仅仅在于对正当防卫进行限制,由此可以合理解释,为什么面对无责任能力人的不法侵害、轻微的不法侵害、特殊关系人的不法侵害时,正当防卫应该有所限制。"② 根据这种观点,法秩序维护原则主要起到了限制正当防卫限度的作用,由此而与扩张正当防卫范围的个人法益保护原则起到一种互补功能。根据这种观点,法秩序维护原则对个人法益保护原则具有矫正作用。也就是说,在某些特殊情况下,虽然根据个人法益保护原

---

① 徐成:《防卫限度判断中的利益衡量》,载《法学研究》2019年第3期。
② 钱叶六:《论法确证原则的合理性及其功能》,载《环球法律评论》2019年第4期。

则可以实行正当防卫,但基于法秩序保护原则应当对这种情况下的正当防卫限度加以约束。然而,正如笔者在前文指出,正当防卫的本质只是指防卫权发动的正当性根据问题,它所要解决的是正当防卫何以正当的问题,这是一个性质问题。而正当防卫限度是一个数量问题,也就是防卫限度的合理性根据问题,这是两个不同的问题,似不应混为一谈。在面对无责任能力人的不法侵害等特殊情形下,根据个人法益保护原则是具有防卫权的,至于正当防卫限度如何把握,它与法确证原理并没有密切的关联性,而与刑法的具体规定的联系更为紧密。例如,日本刑法典第36条规定,正当防卫须出于不得已,因而不得已性是日本刑法中正当防卫的成立条件之一。而我国刑法第20条则并未规定正当防卫须出于不得已,因而不得已性不是我国刑法中正当防卫的成立条件。根据上述中国和日本关于正当防卫规定的对比可以看出:日本刑法中的正当防卫成立条件较为紧缩,而我国刑法中的正当防卫成立条件较为宽松,这对于正当防卫的司法认定具有重要制约。这种是否对防卫限度进行限制,并不是根据法秩序保护原则确定的,而是根据刑法规定认定的。尽管有些学者认为法秩序维护原则过于笼统,但也不能将其功能理解得过于具体。因为正当防卫本质是一个抽象的刑法哲学问题。不仅如此,我国学者还认为法秩序保护原则本身还不够抽象,因而主张进一步从理性人普遍同意的角度理解正当防卫的正当性根据,并据此为法秩序维护说在正当防卫论中谋求合理的定位。[①] 由此可见,即使在我国赞同二元论的学者中,对于如何理解法秩序维护原则的内容与功能,也还存在较大的争议。

当然,对于正当防卫本质的讨论虽然具有一定的哲理性,然而还是不能脱离一个国家刑法对正当防卫的具体规定。在我国刑法所有规定中,正当防卫是极为特殊的。如果说,刑法规定,无论是总则还是分则,主要是围绕着入罪而展开的。那么,正当防卫以及紧急避险,就是围绕着出罪而展开的。在刑法教义学中,正当防卫被称为违法阻

---

① 王刚:《法秩序维护说之思辨——兼论正当防卫的正当性依据》,载《比较法研究》2018年第6期。

却事由。就此而言，正当防卫的刑法规定应该具有某种消极的属性，它是那些符合构成要件的行为在具备正当防卫情况下的一种出罪事由。然而，我国刑法对于正当防卫的立法规定却呈现出一种十分积极的属性，这就是将正当防卫视为公民与犯罪做斗争的法律武器，能够威慑违法犯罪分子。[1] 之所以说我国刑法所规定的正当防卫具有一定意义上的与犯罪做斗争的功能，是因为刑法第 20 条第 1 款关于正当防卫的定义式规定中，明确地将保护国家利益和公共利益确立为正当防卫所保护的法益。正是在这个意义上，我国刑法中的防卫权不仅包含自我防卫权，也不仅仅包含紧急救助权，而且具有与侵害国家利益和公共利益的犯罪行为做斗争的性质。就此而言，我国刑法与其他国家刑法中的正当防卫的保护法益之间是存在重大差异的。例如，日本刑法典第 36 条规定的正当防卫只限于防卫自己或他人之权利的情形。此外，德国刑法典第 32 条第 2 款规定，为使自己和他人免受正在发生的不法侵害而实施的必要的防卫行为属于正当防卫。因此，正当防卫只限于防卫自己或者他人。德国学者在论及国家利益能否成为防卫客体时指出：对于个人而言，只有特定范围内的国家利益才可以（为保护它而）进行紧急防卫。例如，为保护应归国家所有的个人法益（如所有权、财产、占有），可以采取紧急防卫。相反，不可以为保护公众法益、公共秩序，而采取紧急防卫，因为在这时，个体的权利并未受到直接的威胁。仅当现实的国家利益受到了直接的威胁，而且主管机构在该特定场合又无法保护这一国家利益，那么，这时，为了保护作为主权象征的国家法益，才可以采取紧急防卫（所谓紧急防卫）。按照少数人的观点，只能够按照正当化的紧急避险来容许这种干预。[2] 由此可见，将保护国家、公共利益放在保护本人或者他人的权利之前的我国正当防卫与德、日刑法中的正当防卫之间的差异何其之大。在这个意义上说，我国刑法关于正当防卫的立法规定赋予正当防卫以一种十分积极的功能。正如陈璇教授所评价的那样，我国刑法中的正当

---

[1] 高铭暄主编：《刑法专论》，高等教育出版社 2006 年版，第 415 页。
[2] ［德］乌尔斯·金德霍伊泽尔：《刑法总论教科书》（第六版），蔡桂生译，北京大学出版社 2015 年版，第 162 页。

防卫在保护法益上明显具有更为强势的风格。① 即使是防卫自我或者防卫他人，如果将防卫对象界定为达到犯罪程度的不法侵害，则对这种不法侵害的防卫主观上是为保护本人或者他人的人身或者财产权利，而在客观上不能不说同样具有与犯罪做斗争的本质特征。因此，正当防卫的本质是与犯罪行为做斗争的命题，确实在一定程度上能够为正当防卫提供某种正义的属性。从这个意义上说，我国刑法关于正当防卫的立法，是从维护社会秩序的角度出发确定正当防卫的性质的，更加注重正当防卫的社会属性。然而，在司法实践中保护国家利益、公共利益的正当防卫案件罕见，正当防卫所谓与犯罪行为做斗争的功能也未能真正发挥。即使是保护自己或者他人的正当防卫的司法认定也遇到了极大的阻力，由此形成正当防卫的立法与司法之间的巨大落差。

如果将我国正当防卫的立法规定置于个人法益保护说与法秩序维护说的讨论语境，那么，我国刑法中的正当防卫在本质上确实具有法秩序维护的性质，它强调正当防卫对于国家利益、公共利益的保护功能。如果说，在德日刑法教义学的语境中，因其刑法中的正当防卫只限于自我防卫与防卫他人，因而个人法益保护与法秩序维护不是并列关系，法秩序维护的效果是依附于个人法益保护的。那么，在我国刑法中，因为将保护国家利益、公共利益的正当防卫与自卫防卫和防卫他人相并列，因而法秩序维护就不再是隐身于个人法益保护之后，而是直接成为决定正当防卫本质的要素。这也反映出我国刑法中正当防卫立法规定的特殊性，只有从这种特殊性出发，才能正确地揭示正当防卫的本质。值得注意的是，在德日刑法教义学中，往往以正不能向不正让步，或者法不能向不法让步这句格言概括法秩序维护说的基本含义。而我国刑法学界也接受了这一格言，例如最高人民法院、最高人民检察院、公安部《指导意见》在关于正当防卫的总体要求的第1条就明确提及两个思想：第一，正当防卫是法律赋予公民的权利。第二，正当防卫是"法不能向不法让步"的法治精神的体现。基于此，

---

① 陈璇：《正当防卫理念、学说与制度适用》，中国检察出版社2020年版，第11页。

对于我国刑法中的正当防卫的正当性根据应当从个人法益保护和法秩序维护者两个方面理解。

正当防卫是法律赋予公民的权利，这是从公民角度观察所得出的结论。正当防卫通常是指一个行为，然而，它同时又是指一种权利，即防卫权。在法治社会，公民的人身权利和财产权利受到法律保护，这就是所谓公力救济。对于犯罪行为应当根据刑事诉讼程序予以刑罚惩治，由此保护被害人的合法权益。只有当公民受到突发的不法侵害，来不及获得公力救济的情况下，法律赋予公民以防卫权，借此保护公民个人的法益免受不法侵害。这种防卫行为具有一定的自力救济的属性，同时它还是一种排除不法侵害的权利行为。权力行为赋予正当防卫具有法律上的正当性，它受到法律的保障。

正当防卫是"法不能向不法让步"的法治精神的体现，这是从社会角度观察所得出的结论。司法机关保护正当防卫，就是践行"法不能向不法让步"的法治精神。关于"法不能向不法让步"，在刑法教义学中存在各种理解，并且存在一定的争议。其实，这句法律格言反映的是一种朴素的法感情或者法信念，就是坚守法秩序。不法侵害破坏了法秩序，正当防卫不仅仅是保护公民个人法益的必要举措，而且在保护国家、公共利益不受不法侵害的防卫中，还具有维护法秩序的直接蕴含。无论是保护公民个人法益的正当防卫，还是保护国家、公共利益的正当防卫，都是正义的体现。因此，司法机关对防卫权的保障，就体现了面对不法侵害实行正当防卫所具有的对法秩序的保护。

如果说，个人法益保护只是反映了正当防卫所具有的个别公正；那么，法秩序维护就是反映了正当防卫所具有的一般公正。只有从个人与社会两个维度，才能正确揭示正当防卫的正当性根据，这是对正当防卫本质的全面诠释。

（三）正当防卫的规范构造

正当防卫的规范构造是指刑法所规定的正当防卫成立条件。各国刑法对正当防卫成立条件的规定虽然基本上是相似的，但仍然存在某些相异之处。我国刑法学界通常将正当防卫成立条件归纳为以下五个：第一，防卫意图；第二，防卫起因；第三，防卫客体；第四，防卫时间；第五，防卫限度。[①]这五个条件基本上涵括了正当防卫成立的所有要素，因而形成正当防卫成立条件的完整体系。在司法实践中，对于上述五个条件的认定存在某些疑难问题，同时在刑法理论上也存在一定争议。对此，本文将对其中三个重要问题展开讨论。

1. 正当防卫的紧迫性。在刑法教义学中，违法阻却事由可以分为紧急行为与非紧急行为这两种具有重大区分的类型。紧急行为是指在十分紧迫的情况下所实施的行为，而非紧急行为则是在通常情况下所实施的行为，两者的区别就在于是否具有紧迫性。违法阻却事由本身是符合构成要件的，某种符合构成要件的行为之所以出罪，就是因为该行为具有一定的正当性。这种正当性在一定情况下可以是在紧迫情况下的自力救济，正如法谚所言："紧急时无法律。"因此，对于紧急行为来说，紧迫性本身就成为阻却其违法的一个重要理由。至于违法阻却事由中的非紧急行为，则不能从紧迫性中寻找正当性根据，而只能从其他方面寻找正当性根据。我国刑法规定了正当防卫和紧急避险这两种违法阻却事由，都是紧急行为。其中，紧急避险正如其名称所示，必须以紧迫性作为成立条件。因为紧急避险涉及对合法利益的损害，其正当性根据除了利益衡量说所要求的，是为保护更大的合法利益以外，还要求只有在不得已的情况下才能采取这种避险措施，这里的不得已性包含了紧迫性的内容。例如日本学者指出："作为成立紧急避险的前提，必须存在'现在的危险'（紧急避险状况）。'现在'基本上可以理解为与正当防卫中的'急迫性'具有同样的含义。"[②]至于违法阻却事由中的非紧急行为，则虽然能够阻却行为的违法性，但对其成立条件具有更为严格的限制。例如执行命令行为，以执行死刑的命令而言，这并非一种紧急行为，而是依照一定程序实施的职务行为，因而其具有阻却违法性根据是没有问题的，但对于执

[①] 陈兴良：《正当防卫论》，中国人民大学出版社2017年版，第41页。
[②] ［日］高桥则夫：《刑法总论》，李世阳译，中国政法大学出版社2020年版，第276页。

行死刑应当严格依照程序实施。由此可见,紧急行为与非紧急行为是性质不同的两种违法阻却事由。

那么,正当防卫究竟是违法阻却事由中的紧急行为还是非紧急行为呢?显然,正当防卫与紧急避险一样,都属于紧急行为。正如日本学者指出:"正当防卫是指在没有充足的时间请求国家机关救助的场合下,国家承认私人通过行使武力以保护权利的一种紧急行为。在权利的私力救济原则上被禁止的法治国家中,可以说正当防卫是例外的存在。"[①] 在法治国家,私力救助一般是被禁止的,只有在十分紧迫的情况下,私力救助才被例外地允许。正当防卫是针对不法侵害所进行的一种反击,会造成侵害人的人身伤亡,因而只有在十分紧迫的情况下才能允许进行正当防卫。在这个意义上说,正当防卫应当受到紧迫性的限制。那么,紧迫性到底是正当防卫的正当性根据,属于正当防卫的本质理论呢,还是属于正当防卫的具体成立要件?日本学者佐伯仁志教授认为,作为紧急权的正当防卫,紧急性是正当防卫的正当性根据之一。[②]

值得注意的是,各国刑法关于正当防卫的规定中,对于紧迫性是否出现在刑法条文中是有所不同的。例如,日本刑法典第36条明文规定,正当防卫只能对急迫不正之侵害,因而紧迫性对于日本刑法中的正当防卫成立来说,是必不可少的条件。对此,日本学者高桥则夫认为,正当防卫的要件可以分为"急迫不正的侵害"这一正当防卫"状况"的要件与对此实施的正当防卫"行为"的要件(防卫意识、反击行为、防卫行为的相当性)。所谓的"急迫不正的侵害"是成立正当防卫的入口,如果不存在这一点,防卫行为就不能作为正当防卫而被正当化。[③] 由此可见,高桥则夫是把紧迫性作为正当防卫状态的要件,

---

① [日]桥爪隆:《日本正当防卫制度若干问题分析》,江溯、李世阳译,载《武陵学刊》2011年第4期。
② [日]佐伯仁志:《刑法总论的思之道·乐之道》,于佳佳译,中国政法大学出版社2017年版,第103页。
③ [日]高桥则夫:《刑法总论》,李世阳译,中国政法大学出版社2020年版,第241页。

以此区别于正当防卫行为的要件。与之相反，德国刑法典第32条对正当防卫则并没有规定紧迫性的成立条件，但却规定了只能对正在进行的不法侵害实施防卫。在这种情况下，德国刑法中的正当防卫是否要求具有紧迫性，对此，德国学者通常是在对正在进行的解释中包含紧迫性的内容。例如，德国联邦刑事判例在解释侵害正在发生这一正当防卫成立条件时指出："迫在眉睫的、正在进行的或者仍然继续进行的侵害便可谓正在发生。"[1]

我国刑法第20条关于正当防卫的规定，同样没有涉及紧迫性的内容，如同德国刑法典，我国刑法对不法侵害规定了"正在进行"的特征。那么，不法侵害之正在进行能否等同于不法侵害的紧迫性呢？笔者认为，在刑法没有规定紧迫性的情况下，确实可以在一定程度上从不法侵害的正在进行中推导出紧迫性的内容。例如我国学者指出："从规范论的视角出发，正当防卫是一种强许可规范，防卫前提条件承担着为该许可规范提供排他性许可理由的功能，因此不能将'正在进行的不法侵害'形式解释为时间条件，而应将其实质解释为'法益侵害的急迫性'。"[2]然而，不法侵害的紧迫性与不法侵害的适时性，这是不法侵害的两种不同属性。因此，笔者主张在正当防卫起因中讨论紧迫性问题，不法侵害是正当防卫的起因，没有不法侵害就谈不上正当防卫。但是，不法侵害是一个外延十分广泛的概念，并不是一切不法侵害都可以引起正当防卫。作为正当防卫的起因，必须具备两个特征：一是社会危害性，二是侵害紧迫性。[3]这里的社会危害性主要根据法律规范加以认定，即自卫正当防卫的起因应该是刑法所规定的犯罪行为。至于侵害紧迫性，则主要根据案件的具体情境进行判断。那么，为什么说紧迫性不能简单地从不法侵害的正在进行中推导出来呢？这是因为侵害紧迫性是不法侵害本身所具有的事实状况，而不法

---

[1] ［德］汉斯·海因里希·耶赛克、托马斯·魏根特：《德国刑法教科书》（上），徐久生译，中国法制出版社2017年版，第458页。

[2] 李世阳：《正当防卫中法益侵害急迫性的存立根据与司法认定》，载《中外法学》2021年第1期。

[3] 陈兴良：《正当防卫论》，中国人民大学出版社2017年版，第58页。

侵害的正在进行是侵害行为的开始时间与结束时间，属于防卫的适时性。侵害的紧迫性与防卫的适时性之间尽管具有密切联系，但又存在明显的区分：侵害的紧迫性是独立于并且逻辑上先在于防卫的适时性的正当防卫成立条件。从司法实务上来说，先需要判断是否存在具有紧迫性的不法侵害，然后再考察这种具有紧迫性的不法侵害是否正在进行，因而是否满足防卫的适时性条件。例如，行为人面对使用凶器的杀人行为，该不法侵害当然具有紧迫性。但行为人并没有在该杀人行为正在进行之际实行防卫，而是在事后进行所谓防卫。在这种情况下，存在侵害紧迫性的防卫起因条件，但并不存在防卫适时性的防卫时间条件。由此可见，应当把防卫起因中的侵害紧迫性条件与防卫时间中的防卫适时性条件加以区分。

应当指出，我国司法实践中对正当防卫认定出现某种偏差，在很大程度上与侵害紧迫性相关。例如，于欢故意伤害案的一审判决认为：关于被告人于欢的辩护人提出于欢有正当防卫情节，系防卫过当，要求减轻处罚的意见，审理认为，被告人于欢持尖刀捅刺多名被害人腹背部，虽然当时其人身自由权利受到限制，也遭到对方辱骂和侮辱，但对方均未有人使用工具，在派出所已经出警的情况下，被告人于欢和其母亲的生命健康权利被侵犯的现实危险性较小，不存在防卫的紧迫性，所以于欢持尖刀捅刺被害人不存在正当防卫的不法侵害前提，辩护人认为于欢系防卫过当以此要求减轻处罚的意见法院不予采纳。在此，一审判决就是以不存在侵害的紧迫性为由，[①]否定于欢行为具有防卫性。在这种情况下，我国学者提出了将紧迫性要件否定说，以此对抗紧迫性要件必要说，指出："根据紧迫性要件必要说，即使不法侵害处于正在进行的状态之中，一旦它不满足紧迫性要件，行为人仍不得享有正当防卫权。该说在法律条文以外为正当防卫增设了一个不成文的限制要素。因为，我国刑法第20条本身并无'紧迫性'的要求，按照条文语义，只要是针对'正在进行的不法侵害'，

---

① 一审判决表述为防卫的紧迫性。在某种意义上说，这里的防卫紧迫性与侵害紧迫性所反映的是同一事实，只不过对此是从不法侵害的视角进行观察，还是从正当防卫的视角进行观察的问题。本文对两者不做严格区分。

公民皆有权实施正当防卫。"① 在陈璇教授看来，防卫紧迫性在刑法中并无规定，因而属于对正当防卫的目的性限缩解释。尽管这种对正当化事由的限缩解释本身并不违反罪刑法定原则，然而，紧迫性要件对于正当防卫的成立来说，既不合理亦非必要。这里存在三个值得研究的问题：

（1）紧迫性要件是否属于对正当防卫的目的性限缩解释。目的性限缩是目的解释的一种方法，它基于某种目的，将刑法条文字面本身所没有的含义添加为刑法条文的含义，由此限缩了刑法规定的内容。在采用目的性限缩方法对刑法条文进行解释的时候，通过解释所获得的刑法条文含义要小于刑法条文本身的含义。例如，刑法第205条关于虚开增值税专用发票罪的规定，根据刑法条文字面描述，只要实施虚开增值税专用发票行为，即可构成本罪。然而，如果采用目的性限缩解释方法，将骗取国家税款目的解释为该罪的构成要件要素，则虚开增值税专用发票罪的构成范围受到限缩。由此可见，目的性限缩是以刑法条文没有字面规定为前提的。但并不能说，只要刑法条文字面没有规定的含义解释为刑法规定的内容，就一定是目的性限缩。如果虽然刑法条文字面没有规定，但某种含义在逻辑上被刑法条文所包含，这可能是隐形规定。隐形规定是相对于显形规定而言的，都是属于法律有规定而非法律没有规定。例如，根据我国刑法第236条第1款的规定，强奸罪是指以暴力、胁迫或者其他手段强奸妇女的行为。在此，法律条文并没有规定强奸罪以违背妇女意志的要件，然而我国刑法学界的通说认为违背妇女意志是强奸罪的本质特征。那么，能否说将违背妇女意志解释为强奸罪的成立条件，是一种目的性限缩呢？显然不能。因为我国刑法条文字面虽然没有规定违背妇女意志的内容，然而，该内容隐含在强奸罪的暴力、胁迫手段之中，即使是其他手段也应当具有违背妇女意志的性质。在这个意义上说，在某些情况下将刑法条文字面没有规定的内容进行揭示，并不是一个目的性限缩的问题，而是对隐形规定所做的语义解释。正当防卫的紧迫性要件也

---

① 陈璇：《正当防卫：理念、学说与制度适用》，中国检察出版社2020年版，第78页。

是如此。虽然我国刑法第 20 条并没有像日本刑法典第 36 条那样，把紧迫性规定为正当防卫的成立条件，但从正当防卫属于紧急权的属性来看，紧迫性应当是正当防卫的应有之义。我国刑法第 21 条规定的紧急避险，虽然在名称中存在紧急二字，但在紧急避险成立条件条文中并没有规定紧迫性要件。如果严格按照字面进行解释，能不能说将紧迫性作为紧急避险的成立条件也是目的性限缩呢？显然不能。因此，正当防卫和紧急避险的成立条件虽然是对刑法条文规定的一种理论阐述，但并不是所有成立条件都要有字面规定。对于紧迫性是否属于正当防卫的成立条件这个问题，也应当持这样一种见解：正当防卫是针对具有紧迫性的不法侵害所进行的反击行为，因而紧迫性是其成立的必要条件。

（2）紧迫性要件对于正当防卫成立来说是否合理与必要。紧迫性对正当防卫的成立是否合理与必要，这是在考察防卫起因的时候讨论的重点问题。紧迫性虽然在一定意义上是对正当防卫范围的限制，然而这种限制出于正当防卫的本质要求，因而是必不可少的。如果允许对缺乏侵害紧迫性的情形实行正当防卫，则所谓防卫行为就会丧失其合理性。不具有紧迫性的不法侵害即使正在进行，也不能对其实施正当防卫。例如，面对一个在法庭上做伪证意欲陷害他人的证人，存在正在进行的不法侵害。那么，被陷害的人能否以不法侵害正在进行为由，对做伪证的人实行正当防卫呢？答案是否定的。理由就在于：在这种情况下，不存在侵害紧迫性，完全可以通过司法途径寻求公力救济，因而没有必要通过正当防卫的极端方式保护其个人法益。紧迫性作为正当防卫的成立条件，反映了正当防卫作为对正在进行的不法侵害进行反击行为的合理性与必要性，它同时在一定程度上限定了正当防卫成立的范围，因而是正当防卫不可或缺的成立条件。

（3）侵害紧迫性要件在司法实践中应当如何正确认定。在我国司法实践中确实存在着对侵害紧迫性的错误适用，因而不合理地限制了防卫范围。但这本身并不是否定侵害紧迫性作为正当防卫成立条件的理由，应当对侵害紧迫性加以合理解读。

侵害紧迫性是指侵害行为对他人的人身和财产权利造成的危害迫在眉睫，如果不采取反击措施，就会受到不法侵害的直接危害。侵害紧迫性主要取决于侵害行为的类型，一般来说，暴力侵害行为明显具有紧迫性，这是不言而喻的。除此以外，某些犯罪行为方式既有暴力性又有非暴力性。例如侮辱罪，根据我国刑法规定，包括文字侮辱、言辞侮辱和暴力侮辱。在以上三种侮辱中，只有暴力侮辱具有紧迫性，可以实行正当防卫，对于其他两种侮辱则不能实行正当防卫。[①]可以说，在大多数情况下，何种侵害行为具有紧迫性，可以对其实行正当防卫都是较为容易确定的。只是在极少数情况下，侵害行为是否具有紧迫性容易产生误解。其中，较为突出的是非法拘禁罪。非法拘禁罪具有继续犯的特征，其行为由手段行为与目的行为构成。例如，在非法拘禁罪中，拘禁手段表现为以暴力、胁迫等手段劫持他人致使其丧失人身自由，这种表现是一种暴力侵害，因而可以实行正当防卫。然而，非法拘禁罪除了手段行为以外，还包括目的行为，这就是在一定时间内剥夺他人的人身自由，这是非法拘禁行为的持续。在此期间，从形式上看，似乎并不存在暴力。那么，被拘禁人为解除拘禁状态，是否可以实行正当防卫呢？这个问题的实质是：在这种拘禁状态下，侵害行为是否具有紧迫性？在于欢故意伤害案中，杜志浩等人为讨要债务对于欢母子实施了长时间的拘禁，其间存在辱骂和侮辱情节。当于欢想要离开拘禁场所被杜志浩当然强力阻止的情况下，随手拿起办公桌上的水果刀，对阻止其脱离拘禁的杜志浩等人进行捅刺，造成死亡与重伤结果。对此，一审判决以不存在防卫的紧迫性为由，否定于欢的行为具有防卫性。而二审判决则认为，原判认定于欢捅刺被害人不存在正当防卫意义上的不法侵害确有不当，应予纠正。在此，二审判决虽然没有直接肯定在当时情况下存在防卫的紧迫性，但其中包含了这个意思。最高人民法院在于欢故意伤害案的裁判要点中指出：对正在进行的非法限制他人人身自由的行为，应当认定为刑法第20条第1款规定的"不法侵害"，可以进行正当防卫。在此，裁判

---

① 陈兴良：《正当防卫论》，中国人民大学出版社2017年版，第210—211页。

要点实际上是肯定在非法拘禁过程中，阻止解除拘禁的行为具有侵害的紧迫性，可以对其实行正当防卫。

此外，在最高人民法院、最高人民检察院、公安部颁布的正当防卫典型案例中的盛春平故意伤害案，就涉及对解除拘禁的行为进行防卫的问题。公安机关以盛春平涉嫌故意伤害罪（防卫过当）向检察机关移送审查起诉。浙江省杭州市人民检察院认定盛春平的行为构成正当防卫，作出不起诉决定。本案的"典型意义"指出："对盛春平而言，不断升级的危险不仅客观而且紧迫。盛春平拿出随身携带的刀具警告阻吓不法侵害人无效后，精神紧张状态进一步增强。传销人员不断逼近，成某某上前夺刀。从当时情境看，盛春平面临客观存在且威胁、危害程度不断升级的不法侵害，其行为符合正当防卫的起因条件。"以上论述涉及生动地刻画了在当时情境下，盛春平面对的虽然只是阻止其解除拘禁的行为，但这种行为在客观上对盛春平产生了具有紧迫性的危害，因而具备防卫起因条件。由此也可以看出，侵害的紧迫性与侵害的适时性是两个不同的问题，应当分为不同的阶层进行讨论。当然，在处于非法拘禁状态的情况下，为解除拘禁，将处于睡眠状态或者其他没有直接阻止状态的拘禁人杀害或者伤害，以此避免出逃以后被发现，在这种情况下，虽然非法拘禁行为处于持续之中，但不法侵害没有紧迫性，因而这种杀害或者伤害不法侵害人的行为，不能认定为正当防卫。

除了非法拘禁罪以外，非法侵入住宅罪是否可以成为防卫起因，也是存在争议的。争议的核心还是非法侵入住宅行为是否具有侵害紧迫性的问题。非法侵入住宅罪是一种十分特殊的犯罪，因为住宅是属于绝对的私人领域，侵入住宅尽管目的不同，有的是出于盗窃、强奸等犯罪目的，有的是出于滋扰、讨债等非犯罪目的，然而，这种非法侵入住宅行为对住宅的居住者的人身、财产、隐私等个人法益具有严重的侵害性，因而自古以来法律就允许对住宅侵入者实行正当防卫。在司法实践中，对非法侵入住宅这能否实行正当防卫，一个绕不过去的问题就是如何界定非法侵入住宅行为的紧迫性。最高人民法院、最高人民检察院、公安部颁布的正当防卫典型案例中的汪天佑故意伤害案，就明确了对非法侵入住宅罪可以实行正当防卫。被告人汪天佑与汪某某系邻居，双方曾因汪某某家建房产生矛盾，后经调解解决。2017年8月6日晚8时许，汪某某的女婿燕某某驾车与赵某、杨某某来到汪天佑家北门口，准备质问汪天佑。下车后，燕某某与赵某敲汪天佑家北门，汪天佑因不认识燕某某和赵某，遂询问二人有什么事，但燕某某等始终未表明身份，汪天佑拒绝开门。燕某某、赵某踹开纱门，闯入汪天佑家过道屋。汪天佑被突然开启的纱门打伤右脸，从过道屋西侧橱柜上拿起一铁质摩托车减震器，与燕某某、赵某厮打。汪天佑用摩托车减震器先后将燕某某和赵某头部打伤，致赵某轻伤一级、燕某某轻微伤。其间，汪天佑的妻子电话报警。对于本案，河北省昌黎县人民法院判决认为：被害人燕某某、赵某等人于天黑时，未经允许，强行踹开纱门闯入被告人汪天佑家过道屋。在本人和家人的人身、财产安全受到不法侵害的情况下，汪天佑为制止不法侵害，将燕某某、赵某打伤，致一人轻伤一级、一人轻微伤的行为属于正当防卫，不负刑事责任。本案的典型意义是："不法侵害既包括侵犯生命、健康权利的行为，也包括侵犯人身自由、公私财产等权利的行为；既包括针对本人的不法侵害，也包括危害国家、公共利益或者针对他人的不法侵害。要防止将不法侵害限缩为暴力侵害或者犯罪行为，进而排除对轻微暴力侵害或者非暴力侵害以及违法行为实行正当防卫。对于非法侵入他人住宅等不法侵害，可以实行防卫。"此处虽然是在不法侵害范围的名义下论证非法侵入住宅罪可以成为防卫起因，但事实上讨论的主要问题还是非法侵入住宅罪的紧迫性问题。不能认为，只有暴力侵害才具有紧迫性，非暴力侵害就不具有紧迫性。诸如非法侵入住宅行为，从行为外观上考察，似乎不具有侵害紧迫性，这种紧迫性一般发生在驱离行为受阻的情况下，因而对于非法侵入住宅罪能否实行正当防卫，还是要进行具体分析。我国《唐律疏议》规定："夜无故入人家者，登时杀之无罪。"根据这一规定，对夜间无故侵入住宅的人，无论在何种情况下将其杀死，都属于正当防卫。那么，在我国现在刑法语境中，对非法侵入住宅者，能否在侵入者不知情的情况下将其杀死也属于正当防卫呢？答案是否定的。只有住宅居住者对侵入者进行驱离，遇到侵入者抗拒的情况下，才能具备侵害的紧迫性，可以对其实行防卫。

2. 正当防卫的适时性。正当防卫的适时性是指不法侵害的正在进行，只有在这个时间内，才能实现正当防卫。因此，正当防卫的适时性是指防卫时间问题。从刑法条文规定来看，德国刑法典明确规定不法侵害的正在进行是正当防卫的成立条件。日本刑法典则并没有规定不法侵害的正在进行。在这种情况下，日本学者主要是通过对侵害紧迫性规定进行解释，由此而推导出不法侵害正在进行的时间条件。例如，日本学者指出：急迫性意味着被侵害者的法益被侵害的危险迫在眉睫，也包含侵害处于现在正在进行的状态。关于急迫性，存在急迫性的始期与终期的问题（正当防卫的时间界限）。① 由此可见，日本学者是在紧迫性条件中论及正当防卫的适时性要件。在这种情况下，就存在将正当防卫的紧迫性要件与适时性要件相混淆的问题。我国刑法关于正当防卫的规定，类似于德国刑法典，存在对不法侵害正在进行的规定，这是防卫的适时性要件。

防卫的适时性是以不法侵害的正在进行为根据加以确定的，因此，不法侵害的起始时间与结束时间分别对应于防卫的开始时间与终止时间。在刑法教义学中将违反正当防卫适时性要件的行为称为防卫不适时。防卫不适时因为缺乏正当防卫的时间要件，而不能成立正当防卫。防卫不适时又可以进一步区分为事前防卫与事后防卫。其中，违反正当防卫开始时间条件的行为就是事前防卫，违反正当防卫结束时间的行为就是事后防卫。在事前防卫和事后防卫中的"事"就是指正在进行的不法侵害。

关于防卫适时性的司法认定，《指导意见》明确指出："正当防卫必须是针对正在进行的不法侵害。对于不法侵害已经形成现实、紧迫危险的，应当认定为不法侵害已经开始；对于不法侵害虽然暂时中断或者被暂时制止，但不法侵害人仍有继续实施侵害的现实可能性

---

① ［日］高桥则夫：《刑法总论》，李世阳译，中国政法大学出版社2020年版，第242页。

的，应当认定为不法侵害仍在进行；在财产犯罪中，不法侵害人虽已取得财物，但通过追赶、阻击等措施能够追回财物的，可以视为不法侵害仍在进行；对于不法侵害人确已失去侵害能力或者确已放弃侵害的，应当认定为不法侵害已经结束。对于不法侵害是否已经开始或者结束，应当立足防卫人在防卫时所处情境，按照社会公众的一般认知，依法作出合乎情理的判断，不能苛求防卫人。对于防卫人因为恐慌、紧张等心理，对不法侵害是否已经开始或者结束产生错误认识的，应当根据主客观相统一原则，依法作出妥当处理。"在我国司法实践中，不法侵害的开始时间通常是容易把握的，但不法侵害的结束如何认定则存在一定的困难。对此，《指导意见》提出了判断不法侵害结束时间的以下三个要点：

（1）正确区分不法侵害的结束与暂时中止。不法侵害的结束与暂时中止，从外观上看都是停止了不法侵害，但前者是终局性停止，包括侵害人主动放弃不法侵害或者侵害人被制服而不得已放弃侵害。在这种情况下，不法侵害的危险已经解除，不法侵害不复存在，因而丧失了正当防卫的适时性条件。后者是暂时性停止，不法侵害的危险并没有排除，或者能够挽回的财产损失尚未挽回。在这种情况下，不能认为不法侵害已经结束，仍然具备正当防卫的适时性条件。不法侵害结束时间的判断具有十分重大的意义。例如于海明正当防卫案，亦即昆山反杀案，就涉及不法侵害结束时间的认定。关于刘海龙的侵害行为是否属于"正在进行"的问题，在论证过程中有意见提出，于海明抢到砍刀后，刘海龙的侵害行为已经结束，不属于正在进行。论证后认为，判断侵害行为是否已经结束，应看侵害人是否已经实质性脱离现场以及是否还有继续攻击或再次发动攻击的可能。于海明抢到砍刀后，刘海龙立刻上前争夺，侵害行为没有停止，刘海龙受伤后又立刻跑向之前藏匿砍刀的汽车，于海明此时作不间断的追击也符合防卫的需要。于海明追砍两刀均未砍中，刘海龙从汽车旁边跑开后，于海明也未再追击。因此，在于海明抢得砍刀顺势反击时，刘海龙既未放弃攻击行为也未实质性脱离现场，不能认为侵害行为已经停止。在本案中，于海明已经从侵害人刘海龙手中夺过砍刀，因而此后利用该砍刀将刘海龙杀死的行为具有反杀的性质。那么，当刘海龙在击打过程中将砍刀甩脱，于海明抢到砍刀的时候，不法侵害是否已经结束呢？从案情来看，虽然刘海龙失去砍刀，但他仍然上前抢夺砍刀，可见其并没有放弃对于海明的砍杀，因而于海明面对的不法侵害危险仍然存在。在争夺砍刀过程中于海明捅刺刘海龙的腹部、臀部，砍击其右胸、左肩、左肘的行为具有防卫性是没有问题的。紧接着，刘海龙受伤后跑向轿车，于海明继续追砍2刀均未砍中，其中1刀砍中轿车。因为于海明的追砍并没有砍中刘海龙，因而在本案中不存在事后防卫的问题。那么，如果追砍过程中这两刀砍中了刘海龙，是否就一定能够认定构成事后防卫呢？答案是未必。因为刘海龙是向其轿车后部跑去，在当时十分紧急的情况下，难以排除刘海龙是想从轿车的后备厢拿刀，因而此种情况下的防卫仍然具有适时性。因此，于海明正当防卫案对于正当防卫适时性的司法认定具有重要参考价值。

（2）正确辨析不法侵害的结束与犯罪既遂。在刑法教义学中，不法侵害通常是一种犯罪行为，因而其犯罪既遂能否直接等同于不法侵害的结束，这是一个需要具体分析的问题。当某种犯罪行为达到既遂形态，表明犯罪已经结束，危害结果已然发生，也就不存在进行防卫的必要性。这一原理在侵害人身的暴力侵害中是可以适用的，但对于侵犯财产的犯罪中是否适用还是存在疑问的。根据《指导意见》的规定，在财产犯罪中，不法侵害人虽已取得财物，但通过追赶、阻击等措施能够追回财物的，可以视为不法侵害仍在进行。在这种情况下，对于财产犯罪来说已经既遂，如果把不法侵害理解为是一种行为，则不法侵害已经结束。但此时犯罪人对财产的不法占有状态仍然持续，因而刑法教义学中称为状态犯，它与不法行为持续的继续犯在性质上是有所不同的。对于这种不法占有状态持续的情况下，当场追回财物的行为如果认定为正当防卫，则不法侵害的正在进行如何理解，这是值得研究的。日本学者对继续犯与即成犯的不法侵害终止时间做了分析，认为在监禁罪那样的继续犯中，在法益侵害继续、犯罪继续期间，可以承认侵害的急迫性。与此相对，对杀人罪那样的即成犯，一且既遂，便没有可能成立正当防卫。那么，状态犯又如何理解呢？对此，日本学者佐伯仁志指出："像盗窃罪那样的、犯罪既遂后法益侵害仍然继续的状态犯。与急迫性的开始时期未必是未遂犯的成立时一样，急迫性的终止时期也未必是犯罪的既遂时期。盗窃罪的既遂时期是犯人取得财物占有的时点，但我认为，可以解释为，直到犯人确保对此财物的占有为止，急迫的侵害都在继续。具体而言，犯人取得财物后当场想取回的情况和从现场一直继续追赶犯人的情况下都可以肯定急迫性。"[1] 由此可见，佐伯仁志还是对状态犯的不法侵害正在进行持肯定说。这对不法侵害的正在进行是一种扩大解释，当然，日本学者是在侵害紧迫性的名义下讨论不法侵害正在进行的起始时间的认定问题。值得注意的是日本学者高桥则夫提出了不法侵害的形式性终止与实质性终止的概念，认为既遂只是犯罪的形式性终了，应当以犯罪的实质性终了为问题。[2] 当然，也有学者认为在继续犯的情况下，当场将财物夺回的行为，因为不法侵害行为已经结束，因而不能成立正当防卫，但可以成立自救行为。

自救行为在我国刑法中并不是法定的违法阻却事由，而在我国民法典第1177条规定明确规定了自助行为："合法权益受到侵害，情况紧迫且不能及时获得国家机关保护，不立即采取措施将使其合法权益受到难以弥补的损害的，受害人可以在保护自己合法权益的必要范围内采取扣留侵权人的财物等合理措施；但是，应当立即请求有关国家机关处理。"民法上的自助行为与刑法上的自救行为具有性质上的类似性，那么，两者的界限如何区分，尤其是自救行为与正当防卫的界限如何区分，这是一个值得研究的问题。笔者认为，民法上的自助行为在外观上并不符合犯罪的构成要件，因而不涉及刑事责任。而刑法上的自救行为外观上符合犯罪的构成要件，涉及刑事责任，因而存在违法阻却的判断。自救行为与正当防卫的区分主要还是在于是否具有紧迫性。对于正当防卫与自救行为的区分问题，日本学者佐伯仁志

---

[1] ［日］佐伯仁志：《刑法总论的思之道·乐之道》，于佳佳译，中国政法大学出版社2017年版，第112页。

[2] ［日］高桥则夫：《刑法总论》，李世阳译，中国政法大学出版社2020年版，第242页。

指出:"自救行为中,国家提供保护在时间上的确来不及,这个意义上的紧急性是要件之一,正因为如此,自救行为也被定位为紧急权之一。如此而言,以自救行为只适用于急迫性得不到承认的情况这种理解为前提,正当防卫的急迫性与紧急性之间有不重合之处,因为有不重合之处,正当防卫与自救行为之间的差异得以产生。"① 在此,佐伯仁志区分了正当防卫的紧迫性与自救行为的紧急性,认为两者是不同的:正当防卫的紧迫性是指不法侵害迫在眉睫,行为人将会面临直接危害。而自救行为的紧急性是指公权力不能提供及时救助,因而具有进行自力救济的必要性。对于盗窃罪来说,如果行为人是在被盗以后的不同时间和场所发现被盗财物,在来不及请求公权力保护的情况下,采取扣留措施,可以说是自救行为。然而,在被盗当场发现盗窃行为,通过夺回或者追回的方式还能够保全本人财物的情况下,因为盗窃还没有实现对被盗财物的稳定占有,在这种情况下,认为不法侵害正在进行,将当场夺回或者追回的行为认定为正当防卫,以法定的违法阻却事由予以出罪,具有一定的合理性。当然,正如佐伯仁志所指出,盗窃犯确保对物的占有后,即便法益侵害在继续,也应该否定急迫性。② 因此,在这种情况下不能认定为正当防卫。

（3）正确处理不法侵害的结束与认识错误。不法侵害是否正在进行,这是侵害行为的一种客观属性,这是没有疑问的。然而,在正在进行的不法侵害的司法认定时,是否应当考虑防卫人的主观因素,这是需要讨论的一个问题。这里涉及对不法侵害正在进行,尤其是不法侵害结束时间的认识错误。在不法侵害进行过程中,行为人开始实行正当防卫。正当防卫是一个持续的过程,当不法侵害结束以后,防卫行为也应当及时终止。当不法侵害结束以后,针对不法侵害的防卫仍未终止,则在不法侵害结束以后的所谓防卫行为就有可能成立事后防卫,否定其正当防卫的性质。然而,在防卫过程中,双方处于一种激

---

① ［日］佐伯仁志:《刑法总论的思之道·乐之道》,于佳佳译,中国政法大学出版社2017年版,第103页。
② ［日］佐伯仁志:《刑法总论的思之道·乐之道》,于佳佳译,中国政法大学出版社2017年版,第110—111页。

烈的冲突与对抗当中，受到情绪震荡、认知水平、控制能力等主观因素的影响，行为人并不能准确地判断不法侵害的结束时间，因此会产生对不法侵害结束时间的误判。在这种情况下，如果仅仅根据客观状况判断，不法侵害确实已经结束，似应成立事后防卫。但这对防卫人又是非常不公平的。对此，陈璇教授提出了误判特权的概念，包括三种误判类型：第一种是关于侵害存在与否的误判；第二种是关于侵害严重程度的误判；第三种是关于侵害是否持续的误判。其中，侵害是否持续的误判是指由于侵害人已经丧失了继续侵害的能力，或者侵害人已经自动放弃了侵害行为，又或者侵害行为已经实现既遂，故不法侵害在事实上已经结束，但防卫人误以为它仍在继续，从而在防卫意图支配下对侵害人造成了损害。对此，陈璇教授认为，应当坚持防卫人个人化的事前判断标准，肯定防卫人在误判不可避免的范围内享有误判特权。[①] 这一观点与对侵害时间的错误认识的处理原则的结论是相同的：如果对侵害时间认识错误具有过失的，应当以过失犯论处。如果对侵害时间认识错误属于意外事件的，不负刑事责任。在对侵害行为是否已经结束的误判不可避免的情况下，表明防卫人对这种认识错误没有过失，属于意外事件，因而享有误判特权。

3. 正当防卫的适当性。正当防卫的适当性是指正当防卫不能超过必要限度，如果超过必要限度则构成防卫过当，应当负刑事责任。在正当防卫教义学中，防卫必要性是经常使用的一个概念，我国刑法将正当防卫没有超过必要限度作为成立条件，因而防卫必要性似乎也可以代称防卫限度条件。然而，防卫必要性这个概念是存在歧义的，例如在讨论对轻微不法侵害能否进行正当防卫的时候，也会提及防卫必要性。这个意义上的防卫必要性是指能否进行防卫的问题，而不是防卫限度的问题。只有在防卫限度意义上的防卫必要性，才是成立防卫行为的基础上对防卫强度的要求。这个意义上的防卫必要性，其实就是防卫适当性。不具有这种适当性的防卫就是防卫过当。例如德国学

---

① 陈璇：《正当防卫：理念、学说与制度适用》，中国检察出版社2020年版，第225页。

者指出："任何防卫都必须是必要的。所谓必要性，是指为了制止攻击，基于客观的事前判断，防卫必须是适当的。具体而言，也就是要采取对等适当的手段，且只能给攻击者造成尽量少的损失。"① 在此，德国学者把防卫必要性直接界定为适当性，这是完全正确的。因此，相对于正当防卫的起因条件、时间条件和客体条件这些正当防卫成立的正当性条件，正当防卫的限度条件属于正当防卫成立的适当性条件。正当防卫的适当性是对防卫权的某种约束，避免防卫权被滥用。防卫权不同于其他权利，它具有暴力的属性，在国家垄断暴力的现代法治社会，个人在未保护个人法益或者维护社会秩序的特殊情况下，允许实行以暴力为手段的防卫权，应当受到严格限制，否则就会沦为私刑，反噬社会秩序，并对他人个人权利造成侵害。因此，防卫权必须有其边界。逾越该边界就转化为违法，甚至犯罪行为。

在司法实践中如何认定正当防卫的必要限度是一个十分重要的问题，它关系到正当防卫与防卫过当的区分。我国 1997 年刑法关于正当防卫必要限度的规定，完整表述是：正当防卫明显超过必要限度，造成重大损害的，应当负刑事责任。对于超过正当防卫必要限度的防卫过当，在我国刑法学界存在一体说与二分说之争。一体说认为，只有防卫行为的强度超过了"必需"的限度，才会造成重大的危害结果，而防卫行为造成重大的损害，则是由于防卫行为超过必需的强度所致，二者是相辅相成、缺一不可的。不可能存在所谓的"行为过当而结果不过当"或"结果过当而行为不过当"的情形。二分说或者分立说则认为，将正当防卫的限度条件，细化为行为限度条件与结果限度条件。在行为限度条件中，主要以必要限度为衡量标准，若明显超过必要限度则成立行为过当；而在结果限度条件中，以是否造成可量化操作的重大损害后果为判断基准，造成了不法侵害人重伤或死亡的重大损害后果，才成立结果过当。这样防卫过当就包括了行为过当与结果过当两个条件，仅有行为过当还不必然导致防卫过当。② 在以上两种

---

① ［德］乌尔斯·金德霍伊泽尔：《刑法总论教科书》（第六版），蔡桂生译，北京大学出版社 2015 年版，第 166—167 页。
② 张明楷：《防卫过当：判断标准与过当类型》，载《法学》2019 年第 1 期。

观点中，笔者赞同二分说。从逻辑上来说，过当行为未必就一定造成过当结果，而过当结果也未必就一定是过当行为造成的。因此，只要承认行为过当和结果过当是可以分立的，则二分说就是合理的。根据二分说，在承认行为过当概念的同时，也承认结果过当的概念，只有当两者同时具备的情况下才能成立防卫过当。德国学者指出："说防卫是不必要的，说的是防卫行为，而不是防卫的结果。也就是说，考察的是防卫行为的性质和方式。"① 根据这一论述，似乎在肯定防卫行为必要性的同时，却否定防卫结果的必要性。其实不然。这一论述只是说防卫结果必然是防卫行为造成的，因此防卫必要性的评价重点在于防卫行为。但这并不是说，防卫结果只能是防卫行为的附属，它不具有独立评价的意义。例如，德国学者举例指出："即便是用开着保险的手枪实施的必要一击，也可以是正当的，假若这一给攻击者造成致命伤害的枪击是不小心而实施的话。"② 在这个例子中，防卫行为是必要的，但枪击的结果却是过失造成的，尽管结果是不必要的，该行为仍然成立正当防卫。由此可见，防卫过当可以分为行为过当与结果过当，正当防卫的适当性应当从行为和结果两个方面加以考察。

（1）**防卫行为的适当性**。防卫行为的适当性是指防卫行为在程度上具有必要性与合理性。在符合正当防卫的正当性条件的情况下，需要进一步考察防卫行为的适当性条件。例如，赵宇正当防卫案就涉及防卫行为的限度认定问题。对于赵宇的行为是否超过正当防卫必要限度，在对本案处理过程中存在争议。公安机关以赵宇涉嫌故意伤害罪立案侦查，侦查终结后，以赵宇涉嫌过失致人重伤罪向检察机关移送审查起诉。福建省福州市晋安区人民检察院认定赵宇防卫过当，对赵宇作出相对不起诉决定。福州市检察院经审查认定赵宇属于正当防卫，依法指令晋安区人民检察院对赵宇作出绝对不起诉决定。由此可见，赵宇行为是否属于防卫行为，如果是防卫行为是否超过正当防

---

① ［德］乌尔斯·金德霍伊泽尔：《刑法总论教科书》（第六版），蔡桂生译，北京大学出版社 2015 年版，第 167 页。
② ［德］乌尔斯·金德霍伊泽尔：《刑法总论教科书》（第六版），蔡桂生译，北京大学出版社 2015 年版，第 167 页。

必要限度,在公安机关和检察机关之间存在不同意见。当然,本案最终认定为正当防卫,认为赵宇的防卫行为具有适当性,没有超过正当防卫必要限度。本案的典型意义是:"防卫是否'明显超过必要限度',应当综合不法侵害的性质、手段、强度、危害程度和防卫的时机、手段、强度、损害后果等情节,考虑双方力量对比,立足防卫人防卫时所处情境,结合社会公众的一般认知作出判断。在判断不法侵害的危害程度时,不仅要考虑已经造成的损害,还要考虑造成进一步损害的紧迫危险性和现实可能性。不应当苛求防卫人必须采取与不法侵害基本相当的反击方式和强度,更不能机械地理解为反击行为与不法侵害行为的方式要对等,强度要精准。防卫行为虽然超过必要限度但并不明显的,不能认定为防卫过当。"

根据上述规定,防卫行为适当性的判断首先应当考虑防卫行为是否具有必要性。这里涉及对正当防卫必要限度中的必要性的理解,可以说,必要性是指防卫限度是为制止不法侵害所必须的,如果超过这种必要性就属于防卫过当。而且,根据我国刑法规定,只有明显超过必要限度才构成防卫过当。因此,即使超过必要限度,如果不是明显超过还是不能认定为防卫过当。

应当指出,防卫行为必要性的判断不能脱离侵害行为。因为防卫行为是对不法侵害的反击行为,因而两者之间具有对应性。防卫行为是否必要,在很大程度上应当参考侵害行为。在此,应当引入对比的方法,即在防卫行为与侵害行为之间进行对比,两者之间应当具有一定的均衡性。正如赵宇正当防卫案的"典型意义"所指出,应当综合不法侵害的性质、手段、强度、危害程度和防卫的时机、手段、强度、损害后果考虑双方的力量对比。也就是说,防卫行为与侵害行为进行对比,是一种基本的判断方法。然而,两者的对比又不是机械的相等或者相同。例如,不能要求双方人数、工具、侵害程度完全相等,否则就是不均衡。笔者认为,根据正当防卫的立法精神,防卫行为的强度只有在一定程度上超过不法侵害,才能达到制止不法侵害的目的。因此,所谓防卫行为与侵害行为之间的均衡性,是在综合考虑双方各种情节的基础上,对防卫行为的适当性做出符合案件实际状况的判断。

在对防卫行为适当性进行判断的时候，应当坚持两个原则：一是设身处地地事前判断方法，即应当回到防卫的特定情境，根据当时的情况做出判断，而不是进行事后的判断。二是社会一般人的判断标准，即在对防卫行为适当性判断的时候，不能仅仅根据防卫人的认知进行判断，而是要结合社会公众的一般认知作出判断。

（2）防卫结果的适当性。防卫行为的适当性只是判断正当防卫必要限度的一个维度，除此以外，还应当考虑防卫结果的适当性。这里涉及防卫结果在正当防卫必要限度判断中的地位和作用。在正当防卫案件中，通常都会在对不法侵害的反击过程中，对侵害人造成重伤或者死亡后果。在我国司法实践中，关于正当防卫必要限度的判断中存在较为严重的唯结果论的错误倾向。我国学者指出："唯结果论的要害在于，赋予损害结果以过高的定罪权重，以损害结果的出现与否作为判定行为性质的决定性乃至唯一标准。它所体现出的是一种典型的结果责任的思维。"① 在正当防卫案件中，如果没有造成严重结果，当然也就不存在超过必要限度的问题。然而，不能反过来说，只要发生严重结果就一定超过必要限度。应该说，防卫结果只是判断是否超过必要限度的一个参考因素，但并不是决定性的因素。在发生严重结果的情况下，还需要考察结果是如何造成的，例如防卫行为与损害结果的因果关系、防卫人对损害结果的主观心理，以及损害结果对于制止不法侵害是否必要等各种因素。

值得注意的是，在正当防卫的情况下，侵害结果和防卫结果的现实形态是不同的。在大多数正当防卫案件中，侵害结果并不是以一种现实形态显示出来，而仅仅是一种造成结果的可能性，即侵害危险而不是实害。而防卫结果则都是以一种现实形态呈现出来，例如致人重伤或者死亡。在这种情况下，如果简单地将两种结果，即危害的危险结果与防卫的实害结果进行比对，则会做出对防卫人不利的判断，这

---

① 陈璇：《正当防卫：理念、学说与制度适用》，中国检察出版社2020年版，第138页。

也是在正当防卫案件中唯结果论产生影响的原因之一。因此，在对防卫结果的适当性进行判断的时候，应当考虑侵害结果与防卫结果之间在形态上的差异。正如赵宇正当防卫案的"典型意义"所言："在判断不法侵害的危害程度时，不仅要考虑已经造成的损害，还要考虑造成进一步损害的紧迫危险性和现实可能性。"

（3）防卫行为适当性与防卫结果适当性的统一。在判断正当防卫是否超过必要限度的时候，既不能片面考虑防卫行为是否过当，也不能片面考虑防卫结果是否过当，而是应当同时考虑上述两者。正当防卫超过必要限度是防卫行为超过必要限度与防卫结果超过必要限度的统一。防卫行为是否超过必要限度与防卫结果是否超过必要限度，这是两个不同的问题。在某些案件中，防卫行为超过必要限度，但防卫结果并没有超过必要限度；或者相反，防卫行为没有超过必要限度，但防卫结果却超过了必要限度。例如，对于陈某正当防卫案（检例第45号），公安机关认为，陈某的行为虽有防卫性质，但已明显超过必要限度，属于防卫过当，涉嫌故意伤害罪。检察机关则认为，陈某的防卫行为没有明显超过必要限度，不属于防卫过当，不构成犯罪。本案认定陈某防卫行为没有超过正当防卫必要限度的理由在于："陈某的防卫行为致实施不法侵害的3人重伤，客观上造成了重大损害，但防卫措施并没有明显超过必要限度。陈某被9人围住殴打，其中有人使用了钢管、石块等工具，双方实力相差悬殊，陈某借助水果刀增强防卫能力，在手段强度上合情合理。并且，对方在陈某逃脱时仍持续追打，共同侵害行为没有停止，所以就制止整体不法侵害的实际需要来看，陈某持刀挥刺也没有不相适应之处。综合来看，陈某的防卫行为虽有致多人重伤的客观后果，但防卫措施没有明显超过必要限度，依法不属于防卫过当。"根据上述理由，在本案中，防卫结果虽然严重，但其防卫行为没有明显超过必要限度，因而仍然构成正当防卫而非防卫过当。由此可见，对于正当防卫必要限度的判断，应当从防卫行为是否超过必要限度与防卫结果是否超过必要限度这两方面加以考察，只有防卫行为与防卫结果同时超过必要限度，才能构成防卫过当。

第五部分

指导性案例和典型案例

一、最高人民检察院指导性案例

1. 陈某正当防卫案

（检例第 45 号）

【关键词】

未成年人　故意伤害　正当防卫　不批准逮捕

【要旨】

在被人殴打、人身权利受到不法侵害的情况下，防卫行为虽然造成了重大损害的客观后果，但是防卫措施并未明显超过必要限度的，不属于防卫过当，依法不负刑事责任。

【基本案情】

陈某，未成年人，某中学学生。

2016年1月初，因陈某在甲的女朋友的网络空间留言示好，甲纠集乙等人，对陈某实施了殴打。

1月10日中午，甲、乙、丙等6人（均为未成年人），在陈某就读的中学门口，见陈某从大门走出，有人提议陈某向老师告发他们打架，要去问个说法。甲等人尾随一段路后拦住陈某质问，陈某解释没有告状，甲等人不肯罢休，抓住并围殴陈某。乙的3位朋友（均为未成年人）正在附近，见状加入围殴陈某。其中，有人用膝盖顶击陈某的胸口、有人持石块击打陈某的手臂、有人持钢管击打陈某的背部，其他人对陈某或勒脖子或拳打脚踢。陈某掏出随身携带的折叠式水果刀（刀身长8.5厘米，不属于管制刀具），乱挥乱刺后逃脱。部分围殴人员继续追打并从后投掷石块，击中陈某的背部和腿部。陈某逃进学校，追打人员被学校保安拦住。陈某在反击过程中刺中了甲、乙和丙，经鉴定，该3人的损伤程度均构成重伤二级。陈某经人身检查，见身体多处软组织损伤。

案发后，陈某所在学校向司法机关提交材料，证实陈某遵守纪律、学习认真、成绩优秀，是一名品学兼优的学生。

公安机关以陈某涉嫌故意伤害罪立案侦查，并对其采取刑事拘留强制措施，后提请检察机关批准逮捕。检察机关根据审查认定的事实，依据刑法第20条第1款的规定，认为陈某的行为属于正当防卫，不负刑事责任，决定不批准逮捕。公安机关将陈某释放同时要求复议。检察机关经复议，维持原决定。

检察机关在办案过程中积极开展释法说理工作，甲等人的亲属在充分了解事实经过和法律规定后，对检察机关的处理决定表示认可。

【不批准逮捕的理由】

公安机关认为，陈某的行为虽有防卫性质，但已明显超过必要限度，属于防卫过当，涉嫌故意伤害罪。检察机关则认为，陈某的防卫行为没有明显超过必要限度，不属于防卫过当，不构成犯罪。主要理由如下：

第一，陈某面临正在进行的不法侵害，反击行为具有防卫性质。任何人面对正在进行的不法侵害，都有予以制止、依法实施防卫的权利。本案中，甲等人借故拦截陈某并实施围殴，属于正在进行的不法侵害，陈某的反击行为显然具有防卫性质。

第二，陈某随身携带刀具，不影响正当防卫的认定。对认定正当防卫有影响的，并不是防卫人携带了可用于自卫的工具，而是防卫人是否有相互斗殴的故意。陈某在事前没有与对方约架斗殴的意图，被拦住后也是先解释退让，最后在遭到对方围打时才被迫还手，其随身携带水果刀，无论是日常携带还是事先有所防备，都不影响对正当防卫作出认定。

第三，陈某的防卫措施没有明显超过必要限度，不属于防卫过当。陈某的防卫行为致实施不法侵害的3人重伤，客观上造成了重大损害，但防卫措施并没有明显超过必要限度。陈某被9人围住殴打，其中有人使用了钢管、石块等工具，双方实力相差悬殊，陈某借助水果刀增强防卫能力，在手段强度上合情合理。并且，对方在陈某逃脱时仍持续追打，共同侵害行为没有停止，所以就制止整体不法侵害的实际需要来看，陈某持刀挥刺也没有不相适应之处。综合来看，陈某的防卫行为虽有致多人重伤的客观后果，但防卫措施没有明显超过必要限度，依法不属于防卫过当。

【指导意义】

刑法第20条第1款规定，"为了使国家、公共利益、本人或者他人的人身、财产和其他权利免受正在进行的不法侵害，而采取的制止不法侵害的行为，对不法侵害人造成损害的，属于正当防卫，不负刑事责任"。司法实践通常称这种正当防卫为"一般防卫"。

一般防卫有限度要求，超过限度的属于防卫过当，需要负刑事责任。刑法规定的限度条件是"明显超过必要限度造成重大损害"，具体而言，行为人的防卫措施虽明显超过必要限度但防卫结果客观上并未造成重大损害，或者防卫结果虽客观上造成重大损害但防卫措施并未明显超过必要限度，均不能认定为防卫过当。本案中，陈某为了保护自己的人身安全而持刀反击，就所要保护的权利性质以及与侵害方的手段强度比较来看，不能认为防卫措施明显超过了必要限度，所以即使防卫结果在客观上造成了重大损害，也不属于防卫过当。

正当防卫既可以是为了保护自己的合法权益，也可以是为了保护他人的合法权益。《中华人民共和国未成年人保护法》第六条第二款也规定，"对侵犯未成年人合法权益的行为，任何组织和个人都有权予以劝阻、制止或者向有关部门提出检举或者控告"。对于未成年人正在遭受侵害的，任何人都有权介入保护，成年人更有责任予以救助。但是，冲突双方均为未成年人的，成年人介入时，应当优先选择劝阻、制止的方式；劝阻、制止无效的，在隔离、控制或制服侵害人时，应当注意手段和行为强度的适度。

检察机关办理正当防卫案件遇到争议时，应当根据《最高人民检察院关于实行检察官以案释法制度的规定》，适时、主动进行释法说理工作。对事实认定、法律适用和办案程序等问题进行答疑解惑，开展法治宣传教育，保障当事人和其他诉讼参与人的合法权利，努力做到案结事了。

人民检察院审查逮捕时，应当严把事实关、证据关和法律适用关。根据查明的事实，犯罪嫌疑人的行为属于正当防卫，不负刑事责任的，应当依法作出不批准逮捕的决定，保障无罪的人不受刑事追究。

【相关规定】

《中华人民共和国刑法》第 20 条

《中华人民共和国刑事诉讼法》第 90 条、第 92 条

2. 朱凤山故意伤害（防卫过当）案

（检例第 46 号）

【关键词】

民间矛盾　故意伤害　防卫过当　二审检察

【要旨】

在民间矛盾激化过程中，对正在进行的非法侵入住宅、轻微人身侵害行为，可以进行正当防卫，但防卫行为的强度不具有必要性并致不法侵害人重伤、死亡的，属于明显超过必要限度造成重大损害，应当负刑事责任，但是应当减轻或者免除处罚。

【基本案情】

朱凤山，男，1961 年 5 月 6 日出生，农民。

朱凤山之女朱某与齐某系夫妻，朱某于 2016 年 1 月提起离婚诉讼并与齐某分居，朱某带女儿与朱凤山夫妇同住。齐某不同意离婚，为此经常到朱凤山家吵闹。4 月 4 日，齐某在吵闹过程中，将朱凤山家门窗玻璃和朱某的汽车玻璃砸坏。朱凤山为防止齐某再进入院子，

将院子一侧的小门锁上并焊上铁窗。5月8日22时许，齐某酒后驾车到朱凤山家，欲从小门进入院子，未得逞后在大门外叫骂。朱某不在家中，仅朱凤山夫妇带外孙女在家。朱凤山将情况告知齐某，齐某不肯作罢。朱凤山又分别给邻居和齐某的哥哥打电话，请他们将齐某劝离。在邻居的劝说下，齐某驾车离开。23时许，齐某驾车返回，站在汽车引擎盖上摇晃、攀爬院子大门，欲强行进入，朱凤山持铁叉阻拦后报警。齐某爬上院墙，在墙上用瓦片掷砸朱凤山。朱凤山躲到一边，并从屋内拿出宰羊刀防备。随后齐某跳入院内徒手与朱凤山撕扯，朱凤山刺中齐某胸部一刀。朱凤山见齐某受伤把大门打开，民警随后到达。齐某因主动脉、右心房及肺脏被刺破致急性大失血死亡。朱凤山在案发过程中报警，案发后在现场等待民警抓捕，属于自动投案。

一审阶段，辩护人提出朱凤山的行为属于防卫过当，公诉人认为朱凤山的行为不具有防卫性质。一审判决认定，根据朱凤山与齐某的关系及具体案情，齐某的违法行为尚未达到朱凤山必须通过持刀刺扎进行防卫制止的程度，朱凤山的行为不具有防卫性质，不属于防卫过当；朱凤山自动投案后如实供述主要犯罪事实，系自首，依法从轻处罚，朱凤山犯故意伤害罪，判处有期徒刑15年，剥夺政治权利5年。

朱凤山以防卫过当为由提出上诉。河北省人民检察院二审出庭认为，根据查明的事实，依据《中华人民共和国刑法》第20条第2款的规定，朱凤山的行为属于防卫过当，应当负刑事责任，但是应当减轻或者免除处罚，朱凤山的上诉理由成立。河北省高级人民法院二审判决认定，朱凤山持刀致死被害人，属防卫过当，应当依法减轻处罚，对河北省人民检察院的出庭意见予以支持，判决撤销一审判决的量刑部分，改判朱凤山有期徒刑7年。

【检察机关二审审查和出庭意见】

检察机关二审审查认为，朱凤山及其辩护人所提防卫过当的意见成立，一审公诉和判决对此未作认定不当，属于适用法律错误，二审应当作出纠正，并据此发表了出庭意见。主要意见和理由如下：

第一，齐某的行为属于正在进行的不法侵害。齐某与朱某已经分居，齐某当晚的行为在时间、方式上也显然不属于探视子女，故在朱凤山拒绝其进院后，其摇晃、攀爬大门并跳入院内，属于非法侵入住宅。齐某先用瓦片掷砸随后进行撕扯，侵犯了朱凤山的人身权利。齐某的这些行为，均属于正在进行的不法侵害。

第二，朱凤山的行为具有防卫的正当性。齐某的行为从吵闹到侵入住宅、侵犯人身，呈现升级趋势，具有一定的危险性。齐某经人劝离后再次返回，执意在深夜时段实施侵害，不法行为具有一定的紧迫性。朱凤山先是找人规劝，继而报警求助，始终没有与齐某斗殴的故意，提前准备工具也是出于防卫的目的，因此其反击行为具有防卫的正当性。

第三，朱凤山的防卫行为明显超过必要限度造成重大损害，属于防卫过当。齐某上门闹事、滋扰的目的是不愿离婚，希望能与朱某和好继续共同生活，这与离婚后可能实施报复的行为有很大区别。齐某虽实施了投掷瓦片、撕扯的行为，但整体仍在闹事的范围内，对朱凤山人身权利的侵犯尚属轻微，没有危及朱凤山及其家人的健康或生命的明显危险。朱凤山已经报警，也有继续周旋、安抚、等待的余地，但却选择使用刀具，在撕扯过程中直接捅刺齐某的要害部位，最终造成了齐某伤重死亡的重大损害。综合来看，朱凤山的防卫行为，在防卫措施的强度上不具有必要性，在防卫结果与所保护的权利对比上也相差悬殊，应当认定为明显超过必要限度造成重大损害，属于防卫过当，依法应当负刑事责任，但是应当减轻或者免除处罚。

【指导意义】

刑法第20条第2款规定，"正当防卫明显超过必要限度造成重大损害的，应当负刑事责任，但是应当减轻或者免除处罚"。司法实践通常称本款规定的情况为"防卫过当"。

防卫过当中，重大损害是指造成不法侵害人死亡、重伤的后果，造成轻伤及以下损伤的不属于重大损害；明显超过必要限度是指，根据所保护的权利性质、不法侵害的强度和紧迫程度等综合衡量，防卫措施缺乏必要性，防卫强度与侵害程度对比也相差悬殊。司法实践中，重大损害的认定比较好把握，但明显超过必要限度的认定相对复杂，对此应当根据不法侵害的性质、手段、强度和危害程度，以及防卫行为的性质、手段、强度、时机和所处环境等因素，进行综合判断。本案中，朱凤山为保护住宅安宁和免受可能的一定人身侵害，而致侵害人丧失生命，就防卫与侵害的性质、手段、强度和结果等因素的对比来看，既不必要也相差悬殊，属于明显超过必要限度造成重大损害。

民间矛盾引发的案件极其复杂，涉及防卫性质争议的，应当坚持依法、审慎的原则，准确作出判断和认定，从而引导公民理性平和解决争端，避免在争议纠纷中不必要地使用武力。针对实践当中的常见情形，可注意把握以下几点：一是应作整体判断，即分清前因后果和是非曲直，根据查明的事实，当事人的行为具有防卫性质的，应当依法作出认定，不能惟结果论，也不能因矛盾暂时没有化解等因素而不去认定或不敢认定；二是对于近亲属之间发生的不法侵害，对防卫强度必须结合具体案情作出更为严格的限制；三是对于被害人有无过错与是否正在进行的不法侵害，应当通过细节的审查、补查，作出准确的区分和认定。

人民检察院办理刑事案件，必须高度重视犯罪嫌疑人、被告人及其辩护人所提正当防卫或防卫过当的意见，对于所提意见成立的，应当及时予以采纳或支持，依法保障当事人的合法权利。

【相关规定】
《中华人民共和国刑法》第20条、第234条
《中华人民共和国刑事诉讼法》第235条

3. 于海明正当防卫案

（检例第 47 号）

【关键词】

行凶　正当防卫　撤销案件

【要旨】

对于犯罪故意的具体内容虽不确定，但足以严重危及人身安全的暴力侵害行为，应当认定为刑法第 20 条第 3 款规定的"行凶"。行凶已经造成严重危及人身安全的紧迫危险，即使没有发生严重的实害后果，也不影响正当防卫的成立。

【基本案情】

于海明，男，1977 年 3 月 18 日出生，某酒店业务经理。

2018 年 8 月 27 日 21 时 30 分许，于海明骑自行车在江苏省昆山市震川路正常行驶，刘某醉酒驾驶小轿车（经检测，血液酒精含量 87mg/100ml），向右强行闯入非机动车道，与于海明险些碰擦。刘某的一名同车人员下车与于海明争执，经同行人员劝解返回时，刘某突然下车，上前推搡、踢打于海明。虽经劝解，刘某仍持续追打，并从轿车内取出一把砍刀（系管制刀具），连续用刀面击打于海明颈部、腰部、腿部。刘某在击打过程中将砍刀甩脱，于海明抢到砍刀，刘某上前争夺，在争夺中于海明捅刺刘某的腹部、臀部，砍击其右胸、左肩、左肘。刘某受伤后跑向轿车，于海明继续追砍 2 刀均未砍中，其中 1 刀砍中轿车。刘某跑离轿车，于海明返回轿车，将车内刘某的手机取出放入自己口袋。民警到达现场后，于海明将手机和砍刀交给处警民警（于海明称，拿走刘某的手机是为了防止对方打电话召集人员报复）。刘某逃离后，倒在附近绿化带内，后经送医抢救无效，因腹部大静脉等破裂致失血性休克于当日死亡。于海明经人身检查，见左颈部条形挫伤 1 处、左胸季肋部条形挫伤 1 处。

8月27日当晚公安机关以"于海明故意伤害案"立案侦查，8月31日公安机关查明了本案的全部事实。9月1日，江苏省昆山市公安局根据侦查查明的事实，依据《中华人民共和国刑法》第20条第3款的规定，认定于海明的行为属于正当防卫，不负刑事责任，决定依法撤销于海明故意伤害案。其间，公安机关依据相关规定，听取了检察机关的意见，昆山市人民检察院同意公安机关的撤销案件决定。

【检察机关的意见和理由】

检察机关的意见与公安机关的处理意见一致，具体论证情况和理由如下：

第一，关于刘某的行为是否属于"行凶"的问题。在论证过程中有意见提出，刘某仅使用刀面击打于海明，犯罪故意的具体内容不确定，不宜认定为行凶。论证后认为，对行凶的认定，应当遵循刑法第20条第3款的规定，以"严重危及人身安全的暴力犯罪"作为把握的标准。刘某开始阶段的推搡、踢打行为不属于"行凶"，但从持砍刀击打后，行为性质已经升级为暴力犯罪。刘某攻击行为凶狠，所持凶器可轻易致人死伤，随着事态发展，接下来会造成什么样的损害后果难以预料，于海明的人身安全处于现实的、急迫的和严重的危险之下。刘某具体抱持杀人的故意还是伤害的故意不确定，正是许多行凶行为的特征，而不是认定的障碍。因此，刘某的行为符合"行凶"的认定标准，应当认定为"行凶"。

第二，关于刘某的侵害行为是否属于"正在进行"的问题。在论证过程中有意见提出，于海明抢到砍刀后，刘某的侵害行为已经结束，不属于正在进行。论证后认为，判断侵害行为是否已经结束，应看侵害人是否已经实质性脱离现场以及是否还有继续攻击或再次发动攻击的可能。于海明抢到砍刀后，刘某立刻上前争夺，侵害行为没有停止，刘某受伤后又立刻跑向之前藏匿砍刀的汽车，于海明此时作不间断的追击也符合防卫的需要。于海明追砍两刀均未砍中，刘某从汽车旁边跑开后，于海明也未再追击。因此，在于海明抢得砍刀顺势反击时，刘某既未放弃攻击行为也未实质性脱离现场，不能认为侵害行为已经停止。

第三，关于于海明的行为是否属于正当防卫的问题。在论证过程中有意见提出，于海明本人所受损伤较小，但防卫行为却造成了刘某死亡的后果，二者对比不相适应，于海明的行为属于防卫过当。论证后认为，不法侵害行为既包括实害行为也包括危险行为，对于危险行为同样可以实施正当防卫。认为"于海明与刘某的伤情对比不相适应"的意见，只注意到了实害行为而忽视了危险行为，这种意见实际上是要求防卫人应等到暴力犯罪造成一定的伤害后果才能实施防卫，这不符合及时制止犯罪、让犯罪不能得逞的防卫需要，也不适当地缩小了正当防卫的依法成立范围，是不正确的。本案中，在刘某的行为因具有危险性而属于"行凶"的前提下，于海明采取防卫行为致其死亡，依法不属于防卫过当，不负刑事责任，于海明本人是否受伤或伤情轻重，对正当防卫的认定没有影响。公安机关认定于海明的行为系正当防卫，决定依法撤销案件的意见，完全正确。

【指导意义】

刑法第 20 条第 3 款规定，"对正在进行行凶、杀人、抢劫、强奸、绑架以及其他严重危及人身安全的暴力犯罪，采取防卫行为，造成不法侵害人伤亡的，不属于防卫过当，不负刑事责任"。司法实践通常称这种正当防卫为"特殊防卫"。

刑法作出特殊防卫的规定，目的在于进一步体现"法不能向不法让步"的秩序理念，同时肯定防卫人以对等或超过的强度予以反击，即使造成不法侵害人伤亡，也不必顾虑可能成立防卫过当因而构成犯罪的问题。司法实践中，如果面对不法侵害人"行凶"性质的侵害行为，仍对防卫人限制过苛，不仅有违立法本意，也难以取得制止犯罪，保护公民人身权利不受侵害的效果。

适用本款规定，"行凶"是认定的难点，对此应当把握以下两点：一是必须是暴力犯罪，对于非暴力犯罪或一般暴力行为，不能认定为行凶；二是必须严重危及人身安全，即对人的生命、健康构成严重危险。在具体案件中，有些暴力行为的主观故意尚未通过客观行为明确表现出来，或者行为人本身就是持概括故意予以实施，这类行为的故意内容虽不确定，但已表现出多种故意的可能，其中只要有现实可能造成他人重伤或死亡的，均应当认定为"行凶"。

正当防卫以不法侵害正在进行为前提。所谓正在进行，是指不法侵害已经开始但尚未结束。不法侵害行为多种多样、性质各异，判断是否正在进行，应就具体行为和现场情境作具体分析。判断标准不能机械地对刑法上的着手与既遂作出理解、判断，因为着手与既遂侧重的是侵害人可罚性的行为阶段问题，而侵害行为正在进行，侧重的是防卫人的利益保护问题。所以，不能要求不法侵害行为已经加诸被害人身上，只要不法侵害的现实危险已经迫在眼前，或者已达既遂状态但侵害行为没有实施终了的，就应当认定为正在进行。

需要强调的是，特殊防卫不存在防卫过当的问题，因此不能作宽泛的认定。对于因民间矛盾引发、不法与合法对立不明显以及夹杂泄愤报复成分的案件，在认定特殊防卫时应当十分慎重。

【相关规定】
《中华人民共和国刑法》第20条

4. 侯雨秋正当防卫案

（检例第48号）

【关键词】
聚众斗殴　故意伤害　正当防卫　不起诉

【要旨】
单方聚众斗殴的，属于不法侵害，没有斗殴故意的一方可以进行正当防卫。单方持械聚众斗殴，对他人的人身安全造成严重危险的，应当认定为刑法第20条第3款规定的"其他严重危及人身安全的暴力犯罪"。

【基本案情】

侯雨秋，男，1981年5月18日出生，务工人员。

侯雨秋系葛某经营的养生会所员工。2015年6月4日22时40分许，某足浴店股东沈某因怀疑葛某等人举报其店内有人卖淫嫖娼，遂纠集本店员工雷某、柴某等4人持棒球棍、匕首赶至葛某的养生会所。沈某先行进入会所，无故推翻大堂盆栽挑衅，与葛某等人扭打。雷某、柴某等人随后持棒球棍、匕首冲入会所，殴打店内人员，其中雷某持匕首两次刺中侯雨秋右大腿。其间，柴某所持棒球棍掉落，侯雨秋捡起棒球棍挥打，击中雷某头部致其当场倒地。该会所员工报警，公安人员赶至现场，将沈某等人抓获，并将侯雨秋、雷某送医救治。雷某经抢救无效，因严重颅脑损伤于6月24日死亡。侯雨秋的损伤程度构成轻微伤，该会所另有2人被打致轻微伤。

公安机关以侯雨秋涉嫌故意伤害罪，移送检察机关审查起诉。浙江省杭州市人民检察院根据审查认定的事实，依据《中华人民共和国刑法》第20条第3款的规定，认为侯雨秋的行为属于正当防卫，不负刑事责任，决定对侯雨秋不起诉。

【不起诉的理由】

检察机关认为，本案沈某、雷某等人的行为属于刑法第20条第3款规定的"其他严重危及人身安全的暴力犯罪"，侯雨秋对此采取防卫行为，造成不法侵害人之一雷某死亡，依法不属于防卫过当，不负刑事责任。主要理由如下：

第一，沈某、雷某等人的行为属于"其他严重危及人身安全的暴力犯罪"。判断不法侵害行为是否属于刑法第20条第3款规定的"其他"犯罪，应当以本款列举的杀人、抢劫、强奸、绑架为参照，通过比较暴力程度、危险程度和刑法给予惩罚的力度等综合作出判断。本案沈某、雷某等人的行为，属于单方持械聚众斗殴，构成犯罪的法定最低刑虽然不重，与一般伤害罪相同，但刑法第292条同时规定，聚众斗殴，致人重伤、死亡的，依照刑法关于故意伤害致人重伤、故意杀人的规定定罪处罚。刑法作此规定表明，聚众斗殴行为常可造成他人重伤或者死亡，结合案件具体情况，可以判定聚众斗殴与故意致人伤亡的犯罪在暴力程度和危险程度上是一致的。本案沈某、雷某等共5人聚众持棒球棍、匕首等杀伤力很大的工具进行斗殴，短时间内已经打伤3人，应当认定为"其他严重危及人身安全的暴力犯罪"。

第二，侯雨秋的行为具有防卫性质。侯雨秋工作的养生会所与对方的足浴店，尽管存在生意竞争关系，但侯雨秋一方没有斗殴的故意，本案打斗的起因系对方挑起，打斗的地点也系在本方店内，所以双方攻击与防卫的关系清楚明了。沈某纠集雷某等人聚众斗殴属于正在进行的不法侵害，没有斗殴故意的侯雨秋一方可以进行正当防卫，因此侯雨秋的行为具有防卫性质。

第三，侯雨秋的行为不属于防卫过当，不负刑事责任。本案沈某、雷某等人的共同侵害行为，严重危及他人人身安全，侯雨秋为保护自己和本店人员免受暴力侵害，而采取防卫行为，造成不法侵害人之一雷某死亡，依据刑法第20条第3款的规定，不属于防卫过当，不负刑事责任。

【指导意义】

刑法第20条第3款规定的"其他严重危及人身安全的暴力犯罪"的认定，除了在方法上，以本款列举的四种罪行为参照，通过比较暴力程度、危险程度和刑法给予惩罚的力度作出判断以外，还应当注意把握以下几点：一是不法行为侵害的对象是人身安全，即危害人的生命权、健康权、自由权和性权利。人身安全之外的财产权利、民主权利等其他合法权利不在其内，这也是特殊防卫区别于一般防卫的一个重要特征；二是不法侵害行为具有暴力性，且应达到犯罪的程度。对本款列举的杀人、抢劫、强奸、绑架应作广义的理解，即不仅指这四种具体犯罪行为，也包括以此种暴力行为作为手段，而触犯其他罪名的犯罪行为，如以抢劫为手段的抢劫枪支、弹药、爆炸物的行为，以绑架为手段的拐卖妇女、儿童的行为，以及针对人的生命、健康而采取的放火、爆炸、决水等行为；三是不法侵害行为应当达到一定的严重程度，即有可能造成他人重伤或死亡的后果。需要强调的是，不法侵害行为是否已经造成实际伤害后果，不必然影响特殊防卫的成立。此外，针对不法侵害行为对他人人身安全造成的严重危险，可以实施特殊防卫。

在共同不法侵害案件中，"行凶"与"其他严重危及人身安全的暴力犯罪"，在认定上可以有一定交叉，具体可结合全案行为特征和各侵害人的具体行为特征作综合判定。另外，对于寻衅滋事行为，不宜直接认定为"其他严重危及人身安全的暴力犯罪"，寻衅滋事行为暴力程度较高、严重危及他人人身安全的，可分别认定为刑法第20条第3款规定中的行凶、杀人或抢劫。需要说明的是，侵害行为最终成立何种罪名，对防卫人正当防卫的认定没有影响。

人民检察院审查起诉时，应当严把事实关、证据关和法律适用关。根据查明的事实，犯罪嫌疑人的行为属于正当防卫，不负刑事责任的，应当依法作出不起诉的决定，保障无罪的人不受刑事追究。

【相关规定】
《中华人民共和国刑法》第20条
《中华人民共和国刑事诉讼法》第177条

二、最高人民法院指导性案例

5. 于欢故意伤害案

（93号）

【关键词】

刑事 故意伤害罪 非法限制人身自由 正当防卫 防卫过当

【裁判要点】

1. 对正在进行的非法限制他人人身自由的行为，应当认定为刑法第20条第1款规定的"不法侵害"，可以进行正当防卫。

2. 对非法限制他人人身自由并伴有侮辱、轻微殴打的行为，不应当认定为刑法第20条第3款规定的"严重危及人身安全的暴力犯罪"。

3. 判断防卫是否过当，应当综合考虑不法侵害的性质、手段、强度、危害程度，以及防卫行为的性质、时机、手段、强度、所处环境和损害后果等情节。对非法限制他人人身自由并伴有侮辱、轻微殴打，且并不十分紧迫的不法侵害，进行防卫致人死亡重伤的，应当认定为刑法第20条第2款规定的"明显超过必要限度造成重大损害"。

4. 防卫过当案件，如系因被害人实施严重贬损他人人格尊严或者亵渎人伦的不法侵害引发的，量刑时对此应予充分考虑，以确保司法裁判既经得起法律检验，也符合社会公平正义观念。

【相关法条】

《中华人民共和国刑法》第20条

【基本案情】

被告人于欢的母亲苏某在山东省冠县工业园区经营山东源大工贸

有限公司（以下简称源大公司），于欢系该公司员工。2014年7月28日，苏某及其丈夫于某1向吴某、赵某1借款100万元，双方口头约定月息10%。至2015年10月20日，苏某共计还款154万元。其间，吴某、赵某1因苏某还款不及时，曾指使被害人郭某1等人采取在源大公司车棚内驻扎、在办公楼前支锅做饭等方式催债。2015年11月1日，苏某、于某1再向吴某、赵某1借款35万元。其中10万元，双方口头约定月息10%；另外25万元，通过签订房屋买卖合同，用于某1名下的一套住房作为抵押，双方约定如逾期还款，则将该住房过户给赵某1。2015年11月2日至2016年1月6日，苏某共计向赵某1还款29.8万元。吴某、赵某1认为该29.8万元属于偿还第一笔100万元借款的利息，而苏某夫妇认为是用于偿还第二笔借款。吴某、赵某1多次催促苏某夫妇继续还款或办理住房过户手续，但苏某夫妇未再还款，也未办理住房过户。

2016年4月1日，赵某1与被害人杜某2、郭某1等人将于某1上述住房的门锁更换并强行入住，苏某报警。赵某1出示房屋买卖合同，民警调解后离去。同月13日上午，吴某、赵某1与杜某2、郭某1、杜某7等人将上述住房内的物品搬出，苏某报警。民警处警时，吴某称系房屋买卖纠纷，民警告知双方协商或通过诉讼解决。民警离开后，吴某责骂苏某，并将苏某头部按入座便器接近水面位置。当日下午，赵某1等人将上述住房内物品搬至源大公司门口。其间，苏某、于某1多次拨打市长热线求助。当晚，于某1通过他人调解，与吴某达成口头协议，约定次日将住房过户给赵某1，此后再付30万元，借款本金及利息即全部结清。

4月14日，于某1、苏某未去办理住房过户手续。当日16时许，赵某1纠集郭某2、郭某1、苗某、张某3到源大公司讨债。为找到于某1、苏某，郭某1报警称源大公司私刻财务章。民警到达源大公司后，苏某与赵某1等人因还款纠纷发生争吵。民警告知双方协商解决或到法院起诉后离开。李某3接赵某1电话后，伙同么某、张某2和被害人严某、程某到达源大公司。赵某1等人先后在办公楼前呼喊，在财务室内、餐厅外盯守，在办公楼门厅外烧烤、饮酒，催促苏某还款。其间，赵某1、苗某离开。20时许，杜某2、杜某7赶到源大公司，与李某3等人一起饮酒。20时48分，苏某按郭某1要求到办公楼一楼接待室，于欢及公司员工张某1、马某陪同。21时53分，杜某2等人进入接待室讨债，将苏某、于欢的手机收走放在办公桌上。杜某2用污秽言语辱骂苏某、于欢及其家人，将烟头弹到苏某胸前衣服上，将裤子褪至大腿处裸露下体，朝坐在沙发上的苏某等人左右转动身体。在马某、李某3劝阻下，杜某2穿好裤子，又脱下于欢的鞋让苏某闻，被苏某打掉。杜某2还用手拍打于欢面颊，其他讨债人员实施了揪抓于欢头发或按压于欢肩部不准其起身等行为。22时07分，公司员工刘某打电话报警。22时17分，民警朱某带领辅警宋某、郭某3到达源大公司接待室了解情况，苏某和于欢指认杜某2殴打于欢，杜某2等人否认并称系讨债。22时22分，朱某警告双方不能打架，然后带领辅警到院内寻找报警人，并给值班民警徐某打电话通报警情。于欢、苏某想随民警离开接待室，杜某2等人阻拦，并强迫于欢坐下，于欢拒绝。杜某2等人卡于欢颈部，将于欢推拉至接待室东南角。于欢持刃长15.3厘米的单刃尖刀，警告杜某2等人不要靠近。杜某2出言挑衅并逼近于欢，于欢遂捅刺杜某2腹部一刀，又捅刺围逼在其身边的程某胸部、严某腹部、郭某1背部各一刀。22时26分，辅警闻声返回接待室。经辅警连续责令，于欢交出尖刀。杜某2等四人受伤后，被杜某7等人驾车送至冠县人民医院救治。次日2时18分，杜某2经抢救无效，因腹部损伤造成肝固有动脉裂伤及肝右叶创伤导致失血性休克死亡。严某、郭某1的损伤均构成重伤二级，程某的损伤构成轻伤二级。

【裁判结果】

山东省聊城市中级人民法院于2017年2月17日作出（2016）鲁15刑初33号刑事附带民事判决，认定被告人于欢犯故意伤害罪，判处无期徒刑，剥夺政治权利终身，并赔偿附带民事原告人经济损失。

宣判后，被告人于欢及部分原审附带民事诉讼原告人不服，分别提出上诉。山东省高级人民法院经审理于2017年6月23日作出

（2017）鲁刑终 151 号刑事附带民事判决：驳回附带民事上诉，维持原判附带民事部分；撤销原判刑事部分，以故意伤害罪改判于欢有期徒刑 5 年。

【裁判理由】

法院生效裁判认为：被告人于欢持刀捅刺杜某 2 等四人，属于制止正在进行的不法侵害，其行为具有防卫性质；其防卫行为造成一人死亡、二人重伤、一人轻伤的严重后果，明显超过必要限度造成重大损害，构成故意伤害罪，依法应负刑事责任。鉴于于欢的行为属于防卫过当，于欢归案后如实供述主要罪行，且被害方有以恶劣手段侮辱于欢之母的严重过错等情节，对于欢依法应当减轻处罚。原判认定于欢犯故意伤害罪正确，审判程序合法，但认定事实不全面，部分刑事判项适用法律错误，量刑过重，遂依法改判于欢有期徒刑 5 年。

本案在法律适用方面的争议焦点主要有两个方面：一是于欢的捅刺行为性质，即是否具有防卫性、是否属于特殊防卫、是否属于防卫过当；二是如何定罪处罚。

（一）关于于欢的捅刺行为性质

《中华人民共和国刑法》（以下简称《刑法》）第 20 条第 1 款规定："为了使国家、公共利益、本人或者他人的人身、财产和其他权利免受正在进行的不法侵害，而采取的制止不法侵害的行为，对不法侵害人造成损害的，属于正当防卫，不负刑事责任。"由此可见，成立正当防卫必须同时具备以下五项条件：一是防卫起因，不法侵害现实存在。不法侵害是指违背法律的侵袭和损害，既包括犯罪行为，又包括一般违法行为；既包括侵害人身权利的行为，又包括侵犯财产及其他权利的行为。二是防卫时间，不法侵害正在进行。正在进行是指不法侵害已经开始并且尚未结束的这段时期。对尚未开始或已经结束的不法侵害，不能进行防卫，否则即是防卫不适时。三是防卫对象，即针对不法侵害者本人。正当防卫的对象只能是不法侵害人本人，不能对不法侵害人之外的人实施防卫行为。在共同实施不法侵害的场合，共同侵害具有整体性，可对每一个共同侵害人进行正当防卫。四是防卫意图，出于制止不法侵害的目的，有防卫认识和意志。五是防卫限度，尚未明显超过必要限度造成重大损害。这就是说正当防卫的成立条件包括客观条件、主观条件和限度条件。客观条件和主观条件是定性条件，确定了正当防卫"正"的性质和前提条件，不符合这些条件的不是正当防卫；限度条件是定量条件，确定了正当防卫"当"的要求和合理限度，不符合该条件的虽然仍有防卫性质，但不是正当防卫，属于防卫过当。防卫过当行为具有防卫的前提条件和制止不法侵害的目的，只是在制止不法侵害过程中，没有合理控制防卫行为的强度，明显超过正当防卫必要限度，并造成不应有的重大损害后果，从而转化为有害于社会的违法犯罪行为。根据本案认定的事实、证据和我国刑法有关规定，于欢的捅刺行为虽然具有防卫性，但属于防卫过当。

首先，于欢的捅刺行为具有防卫性。案发当时杜某2等人对于欢、苏某持续实施着限制人身自由的非法拘禁行为，并伴有侮辱人格和对于欢推搡、拍打等行为；民警到达现场后，于欢和苏某想随民警走出接待室时，杜某2等人阻止二人离开，并对于欢实施推拉、围堵等行为，在于欢持刀警告时仍出言挑衅并逼近，实施正当防卫所要求的不法侵害客观存在并正在进行；于欢是在人身自由受到违法侵害、人身安全面临现实威胁的情况下持刀捅刺，且捅刺的对象都是在其警告后仍向其靠近围逼的人。因此，可以认定其是为了使本人和其母亲的人身权利免受正在进行的不法侵害，而采取的制止不法侵害行为，具备正当防卫的客观和主观条件，具有防卫性质。

其次，于欢的捅刺行为不属于特殊防卫。《刑法》第20条第3款规定："对正在进行行凶、杀人、抢劫、强奸、绑架以及其他严重危及人身安全的暴力犯罪，采取防卫行为，造成不法侵害人伤亡的，不属于防卫过当，不负刑事责任。"根据这一规定，特殊防卫的适用前提条件是存在严重危及本人或他人人身安全的暴力犯罪。本案中，虽然杜某2等人对于欢母子实施了非法限制人身自由、侮辱、轻微殴打等人身侵害行为，但这些不法侵害不是严重危及人身安全的暴力犯罪。其一，杜某2等人实施的非法限制人身自由、侮辱等不法侵害行为，虽然侵犯了于欢母子的人身自由、人格尊严等合法权益，但并不具有严重危及于欢母子人身安全的性质；其二，杜某2等人按肩膀、推拉等强制或者殴打行为，虽然让于欢母子的人身安全、身体健康权遭受了侵害，但这种不法侵害只是轻微的暴力侵犯，既不是针对生命权的不法侵害，又不是发生严重侵害于欢母子身体健康权的情形，因而不属于严重危及人身安全的暴力犯罪。其三，苏某、于某1系主动通过他人协调、担保，向吴某借贷，自愿接受吴某所提10%的月息。既不存在苏某、于某1被强迫向吴某高息借贷的事实，又不存在吴某强迫苏某、于某1借贷的事实，与司法解释以借贷为名采用暴力、胁迫手段获取他人财物以抢劫罪论处的规定明显不符。可见杜某2等人实施的多种不法侵害行为，符合可以实施一般防卫行为的前提条件，但不具备实施特殊防卫的前提条件，故于欢的捅刺行为不属于特殊防卫。

最后，于欢的捅刺行为属于防卫过当。《刑法》第20条第2款规定："正当防卫明显超过必要限度造成重大损害的，应当负刑事责任，但是应当减轻或者免除处罚。"由此可见，防卫过当是在具备正当防卫客观和主观前提条件下，防卫反击明显超越必要限度，并造成致人重伤或死亡的过当结果。认定防卫是否"明显超过必要限度"，应当从不法侵害的性质、手段、强度、危害程度，以及防卫行为的性质、时机、手段、强度、所处环境和损害后果等方面综合分析判定。本案中，杜某2一方虽然人数较多，但其实施不法侵害的意图是给苏某夫妇施加压力以催讨债务，在催债过程中未携带、使用任何器械；在民警朱某等进入接待室前，杜某2一方对于欢母子实施的是非法限制人身自由、侮辱和对于欢拍打面颊、揪抓头发等行为，其目的仍是逼迫苏某夫妇尽快还款；在民警进入接待室时，双方没有发生激烈对峙和肢体冲突，当民警警告不能打架后，杜某2一方并无打架的言行；在民警走出接待室寻找报警人期间，于欢和讨债人员均可透过接待室玻璃清晰看见停在院内的警车警灯闪烁，应当知道民警并未离开；在于欢持刀警告不要逼过来时，杜某2等人虽有出言挑衅并向于欢围逼的行为，但并未实施强烈的攻击行为。因此，于欢面临的不法侵害并不紧迫和严重，而其却持刃长 15.3 厘米的单刃尖刀连续捅刺四人，致一人死亡、二人重伤、一人轻伤，且其中一人系被背后捅伤，故应当认定于欢的防卫行为明显超过必要限度造成重大损害，属于防卫过当。

（二）关于定罪量刑

首先，关于定罪。本案中，于欢连续捅刺四人，但捅刺对象都是当时围逼在其身边的人，未对离其较远的其他不法侵害人进行捅刺，对不法侵害人每人捅刺一刀，未对同一不法侵害人连续捅刺。可见，于欢的目的在于制止不法侵害并离开接待室，在案证据不能证实其具有追求或放任致人死亡危害结果发生的故意，故于欢的行为不构成故意杀人罪，但他为了追求防卫效果的实现，对致多人伤亡的过当结果的发生持听之任之的态度，已构成防卫过当情形下的故意伤害罪。认定于欢的行为构成故意伤害罪，既是严格司法的要求，又符合人民群众的公平正义观念。

其次，关于量刑。《刑法》第 20 条第 2 款规定："正当防卫明显超过必要限度造成重大损害的，应当负刑事责任，但是应当减轻或者免除处罚。"综合考虑本案防卫权益的性质、防卫方法、防卫强度、防卫起因、损害后果、过当程度、所处环境等情节，对于欢应当减轻处罚。

被害方对引发本案具有严重过错。本案案发前，吴某、赵某 1 指使杜某 2 等人实施过侮辱苏某、干扰源大公司生产经营等逼债行为，苏某多次报警，吴某等人的不法逼债行为并未收敛。案发当日，杜某 2 等人对于欢、苏某实施非法限制人身自由、侮辱及对于欢间有推搡、拍打、卡颈部等行为，于欢及其母亲苏某连日来多次遭受催逼、骚扰、侮辱，导致于欢实施防卫行为时难免带有恐惧、愤怒等因素。尤其是杜某 2 裸露下体侮辱苏某对引发本案有重大过错。案发当日，杜某 2 当着于欢之面公然以裸露下体的方式侮辱其母亲苏某。虽然距于欢实施防卫行为已间隔约二十分钟，但于欢捅刺杜某 2 等人时难免带有报复杜某 2 辱母的情绪，故杜某 2 裸露下体侮辱苏某的行为是引发本案的重要因素，在刑罚裁量上应当作为对于欢有利的情节重点考虑。

杜某2的辱母行为严重违法、亵渎人伦，应当受到惩罚和谴责，但于欢在民警尚在现场调查，警车仍在现场闪烁警灯的情形下，为离开接待室摆脱围堵而持刀连续捅刺四人，致一人死亡、二人重伤、一人轻伤，且其中一重伤者系于欢从背部捅刺，损害后果严重，且除杜某2以外，其他三人并未实施侮辱于欢母亲的行为，其防卫行为造成损害远远大于其保护的合法权益，防卫明显过当。于欢及其母亲的人身自由和人格尊严应当受到法律保护，但于欢的防卫行为明显超过必要限度并造成多人伤亡严重后果，超出法律所容许的限度，依法也应当承担刑事责任。

根据我国刑法规定，故意伤害致人死亡的，处10年以上有期徒刑、无期徒刑或者死刑；防卫过当的，应当减轻或者免除处罚。如上所述，于欢的防卫行为明显超过必要限度造成重大伤亡后果，减轻处罚依法应当在3至10年有期徒刑的法定刑幅度内量刑。鉴于于欢归案后如实供述主要罪行，且被害方有以恶劣手段侮辱于欢之母的严重过错等可以从轻处罚情节，综合考虑于欢犯罪的事实、性质、情节和危害后果，遂判处于欢有期徒刑5年。

6.张那木拉正当防卫案

（144号）

【关键词】

刑事　正当防卫　特殊防卫　行凶　宣告无罪

【裁判要点】

1.对于使用致命性凶器攻击他人要害部位，严重危及他人人身安全的行为，应当认定为刑法第20条第3款规定的"行凶"，可以适用特殊防卫的有关规定。

2.对于多人共同实施不法侵害，部分不法侵害人已被制伏，但其他不法侵害人仍在继续实施侵害的，仍然可以进行防卫。

【相关法条】
《中华人民共和国刑法》第 20 条

【基本案情】

张那木拉与其兄张某 1 二人均在天津市西青区打工。2016 年 1 月 11 日，张某 1 与案外人李某某驾驶机动车发生交通事故。事故发生后，李某某驾车逃逸。在处理事故过程中，张那木拉一方认为交警处置懈怠。此后，张那木拉听说周某强在交警队有人脉关系，遂通过鱼塘老板牛某找到周某强，请周某强向交警"打招呼"，周某强应允。3 月 10 日，张那木拉在交警队处理纠纷时与交警发生争吵，这时恰巧周某强给张那木拉打来电话，张那木拉以为周某强能够压制交警，就让交警直接接听周某强的电话，张那木拉此举引起周某强不满，周某强随即挂掉电话。次日，牛某在电话里提醒张那木拉小心点，周某强对此事没完。

3 月 12 日早上 8 时许，张那木拉与其兄张某 1 及赵某在天津市西青区鱼塘旁的小屋内闲聊，周某强纠集丛某、张某 2、陈某 2 新，由丛某驾车，并携带了陈某 2 新事先准备好的两把砍刀，至天津市西青区张那木拉暂住处（分为里屋外屋）。四人首次进入张那木拉暂住处确认张那木拉在屋后，随即返回车内，取出事前准备好的两把砍刀。其中，周某强、陈某 2 新二人各持砍刀一把，丛某、张某 2 分别从鱼塘边操起铁锹、铁锤再次进入张那木拉暂住处。张某 1 见状上前将走在最后边的张某 2 截在外屋，二人发生厮打。周某强、陈某 2 新、丛某进入里屋内，三人共同向屋外拉拽张那木拉，张那木拉向后挣脱。此刻，周某强、陈某 2 新见张那木拉不肯出屋，持刀砍向张那木拉后脑部，张那木拉随手在茶几上抓起一把尖刀捅刺了陈某 2 新的胸部，陈某 2 新被捅后退到外屋，随后倒地。其间，丛某持铁锹击打张那木拉后脑处。周某强、丛某见陈某 2 新倒地后也跑出屋外。张那木拉将尖刀放回原处。此时，其发现张某 2 仍在屋外与其兄张某 1 相互厮打，为防止张某 1 被殴打，其到屋外，随手拿起门口处的铁锹将正挥舞砍刀的周某强打入鱼塘中，周某强爬上岸后张那木拉再次将其打落水中，最终致周某强左尺骨近段粉碎性骨折，其所持砍刀落入鱼塘中。此时，张某1已经将张某2手中的铁锤夺下，并将张某2打落鱼塘中。张那木拉随即拨打电话报警并在现场等待。陈某2新被送往医院后，因单刃锐器刺破心脏致失血性休克死亡；张那木拉头皮损伤程度构成轻微伤；周某强左尺骨损伤程度构成轻伤一级。

【裁判结果】

天津市西青区人民法院于2017年12月13日作出（2016）津0111刑初576号刑事附带民事判决，以被告人张那木拉犯故意伤害罪，判处有期徒刑12年6个月。被告人张那木拉以其系正当防卫、不构成犯罪为由提出上诉。天津市第一中级人民法院于2018年12月14日作出（2018）津01刑终326号刑事附带民事判决，撤销天津市西青区人民法院（2016）津0111刑初576号刑事附带民事判决，宣告张那木拉无罪。

【裁判理由】

法院生效裁判认为，张那木拉的行为系正当防卫行为，而且是刑法第20条第3款规定的特殊防卫行为。本案中，张那木拉是在周某强、陈某2新等人突然闯入其私人场所，实施严重不法侵害的情况下进行反击的。周某强、陈某2新等四人均提前准备了作案工具，进入现场时两人分别手持长约50厘米的砍刀，一人持铁锹，一人持铁锤，而张那木拉一方是并无任何思想准备的。周某强一方闯入屋内后径行对张那木拉实施拖拽，并在张那木拉转身向后挣脱时，使用所携带的凶器砸砍张那木拉后脑部。从侵害方人数、所持凶器、打击部位等情节看，以普通人的认识水平判断，应当认为不法侵害已经达到现实危害张那木拉的人身安全、危及其生命安全的程度，属于刑法第二十条第三款规定的"行凶"。张那木拉为制止正在进行的不法侵害，顺手从身边抓起一把平时生活所用刀具捅刺不法侵害人，具有正当性，属于正当防卫。

另外，监控录像显示陈某2新倒地后，周某强跑向屋外后仍然挥舞砍刀，此时张那木拉及其兄张某1人身安全面临的危险并没有完全排除，其在屋外打伤周某强的行为仍然属于防卫行为。

根据刑法第20条第3款的规定，对正在进行行凶、杀人、抢劫、强奸、绑架以及其他严重危及人身安全的暴力犯罪，采取防卫行为，造成不法侵害人伤亡的，不属于防卫过当，不负刑事责任。本案中，张那木拉的行为虽然造成了一死一伤的后果，但是属于制止不法侵害的正当防卫行为，依法不负刑事责任。

三、最高人民法院、最高人民检察院、公安部《关于依法适用正当防卫制度指导意见》配套典型案例

7. 汪天佑正当防卫案

——正当防卫起因条件的把握

【基本案情】

被告人汪天佑与汪某某系邻居,双方曾因汪某某家建房产生矛盾,后经调解解决。2017年8月6日晚8时许,汪某某的女婿燕某某驾车与赵某、杨某某来到汪天佑家北门口,准备质问汪天佑。下车后,燕某某与赵某敲汪天佑家北门,汪天佑因不认识燕某某和赵某,遂询问二人有什么事,但燕某某等始终未表明身份,汪天佑拒绝开门。燕某某、赵某踹开纱门,闯入汪天佑家过道屋。汪天佑被突然开启的纱门打伤右脸,从过道屋西侧橱柜上拿起一铁质摩托车减震器,与燕某某、赵某厮打。汪天佑用摩托车减震器先后将燕某某和赵某头部打伤,致赵某轻伤一级、燕某某轻微伤。其间,汪天佑的妻子电话报警。

【处理结果】

河北省昌黎县人民法院判决认为:被害人燕某某、赵某等人于天黑时,未经允许,强行踹开纱门闯入被告人汪天佑家过道屋。在本人和家人的人身、财产安全受到不法侵害的情况下,汪天佑为制止不法侵害,将燕某某、赵某打伤,致一人轻伤一级、一人轻微伤的行为属于正当防卫,不负刑事责任。该判决已发生法律效力。

【典型意义】

根据刑法第 20 条第 1 款的规定，正当防卫的前提是存在不法侵害，这是正当防卫的起因条件。司法适用中，要准确把握正当防卫的起因条件，既要防止对不法侵害作不当限缩，又要防止将以防卫为名行不法侵害之实的违法犯罪行为错误认定为防卫行为。

第一，准确把握不法侵害的范围。不法侵害既包括侵犯生命、健康权利的行为，也包括侵犯人身自由、公私财产等权利的行为；既包括针对本人的不法侵害，也包括危害国家、公共利益或者针对他人的不法侵害。要防止将不法侵害限缩为暴力侵害或者犯罪行为，进而排除对轻微暴力侵害或者非暴力侵害以及违法行为实行正当防卫。对于非法侵入他人住宅等不法侵害，可以实行防卫。本案中，燕某某、赵某与汪天佑并不相识，且不表明身份、天黑时强行踹开纱门闯入汪天佑家，该非法侵入住宅的行为不仅侵害了他人的居住安宁，而且已对他人的人身、财产造成严重威胁，应当认定为"不法侵害"，可以进行防卫。因此，汪天佑为制止不法侵害，随手拿起摩托车减震器，在双方厮打过程中将燕某某、赵某打伤，致一人轻伤一级、一人轻微伤的行为属于正当防卫。

第二，妥当认定因琐事引发的防卫行为。实践中，对于因琐事发生争执，引发打斗的案件，判断行为人的行为是否系防卫行为，较之一般案件更为困难，须妥当把握。特别是，不能认为因琐事发生争执、冲突，引发打斗的，就不再存在防卫的空间。双方因琐事发生冲突，冲突结束后，一方又实施不法侵害，对方还击，包括使用工具还击的，一般应当认定为防卫行为。本案中，汪天佑与汪某某系邻居，双方曾因汪某某家建房产生矛盾，但矛盾已经调解解决。此后，汪某某的女婿燕某某驾车与赵某、杨某某来到汪天佑家准备质问纠纷一事，进而实施了非法侵入住宅的行为。综合全案可以发现，汪天佑随手拿起摩托车减震器实施的还击行为，系为制止不法侵害，并无斗殴意图，故最终认定其还击行为属于正当防卫。

8. 盛春平正当防卫案
——正当防卫的时间条件、限度条件的把握

【基本案情】

2018年7月30日,传销人员郭某(已判刑)以谈恋爱为名将盛春平骗至杭州市桐庐县。根据以"天津天狮"名义活动的传销组织安排,郭某等人接站后将盛春平诱至传销窝点。盛春平进入室内先在客厅休息,郭某、唐某某(已判刑)、成某某等传销人员多次欲将其骗入卧室,意图通过采取"洗脑"、恐吓、体罚、殴打等"抖新人"措施威逼其加入传销组织,盛春平发觉情况异常予以拒绝。后在多次请求离开被拒并遭唐某某等人逼近时,拿出随身携带的水果刀予以警告,同时提出愿交付随身携带的钱财以求离开,但仍遭拒绝。之后,事先躲藏的传销人员邓某某、郭某某、刘某某(已判刑)等人也先后来到客厅。成某某等人陆续向盛春平逼近,盛春平被逼后退,当成某某上前意图夺刀时,盛春平持刀挥刺,划伤成某某右手腕及左颈,刺中成某某的左侧胸部,致心脏破裂。随后,盛春平放弃随身行李趁乱逃离现场。

当晚,传销人员将成某某送医院治疗。医院对成某某伤口进行处治后,嘱咐其回当地医院进行康复治疗。同年8月4日,成某某出院,未遵医嘱继续进行康复治疗。同年8月11日,成某某在传销窝点突发昏迷经送医抢救无效于当晚死亡。经法医鉴定:成某某系左胸部遭受锐器刺戳作用致心脏破裂,在愈合过程中继续出血,最终引起心包填塞而死亡。

【处理结果】

公安机关以盛春平涉嫌故意伤害罪(防卫过当)向检察机关移送审查起诉。浙江省杭州市人民检察院认定盛春平的行为构成正当防卫,作出不起诉决定。

【典型意义】

通常认为，成立正当防卫，应当同时符合起因条件、时间条件、主观条件、对象条件、限度条件等五个条件。本案在诸多方面，对于正确把握正当防卫的成立条件具有指导和参考意义。

第一，关于正当防卫的起因条件。正当防卫的前提是存在不法侵害。不法侵害既包括侵犯生命、健康权利的行为，也包括侵犯人身自由、公私财产等权利的行为；既包括犯罪行为，也包括违法行为。就本案而言，本案案发开始时和案发过程中盛春平并不知道成某某、郭某等人是传销组织人员，也不了解他们的意图。在整个过程中，盛春平始终不能明确认识到自己陷入的是传销窝点，盛春平甚至以为对方要摘自己的器官，因而其感受到人身安全面临不法侵害是有事实根据的。而且，盛春平进入传销窝点后即被控制，随着成某某、郭某等人行为的持续，盛春平的恐惧感不断增强。盛春平到桐庐是和郭某初次见面，且进入郭某自称的住处后，盛春平提出上厕所、给家里人打电话，均被制止，此时其已经感觉到了危险。之后一名陌生男子不断劝盛春平进入里面房间，而里面又出来一名陌生男子，盛春平感觉到危险升级，拒绝他们靠近。而后房间内又出来三名陌生男子逼近，对盛春平而言，不断升级的危险不仅客观而且紧迫。盛春平拿出随身携带的刀具警告阻吓被害人无效后，精神紧张状态进一步增强。传销人员不断逼近，成某某上前夺刀。从当时情境看，盛春平面临客观存在且威胁、危害程度不断升级的不法侵害，其行为符合正当防卫的起因条件。

第二，关于正当防卫的时间条件。正当防卫必须是针对正在进行的不法侵害。对于不法侵害已经形成现实、紧迫危险的，应当认定为不法侵害已经开始。本案中，传销组织得知盛春平来杭后，一边指令郭某前去接站诱进，一边准备实施以恐吓、体罚、殴打和长期拘禁等违法犯罪行为为主要内容的"抖新人"措施威逼盛春平加入传销组织，系正在进行的有组织侵害行为。盛春平进入案发现场后，即遭多人逼近实施拘禁，其遂拿出随身携带的水果刀，警告阻吓传销人员放其离开，而传销组织人员反而增加人手进一步逼近，侵害手段不断升级。由此可见，本案中的不法侵害已经开始、正在进行，且危险程度不断升级，符合正当防卫的时间条件。

第三，关于正当防卫的对象条件。正当防卫必须针对不法侵害人进行。对于多人共同实施不法侵害的，既可以针对直接实施不法侵害的人进行防卫，也可以针对在现场共同实施不法侵害的人进行防卫。本案中，一群以"天津天狮"为名义的传销人员有组织地共同实施不法侵害。其中，成某某不仅参与围逼盛春平，而且当盛春平拿出随身携带的刀具警告时，还上前意图夺刀。此时，盛春平对其实施防卫，属于该种情境条件下一般人的正常反应，完全符合正当防卫的对象条件。

第四，关于正当防卫的限度条件。防卫是否"明显超过必要限度"，应当综合案件情节，考虑双方力量对比，立足防卫人防卫时所处情境，结合社会公众的一般认知作出判断。在判断不法侵害的危害程度时，不仅要考虑已经造成的损害，还要考虑造成进一步损害的紧迫危险性和现实可能性。本案中，多名传销组织人员对盛春平实施人身控制，盛春平在多次请求离开被拒并遭唐某某等人逼近时，拿出随身携带的水果刀予以警告，同时提出愿交付随身携带的钱财以求离开，但仍遭拒绝。其后，又有多名传销人员来到客厅。成某某等人陆续向盛春平逼近，并意图夺刀。此种情形下，盛春平持刀挥刺，划伤成某某右手腕及左颈，刺中成某某的左侧胸部，致心脏破裂。成某某受伤后经住院治疗，已经出院，但未遵医嘱继续进行康复治疗，导致心脏在愈合过程中继续出血，最终于出院一周后因心包填塞而死亡。考虑案发当场双方力量对比情况，特别是盛春平所面临的不法侵害的严重威胁程度，同时考虑成某某的死亡过程和原因，应当认为盛春平的防卫行为没有明显超过必要限度，符合正当防卫的限度条件。

9. 陈天杰正当防卫案
—— 正当防卫与相互斗殴的界分

【基本案情】

2014年3月12日晚，被告人陈天杰和其妻子孙某某等水泥工在海南省三亚市某工地加班搅拌、运送混凝土。22时许，被害人周某某、容某甲、容某乙（殁年19岁）和纪某某饮酒后，看到孙某某一人卸混凝土，便言语调戏孙某某。陈天杰推着手推车过来装混凝土时，孙某某将被调戏的情况告诉陈天杰。陈天杰便生气地叫容某乙等人离开，但容某乙等人不予理会。此后，周某某摸了一下孙某某的大腿，陈天杰遂与周某某等人发生争吵。周某某冲上去要打陈天杰，陈天杰也准备反击，孙某某和从不远处跑过来的刘某甲站在中间，将双方架开。周某某从工地上拿起一把铁铲（长约2米，木柄），冲向陈天杰，但被孙某某拦住，周某某就把铁铲扔了，空手冲向陈天杰。孙某某在劝架时被周某某推倒在地，哭了起来，陈天杰准备上前去扶孙某某时，周某某、容某乙和纪某某先后冲过来对陈天杰拳打脚踢，陈天杰边退边用拳脚还击。接着，容某乙、纪某某从地上捡起钢管（长约1米，空心，直径约4厘米）冲上去打陈天杰，在场的孙某某、刘某甲、容某甲都曾阻拦，容某甲阻拦周某某时被挣脱，纪某某被刘某甲抱着，但是一直挣扎往前冲。当纪某某和刘某甲挪动到陈天杰身旁时，纪某某将刘某甲甩倒在地并持钢管朝陈天杰的头部打去。因陈天杰头戴黄色安全帽，钢管顺势滑下打到陈天杰的左上臂。在此过程中，陈天杰半蹲着用左手护住孙某某，右手拿出随身携带的一把折叠式单刃小刀（打开长约15厘米，刀刃长约6厘米）乱挥、乱捅，致容某乙、周某某、纪某某、刘某甲受伤。水泥工刘某乙闻讯拿着一把铲子和其他同事赶到现场，周某某、容某乙和纪某某见状便逃离现场，逃跑时还拿石头、酒瓶等物品对着陈天杰砸过来。容某乙被陈天杰持小刀捅伤后跑到工地的地下室里倒地，后因失血过多死亡。经鉴定，周某某的伤情属于轻伤二级；纪某某、刘某甲、陈天杰的伤情均属于轻微伤。

【处理结果】

海南省三亚市城郊人民法院一审判决、三亚市中级人民法院二审裁定认为：被害人容某乙等人酒后滋事，调戏被告人陈天杰的妻子，辱骂陈天杰，不听劝阻，使用足以严重危及他人人身安全的凶器殴打陈天杰。陈天杰在被殴打时，持小刀还击，致容某乙死亡、周某某轻伤、纪某某轻微伤，属于正当防卫，依法不负刑事责任。

【典型意义】

第一，准确区分正当防卫与相互斗殴。正当防卫与相互斗殴在外观上具有相似性，但性质存在本质差异。对于因琐事发生争执，引发打斗的，在判断行为人的行为是互殴还是防卫时，要综合考量案发的起因、对冲突升级是否有过错、是否使用或者准备使用凶器、是否采用明显不相当的暴力、是否纠集他人参与打斗等客观情节，准确判断行为人的主观意图和行为性质。本案中，陈天杰在其妻子孙某某被调戏、其被辱骂的情况下，面对冲上来欲对其殴打的周某某，陈天杰也欲还击，被孙某某和刘某甲拦开。陈天杰在扶劝架时被推倒在地的孙某某时，周某某、容某乙和纪某某先后冲过来对陈天杰拳打脚踢，继而持械殴打陈天杰。陈天杰持刀捅伤被害人时，正是被容某乙等人持械殴打的紧迫期间。因此，陈天杰是在其妻子被羞辱、自己被打后为维护自己与妻子的尊严、保护自己与妻子的人身安全，防止不法侵害而被动进行的还击，其行为属于防卫而非斗殴。

第二，准确把握特殊防卫的起因条件。本案还涉及特殊防卫适用的相关问题。有观点提出，从双方关系和起因、容某乙等人选择打击的部位及强度看，容某乙等人的行为不属于严重危及人身安全的暴力犯罪。根据刑法规定，不能要求只有在不法侵害已经对人身安全实际造成严重危害时才能进行特殊防卫，在不法侵害足以严重危及人身安全的情况下就可以进行特殊防卫。本案中，容某乙等人持械击打的是陈天杰的头部，是人体的重要部位，在陈天杰戴安全帽的情况下致头部轻微伤，钢管打到安全帽后滑到手臂，仍致手臂皮内、皮下出血，可见打击力度之大。在当时的情形下，陈天杰只能根据对方的人数、所持的工具来判断自身所面临的处境。容某乙、纪某某、周某某三人都喝了酒，气势汹汹，并持足以严重危及他人重大人身安全的凶器，在场的孙某某、刘某甲都曾阻拦，但孙某某阻拦周某某、刘某甲阻拦纪某某时均被甩倒。而且，陈天杰是半蹲着左手护住其妻孙某某、右手持小刀进行防卫的，这种姿势不是一种主动攻击的姿势，而是一种被动防御的姿势，且手持的是一把刀刃只有6厘米左右的小刀，只要对方不主动靠近攻击就不会被捅刺到。综上，应当认为本案符合特殊防卫的适用条件，陈天杰的防卫行为造成不法侵害人伤亡的，不属于防卫过当，不负刑事责任。

第三，要准确把握正当防卫的对象条件。正当防卫必须针对不法侵害人进行。对于多人共同实施不法侵害的，既可以针对直接实施不法侵害的人进行防卫，也可以针对在现场共同实施不法侵害的人进行防卫。本案中，击打到陈天杰头部的虽然只是纪某某，但容某乙当时也围在陈天杰身边，手持钢管殴打陈天杰，亦属于不法侵害人，陈天杰可对其实行防卫。当时陈天杰被围打，疲于应对，场面混乱。容某乙等人持足以严重危及他人人身安全的凶器主动攻击陈天杰，严重侵犯陈天杰、孙某某的人身权利。此时，陈天杰用小刀刺、划正在对其围殴的容某乙等人，符合正当防卫的对象条件，属于正当防卫。

10. 杨建伟故意伤害、杨建平正当防卫案
——准备工具防卫与准备工具斗殴的界分

【基本案情】

被告人杨建伟系被告人杨建平胞弟，住处相邻。2016年2月28日中午1时许，杨建伟、杨建平坐在杨建平家门前聊天，因杨建平摸了经过其身边的一条狼狗而遭到狗的主人彭某某（殁年45岁）指责，兄弟二人与彭某某发生口角。彭某某扬言要找人报复，杨建伟即回应

"那你来打啊",后彭某某离开。杨建伟返回住所将一把单刃尖刀、一把折叠刀藏于身上。十分钟后,彭某某返回上述地点,其邀约的黄某、熊某某、王某持洋镐把跟在身后十余米。彭某某手指坐在自家门口的杨建平,杨建平未予理睬。彭某某接着走向杨建伟家门口,击打杨建伟面部一拳,杨建伟即持单刃尖刀刺向彭某某的胸、腹部,黄某、熊某某、王某见状持洋镐把冲过去对杨建伟进行围殴,彭某某从熊某某处夺过洋镐把对杨建伟进行殴打,双方打斗至杨建伟家门外的马路边。熊某某拳击,彭某某、黄某、王某持洋镐把,四人继续围殴杨建伟,致其头部流血倒地。彭某某持洋镐把殴打杨建伟,洋镐把被打断,彭某某失去平衡倒地。杨建平见杨建伟被打倒在地,便从家中取来一把双刃尖刀,冲向刚从地上站起来的彭某某,朝其胸部捅刺。杨建平刺第二刀时,彭某某用左臂抵挡。后彭某某受伤逃离,杨建平持刀追撵并将刀扔向彭某某未中,该刀掉落在地。黄某、熊某某、王某持洋镐把追打杨建平,杨建平捡起该刀边退边还击,杨建伟亦持随身携带的一把折叠刀参与还击。随后黄某、熊某某、王某逃离现场。经法医鉴定,被害人彭某某身有七处刀伤,且其系被他人以单刃锐器刺伤胸腹部造成胃破裂、肝破裂、血气胸致急性失血性休克死亡。另杨建伟、黄某、熊某某均受轻微伤。

【处理结果】

湖北省武汉市中级人民法院二审判决认为:被告人杨建伟持刀捅刺彭某某等人,属于制止正在进行的不法侵害,其行为具有防卫性质;其防卫行为是造成一人死亡、二人轻微伤的主要原因,明显超过必要限度造成重大损害,依法应负刑事责任,构成故意伤害罪。被告人杨建平为了使他人的人身权利免受正在进行的不法侵害,而采取制止不法侵害的行为,对不法侵害人造成损害,属于正当防卫,不负刑事责任。杨建伟的行为系防卫过当,具有自首情节,依法应当减轻处罚。据此,以故意伤害罪判处被告人杨建伟有期徒刑4年,并宣告被告人杨建平无罪。

【典型意义】

在双方因琐事发生争执、冲突，引发打斗，特别是一方事先准备工具的，究竟是防卫行为还是相互斗殴，准确界分存在一定困难。司法适用中，要注意把握正当防卫的意图条件，准确界分防卫行为与相互斗殴、准备工具防卫与准备工具斗殴，以准确认定正当防卫、防卫过当。

第一，正当防卫必须出于免受不法侵害的正当动机。根据刑法第20条第1款的规定，正当防卫的意图既包括使本人的人身、财产和其他权利免受不法侵害，也包括使国家、公共利益或者他人的人身、财产和其他权利免受不法侵害。本案中，彭某某返回现场用手指向杨建平，面对挑衅，杨建平未予理会。彭某某与杨建伟发生打斗时，杨建平仍未参与。彭某某等四人持洋镐把围殴杨建伟并将其打倒在地，致其头部流血，双方力量明显悬殊，此时杨建平持刀刺向彭某某。杨建平的行为是为了制止杨建伟正在遭受的严重不法侵害，符合正当防卫的意图条件。彭某某被刺后逃离，黄某等人对杨建伟的攻击并未停止，杨建平继续追赶彭某某的行为应认定为正当防卫。综上，杨建平的行为系正当防卫，不负刑事责任。

第二，妥当界分准备工具防卫与准备工具斗殴。实践中，防卫行为在客观上也可能表现为双方相互打斗，具有互殴的形式与外观。二者界分的关键就在于行为人是具有防卫意图还是斗殴意图。本案中，彭某某与杨建伟兄弟二人并不相识，突发口角，彭某某扬言要找人报复时，杨建伟回应"那你来打啊"，该回应不能认定杨建伟系与彭某某相约打斗。行为人为防卫可能发生的不法侵害，准备防卫工具的，不必然影响正当防卫的认定。杨建伟在彭某某出言挑衅，并扬言报复后，准备刀具系出于防卫目的。彭某某带人持械返回现场，冲至杨建伟家门口拳击其面部，杨建伟才持刀刺向彭某某胸腹部，该行为是为了制止正在进行的不法侵害，应当认定为防卫行为。

第三，把握正当防卫的限度条件以准确认定防卫过当。根据刑法第20条第2款的规定，防卫过当应当同时具备"明显超过必要限度"和"造成重大损害"两个条件，缺一不可。本案中，彭某某空手击打杨建伟面部，杨建伟此时并非面临严重的不法侵害，却持刀捅刺彭某某胸、腹部等要害部位，杨建伟的防卫行为明显超过必要限度。杨建伟的防卫行为并非制止彭某某空手击打的不法侵害所必需，从损害后果看，彭某某要害部位多处致命刀伤系杨建伟所致，是其死亡的主要原因，杨建伟的防卫行为明显超过必要限度造成重大损害，属于防卫过当，构成故意伤害罪。具体而言，杨建伟对防卫行为明显超过必要限度造成重大损害主观上持故意，但对于造成死亡结果系过失，故对其防卫过当行为应当以故意伤害致人死亡作出评价。

第四，妥当把握防卫过当的刑罚裁量。根据刑法第 20 条第 2 款的规定，防卫过当应当负刑事责任，但是应当减轻或者免除处罚。要综合考虑案件情况，特别是被害人过错，以确保刑罚裁量的准确和公正。本案中，杨建伟的防卫行为过当，构成故意伤害罪，对其减轻处罚，应当在 3 年以上 10 年以下有期徒刑的幅度内裁量刑罚。杨建伟明知他人报警，仍在案发现场等候，到案后能够如实供述主要犯罪事实，成立自首。综合考虑本案的犯罪事实、性质、情节和危害后果，以故意伤害罪判处杨建伟有期徒刑 4 年，符合社会公平正义观念，实现了法律效果与社会效果的有机统一。

11. 刘金胜故意伤害案
——滥用防卫权行为的认定

【基本案情】

被告人刘金胜与黄某甲非婚生育四名子女。2016 年 10 月 1 日晚 9 时许，被告人刘金胜与黄某甲因家庭、情感问题发生争吵，刘金胜打了黄某甲两耳光。黄某甲来到其兄长黄某乙的水果店，告知黄某乙其被刘金胜打了两耳光，让黄某乙出面调处其与刘金胜分手、孩子抚养等问题。黄某乙于是叫上在水果店聊天的被害人李某某、毛某某、陈某某，由黄某甲带领，于当晚 10 时许来到刘金胜的租住处。黄某乙质问刘金胜，双方发生争吵。黄某乙、李某某各打了坐在床上的刘金胜一耳光，刘金胜随即从被子下拿出一把菜刀砍伤黄某乙头部，黄某乙逃离现场。李某某见状欲跑，刘金胜拽住李某某，持菜刀向李某某头部连砍三刀。毛某某、陈某某、黄某甲随即上前劝阻刘金胜，毛某某、陈某某抱住刘金胜并夺下菜刀后紧随李某某跑下楼并报警。经鉴定，黄某乙的伤情属于轻伤一级，李某某的伤情属于轻伤二级。

【处理结果】

广东省佛山市禅城区人民法院判决认为：正当防卫以存在现实的不法侵害为前提，对轻微不法侵害直接施以暴力予以反击，能否认定为正当防卫，应当结合具体案情评判。黄某乙、李某某各打被告人刘金胜一耳光，显属发生在一般争吵中的轻微暴力。此种情况下，刘金胜径直手持菜刀连砍他人头部，不应认定为防卫行为。综合案件具体情况，以故意伤害罪判处被告人刘金胜有期徒刑1年。该判决已发生法律效力。

【典型意义】

根据刑法第20条第1款的规定，正当防卫是针对正在进行的不法侵害，而采取的对不法侵害人造成损害的制止行为。司法适用中，既要依法维护公民的正当防卫权利，也要注意把握界限，防止滥用防卫权，特别是对于针对轻微不法侵害实施致人死伤的还击行为，要根据案件具体情况，准确认定是正当防卫、防卫过当还是一般违法犯罪行为。

第一，注意把握界限，防止权利滥用。本案中，黄某乙、李某某打刘金胜耳光的行为，显属发生在一般争吵中的轻微暴力，有别于以给他人身体造成伤害为目的的攻击性不法侵害行为。因此，刘金胜因家庭婚姻情感问题矛盾激化被打了两耳光便径直手持菜刀连砍他人头部，致人轻伤的行为，没有防卫意图，属于泄愤行为，不应当认定为防卫行为。

第二，注重查明前因后果，分清是非曲直。办理涉正当防卫案件，要根据整体案情，结合社会公众的一般认知，做到依法准确认定。要坚持法理情统一，确保案件的定性处理于法有据、于理应当、于情相容，符合人民群众的公平正义观念。对于因恋爱、婚姻、家庭、邻里纠纷等民间矛盾激化或者因劳动纠纷、管理失当等原因引发的不法侵害，特别是发生在亲友之间的，要求优先选择其他制止手段，而非径直选择致人死伤的还击行为，符合人民群众的公平正义观念，契合我国文化传统。对于相关案件，在认定是否属于正当防卫以及防卫限度时，要综合案件具体情况特别是被害方有无过错以及过错大小进行判断。本案中，刘金胜与黄某甲因家庭、情感问题发生争吵，刘金胜打了黄某甲两耳光，这是引发后续黄某乙、李某某等实施上门质问争吵行为的直接原因。换言之，本案因家庭琐事引发，且刘金胜具有重大过错。据此，法院对刘金胜致人轻伤的行为，以故意伤害罪判处其有期徒刑一年，契合人民群众公平正义观念，实现了法律效果与政治效果、社会效果的有机统一。

12. 赵宇正当防卫案
——"明显超过必要限度"的认定

【基本案情】

2018年12月26日晚11时许，李某与在此前相识的女青年邹某一起饮酒后，一同到达福州市晋安区某公寓邹某的暂住处，二人在室内发生争吵，随后李某被邹某关在门外。李某强行踹门而入，谩骂殴打邹某，引来邻居围观。暂住在楼上的赵宇闻声下楼查看，见李某把邹某摁在墙上并殴打其头部，即上前制止并从背后拉拽李某，致李某倒地。李某起身后欲殴打赵宇，威胁要叫人"弄死你们"，赵宇随即将李某推倒在地，朝李某腹部踩一脚，又拿起凳子欲砸李某，被邹某劝阻住，后赵宇离开现场。经鉴定，李某腹部横结肠破裂，伤情属于重伤二级；邹某面部挫伤，伤情属于轻微伤。

【处理结果】

公安机关以赵宇涉嫌故意伤害罪立案侦查，侦查终结后，以赵宇涉嫌过失致人重伤罪向检察机关移送审查起诉。福建省福州市晋安区人民检察院认定赵宇防卫过当，对赵宇作出相对不起诉决定。福州市检察院经审查认定赵宇属于正当防卫，依法指令晋安区人民检察院对赵宇作出绝对不起诉决定。

【典型意义】

根据刑法第 20 条第 2 款的规定，防卫过当应当同时具备"明显超过必要限度"和"造成重大损害"两个条件，缺一不可。造成重大损害是指造成不法侵害人重伤、死亡，对此不难判断。实践中较难把握的是相关防卫行为是否明显超过必要限度，不少案件处理中存在认识分歧。司法适用中，要注意综合考虑案件具体情况，结合社会公众的一般认知，对防卫行为是否"明显超过必要限度"作出准确判断。

第一，防卫过当仍属于防卫行为，只是明显超过必要限度并造成重大损害。本案中，李某强行踹门进入他人住宅，将邹某摁在墙上殴打其头部，赵宇闻声下楼查看，为了制止李某对邹某以强欺弱，出手相助，拉拽李某。赵宇的行为属于为了使他人的人身权利免受正在进行的不法侵害，而采取的制止不法侵害的行为，符合正当防卫的起因条件、时间条件、对象条件和意图条件等要件，具有防卫性质。

第二，对防卫行为"明显超过必要限度"的判断，应当坚持综合考量原则。防卫是否"明显超过必要限度"，应当综合不法侵害的性质、手段、强度、危害程度和防卫的时机、手段、强度、损害后果等情节，考虑双方力量对比，立足防卫人防卫时所处情境，结合社会公众的一般认知作出判断。在判断不法侵害的危害程度时，不仅要考虑已经造成的损害，还要考虑造成进一步损害的紧迫危险性和现实可能性。不应当苛求防卫人必须采取与不法侵害基本相当的反击方式和强度，更不能机械地理解为反击行为与不法侵害行为的方式要对等，强度要精准。防卫行为虽然超过必要限度但并不明显的，不能认定为防卫过当。本案虽然造成了李某重伤二级的后果，但是，从赵宇的行为手段、行为目的、行为过程、行为强度等具体情节来看，没有"明显超过必要限度"。赵宇在阻止、拉拽李某的过程中，致李某倒地，在李某起身后欲殴打赵宇,并用言语威胁的情况下,赵宇随即将李某推倒在地,朝李某腹部踩一脚,导致李某横结肠破裂,属于重伤二级。从行为手段上看,双方都是赤手空拳,赵宇的拉拽行为与李某的不法侵害行为基本相当。从赵宇的行为过程来看,赵宇制止李某的不法侵害行为是连续的,自然而然发生的,是在当时场景下的本能反应。李某倒地后,并未完全被制服,仍然存在起身后继续实施不法侵害的现实可能性。此时,赵宇朝李某腹部踩一脚,其目的是阻止李某继续实施不法侵害,并没有泄愤报复等个人目的,应当认定为正当防卫。

13. 陈月浮正当防卫案
——特殊防卫的具体适用

【基本案情】

2009年1月25日凌晨2时许,被害人陈某某酒后来到被告人陈月浮家,用随身携带的一把菜刀敲击陈月浮家铁门,叫陈月浮出来打架。陈月浮的妻子下楼,佯称陈月浮不在家。陈某某继续敲击铁门,陈月浮便下楼打开铁门,陈某某遂用菜刀砍中陈月浮脸部,致陈月浮轻伤。陈某某再次砍向陈月浮时,被陈月浮挡开,菜刀掉在地上,陈月浮上前拳击陈某某的胸部等部位,二人在地上扭打。后陈某某因钝性物体作用胸部致心包、心脏破裂致失血性休克死亡。

【处理结果】

广东省普宁市人民法院一审判决、揭阳市中级人民法院二审裁定认为:陈某某无故持刀上门砍伤陈月浮,陈月浮为了使本人的人身免受正在进行的不法侵害,对正在进行的危害人身安全的暴力犯罪采取防卫行为,造成不法侵害人陈某某死亡的,不属于防卫过当,不负刑事责任。

【典型意义】

根据刑法第20条第3款的规定,对正在进行行凶、杀人、抢劫、强奸、绑架以及其他严重危及人身安全的暴力犯罪,采取防卫行为,造成不法侵害人伤亡的,不属于防卫过当,不负刑事责任。司法适用中,要妥当把握特殊防卫的起因条件,准确理解和把握"行凶"。

第一,根据刑法规定,特殊防卫的起因条件限于正在进行的行凶、杀人、抢劫、强奸、绑架以及其他严重危及人身安全的暴力犯罪。与一般防卫不同,特殊防卫起因条件的实质在于不法侵害系"严重危及人身安全"的暴力犯罪。需要注意的是,行凶、杀人、抢劫、强奸、绑架等不法侵害必须严重危及人身安全且系暴力犯罪,才能实行特殊防卫;相关不法侵害没有严重危及人身安全的,应当适用一般防卫的法律规定。对于相关不法侵害是否严重危及人身安全,应当注意从不法侵害是否具有暴力性、是否严重危及人身安全、是否达到犯罪程度等方面作出判断。本案中,陈某某无故持菜刀凌晨上门砍伤陈月浮,属于使用致命性凶器实施的严重危及他人人身安全的不法侵害,应当认定为"行凶",对此陈月浮可以实行特殊防卫。

第二,刑法第 20 条第 3 款规定的"行凶",可以是使用致命性凶器实施的行凶行为,也可以是以其他形式严重危及人身安全的行凶行为。不法侵害人的具体故意内容不确定,但根据侵害行为发生的时间、地点及不法侵害人持有凶器判断,暴力侵害行为足以严重危及人身安全的,防卫人可以实行特殊防卫。本案中,陈某某持菜刀砍中陈月浮脸部致其轻伤,陈某某再次砍向陈月浮时被其挡开,菜刀掉到地上。此时,要求陈月浮被菜刀砍伤后保持高度冷静,在将行凶者打倒之后,还要仔细判断行凶者有没有继续行凶的能力,这对于在黑夜之中高度惊恐的防卫人,是强人所难。因此,综合考虑案件的具体情况,应当认为在陈某某菜刀掉到地上之后仍然可以实行防卫。

第三,准确理解和把握正当防卫的刑法规定和立法精神,对于符合正当防卫认定条件的,坚决依法认定。实践中,受"人死为大"传统观念的影响,在处理因防卫致人死亡的案件时,办案机关往往面临外部压力,存有心理顾虑,以致有的情况下将原本属于正当防卫的行为认定为防卫过当,甚至连防卫因素也不予认定。这是极端错误的。作为司法机关,严格依法办案是天职,决不能为了所谓的"息事宁人"牺牲法律原则。否则，既不利于维护法律的尊严，也不利于为全社会树立正确导向，对正当防卫人来说更是有失公正。对于确系正当防卫的案件，应当勇于担当，严格公正司法，坚决依法认定。实践证明，只有依法判决，才能赢得好的效果；只要依法判决，就能赢得好的效果。本案就是例证，依法宣判陈月浮不负刑事责任后，获得了社会公众的普遍肯定，弘扬了社会主义核心价值观，实现了法律效果与社会效果的有机统一。

四、最高人民检察院发布的正当防卫不捕不诉典型案例

14. 甘肃省泾川县王某民正当防卫不批捕案
——准确理解和把握"正在进行""行凶"等严重危及人身安全的暴力犯罪

【法律要旨】

根据最高人民法院、最高人民检察院、公安部《关于依法适用正当防卫制度的指导意见》的规定，使用致命性凶器，严重危及他人人身安全的行为，应当认定为刑法第20条第3款规定的"行凶"。正当防卫必须是针对"正在进行"的不法侵害。对于不法侵害已经形成现实、紧迫危险的，应当认定为不法侵害已经开始；对于不法侵害虽然被暂时制止，但不法侵害人仍有可能继续实施侵害的，应当认定为不法侵害仍在进行；对于不法侵害人确已失去侵害能力或者确已放弃侵害的，应当认定为不法侵害已经结束。对于不法侵害是否已经开始或者结束，要立足防卫人在防卫时所处情景，按照社会公众的一般认知，依法作出合乎情理的判断，不能苛求防卫人。

对于因婚姻家庭矛盾引发的不法侵害，首先，要正确判断不法侵害是一般侵害还是严重暴力侵害；其次，要正确判断严重暴力侵害是否正在进行。据此来确定是否适用刑法关于特殊防卫的规定。

【基本案情】

2008年，王某民之女王某霞与潘某结婚，婚后生育儿子潘甲（11岁）、女儿潘乙（9岁）。因感情不睦，潘某多次对王某霞实施家暴，

2016年1月12日二人协议离婚，约定潘某抚养儿子潘甲，王某霞抚养女儿潘乙。一年后，经他人撮合二人共同生活，但未办理复婚手续。2019年7月，二人先后独自外出打工。2020年春节前夕，王某霞打工返回王某民家中居住，潘乙跟随王某霞在姥爷王某民家中上网课，不愿意跟随潘某回去，潘某以领回潘乙为由两次来到王某民家中滋事。

2020年3月21日16时许，潘某驾驶摩托车载潘甲来到王某民家中，要求领回潘乙，因潘乙不愿回家，王某霞和潘某发生争吵，王某霞电话报警，派出所民警出警后将潘某劝离。3月22日16时许，潘某再次驾驶摩托车来到王某民家中，进入王某民儿媳薛某某的西房，欲抱炕上薛某某刚满月的婴儿时，被随后赶来的王某霞劝离该房间。潘某又到正房，拉起床上熟睡的潘乙欲离开，王某霞阻拦时，二人发生争吵。潘某右手持随身携带的单刃匕首（全长26.5厘米，柄长11厘米，刃长15.5厘米，刃宽2.8厘米），左胳膊夹着潘乙走出院子大门，王某霞紧随其后，因潘乙不愿随潘某回家挣扎并大哭，王某霞再次阻拦时，潘某遂持匕首在王某霞左腰后部、头部各刺戳一下，致面部血流模糊双眼，王某霞大声喊叫。此时正在大门外东侧棚房内收拾柴火的王某民听到喊叫声后，随手拿起一把镢头跑到大门外的水泥路上，见王某霞头部大量流血，潘某持匕首仍与王某霞、潘乙撕扯在一起。王某民见状持镢头在潘某的后脑部击打一下，潘某倒地后，欲持匕首起身时，王某民又持镢头在潘某后脑部击打两下，潘某趴倒在地。后王某民即拨打110报警电话和120急救电话。29分钟后，120到达案发现场，出诊医生发现潘某手中攥着匕首，经检查潘某已死亡。王某霞被送往医院救治，被诊断为：左腰部开放性伤口、左腰部肌肉血肿、左肾包膜下血肿、左肾周血肿、左肾挫伤、头皮裂伤。经鉴定，潘某系被钝器多次打击头部致重度颅脑损伤死亡。

【检察履职情况】

2020年3月23日，甘肃省泾川县公安局以王某民涉嫌故意伤害罪立案侦查，并对其采取刑事拘留强制措施，3月30日提请批准逮捕。泾川县人民检察院审查认为，潘某的行为严重危及他人人身安全，王某民为保护家人免受侵害而采取防卫行为，造成不法侵害人潘某死亡，符合刑法第20条第3款的规定，依法不负刑事责任。于4月6日决定不批准逮捕，同日王某民被释放，随后公安机关对王某民作出撤销案件决定。

甘肃省泾川县人民检察院作出不批准逮捕决定后，会同公安机关多次向双方当事人家属释法说理。经了解，潘某家中仅有其母胡某某（现年54岁）、其子潘甲二人，无其他经济来源，生活困难。经协调，镇政府已将胡某某列为低保对象，并向民政部门为潘甲申请困难救助。对于王某霞及女儿潘乙予以司法救助。检察机关通过一系列工作，及时化解矛盾，解决当事人的现实困难，提高了办案质效。

【典型意义】

我国刑法关于特殊防卫的规定，不苛求防卫行为与不法侵害行为完全对等，判断暴力侵害是否正在进行时要设身处地考虑防卫人所处的具体情景，作出法理情相统一的认定，彰显"法不能向不法让步"的价值理念。此案中，不法侵害人潘某持致命性凶器刺中王某霞，王某民闻声赶到时潘某与王某霞撕扯在一起，王某霞头部流着血，王某民持镢头反击属于对"正在进行"的"行凶"实施防卫。潘某倒地后欲持匕首起身，仍有可能继续实施侵害，不法侵害的现实危险性仍然存在，应当认定为不法侵害已经开始，尚未结束，仍处于"正在进行"中。王某民在面对突如其来的不法侵害时，精神处于高度紧张状态，不能过于苛求其反击方式、部位、力度精确到刚好制止不法侵害。王某民对"正在进行"的暴力侵害实施防卫，符合特殊防卫的起因条件，致不法侵害人死亡的，依法不负刑事责任。

实践中，因不能正确处理感情、婚姻、家庭矛盾引发暴力冲突，导致重大伤亡的刑事案件时有发生，检察机关在正确认定案件事实，准确适用法律，保障无罪的人不受刑事追究的同时，对于因案致贫的家庭给予帮扶和救助，彰显了为民执法的情怀和司法的温度。此案具有一定的警示作用，教育广大公民理性对待感情纠葛，正确处理婚姻家庭矛盾，树立优良家风，建设和谐家庭，避免家庭悲剧发生。

15. 河北省辛集市耿某华正当防卫不批捕案
——为保护住宅安宁、人身和财产安全实施防卫致人重伤的认定

【法律要旨】

最高人民法院、最高人民检察院、公安部《关于依法适用正当防卫制度的指导意见》规定"正当防卫的前提是存在不法侵害。不法侵害既包括侵犯生命、健康权利的行为，也包括侵犯人身自由、公私财产等权利的行为；既包括犯罪行为，也包括违法行为。不应将不法侵害不当限缩为暴力侵害或者犯罪行为。对于非法限制他人人身自由、非法侵入他人住宅等不法侵害，可以实行防卫。"

面对非法暴力强拆，防卫人为保护自己和家人的人身安全和财产安全而阻止暴力拆迁的行为，符合正当防卫的前提条件，综合不法侵害行为和防卫行为的性质、手段、强度、力量对比、所处环境等因素全面分析，防卫行为没有明显超过必要限度的，应当认定为正当防卫，依法不负刑事责任。

【基本案情】

2017年8月，石家庄某房地产公司与康某某达成口头协议，由其负责该公司开发的辛集市某城中村改造项目中尚未签订协议的耿某华等八户人家的拆迁工作，约定拆迁劳务费为50万元。

2017年10月1日凌晨2时许，康某某纠集卓某某等八人赶到项目所在地强拆民宅。其中，卓某某组织张某某、谷某明、王某某、俱某某、赵某某、谷某章、谷某石（以上人员均因犯故意毁坏财物罪另案处理）等人，在康某某带领下，携带橡胶棒、镐把、头盔、防刺服、盾牌等工具，翻墙进入耿某华家中。耿某华妻子刘某某听到响动后出屋来到院中，即被人摁住并架出院子。耿某华随后持一把农用分苗刀出来查看，强拆人员对其进行殴打，欲强制带其离开房屋，实施拆迁。耿某华遂用分苗刀乱挥、乱捅，将强拆人员王某某、谷某明、

俱某某三人捅伤。随后，卓某某、谷某章、赵某某等人将耿某华按倒在地，并将耿某华架出院子。刘某某被人用胶带绑住手脚、封住嘴后用车拉至村外扔在路边。与此同时，康某某组织其他人员使用挖掘机等进行强拆。当晚，强拆人员将受伤的王某某、谷某明、俱某某以及耿某华等人送往医院救治。经鉴定，王某某、俱某某二人损伤程度均构成重伤二级，谷某明、耿某华因伤情较轻未作鉴定。经勘验检查，耿某华部分房屋被毁坏。

【检察履职情况】

案发后，公安机关对强拆人员以故意毁坏财物罪立案侦查。其中，康某某、卓某某、王某某、张某某、俱某某被分别判处有期徒刑2年6个月、3年2个月等相应的刑罚。石家庄某房地产公司因在未达成拆迁协议的情况下，聘用拆迁公司拆除房屋，支付了相关人员的医疗费等费用，对耿某华房屋部分毁坏予以相应赔偿。

2018年11月16日，河北省辛集市公安局以耿某华涉嫌故意伤害罪立案侦查，于2019年5月22日提请辛集市人民检察院批准逮捕。提请逮捕时认为，耿某华的行为虽有防卫性质，但明显超过必要限度，属于防卫过当。辛集市人民检察院审查中，对于适用刑法第20条第1款的一般防卫，还是第20条第3款的特殊防卫，存在认识分歧。同年5月29日，辛集市人民检察院经检察委员会研究认为，卓某某等人的行为属于正在进行的不法侵害，耿某华的行为具有防卫意图，其防卫行为没有明显超过必要限度，本案不符合特殊防卫的规定，依据刑法第20条第1款的规定，耿某华的行为属于正当防卫，依法作出不批准逮捕决定。同日，公安机关对耿某华作出撤销案件决定。

【典型意义】

耿某华面对正在进行的非法暴力拆迁，其实施防卫行为具有正当性，对于致二人重伤的结果，应当综合不法侵害行为和防卫行为的性质、手段、强度、力量对比、所处环境等因素来进行综合分析判断，作出正确的法律评价。不法侵害人深夜翻墙非法侵入耿某华住宅，强制带离耿某华夫妇,强拆房屋。耿某华依法行使防卫权利,其防卫行为客观上造成了二人重伤的重大损害,但是,耿某华是在被多人使用工具围殴,双方力量相差悬殊的情况下实施的防卫,综合评价耿某华的防卫行为没有明显超过必要限度。另外,此案不法侵害的主要目的是强拆,是对财产权利实施的暴力,对耿某华夫妇人身伤害的主要方式和目的是强制带离现场。虽然强制带离和围殴也是对耿某华夫妇人身的伤害,但是,综合案件具体情况,不法侵害行为不属于刑法第20条第3款规定的"行凶、杀人、抢劫、强奸、绑架以及其他严重危及人身安全的暴力犯罪",应当适用一般防卫的法律规定。

在我国经济社会快速发展的背景下,因暴力拆迁引发的矛盾和冲突时有发生,在这类案件办理中,司法机关要查明案件事实,弄清强拆是否依法合规正当,依法惩治犯罪、保障无辜的人不受刑事处罚。同时,妥善处理拆迁中的矛盾纠纷,促进社会稳定有序。要引导房地产企业依法文明规范拆迁行为,教育被拆迁业主参与协商,依法维权,避免财产损失和人身伤害的发生。

16. 江西省宜春市高某波正当防卫不起诉案
——对"明显超过必要限度"的认定

【法律要旨】

根据刑法第20条第2款的规定,认定防卫过当应当同时具备"明显超过必要限度"和"造成重大损害"两个条件,缺一不可。"造成重大损害"是指造成不法侵害人重伤、死亡,对此不难判断。实践中较难把握的是相关防卫行为是否明显超过必要限度,不少案件处理中存在认识分歧。最高人民法院、最高人民检察院、公安部《关于依法适用正当防卫制度的指导意见》规定,防卫是否"明显超过必要限度",应当综合考虑不法侵害的性质、手段、强度、危害程度和防卫的时机、手段、强度、损害后果等情节,考虑双方力量对比,立足防卫人防卫时所处情境,结合社会公众的一般认知作出判断。在判断不法侵害的危害程度时，不仅要考虑已经造成的损害，还要考虑造成进一步损害的急迫危险性和现实可能性。

防卫人被骗入传销组织，在人身自由、健康、安全遭受传销人员不法侵害时，面对多人围殴，尽管不法侵害人没有持器械，防卫人持刀反击，造成伤亡结果的，应当从防卫人的角度设身处地考虑防卫行为是否明显超过必要限度。

【基本案情】

2018年3月5日上午，高某波被传销人员陶某某以谈恋爱为由骗至江西省宜春市袁州区，次日11时许被带至传销窝点。根据传销组织安排，陶某某将高某波带入窝点的一房间后，郭某某、缪某某、张某某、刘某某四人要求高某波交出手机，高某波意识到可能进入传销窝点而拒绝。四人便按照控制新人的惯例做法，上前将其抱住，抢走其眼镜。因高某波情绪激动，在房间外的安某某和孟某某也进入房间，帮助控制高某波。随后，孟某某抢走高某波的手机，安某某用言语呵斥、掐脖子等方式逼迫其交出钱包。见高某波仍然不配合，在房间外的梁某某和胡某某也进入该房间共同控制高某波，要求高某波扎马步，并推搡高某波。高某波从裤袋内拿出随身携带的折叠刀（非管制刀具），要求离开。安某某、张某某见状立即上前抢刀，其他同伙也一齐上前欲控制高某波，其中张某某抱住高某波的左手臂，郭某某从背后抱住高某波的腿部。高某波持刀挥舞，在刺伤安某某、张某某、梁某某等人后，逃离现场。安某某胸腹部被刺两刀，经抢救无效死亡。经鉴定，安某某符合锐器刺击导致心脏破裂死亡；张某某枕部软组织创口，损伤程度为轻微伤；梁某某左手拇指软组织创口，损伤程度为轻微伤。

【检察履职情况】

2018年3月6日，江西省宜春市公安局袁州区分局以高某波涉嫌故意伤害罪立案侦查，并对其采取刑事拘留强制措施。3月21日，经袁州区人民检察院批准执行逮捕。同年5月16日，公安机关以高某波涉嫌故意伤害罪移送袁州区人民检察院审查起诉。袁州区人民检察院经审查和退回公安机关补充侦查，并认真听取辩护人的意见。经检察委员会研究认为，高某波主观上具有正当防卫的意图，客观上面对的是正在发生的不法侵害，虽造成一人死亡、二人轻微伤的客观后果，但其防卫行为没有明显超过必要限度，符合《中华人民共和国刑法》第20条第1款之规定，属于正当防卫，依法不负刑事责任。依照《中华人民共和国刑事诉讼法》第177条第1款的规定，于2019年1月15日决定对高某波不起诉。

在作出不起诉决定前，袁州区人民检察院向袁州区公安分局阐明拟不起诉的理由，公安机关表示认可。作出不起诉决定后，袁州区人民检察院指派主办检察官前往不法侵害人安某某家中，向其亲属开展释法说理和化解矛盾工作，其亲属表示接受处理结果。

【典型意义】

在判断防卫是否"明显超过必要限度"时，不应当苛求防卫人必须采取与不法侵害基本相当的反击方式和强度。通过综合考量，对于防卫行为与不法侵害相差悬殊、明显过激的，应当认定防卫明显超过必要限度。反之，不应认定为"明显超过必要限度"。高某波被骗至传销窝点，面对多人非法限制其人身自由、对其围攻，强制其加入传销组织，为摆脱困境实施防卫，持刀反击，其行为虽然造成一人死亡、二人轻微伤的客观后果，但从防卫人面对多人围殴的场景和情势急迫状况来看，持刀反击的行为并没有明显超过必要限度。此案办理过程中，检察机关秉持客观公正立场，严格依法规范办案，注重释法说理，提升办案质效，具有典型示范意义。

近年来，暴力传销案件在全国各地多发，暴力传销组织肆意实施故意伤害、抢劫、非法拘禁等犯罪行为，对公民人身权利和财产权利带来严重危害，也成为滋生黑恶犯罪的重要领域。依法严厉打击传销犯罪的同时，支持遭受传销组织不法侵害的公民正当防卫，同违法犯罪活动作斗争。依法对高某波作出不起诉决定，有利于依法保护公民正当防卫权；有利于震慑犯罪，遏制传销犯罪的蔓延；有利于弘扬正气，营造安全和谐的社会环境。

17. 湖北省京山市余某正当防卫不起诉案
——准确界分相互斗殴与正当防卫

【法律要旨】

准确界分相互斗殴与正当防卫的界限，关键看行为人在主观意图上是为了防卫合法利益还是故意不法侵害他人。根据最高人民法院、最高人民检察院、公安部《关于依法适用正当防卫制度的指导意见》的规定，判断行为人是否具有防卫意图，应当坚持主客观相统一原则，通过综合考量案发起因、对冲突升级是否有过错、是否使用或者准备使用凶器、是否采用明显不相当的暴力、是否纠集他人参与打斗等客观情节，准确判断行为人的主观意图和行为性质。因琐事发生争执，双方均不能保持克制而引发打斗，对于有过错的一方先动手且手段明显过激的，还击一方的行为一般应当认定为防卫行为。

在道路行车纠纷中，一方正常行驶，另一方违章驾驶，主动挑衅，引发打斗的，在判断行为人是互殴还是防卫时，要从谁引发矛盾，谁造成矛盾升级，以及行为手段和后果等方面进行综合分析评判。要结合社会公众的一般认知依法准确认定，司法结论应彰显公平公正、邪不压正的价值理念。

【基本案情】

2018年7月30日14时许，申某某与朋友王某某、周某某等人饮酒吃饭后，由王某某驾驶申某某的越野车，欲前往某景区漂流。与申某某同向行驶的余某驾驶越野车，带其未成年儿子去往同一景区。在行驶过程中，王某某欲违规强行超车，余某正常行驶未予让行，结果王某某驾驶的车辆与路边防护栏发生轻微擦碰。申某某非常生气，认为自己车辆剐蹭受损是余某未让行所致，遂要求王某某停车，换由自己驾车。申某某在未取得驾驶证且饮酒（经鉴定，血液酒精含量114.4mg/100ml）的情况下，追逐并试图逼停余某的车。余某未予理会，驾车绕开后继续前行。申某某再次驾车追逐，在景区门前将余某的车再次逼停。随后，申某某下车并从后备厢中拿出一根铁质棒球棍走向余某的车门，余某见状叮嘱其儿子千万不要下车，并拿一把折叠水果刀下车防身。申某某上前用左手掐住余某的脖子将其往后推，右手持棒球棍击打余某。余某在后退躲闪过程中持水果刀挥刺，将申某某左脸部划伤，并夺下申某某的棒球棍，将其扔到附近草地上，申某某捡取棒球棍继续向余某挥舞。围观群众将双方劝停后，申某某将余某推倒在地，并继续殴打余某，后被赶至现场的民警抓获。经鉴定，申某某左眼球破裂，面部单个瘢痕长 5.8cm，损伤程度为轻伤二级。余某为轻微伤。

【检察履职情况】

2018 年 11 月，湖北省京山市公安局以余某涉嫌故意伤害罪、申某某涉嫌危险驾驶罪分别立案侦查，同年 12 月分别移送京山市人民检察院审查起诉。京山市人民检察院并案审查后认为，余某的行为应当认定正当防卫，依法不负刑事责任，于 2019 年 1 月 18 日决定对余某不起诉。同时，申某某在道路上追逐拦截余某，把余某的车逼停后，手持铁质棒球棍对余某挑衅、斗狠、威胁及殴打，其行为符合刑法第 293 条"随意殴打他人，情节恶劣"的规定，构成寻衅滋事罪。京山市人民检察院依法履行诉讼监督职能，决定追加起诉申某某的寻衅滋事犯罪。2019 年 3 月 4 日，京山市人民法院以危险驾驶罪、寻衅滋事罪数罪并罚，判处申某某有期徒刑 9 个月。

【典型意义】

实践中，双方因琐事发生争吵、冲突、打架，导致人员伤亡，在故意伤害类刑事案件中较为常见、多发。正确判断是故意伤害行为还是正当防卫行为，行为人具有相互斗殴意图还是防卫意图，是司法中面临的重点和难点问题。在依法准确认定行为人是否具有防卫意图时，不能简单地以防卫行为造成的后果重于不法侵害造成的后果，就排除当事人具有防卫意图。应当从矛盾发生并激化的原因、打斗的先后顺序、使用工具情况、采取措施的强度等方面综合判断当事人是否具有防卫意图。应以防卫人的视角，根据不法侵害的性质、强度和危险性，防卫人所处的具体环境等因素，进行符合常情、常理的判断。此案中，防卫人余某正常行驶，不法侵害人申某某挑起矛盾，又促使矛盾步步升级，先拿出凶器主动对余某实施攻击。反观余某，其具有防卫意图，而且防卫行为比较克制，造成申某某轻伤的结果，不能认定为互殴。余某在车辆被逼停，申某某拿着棒球棍走向自己的情况下，携带车内水果刀下车可视为防身意图，不影响防卫目的成立。

司法机关要切实转变司法观念，坚决摒弃"唯结果论"和"各打五十大板"等执法司法惯性。对引发争吵有过错、先动用武力、使用工具促使矛盾升级的一方实施还击的，可以认定还击一方具有防卫意图。在判断是否防卫过当时，不应苛求防卫措施与不法侵害完全对等。要依法对有过错一方主动滋事的行为进行否定性评价，对于构成犯罪的，应当依法追究刑事责任。要切实防止"谁能闹谁有理""谁死伤谁有理"的错误做法，坚决捍卫"法不能向不法让步"的法治精神。

现实生活中，道路行车过程中发生纠纷和轻微剐蹭比较常见，车辆驾驶人员应当遵守交通规则，谨慎驾驶，冷静处理纠纷。此案警示人们要注意道路行车安全，理性平和对待轻微剐蹭事件，避免以武力解决纠纷。

18. 安徽省枞阳县周某某正当防卫不起诉案

——对强奸行为实施特殊防卫的认定

【法律要旨】

我国刑法第 20 条第 3 款规定，对正在进行行凶、杀人、抢劫、强奸、绑架以及其他严重危及人身安全的暴力犯罪，采取防卫行为，造成不法侵害人伤亡的，不属于防卫过当，不负刑事责任。"强奸"与行凶、杀人、抢劫、绑架是并列规定的。根据最高人民法院、最高人民检察院、公安部《关于依法适用正当防卫制度的指导意见》的规定，"杀人、抢劫、强奸、绑架"，是指具体犯罪行为而不是具体罪名。在实施不法侵害过程中存在杀人、抢劫、强奸、绑架等严重危及人身安全的暴力犯罪行为的，可以实行特殊防卫。

在强奸犯罪中，严重危及人身安全的表现形式，就是强行与女性发生性关系，而不是要求危及生命安全。对强奸行为实行特殊防卫不要求侵害行为已经达到严重危及生命安全的程度，防卫人才可以实行特殊防卫。实践中，强奸案件具有证据相对薄弱的特点，在涉强奸的正当防卫案件办理中，在证据采信上要采取口供补强原则，在认定不法侵害人的侵害意图、侵害能力、侵害强度和不法侵害是否处于持续状态时，应体现有利于防卫人的原则。要充分考虑防卫人面临不法侵害时的紧迫状态和紧张心理，防止在事后以正常情况下冷静理性、客观精确的标准去评判防卫人。

【基本案情】

2018年9月23日晚19时许，许某某醉酒后驾驶电动三轮车路过许祠组农田时，遇见刚打完农药正要回家的妇女周某某，遂趁四周无人之机下车将周某某仰面推倒在稻田里，意图强行与周某某发生性关系。周某某用手乱抓、奋力反抗，将许某某头面部抓伤，并在纠缠、反抗过程中，用药水箱上连接的一根软管将许某某颈部缠绕住。许某某被勒住脖子后暂停侵害并站立起来，周某某为了防止其继续对自己实施强奸行为，一直站在许某某身后拽着软管控制其行动。

二人先后在稻田里、田埂上、许某某驾驶的三轮车上对峙。期间，许某某声称愿意停止侵害并送周某某回家，但未有进一步实际行动；周某某大声呼喊求救时，远处某养鸡场经营户邹某某听到声音，走出宿舍，使用头灯朝案发地方向照射，但未靠近查看，此外再无其他人员留意或靠近案发现场。

二人对峙将近两小时后，许某某下车，上身斜靠着车厢坐在田埂上，周某某也拽住软管下车继续控制许某某的行动，许某某提出软管勒得太紧、要求周某某将软管放松一些，周某某便将软管放松，许某某趁机采取用手推、用牙咬的方式想要挣脱软管。周某某担心许某某挣脱软管后会继续侵害自己，于是用嘴猛咬许某某手指、手背，同时用力向后拽拉软管及许某某后衣领。持续片刻后许某某身体突然前倾、趴在田埂土路上，周某某认为其可能是装死，仍用力拽拉软管数分钟，后见许某某身体不动、也不说话，遂拎着塑料桶离开现场。次日清晨，周某某在村干王某某的陪同下到现场查看，发现许某某已死亡，遂电话报警、自动投案。经鉴定，许某某符合他人勒颈致窒息死亡。

【检察履职情况】

2018年9月24日，周某某"投案自首"，9月25日因涉嫌故意杀人罪被安徽省枞阳县公安局刑事拘留，9月28日枞阳县公安局以周某某涉嫌过失致人死亡罪提请批准逮捕，9月30日枞阳县人民检察院批准逮捕。同年11月28日，枞阳县公安局以周某某涉嫌过失致人死亡罪移送枞阳县人民检察院审查起诉。枞阳县人民检察院经审查认为，周某某的行为可能属于正当防卫，遂决定对其取保候审，并重点围绕是否构成正当防卫退回补充侦查、补强证据。经该院检察委员会研究认为，周某某对正在实施强奸的许某某采取防卫行为，造成不法侵害人许某某死亡，符合刑法第20条第3款的规定，依法不负刑事责任，于2019年6月25日决定对周某某不起诉。

【典型意义】

我国刑法将正在进行的"强奸"与"行凶""杀人""抢劫""绑架"等严重危及人身安全的暴力犯罪并列规定，可以实行特殊防卫，造成不法侵害人伤亡的，不负刑事责任，体现了对妇女人身安全和性权利的充分保障和尊重。此案中，不法侵害人许某某将周某某推倒在稻田里，趴在周某某身上，解其裤腰带，意图强行与周某某发生性关系的行为，已经构成严重危及人身安全的强奸行为，周某某对正在实施的强奸行为进行防御和反抗，致不法侵害人死亡，符合刑法第20条第3款的规定，依法不负刑事责任。在证据采信上，此案发生于夜晚的野外田间，没有目击证人，周某某供述稳定，且能够与其他证据相互印证，周某某的供述应予采信。在双方对峙过程中，周某某试图求救但没有实现，在救助无门，逃跑不能的特殊环境下，在近两个小时的高度紧张和惊恐状态下，不能苛求周某某对许某某是否继续实施不法侵害作出精准判断，应当采信周某某认为不法侵害行为处于持续状态的判断。

此案办理中，检察机关充分发挥诉前主导作用，依法及时作出不起诉决定，体现了对妇女权益的充分尊重和依法保障。此案的不起诉将对弘扬社会正气，消除社会戾气，促进社会治理产生积极影响，有利于鼓励公民勇于同违法犯罪行为作斗争。同时，引领社会公众养成保护弱势群体的风尚，弘扬真善美，抵制假恶丑，自觉践行社会主义核心价值观，维护社会和谐安宁。

19. 湖南省宁乡市文某丰正当防卫不起诉案
——对共同侵害人实施防卫的认定

【法律要旨】

最高人民法院、最高人民检察院、公安部《关于依法适用正当防卫制度的指导意见》规定"正当防卫必须针对不法侵害人进行。对于多人共同实施不法侵害的，既可以针对直接实施不法侵害的人进行防卫，也可以针对在现场共同实施不法侵害的人进行防卫。"对于正在进行的共同不法侵害行为，防卫人反击，造成暴力程度较低的不法侵害人死亡的，不影响防卫强度的整体判断。

【基本案情】

刘某某因对薪酬不满经常旷工，因此受到公司处罚。2019年3月19日18时许，刘某某为此事与公司负责人发生争吵，便联系其亲戚欧某某来帮忙。欧某某于当晚20时许赶到该公司后，因公司相关负责人已下班，刘某某便邀欧某某及另外两名同事一起吃夜宵喝酒唱歌至次日零时。酒后，刘某某认为同事文某丰"讨厌、不会做人，此事系文某丰举报所致"，遂临时起意要欧某某一起去恐吓文某丰。刘某某醉酒驾车，和欧某某一起来到该公司门口，用微信语音聊天约正在上晚班的文某丰到公司门口见面。刘某某拿出一把事先放在车上的匕首交给欧某某，并吩咐欧某某等文某丰出来了就用匕首恐吓他。

文某丰来到公司门口后，刘某某提出自己从公司离职，要求文某丰给钱赔偿。文某丰当场拒绝并转身欲返回公司。刘某某追上阻拦并抓住文某丰的左手，同时用拳头殴打文某丰的头部，欧某某亦上前持匕首朝文某丰的左胸部刺去。文某丰见状用右手抓住匕首的刀刃抢夺欧某某手中的匕首。抢夺中，文某丰所穿针织衫左胸部位被匕首划烂，右手手指、手掌均被划伤。文某丰抢到匕首后，拿着匕首对仍在殴打自己的刘某某、欧某某挥刺。刘某某被刺后松开文某丰，欧某某亦摔倒在地。文某丰即转身跑往公司保安亭，立即拨打110报警。民警赶到现场后，文某丰将匕首交给民警，如实供述了事发经过。医护人员到现场后，发现刘某某已经死亡。经鉴定，刘某某系因剑突下单刃刺器创伤致右心室全层破裂、右心房穿透创伤造成急性循环功能衰竭死亡。文某丰损伤程度为轻伤一级。

【检察履职情况】

2019年3月20日，湖南省宁乡市公安局以文某丰涉嫌故意伤害罪立案侦查，同日采取刑事拘留措施，后变更为取保候审。同年9月27日，宁乡市公安局在侦查终结后以文某丰涉嫌故意伤害罪、欧某某涉嫌寻衅滋事罪移送宁乡市人民检察院审查起诉。宁乡市人民检察院经审查认为，文某丰面对刘某某以拳头殴打和欧某某持匕首刺向自己胸部，夺下匕首进行反击，其行为符合刑法第20条第3款的规定，依法不负刑事责任，于2020年4月3日对文某丰作出不起诉决定。欧某某因随意殴打他人，情节恶劣，构成寻衅滋事罪被依法提起公诉，于2019年12月19日被宁乡市人民法院判处有期徒刑六个月。刘某某死亡后，其父母、两个女儿生活陷入困境，宁乡市人民检察院在做好释法说理工作的同时，协调相关部门帮助其家庭申请社会救济，相关部门及时给予困难补助。该案办理最终实现了法理情的有机统一。

【典型意义】

对于不法侵害主观故意的具体内容虽不确定,但实施了足以严重危及他人人身安全的暴力犯罪行为的,应当认定为符合特殊防卫的起因条件,防卫人可以实行特殊防卫。此案中,刘某某指使欧某某恐吓文某丰,到达现场后拿出匕首交给欧某某,尽管其吩咐恐吓的内容不确定,但当欧某某持匕首向文某丰的要害部位刺去时,二人共同实施的不法侵害已严重危及文某丰的人身安全。文某丰面对刘某某、欧某某共同实施的暴力侵害进行反击,无论造成二人中谁的死伤,都属于正当防卫,即使造成暴力程度较轻的刘某某重伤或者死亡,也不属于防卫过当,不负刑事责任。

认定文某丰的行为属于正当防卫,依法作出不起诉决定,具有积极意义。有利于鼓励公民行使正当防卫权利,在遭受不法侵害,特别是严重暴力侵害时,要敢于积极同违法犯罪行为作斗争。司法机关在办理涉正当防卫案件中,要注重查明前因后果,分清是非曲直,确保案件处理于法有据、于理应当、于情相容,符合人民群众的公平正义观念,实现法律效果与社会效果的有机统一。

五、其他具有较大影响的典型案例

20. 王某元、赵某芝正当防卫案

【基本案情】

王某元,男,1966年9月5日出生,农民。

赵某芝,女,1965年11月21日出生,农民。

王某某于2018年1月寒假期间,到北京其母亲赵某芝打工的餐厅当服务员,与在餐厅打工的王某相识。王某多次联系王某某请求进一步交往,均被拒绝。2018年4月28日,王某到北京的餐厅找其母亲赵某芝。次日下午王某将其约出直至第二天凌晨四五点钟,不断纠缠王某某,强行不让其回去。赵某芝等人找到王某某将其送回河北涞源家中,王某追到家中要求见面遭到拒绝。同年5月至6月期间,王某采用携带甩棍、刀具上门滋扰,以自杀相威胁,发送含有死亡威胁内容的手机短信,扬言要杀王某某兄妹等方式,先后六次到王某某家中、学校等地对王某某及其家人不断骚扰、威胁。王某某就读的学校专门制定了应急预案防范王某。王某某及家人先后躲避到县城宾馆、亲戚家居住,并向涞源县、张家口市、北京市等地公安机关报警,公安机关多次出警,对王某训诫无效。2018年6月底,王某某的家人借来两条狗护院,在院中安装了监控设备,在卧室放置了铁锹、菜刀、木棍等,并让王某某不定期更换卧室予以防范。

2018年7月11日17时许,王某到达涞源县城,购买了两把水果刀和霹雳手套,预约了一辆小轿车,并于当晚乘预约车到邓庄村王某某家。23时许,王某携带两把水果刀、甩棍翻墙进入王某某家院中,引起护院的狗叫。王某元在住房内见王某持凶器进入院中,即让王某某报警,并拿铁锹冲出住房,与王某打斗。王某用水果刀(刀身长 11cm、宽 2.4cm）划伤王某元手臂。随后，赵某芝持菜刀跑出住房加入打斗，王某用甩棍（金属材质、全长 51.4cm）击打赵某芝头部、手部，赵某芝手中菜刀被打掉。此时王某某也从住房内拿出菜刀跑到院中，王某见到后冲向王某某，王某某转身往回跑，王某在后追赶。王某元、赵某芝为保护王某某追打王某，三人扭打在一起。王某某上前拉拽，被王某划伤腹部。王某用右臂勒住王某某脖子，王某元、赵某芝急忙冲上去，赵某芝上前拉拽王某，王某元用铁锹从后面猛击王某。王某勒着王某某脖子躲闪并将王某某拉倒在地，王某某挣脱起身后回屋拿出菜刀，向王某砍去。期间，王某某回屋用手机报警两次。王某元、赵某芝继续持木棍、菜刀与王某对打，王某倒地后两次欲起身。王某元、赵某芝担心其起身实施侵害，就连续先后用菜刀、木棍击打王某，直至王某不再动弹。事后，王某元、赵某芝、王某某三人在院中等待警察到来。

经鉴定，王某头面部、枕部、颈部、双肩及双臂多处受伤，符合颅脑损伤合并失血性休克死亡；王某元胸部、双臂多处受刺伤、划伤，伤情属于轻伤二级；赵某芝头部、手部受伤，王某某腹部受伤，均属轻微伤。

【诉讼过程】

本案由河北省保定市涞源县公安局侦查终结，于 2018 年 10 月 17 日移送涞源县人民检察院审查起诉。该院依法审查了全部案件材料，两次退回补充侦查。2019 年 2 月 24 日，涞源县公安局以王某某行为属于正当防卫为由撤销对王某某立案，以王某元、赵某芝涉嫌犯故意杀人罪重新移送审查起诉。2019 年 3 月 3 日，依据刑法第 20 条第 3 款和刑事诉讼法第 177 条第 1 款之规定，涞源县人民检察院决定对王某元、赵某芝不起诉。

【争议焦点及认定理由】

本案有两个争议焦点：第一，王某元、赵某芝、王某某的行为属于一般防卫还是特殊防卫。第二，王某倒地后王某元、赵某芝继续砍击的行为是否属于防卫过当。

检察机关认为，王某元、赵某芝、王某某的行为属于特殊防卫，对王某的暴力侵害行为可以采取无限防卫，不负刑事责任。主要理由：

1. 王某携带凶器夜晚闯入他人住宅实施伤害的行为，属于刑法规定的暴力侵害行为。在王某某明确拒绝与其交往后，王某仍多次纠缠、骚扰、威胁王某某及其家人，于深夜携凶器翻墙非法侵入王某元住宅，使用水果刀、甩棍等足以严重危及人身安全的凶器，持续对王某元、赵某芝、王某某实施伤害行为，造成王某元轻伤二级、赵某芝和王某某轻微伤。以上情况足以证明王某元一家三人的人身和生命安全受到严重暴力威胁，处于现实的、紧迫的危险之下，王某的行为属于严重危及人身安全的暴力犯罪。

2. 王某元、赵某芝、王某某三人的行为系防卫行为。王某携带刀具、甩棍翻墙进入王某元住宅，用水果刀先后刺伤、划伤王某元、王某某，用甩棍打伤赵某芝，并用胳膊勒住王某某脖子，应当认定王某已着手实施暴力侵害行为。王某元一家三人为使自己的人身权利免受正在进行的严重暴力侵害，用铁锹、菜刀、木棍反击王某的行为，具有防卫的正当性，不属于防卫过当。

3. 王某倒地后，王某元、赵某芝继续刀砍棍击的行为仍属于防卫行为。王某身材高大，年轻力壮，所持凶器足以严重危及人身安全，王某虽然被打倒在地，还两次试图起身，王某元、赵某芝当时不能确定王某是否已被制伏，担心其再次实施不法侵害行为，又继续用菜刀、木棍击打王某，与之前的防卫行为有紧密连续性，属于一体化的防卫行为。

4. 根据案发时现场环境，不能对王某元、赵某芝防卫行为的强度过于苛求。王某元家在村边，周边住宅无人居住，案发时已是深夜，院内无灯光，王某突然持凶器翻墙入宅实施暴力侵害，王某元、赵某芝受到惊吓，精神高度紧张，心理极度恐惧。在上述情境下，要求他们在无法判断王某倒地后是否会继续实施侵害行为的情况下，即刻停止防卫行为不具有合理性和现实性。

【案件评析】

1.全面审查证据、准确认定案件事实是办理本案的关键。本案办理过程中,检察机关严把案件事实关和证据关,高度重视客观性证据,对认定案件的关键证据"监控视频",督促要求公安机关补查到位。通过全面细致地审查证据,准确地把握认定案件事实的关键,依据证据印证规则、逻辑法则以及常情常理,客观公正地认定事实,为全案定性奠定基础。

2.准确评价王某倒地后王某元、赵某芝继续砍击的行为,是本案定性的关键。正当防卫以不法侵害正在进行为前提。判断不法侵害行为是否正在进行,应就具体行为和现场情境作具体分析,特别要充分考虑防卫人当时的心理因素,不能简单地以旁观者的角度对其行为进行机械评判。本案中,结合案发时现场情境以及王某倒地后仍有两次起身动作等因素,在王某倒地后即刻要求王某元、赵某芝判断王某倒地后是否会继续实施侵害行为、即刻停止防卫行为过于苛刻。

3.依法保护公民合法权益,实现办案效果最大化。此案的处理,体现了检察机关"以人民为中心"的执法理念,回应人民群众对民主、法治、公平、正义、安全等方面突出问题的普遍关切,有利于保护人民群众合法权益;体现了检察机关在办案中坚持实事求是、客观公正、严格依法的办案态度,进一步明确正当防卫的界限标准,有利于维护公民人身权利和住宅安全;体现了检察机关以法治手段维护社会主义核心价值观的坚定决心,有利于弘扬正气,惩恶扬善,释放正能量,培育良好的社会风尚。

21.董某某正当防卫案

【基本案情】

董某某,男,1978年12月28日出生,农民。

被害人刁某同董某某的妻子李某某自2016年开始存在不正当男女关系。刁某经常去董某某家中,并对董某某进行威胁、打骂,有时还在董某某家中同李某某过夜。

2018年5月20日晚22时许，刁某醉酒后开车再次来到董某某家，翻墙进入院内。进堂屋后用脚踹里屋门，李某某在里屋把门打开后，刁某上前将李某某的上衣撕坏，后又将上前劝阻的董某某的上衣撕扯坏。李某某更换上衣后劝说刁某离开，刁某不走，后李某某离开家中。刁某让董某某外出找李某某，董某某不从，其便殴打董某某，董某某未反抗，后刁某离开。其间，董某某脱下被撕坏的上衣，更换了一件保暖内衣。后刁某返回，继续殴打董某某，并多次声称"我今天整死你"，还用汽车钥匙（塑料柄、头较尖）戳打董某某，致董某某脸部受伤出血。正在堂屋沙发上睡觉的董某某的次子董某（9岁）被惊醒，拿着董某某的手机哭着跑了出去。后刁某让董某某跪在其面前，董某某便跪在地上求饶，其又要求董某某和李某某离婚并书写离婚协议书，并继续对董某某进行殴打、辱骂，董某某往外跑欲逃出屋门，被其拽住后继续殴打、辱骂，一边打一边喊要整死董某某。董某某拿起茶几上的一把剪刀与刁某对打，刺扎刁某，后二人摔倒在地继续打斗，直至刁某说话声音变小，董某某停止刺扎。随后，董某某走出堂屋，见到闻讯赶来的邻居田某某和其妻子李某某，便让二人报警和打急救电话，后李某某拨打120急救电话，又拨打110报警电话。董某某在案发现场等待，直到被公安人员带走。

经鉴定，刁某符合被锐器作用于头颈部、躯干及肢体伤及左颈静脉、左心室导致心脏破裂而死亡。董某某的损伤程度属轻微伤。

【诉讼过程】

该案由河北省巨鹿县公安局侦查终结，邢台市公安局于2018年8月4日以董某某涉嫌故意杀人罪向邢台市检察院移送审查起诉。该院经过两次退查后，公安机关认为董某某的行为属于防卫过当，于2019年1月3日再次移送审查起诉。2019年2月14日，邢台市检察院依据刑事诉讼法第16条第6项、第177条第1款之规定，决定对董某某不起诉。

【争议焦点及认定理由】

本案争议焦点有两个：第一，董某某的行为是否属于正当防卫。

第二，董某某的行为是否明显超过必要限度，属于防卫过当。

检察机关认为，董某某制止不法侵害的行为并未超过必要限度，其行为符合刑法第 20 条第 1 款之规定，属于正当防卫，不负刑事责任。主要理由：

1. 刁某的行为属于正在进行的不法侵害，具有现实紧迫性。刁某深夜酒后从墙头翻入侵入他人住宅，并对该房屋主人董某某多次辱骂、恐吓、殴打，具有持续性，属于正在进行的不法侵害。

2. 董某某的行为具有防卫的正当性。董某某面对刁某不法侵宅、初期的暴力侵害，一直在忍让、劝说；但是刁某的侵害却在持续、加剧，董某某的耳朵、小臂先后被刺伤流血，董某某想向外跑却被刁某拉住，继续被殴打头部，董某某向刁某求饶；刁某非但不停止侵害，还说"我今天整死你"，继续殴打嫌疑人。在这种情况下，为制止不法侵害董某某才顺手拿起茶几上的剪刀捅扎刁某。

3. 董某某主观上没有致死刁某的目的。其一直供述"没想到会把他捅死""他不说话了才停手，当时看到他的手和脚还在动"，且从打斗现场出来后，其看到邻居及其妻子来后就立刻让打 120、110，能够证明其主观心理。

4. 董某某的行为没有超过必要限度。本案中，董某某受到刁某的现实侵害是一个持续的过程，当其拿起剪刀自卫时，刁某仍然对其不断辱骂殴打。董某某使用剪刀扎了刁某多下后，依然无法制止刁某的不法侵害，直到刁某的打骂声变小，董某某也就停止了防卫行为。在董某某心理恐惧、一心自救的情况下，要求其理性并准确判断刁某何时失去侵害能力，如何避免伤害到刁某的要害位置，不具现实可能性。

【案件评析】

董某某的防卫行为是否超过必要限度是本案准确定性的关键。董某某为了使本人的人身权利免受正在进行的不法侵害，而采取了制止不法侵害的行为。虽然造成不法侵害人死亡的后果，但其主观上出于防卫的目的，客观上其对不法侵害人实施的刺扎行为，是对不法侵害人持续进行不法侵害行为的防御和反击，不能苛求防卫人在案发当时的情况下为制止不法侵害而理性判断每一个反击行为。综合本案事实，防卫人董某某制止不法侵害的行为并未超过必要限度，属于正当防卫，不负刑事责任。

认定董某某的行为属于正当防卫，不负刑事责任，有利于弘扬社会正气，鼓励人民群众同违法犯罪行为作斗争。根据最高人民检察院第十二批指导性案例以及近期相关正当防卫案件所体现的司法精神，正当防卫是以正对不正，在防卫者和不法侵害者的人权保障冲突时，利益保护的天平应当倾向于防卫者。本案的处理有利于保障公民正当权益，有利于维护公民人身权利和住宅安全，体现了检察机关的担当。

22. 王某故意伤害案

【基本案情】

王某，男，1995年7月20日出生，居民。

2017年12月10日晚，王某与朋友苗某在陕西省泾阳县某酒吧内喝酒。酒吧监控显示20时32分，已喝过酒的李某和两个朋友来到酒吧。服务生引导李某等人经过王某喝酒的桌子时，李某认为王某用眼睛瞪了他，即上前质问并从旁边的桌子上拿起一个烟灰缸扔到坐着的王某胸前，王某遂从桌子上抓起啤酒瓶起身与李某发生争执，双方的朋友及酒吧工作人员对二人进行劝阻，李某不听劝阻，抓起啤酒瓶准备应对，双方的朋友分别从二人手中夺下啤酒瓶。接着，李某向后拉倒现场沙发椅，再次抓起啤酒瓶上前继续争吵，并将手中的啤酒瓶用力摔碎，后递给王某一个啤酒瓶，继续与王某纠缠。监控显示20时36分11秒，双方的朋友相继散开，李某再次递给王某一个啤酒瓶，自己也拿起一个啤酒瓶，与王某继续争吵，并语言挑衅。接着，李某用手推搡了一下王某的脖子，王某随即用啤酒瓶击打李某头部、肩部，瓶身断开，双方厮打在一起。厮打中，王某持断开的啤酒瓶多次捅刺李某，致李某受伤倒地。监控显示20时36分50秒，李某倒地后仍抓住王某的上衣和头发，王某手持破碎的啤酒瓶，与李某撕扯在一起；二人僵持片刻后，李某松开手，王某起身；20 时 37 分 20 秒，李某起身走到酒吧大厅门口，蹲在门口处后躺倒在地。酒吧老板接到服务员电话后从外面赶回酒吧拨打了 120，王某也拨打了 120。20 时 48 分，120 急救人员赶到现场，将李某送往医院救治，经抢救无效死亡。经鉴定，被害人李某系被他人用带有弧状边缘的不规则带刃器物刺扎胸部，伤及心脏，致失血性休克死亡。

苗某在现场拨打 110 报警后，告知了王某，后公安人员从现场将王某带走，王某供认了其故意伤害李某的事实经过。

【诉讼过程】

陕西省咸阳市泾阳县公安局侦查终结，以王某涉嫌犯故意伤害罪于 2018 年 2 月 23 日移送泾阳县人民检察院审查起诉，泾阳县人民检察院审查后按照案件管辖规定于同年 3 月 1 日报送咸阳市人民检察院审查起诉，咸阳市人民检察院以王某涉嫌故意伤害罪，于同年 3 月 26 日向咸阳市中级人民法院提起公诉。同年 4 月 25 日咸阳市中级人民法院依法公开开庭审理了本案，辩护人提出王某的行为属于防卫过当，公诉人认为王某的行为构成故意伤害罪，应属防卫过当。

2018 年 6 月 28 日，咸阳市中级人民法院作出判决。判决认定，根据证人证言、被告人供述，结合案发现场监控视频拍摄的影像等证据，被告人的行为不符合防卫过当的条件，不属于防卫过当；被害人李某对本案的引发具有明显过错，王某有自首情节，审理期间委托其亲属代为赔偿附带民事诉讼原告人经济损失 36 万元，取得附带民事诉讼原告人的谅解，对王某可减轻处罚。王某犯故意伤害罪，判处有期徒刑 9 年。宣判后，王某不服，在法定期限内以特殊防卫为由书面提出上诉。"昆山反杀案"在社会引起巨大反响后，在搜狐、新浪、澎湃新闻、梨视频等多家媒体上，有人将本案称为"陕西版反杀案"，认为王某无罪。

2018 年 12 月 20 日，陕西省高级人民法院公开开庭审理。辩护人提出，被害人李某实施了掐捏王某脖子、用啤酒瓶打王某等不法侵害行为、被害人死因可能是被自己持有的啤酒瓶意外抵压所致、王某的防卫行为没有明显超过必要限度等意见。出庭检察员认为，根据查明的事实，依据刑法第20条第2款的规定，王某的行为属于防卫过当，应以故意伤害罪追究其刑事责任。

2020年3月26日，陕西省高级人民法院作出判决，认定王某在面临他人实施寻衅滋事行为的情况下，为了使本人的人身免受正在进行的不法侵害，采取行为制止不法侵害，其行为具有防卫性质；王某持啤酒瓶朝对方头部、肩部击打数下，后又持啤酒瓶断茬朝对方胸背部要害部位连续捅刺，正当防卫明显超过必要限度，造成不法侵害人死亡的重大损害，其行为构成故意伤害罪。维持咸阳市中级人民法院刑事判决中认定被告人王某犯故意伤害罪的部分，改为判处有期徒刑5年。

【争议焦点及认定理由】

本案争议焦点是王某的行为是否具备防卫的前提条件，防卫行为是否明显超过必要限度。对此，一审法院认为王某的行为不符合防卫过当的条件，不属于防卫过当，以故意伤害罪判处其有期徒刑9年；二审辩护人为王某作无罪辩护，认为王某的行为系正当防卫，不负刑事责任；一、二审检察机关认为王某的行为具备正当防卫的前提条件，但明显超过必要限度，属于防卫过当，应以故意伤害罪追究刑事责任。认定防卫过当的主要理由是：

1. 王某的行为符合正当防卫的前提条件。被害人李某酒后到酒吧闹事，先挑起事端，拿烟灰缸扔到王某胸前，向后拉倒旁边沙发椅，在旁边摔碎啤酒瓶示威，递给王某啤酒瓶，用言语挑衅，举起啤酒瓶吓退正在劝架的王某同伴苗某，用手推搡了一下王某的脖子，王某在这种情况下举起啤酒瓶反击，符合防卫行为的起因、时机、对象等条件，其行为具有防卫性质。

2. 王某的防卫行为明显超过必要限度。综合现场的环境，双方的力量对比，实施不法侵害的强度和紧迫程度，反击行为的强度等因素，王某的防卫行为明显超过必要限度。第一，从不法侵害行为看，在李某用言语挑衅、用动作示威的过程中,有双方的同伴在场劝阻,后李某用手推搡了一下王某的脖子,且尚有停顿,李某手拿啤酒瓶双手背在身后、反复递给王某啤酒瓶让其打自己的行为,均表现出一定的节制性。分析李某全部行为,其不法侵害的强度和紧迫程度相对较轻,属于一般的暴力侵害。王某所实施的是持啤酒瓶猛击李某头、背部,在啤酒瓶破碎后又捅刺李某胸部的反击行为,防卫行为、防卫强度与不法侵害对比相差悬殊,防卫措施缺乏必要性,防卫反击过度。第二,从力量对比看,双方均为一人,各自持有一个啤酒瓶,不存在力量对比悬殊情况。王某为了制止不法侵害,先持酒瓶猛击李某头、背部,在明显占据上风,李某身体已经失去平衡,双手什么东西都没有的情况下,又持断裂的啤酒瓶多次捅刺李某要害部位致其死亡。第三,从防卫行为保护的法益与造成的损害后果体现的法益衡量看,保护的法益为身体健康,造成的损害后果体现的法益为生命权,防卫行为所造成的损害,是不应有的重大损害,与不法侵害可能造成的损害相比,明显失衡。

3.对正当防卫的认定应贯彻有利于防卫人原则。不法侵害包括犯罪行为与其他一般违法行为。因为犯罪行为与其他一般违法行为都是侵犯法益的行为,而法益都受法律保护,没有理由禁止公民对不法侵害行为进行正当防卫。李某无故责骂王某并将烟灰缸扔到王某身上,并不顾劝阻屡次冲向王某争吵、纠缠,推搡王某的脖子,并不时举起酒瓶对劝阻者进行威胁,属于酒后无端滋事,系一般违法行为,具有不法侵害性质。王某在被李某用烟灰缸扔到胸前后,拿起酒瓶应对,刺激了李某,在双方同伴劝阻时,王某再次拿起啤酒瓶冲向并欲打李某,其在冲突不断升级中也负有一定责任。综合全案看,考虑到双方处于酒吧这一特殊场合,均饮过酒,王某在被挑衅、滋事、推搡的情境下等因素,从有利于被告人角度出发,认定王某的反击行为具备正当防卫的前提条件比较合理。

【案件评析】

检察机关认定王某的行为属于防卫过当,体现了严格执法,以及法律监督职能作用的充分发挥。本案的办理具有重要意义，主要包括以下几个方面：

1. 明确了有利于防卫人原则的适用条件。在被人寻衅在先，又被连续纠缠，后遭受轻微暴力的情况下，从有利于防卫人的原则出发，应予认定行为人具备防卫的前提条件，肯定被侵害人行使防卫的权利。实践中，对于一般的违法行为的反击不能一律不加区分地否定其防卫性质，而应综合案情全面分析判断。

2. 厘清了正当防卫和防卫过当的法律界限。在肯定和鼓励公民对不法侵害行使防卫权利的同时，还应提醒公民注意到法律的界限。任何权利都不能滥用，正当防卫权同样如此。不能以正当防卫为由随意扩大防卫权利的行使范围，突破正当防卫和防卫过当的界限。认定防卫强度是否具有必要性，应当坚持依法审慎的原则，结合具体案情客观分析，准确作出判断和认定。

3. 发挥法律监督职能作用，有力维护司法公正。面对争议案件，检察机关应坚持以事实为依据，以法律为准绳，正视不同观点，坚守法治定力，不为舆论左右，敢于担当负责，严格依法办案，切实发挥检察职能作用，将法律监督职能融于办案实践，促进司法公正。

4. 提醒公民树立守法意识，妥善处理纠纷冲突。认定王某的行为属于防卫过当，以故意伤害罪追究刑事责任，有利于提醒公民树立守法意识。检察机关通过对正当防卫"明显超过必要限度"的把握，有助于引导公民在社会生活中要守法、文明，更要理性平和地解决争端，避免在争议纠纷中以暴制暴，不必要地使用武力，造成不应有的重大损害。

23. 于某某故意伤害案

【基本案情】

于某某（因车祸曾经四肢骨折，有肢体残疾证，但行动自如），男，1975年11月8日出生，系辽宁省抚顺市新抚区五道街炫驿足疗店技师。

2018年9月18日凌晨2时许，炫驿足疗店已关门。2时7分37秒，被害人吕某喝了两瓶干啤后到达足疗店门外，叫开门，称要进去足疗按摩。于某某在一楼休息，听到叫门声，回答已关门，不营业了，并称没有钥匙开不了门。吕某继续叫骂，让于某某开门。8分7秒，于某某到门口，双方隔着玻璃门交谈，吕某反复推门但未推开。9分4秒，于某某返回室内，取出折叠刀（全长24厘米，刀刃长10厘米，平时作水果刀用），并将刀打开。9分31秒左右，吕某经反复推门将双扇对开玻璃门推开进入室内，此时，于某某从室内持刀返回。二人迎面后互相推搡，继而厮打，于某某用右手拿着的折叠刀朝吕某腹部捅一刀，吕某倒地。于某某见吕某腹部出血，当即拿出白布包扎吕某伤口。2时10分20秒，在二楼休息的丛某某、王某某下到一楼，并拨打120及110电话。2时26分53秒，救护车到达。后于某某随120救护车将吕某送至抚顺矿务局医院，得知吕某可能死亡后逃离医院。被害人吕某经抢救无效死亡，经鉴定，吕某系被带刃刺器刺中上腹部造成肠系膜动脉断裂大失血而死亡。于某某离开医院到其父亲坟前给其儿子和前妻打电话，称其不想活了，在其前妻劝阻下于当日中午11时许到公安机关自首。

【诉讼过程】

2018年9月18日凌晨2时许，炫驿足疗店店员王某某报案。民警赶到医院时男客人已死亡，男技师已不在现场。经查明该男技师为于某某。2018年9月18日11时许，于某某至抚顺县石文镇派出所投案，后被带到新抚分局，其对犯罪事实供认不讳。同日，于某某因涉嫌故意伤害罪被抚顺市公安局新抚公安分局刑事拘留，9月29日被逮捕。抚顺市公安局2018年12月29日以于某某犯故意伤害罪向抚顺市检察院移送审查起诉。该院受理后经审查以于某某故意伤害罪（防卫过当）向抚顺市中级人民法院提起公诉。2020年11月18日，抚顺市中级人民法院判处于某某有期徒刑4年。

【争议焦点及认定理由】

公安机关认为，于某某的行为构成故意伤害罪。辩护人认为，于某某的行为符合特殊防卫的规定,属于正当防卫,依法不负刑事责任。抚顺市检察院认为,于某某于案发凌晨在其工作的足疗店休息时,被害人吕某强行推开门锁进入室内,二人发生厮打,为制止正在进行的不法侵害,于某某持折叠刀刺伤被害人吕某,其行为属于防卫行为,但鉴于被害人吕某实施不法侵害时并未使用凶器,并未严重危及于某某的人身安全,而被告人于某某却使用刀具进行防卫,并致被害人吕某死亡,对不法侵害人造成的损害远远超过不法侵害的程度,其防卫行为明显超过必要限度,属于防卫过当,应以故意伤害罪(防卫过当)追究其刑事责任。主要理由是:

1. 本案不符合刑法第 20 条第 3 款的规定。被害人吕某强行推门进入足疗店,其目的是足疗,其没有持凶器,没有实施行凶、杀人、抢劫、强奸、绑架以及其他严重危及人身安全的暴力行为,于某某的反击行为不属于刑法第 20 条第 3 款规定的"无限防卫"范围。

2. 于某某的行为符合正当防卫的前提条件。于某某对强行进入足疗店,对其辱骂和推搡的吕某进行防卫,其行为具有正当性、紧迫性和适时性,符合防卫的前提条件。

3. 于某某的防卫行为明显超过必要限度,造成了不应有的损害结果。从吕某入门方式和进门后的推搡行为来看,不法侵害的强度一般;从双方力量对比来看,于某某更为强壮;从于某某的行为强度来看,于某某在门口隔玻璃门对话后即回室内取出折叠刀,返回途中就打开了刀,二人厮打中于某某用刀朝吕某上腹部捅刺,造成肠系膜动脉断裂,其防卫强度远远大于不法侵害的强度。于某某防卫行为强度和造成被害人吕某死亡的结果均明显超过必要限度,于某某的行为符合刑法第 20 条第 2 款规定的正当防卫明显超过必要限度造成重大损害的情形,属于防卫过当。

【案件评析】

本案在诉讼过程中,舆情反映"辽宁一醉酒男深夜砸门入室行凶遭残疾按摩师反杀",认为对于某某应当适用刑法第 20 条第 3 款特殊防卫的规定,于某某有无限防卫权,造成醉酒男死亡的后果,不属于防卫过当，不负刑事责任。检察机关高度重视舆论反映情况，认真审查判断在案证据，依法准确认定案件事实，通过对监控录像仔细甄别，对证人证言及其他相关证据的综合审查判断，认为本案中不存在正在进行的行凶、抢劫等严重危及人身安全的暴力侵害的情况。吕某酒后到按摩店，要求提供按摩服务，因按摩店下班，其强行进入店内，与按摩师发生互相推搡，其行为属于一般违法行为，侵害强度不属于严重危及人身安全的暴力行为，于某某用事先准备好的刀具进行反击，不符合刑法关于无限防卫的规定精神。

案件出现争议时，要准确认定案件事实，在准确认定事实的基础上，再研究行为定性。本案中，检察机关在审查起诉时，仔细核对证据，认真审查监控录像，分析每一时段的行为动作，从客观行为判断行为人的主观心理。在依法查明案件事实，还原案件事实真相的基础上，准确适用法律，做到不枉不纵。

24. 王某正当防卫案

【基本案情】

王某，男，1993年5月20日出生，上海某餐厅送餐员。

王某与李某某同系上海某餐厅送餐员。2016年9月7日17时35分许，因李某某欲抢送王某的订单遭拒，为发泄不满，遂在厨房外过道内用拳头多次猛击王某头部。王某被李某某推打至厨房内，顺手拿起身旁一把菜刀向李某某头部和肩部击打。李某某用双手控制住王某，两人持僵持状态后，王某停止反击，菜刀被厨师长拿走。经鉴定，李某某的伤势构成轻伤二级。

【诉讼过程】

2016年9月7日，上海市公安局长宁分局以王某涉嫌故意伤害罪立案侦查，同年10月14日对王某取保候审。后因王某违反取保候审规定，于2019年2月21日被刑事拘留。3月4日，长宁公安分局向长宁区人民检察院提请批准逮捕。3月11日，长宁区人民检察院经审查认定王某系正当防卫，依法不负刑事责任，对王某作出不批准逮捕决定。

【争议焦点及认定理由】

本案争议的焦点是王某的行为是否属于为了免受正在进行的不法侵害，而采取的正当防卫，以及王某使用刀具对抗李某某的拳头导致其轻伤二级的行为是否明显超过必要限度，属于防卫过当。检察机关认为，王某的行为属于正当防卫，且不属于防卫过当，依法不负刑事责任。主要理由：

1. 王某的行为符合正当防卫的条件。本案事出有因，系李某某欲抢送王某的外卖订单遭拒而引发的争执。李某某心怀不满，想教训王某，先用拳头击打王某头部。李某某仅因无理要求未被满足，就采用暴力殴打王某，李某某的一系列行为直接引发此案，在案件起因上存在重大过错。案发现场监控及现场勘查证实，李某某从厨房外开始挥拳殴打王某，一路沿走道进入厨房区域，整个过程王某毫无还手之力，不停后退直至被逼入厨房一角。王某对现实存在的、持续的暴力侵害进行制止的行为符合正当防卫的起因、时机、对象和意图等条件。

2. 王某的防卫行为没有超过必要限度。从王某的行为手段、行为目的、行为过程、行为程度等具体情节来看，没有"明显超过必要限度"。王某因头部曾做过颅脑手术，属于特殊体质，在头部连续多次受到李某某击打的情况下，无力反抗，自感安全处于现实的、紧迫的和严重的危险中，即顺手拿起能抓到的厨房菜刀作为自卫工具，以增强防卫能力。当李某某抓住王某的手并停止击打后，王某也随即停手，其使用刀具的整个过程明显以制止不法侵害为目的。王某身材矮小，双方实力相差悬殊，其借助随手获得的刀具，在手段强度上没有明显超过必要限度。王某的防卫措施造成对方轻伤二级，客观上也未造成重大损害。王某的行为没有超过必要限度，依法不属于防卫过当。

【案件评析】

本案是最高检发布第十二批指导性案例后，上海市首例认定正当防卫的案例。本案的办理具有重要指导意义，主要体现在以下几个方面：

1. 还原案件经过，独立行使检察权。检察机关客观还原案件始末，查明本案存在不法侵害在先，而非表面的互殴情形。在全面审查案件事实和在案证据的基础上，对案件准确定性，体现了司法担当，减少错误羁押，切实维护公民的合法权利。

2. 准确把握一般防卫权的限度标准。从防卫人立场出发，坚持法不强人所难的原则，紧密结合当时当地的实际情况和防卫人自身特殊体质来判断。正当防卫中"必要限度"的把握，应当结合不法侵害行为综合判断。认定防卫手段是否明显超过必要限度时，不能苛求手段十分精准对等。认定防卫后果是否明显超过必要限度时，不能仅与侵害行为已经造成的后果比较，还应当与侵害行为可能造成的后果比较。要注重对防卫行为整体的评判，并作出符合一般人价值判断的司法结论。

3. 发挥检察官办案亲历性的优势。检察官在讯问时注意到防卫人头上的疤痕，印证其特殊体质；检察官前往案发现场实地查看，了解现场结构，确保两段不同角度反映案发过程两个阶段的监控视频具有空间与时间的连贯性；在检委会讨论时播放监控视频，打消仅凭看书面材料、听承办人汇报而存在的疑虑。检察官通过亲历性办案实践，把法律倡导的价值观融入办案过程，使司法活动既遵从法律规范，又符合道德标准，既守护整体公平，又维护个体权益，努力让人民群众在每一个司法案件中感受到公平正义。

25. 赵某某正当防卫不起诉案

【基本案情】

赵某某，女，1988年11月14日出生，个体经营者。

赵某某（身高157cm）与死者杜某（身高180cm）曾系男女朋友，案发前半年左右分手。2019年2月14日至3月9日，杜某因对分手不满先后五次到宁洱县宁洱镇赵某某经营的"沧味园"饭店驱赶客人、殴打赵某某滋事。

2019年3月10日晚8时许，杜某醉酒（血液中乙醇含量293.1mg/100ml）后驾车到饭店再次滋事驱赶客人，赵某某先后打电话报警和请求杜某父亲前来制止。当仅剩赵某某及两名店员时，杜某对赵某某拳打脚踢、用手掐赵某某脖子并多次将其踢倒在地，赵某某挣扎爬起看见厨房旁杂物间外窗台处有一把水果刀遂将刀拿在手中。这时，杜某再次上前掐住赵某某脖子，赵某某即持刀胡乱挥舞进行防卫，杜某掐住赵某某脖子拉扯向自己时二人同时倒地继续扭打在一起，扭打过程中，赵某某挥舞的水果刀刺中杜某右胸部、小腹部、右腰部、右腰背部各一下，后赵某某听杜某说呼吸困难便起身拨打"120"急救，同时再次打电话报警，当日21时50分许，杜某因抢救无效死亡，经鉴定，死亡原因为单刃锐器由右胸部刺入右侧胸腔，致右肺中叶根部动脉分支断裂，造成急性出血死亡。

【诉讼过程】

公安机关以涉嫌故意伤害罪于2019年3月10日将赵某某刑事拘留，3月22日对其逮捕。5月21日，公安机关以赵某某涉嫌故意伤害（致人死亡）罪移送审查起诉。8月26日，经宁洱县人民检察院决定对赵某某取保候审。检察机关审查后，认为赵某某的行为符合刑法第20条第1款规定，属于正当防卫。依照刑事诉讼法第177条第1款的规定，2020年1月22日决定对赵某某作不起诉处理。

【争议焦点及认定理由】

办案过程中，存在构成故意伤害罪、防卫过当、正当防卫等不同意见。

本案经本院审查认为赵某某的行为属于正当防卫，但明显超过必要限度，涉嫌故意伤害罪，并决定批准逮捕。审查起诉阶段，经检委会讨论，多数人认为属于正当防卫，决定对赵某某变更强制措施后，死者家属对检察机关的决定强烈不满。因此，准确把握防卫过当的认定条件是本案的关键。赵某某的行为，应构成正当防卫。理由如下：

第一，杜某的行为属于正在进行的不法侵害。本案有犯罪嫌疑人供述辩解、案发时在场的证人罗某某、杨某某证言及其他证人证言（吃饭的客人、未在场的小工）均能证实自赵某某 2019 年 2 月 14 日在宁洱县宁洱镇裕和村马场坡组的"沧味园饭店"开业至案发日，杜某多次到饭店滋扰、闹事，并曾经将赵某某踹进饭店门口排水沟内。案发当晚，杜某醉酒（血液乙醇含量为 293.1mg/100ml）后再次到饭店闹事，把最后一桌客人撵走后，与赵某某发生争吵并殴打赵某某，对赵某某胸腹部拳打脚踢，多次将赵某某踢倒在地，并用手掐赵某某脖子致其呼吸困难。在杜某酒醉并声称要让赵某某去死的情况下，杜某的行为对赵某某的人身安全构成持续性、严重且正在进行的、现实的不法侵害，赵某某及证人陶梅仙也证实案发当日杜某对赵某某的殴打比往日更加可怕。

第二，赵某某的行为具有防卫正当性。杜某曾多次找赵某某纠缠吵闹并动手打人，案发当晚杜某到饭店吵闹时，赵某某打电话报过警，还打电话通知了杜某父亲，但杜某父亲及民警未能及时赶到场制止。赵某某被杜某拳打脚踢、掐脖子时，虽然在场有罗某某、杨某某，但二人未敢上前劝阻。赵某某在人身安全受到严重威胁的情况下，拿水果刀防卫，具有明显的防卫意图。赵某某在被杜某持续性追逐殴打退到厨房门口，才进去拿到水果刀防卫，杜某此时的追逐殴打行为仍没有停止，仍用手掐赵某某的脖子将其拉向自己，和赵某某搂抱扭打，不法侵害一直处于持续状态。赵某某持刀反抗行为仅针对杜某本人，且是在赵某某拿刀后杜某仍再一次掐住其脖子和搂抱着扭打时才用刀刺中杜某，具有防卫的正当性和紧迫性。

第三，赵某某的行为致杜某死亡，客观上造成了重大损害，但其防卫措施未明显超过必要限度。本案证据证实杜某案发前就曾多次找赵某某纠缠、对赵某某实施过殴打，案发当日杜某醉酒后再次到饭店对赵某某实施殴打，还声称要让赵某某去死，殴打过程中不仅拳打脚踢将赵某某多次踢倒，还用手掐其脖子致其呼吸困难。赵某某与杜某男女力量较为悬殊，杜某侵害行为的暴力程度明显且不断升级，赵某某在第一时间报警并通知死者父亲却未及时到场制止、在场其他人员未敢上前劝阻的孤立无援的情况下，面对杜某醉酒状态下的暴力侵害，较难思考判断选择用什么工具、进行多大限度的反击，只能选择第一时间看到的厨房旁杂物间窗台上刀子进行防卫，而在其拿到刀后杜某紧接着又掐其脖子，被刀刺中后仍然不放手，持续对其实施殴打行为。同时，当赵某某听杜某说呼吸困难后立即起身叫人打120急救，其本人再次报警，没有继续伤害。因此，就案发时赵某某所面临的情境，以及其所保护的权利性质与侵害方的手段强度来看，其选择的防卫手段合乎情理，防卫措施未明显超过必要限度，不能苛求防卫人在应激状态下精准控制防卫的结果。

【案件评析】

2018年以来，一系列涉及正当防卫案件引发社会高度关注。同时，最高人民法院、最高人民检察院先后发布指导案例，然而，受正当防卫不能"明显超过"必要限度传统理解的约束，往往会脱离防卫人防卫时的具体情境，疏于考虑防卫人因为恐慌、紧张等心理以及社会公众的一般认知，苛责防卫人理性选择防卫措施并精准控制防卫后果。

最高人民法院、最高人民检察院、公安部《关于依法适用正当防卫制度的指导意见》明确规定，防卫是否"明显超过必要限度"，应当综合考虑不法侵害的性质、手段、强度、危害程度和防卫时机、手段、强度、损害后果等情节，考虑双方力量对比，立足防卫人防卫时所处情境，结合社会公众的一般认知做出判断。

办理涉正当防卫案件，应当准确理解和把握法与不法、正义与非正义的根本区别，坚决捍卫"法不能向不法让步"的法治精神。本案属于防卫过当还是正当防卫存在一定争议，如何准确判断，对证据的细致审查是关键，特别是，判断是否超过必要限度的证据尤为重要。检察机关始终将"三同步"工作要求贯穿办案全过程，切实实现政治效果、社会效果和法律效果的统一，也为办案拓宽了思路，为今后解决疑难案件积累了经验。

26. 唐某正当防卫案

【基本案情】

唐某，女，1993年3月3日出生，务工人员。

2019年2月8日（大年初四）23时许，唐某（时25岁，身高170厘米）乘坐朋友驾驶的轿车返家途中，路遇同村李某某（时26岁，身高190厘米）酒后在村道内对过往车辆进行无故拦截。李某某拍打唐某乘坐的车辆并对唐某言语挑衅，唐某未予理睬。唐某回到家门口，因未带钥匙电话联系其父亲唐某勇回家开门，并告知其父被李某某拦车一事。唐某勇遂带唐某找到李某某评理，李某某与唐某勇父女发生争执，在此过程中李某某踢了唐某勇胸部一脚，继而与唐某勇、唐某进行厮打，随后被李某某的朋友拉开，唐某勇和唐某回家。李某某仍留在唐某勇家附近巷道口，声称要喊人把唐某勇一家人砍死。随后，李某某打电话邀约多个朋友到达唐某勇家附近巷道口。唐某勇回家后给李某某的父亲李某云打电话，李某云遂赶到巷道口，劝李某某回家未果后让在场的众人强制将其带回家。回家后，李某某提出要去唐某勇家道歉并要讨个说法。随后李某某的父母与其朋友一起到唐某勇家门口，李某某对打架的事情进行道歉，并反复要求唐某勇就相互厮打给个说法，唐某勇一家人未给说法后，李某某声称这事没完，众人见状合力将李某某带回家。其父李某云担心李某某再去闹事，要求朋友杨某、李某林等人留在其家陪同。

2月9日凌晨1时许，李某某手持菜刀溜出家门，跑到唐某勇家大门外侧，用菜刀对唐某勇家大门进行砍砸，并用脚踢踹大门。后赶来劝阻的朋友罗某坤将其菜刀夺走并丢弃，其朋友杨某、张某亮、朱某、李某林劝李某某回家。其间，唐某听到砸门声后起床，因感到害怕到厨房拿了一把红色削果皮刀和一把黑色手柄水果刀放在裤兜里用于防身，并打开小门出门查看，李某某看见唐某出门后用力挣脱朋友拉拽，冲上前即朝唐某腹部踢了一脚，唐某拿出红色削果皮刀反抗，李某某继续挥拳击中唐某左脸部，在被几位朋友拉开后再次挣脱冲向唐某，对其拳打脚踢。唐某招架中削果皮刀掉落地上，情急之下掏出黑色手柄水果刀用力反抗、挥刺，后双方被他人拉开，唐某回家，李某某边往巷道外跑边大喊"拿刀来"，后在奔跑过程中倒地，其朋友上前发现李某某受伤，遂将其送医院救治，经抢救无效死亡。经鉴定，李某某系被他人用锐器致伤右胸部，伤及升主动脉致急性失血性休克死亡。

【诉讼过程】

公安机关以唐某涉嫌故意伤害罪，于2019年3月13日向云南省永胜县人民检察院移送审查起诉。云南省永胜县人民检察院根据审查认定的事实，于2019年8月7日以被告人唐某犯故意伤害罪向云南省永胜县人民法院提起公诉。为确保依法严格公正处理本案，云南省人民检察院会同公安部、云南省公安厅专家到现场进行复勘，重新调取证据，最终认定唐某的行为系为保护本人和家人的人身安全而采取的制止正在进行的不法侵害的正当防卫行为，符合刑法第20条第1款之规定，属于正当防卫，依法不负刑事责任。永胜县人民检察院撤回起诉，于2019年12月30日，对唐某作出不起诉决定。

【争议焦点及认定理由】

本案是故意伤害还是正当防卫，存在一定争议。检察机关最终认定属于正当防卫，不负刑事责任。理由在于：

第一，唐某面对的是正在进行中的不法侵害。李某某酒后持刀砍砸唐某家大门，待唐某开门查看时，对其拳打脚踢，李某某的行为侵犯了唐某住宅、人身权利。虽现场有众人对其进行阻拦，刀已被人抢下，且李某某未进入过唐某家院内，但唐某深夜独自面对李某某不断升级的不法侵害，处于不利境地，无法精确、冷静地判断李某某的加害行为是否已经结束，周围众人的阻拦是否足以达到完全制止李某某的程度。唐某认为李某某仍会继续侵害其人身、住宅等合法权益，是完全符合普通民众的一般认知的，是合法、合情、合理的。

第二，唐某的行为、目的均具有防卫性质。唐某在李某某数次对其家人进行滋扰，凌晨1时携带菜刀来到其家中时，害怕自己和家人可能受到严重的不法侵害、人身、住宅安全受到严重威胁，携带水果刀、削皮刀出门查看；在李某某对其拳打脚踢时，唐某先用伤害性较弱的削皮刀抵挡，在工具脱手后，情急之下掏出黑色手柄水果刀用力反抗、挥刺；在李某某被人拉开后，唐某未趁乱追击，而是返回家中。均能表示唐某是出于保护自己及家人的人身、住宅安全而进行的准备、防卫行为，且其行为也在客观上制止了李某某的不法侵害。

第三，唐某的防卫行为没有超过必要限度。李某某身材高大，有体育教育专业背景，唐某瘦弱矮小；且李某某深夜醉酒闹事，处于失控状态，在场众人都无法劝阻、控制其行为，无论从体力对比还是情绪失控程度，唐某均处于劣势。李某某不仅是不法侵害的挑起者，而且也是事端升级和矛盾激化的责任人，其行为从无事生非、借故滋扰进展到深夜持刀、酒后闹事，危险不断现实化、升级化，唐某在此情形之下无法判断李某某接下来的暴力伤害程度，也无法以高度理性来判断自己防卫行为的准确性和严重程度，更不能在如此紧急、无助的情形下要求其衡量是否能用尽"逃跑""报警"等其他手段后再进行防卫。综合全案情节以及唐某所处情势判断，无论是唐某挥刀的行为还是由此产生的伤亡结果，均没有超过必要限度。

【案件评析】

第一，判断正当防卫的时间条件，不能单纯因加害人暂时停止了侵害，或现场有其他人阻止，就判断不法侵害已经停止，更不能从事后结合全案证据，以加害人已无法继续加害行为而作出不法侵害已结束的结论。应当综合防卫人当时的情境以及心态，以防卫人的视角判断侵害是否有可能继续，而对防卫的时间要件进行评判。

第二，判断防卫是否过当，应当结合防卫人的主观心态。应当避免实践中机械地将侵害结果与防卫结果进行对比的做法，因为侵害结果未能实现，很有可能缘于防卫行为的有效阻止。应当以防卫人的角度，判断侵害行为可能造成的不利后果，以及严重程度，判断防卫行为在当下是否必要、合理，同时防卫人对伤亡结果系积极追求还是在应激反应下的无奈认可、过失，也应当进行不同的评价。

司法实践中判断正当防卫的适用条件，应当结合防卫人所处的情境，综合时间、地点、完整纠纷经过、双方力量对比等全部情况，理解防卫人身处该情境中的心理状态和应激反应，以普通人在当下会做出的一般反应为判断，而非以事后理性人的角度对防卫人的行为进行苛责，所作的评价应当符合民众朴素的法治情感。

27. 许某某故意伤害案

【法律要旨】

在民间纠纷中，具有过错的一方在矛盾升级，对方不法侵害对其造成现实危害的情况下可以进行防卫。即使明知对方要伤害自己而准备刀具，亦不影响防卫的性质。是否过当应当综合考虑不法侵害人的数量、侵害的手段、强度以及造成对方伤亡的后果等因素综合判断。对于一审未认定防卫性质的，二审检察机关应当履行监督职责，依法提出法律适用意见。

【基本案情】

原审被告人（上诉人）许某某，男，1981年12月出生。

2018年7月8日13时许，被害人潘某某将车停在本市津南区小站镇东大站村地泵附近，上诉人许某某认为潘某某的车挡住了其去路，二人发生争执。期间，许某某从其车后备箱内拿出铁管，击打被害人潘某某及潘某某车的左前门。许某某离开后，潘某某将此事分别告诉其父潘某武和朋友张某，潘某武又打电话告诉被害人信某（潘某某表姐）及其丈夫刘某。通过调取监控录像、询问许某某同村村民田某某，潘某武等人获知该车系许某某所有，并得知了许某某工作的工厂地址。潘某武等人到工厂找许某某未果。后经田某某联系，约定在小站镇东大站村张某军包子铺解决纠纷。当日14左右，信某、刘某、潘某武、张某等人来到包子铺见到许某某，潘某武、信某、刘某骂街并上前殴打许某某，被他人拉开。经劝说，双方约定等潘某某到包子铺由许某某给他道歉并让他打几下出气。在等潘某某时，许某某恐遭多人殴打，遂到包子铺对面的超市购买一把水果刀藏于腰部。许某某返回包子铺时，在门前遇到潘某某，潘某某上前踹了许某某腹部一脚，被他人拉开。信某与刘某又上前殴打许某某。许某某用手护住头部半蹲在地上，后信某、刘某不断对其殴打，许某某问对方"有完没完"，刘某回答"没完"，许某某遂从后腰处掏出水果刀朝被害人信某腹部捅刺一刀，致信某受伤倒地。潘某某再次上前用右膝盖撞许某某胸部，许某某遂持刀捅刺潘某某腹部两刀，后被他人劝开。信某、潘某某被送往医院，信某于当日抢救无效死亡。当日15时许，许某某拨打电话投案。

经鉴定，信某系被匕首类锐器刺破腹主动脉、肠系膜下动脉、肠系膜下静脉致失血性休克死亡。潘某某右肺破裂，评定为重伤二级；右侧胸腔积血，评定为轻伤二级；右侧胸腔积气，评定为轻伤二级；右胸壁穿透创，评定为轻伤二级；右侧第四肋软骨骨折，评定为轻微伤；胸部皮肤瘢痕共长11.9厘米，评定为轻微伤；刺创深达肌层，评定为轻微伤。许某某右侧第2、3前肋骨骨折，损伤程度为轻伤二级；右手、左腕部挫伤，损伤程度为轻微伤。

2018年12月28日，潘某某因本案被津南区人民法院以故意伤害罪判处有期徒刑1年，缓刑1年。2019年1月21日，天津市人民检察院第二分院以被告人许某某犯故意伤害罪，向天津市第二中级人民法院提起公诉。2019年7月30日，天津市第二中级人民法院作出判决，以被告人许某某犯故意伤害罪，判处无期徒刑，剥夺政治权利终身。一审判决后，许某某以量刑过重提出上诉。

【检察履职情况】

天津市人民检察院受理本案后，依法审阅了本案全部案卷材料，讯问了上诉人，并当面听取了辩护人的意见。经综合分析事实证据，认为许某某的行为构成防卫过当。

一是许某某故意伤害罪的定罪准确。综合被告人供述、被害人陈述、证人证言以及尸体检验鉴定书、DNA鉴定书、人体损伤鉴定书,现场勘验笔录、辨认笔录等证据,许某某持刀捅刺被害人的事实清楚,证据确实、充分。许某某在遭到潘某某、信某等人殴打时,开始并没有还手攻击,其持刀捅刺被害人的主观目的是为摆脱他人的殴打,在被害人信某倒地、潘某某受伤后没有再持续捅刺,表明其主观上并不希望被害人死亡。因此,应当认为许某某构成故意伤害罪,而不是故意杀人罪。

二是本案不属于互殴。互殴是指双方斗殴,基于非法侵害对方的意图而发生的互相侵害的行为。从现有事实证据看,许某某在潘某某未到来之前,在包子铺内与田某某等人达成的调停意见是潘某某来到后打他几下出出气,对此许某某是认可的,这表明许某某具有化解矛盾纠纷的意图,主观上并不是为了约架,没有斗殴故意,双方也没有互殴的意思联络。双方见面后,潘某某、信某等人对许某某殴打,且呈现持续升级态势的时候,许某某才持刀捅刺,故不属于互殴。

三是本案属于防卫过当。第一,从防卫目的看,许某某的捅刺行为是为保护本人的合法权益而实施的。许某某与潘某某因错车问题发生纠纷,其主观上具有过错,但其按照调停意见,到约定地点解决纠纷。被害人信某、潘某某等人到现场后随即先后对许某某殴打,超出预期范围,其行为属于正在进行的不法侵害。虽然许某某同意对方打几下出气,但是并没有将生命健康权完全交予对方。第二,从防卫起因上看,存在持续性、紧迫性、严重性的现实不法侵害。被害人潘某某到现场后,先是踹其腹部一脚,接着信某与刘某二人上前对其殴打。虽然许某某购买了刀具,但在购买水果刀后,并没有主动性攻击,即使在遭到对方多人围殴后,也并非立刻持刀还击。在对方继续殴打时,许某某才掏出刀捅刺信某。之后,潘某某上前继续殴打许某某,许某某用刀捅刺潘某某。潘某某、信某等人的不法侵害已经使许某某的人身安全受到现实的伤害,不法侵害客观存在并正在进行。第三,从防卫时间上看,许某某的行为是针对正在进行的不法侵害实施的。潘某某、信某等人的不法侵害具有一体性,属于加害共同一方,许某某连续捅刺对方的行为具有防卫适时性。在摆脱对方殴打后,没有再持续捅刺,表明许某某的行为具有一定的节制性。第四,从防卫对象上看，许某某捅刺的对象均为对其针对不法实施侵害的人，并未伤及其他人。第五，从防卫限度上看，明显超过必要限度，造成重大损害，属于防卫过当。从不法侵害行为和防卫行为的强度看，被害人潘某某、信某等人虽实施殴打行为，但是未使用任何器械，只是采取赤手空拳的方式进行殴打，没有危及许某某生命的明显危险。而且，案发现场还有多人拦架、劝阻，其侵害强度仍在可控范围。许某某有周旋、逃跑、报警或者求助他人余地，但却选择使用刀具，在撕打过程中直接捅刺信某、潘某某，在防卫措施的强度上不具有必要性。从行为后果看，许某某超限的反击行为造成了信某死亡、潘某某重伤的严重后果，属于重大损害。从捅刺部位上看，均是致命部位，且信某作为一名女性，在外形和体力上与男性差距悬殊，许某某将其捅刺致死已经超出了制止不法侵害的需要。

天津市高级人民法院采纳检察机关意见，认为许某某的行为属于防卫过当，撤销原判决量刑部分，以故意伤害罪改判许某某有期徒刑9年6个月。

【典型意义】

近年来，检察机关通过几个社会影响程度较大的案件唤醒了被称为"沉睡条款"的正当防卫制度。办理本案时，认真落实"两高一部"《关于依法适用正当防卫制度的指导意见》以及相关指导性案例、典型案例阐释的正当防卫的界限和把握标准，保证了办案效果。

一是要敢用正当防卫制度，但不能滥用正当防卫制度。正当防卫鼓励和保护正当合法行为。但在以往故意伤害案中，只要行为人不是就地取材，而是提前购买或者准备刀具的案件，一般较难认定具有防卫性质，从而划入互殴范畴。应当明确，即使明知对方可能伤害自己而提前购买或者准备刀具，只要出于防身的目的，不具备互殴的故意，且不是在打斗过程中主动使用刀具，而是在对方不法侵害已经造成现实损害时采取的行为即可以认为具有防卫的性质。当然，要避免对方仅是某种挑逗或者不法侵害不具有紧迫性、并未造成现实伤害时，对采取的行为一律认定为防卫。是否受到侵害或者不法侵害是否具有紧迫性,应从防卫人受到侵害的时空出发,进行"代入式"判断,不能凭空想象。检察机关审查时,应当综合考虑行为人的主观意图和不法侵害的紧迫性、现实性,准确判断是否具有防卫性质,做到不枉不纵。

二是不能对防卫限度不加限制,也不能对防卫限度过于严苛。法律允许防卫人对不法侵害人造成一定损害,但应有一定限度。评判防卫是否过当,应当从不法侵害的性质、手段、紧迫程度和严重程度,防卫的条件、时机、方式、强度和后果等情节综合判定。一般而言,防卫强度应与侵害强度基本相当,以维护自身权益和制止不法侵害行为需要为限,不能明显超过侵害强度并造成重大伤亡,这是区分正当防卫和防卫过当的根本界限。特别是对于赤手空拳尚未危及生命的侵害行为,直接持刀捅刺致其死亡、重伤的力度和后果与之有明显差距,力量对比显著失衡,防卫结果与所保护的权利对比也相差悬殊,对这种情形的防卫方式、手段应当有所限制。检察机关应综合各种因素,具体情况具体分析,准确判断是否过当,避免明显失衡或认定不当。

三是要倡导正确价值取向,也要兼顾天理国法人情。正当防卫制度体现的是"法不能向不法让步"的精神,有效震慑不法侵害人甚至潜在犯罪人,鼓励人民群众勇于同违法犯罪作斗争。而且这种案件属于发生在群众身边的案件,处理不当容易引起广泛关注。随着正当防卫制度逐步深入人心,在这种情况下,更要分清责任,考虑社会公众的感受。特别是对过错在先的一方来说,更要严格把握,以避免给人以一种行为人过错在先,对方在合理限度内"出气"时,行为人反而因构成正当防卫而不负刑责的错误现象。检察机关适用正当防卫时,应坚持依法、审慎原则,兼顾天理国法人情,注意维护群众朴素价值观,准确作出判断,引导公民理性平和解决纠纷,让检察工作有力量、明是非、有温度。

四是要发挥检察一体化优势,持续跟进法律监督。对于一审未认定正当防卫或者防卫过当的案件,二审检察机关应当与一审检察机关主动联系,听取意见建议,敢于提出依法适用意见。同时,也要充分考虑案件特点，综合案件后果、认罪悔罪、是否赔偿等因素，准确提出量刑建议，切实维护司法公正。

28. 董某某正当防卫案

【法律要旨】

对于正在进行的严重危及人身安全的暴力侵害行为，应当认定为刑法第 20 条第 3 款规定的"行凶"。行凶行为正在进行，已经造成严重危及人身安全的紧迫危险，即使尚未造成对等性的实害后果，为制止不法侵害严重实害后果的发生，造成不法侵害人伤亡的，成立正当防卫。

【基本案情】

董某某，男，1963 年 6 月 20 日出生，务工。

2019 年 2 月 14 日 23 时许，董某乙酒后到邻居家闹事回来，在其兄董某某家门口大声叫喊并踢门。董某某开门后，劝诫董某乙不要再喝酒闹事，遭到董某乙殴打。董某某的妻子梅某某见状训斥了董某乙，董某乙大骂扬言要杀死董某某全家并将董某某反锁在大门之外，拿起砍柴刀追砍梅某某，并将其右手腕砍伤，后又冲向二层董某某女儿、女婿的房间欲行凶。梅某某大声呼救，董某某在屋外听到呼救后用锄头砸前门无果，便持锄头从后门绕行上至二楼，发现董某乙正拿着砍柴刀对着其女儿、女婿房门砍并用脚踢。随后董某乙看见在楼梯口的董某某，就持刀砍向董某某。董某某情急之下拿起锄头击打董某乙头部。董某乙后退两步后再次持刀砍向董某某，董某某再次抡起锄头砸中董某乙头部，致董某乙倒地。随后董某某向公安机关报案。次日凌晨，董某乙在医院经抢救无效死亡。

【检察履职情况】

2019 年 2 月 15 日，公安机关以董某某涉嫌故意伤害罪立案侦查，并对其刑事拘留。检察机关及时派员提前介入，向公安机关提出意见和建议。公安机关提请检察机关批准逮捕后，检察机关对全案事实、证据进行全面、细致审查，认为案发当晚不法侵害人董某乙手持砍柴刀正在实施行凶行为，董某某为保护自己和家人不遭受侵害，对此采取防卫行为，造成不法侵害人死亡，依法不属于防卫过当，不负刑事责任，依据刑法第 20 条第 3 款的规定，认定董某某的行为属于正当防卫，不负刑事责任，决定不批准逮捕。公安机关将董某某释放。

检察机关的主要理由是：

第一，不法侵害人董某乙的行为属于"正在进行的行凶行为"。对于行凶行为的认定，应当遵循刑法第 20 条第 3 款的规定以"严重危及人身安全的暴力犯罪"作为把握标准。本案不法侵害人董某乙扬言要杀人后，先是将大门反锁，随即持砍柴刀将梅某某的右手腕砍伤，又持刀冲上二楼踢、砍房门，在二楼看到董某某后即持凶器砍向董某某，此时不法侵害人董某乙的行为已经升级为暴力犯罪，并且还在持续当中，已经严重危及他人人身及生命安全。不法侵害人董某乙攻击行为凶狠，所持凶器可轻易致人死亡，随着事态发展，会造成什么样的损害后果难以预料，董某某及其女儿、女婿的人身安全处于现实的、紧迫的和严重的危险之下。因此，不法侵害人董某乙的行为符合"行凶"的认定标准，应当认定为"正在进行的行凶行为"。

第二，董某某的行为具有防卫性质。本案董某某听到梅某某的呼救声，持锄头从后门绕至房内，在得知不法侵害人董某乙已持柴刀前往二楼欲杀女儿、女婿等人后，董某某又赶到二楼，即董某某系为了防止女儿、女婿等人遭受到不法侵害才持锄头赶往该房二楼，在董某某到达二楼后，不法侵害人董某乙正在踢、砍董某某女儿、女婿房门，后又持刀砍向董某某，不法侵害人董某乙的行为属于正在进行的行凶行为，董某某可以进行正当防卫。因此，董某某的行为具有防卫性质。

第三，董某某的行为不属于防卫过当。本案不法侵害人董某乙的侵害行为，已经严重危及他人人身及生命安全，董某某为保护自己和家人免受暴力侵害，而采取防卫行为，造成不法侵害人董某乙死亡，依据刑法第 20 条第 3 款的规定，不属于防卫过当，不负刑事责任。

【典型意义】

刑法第 20 条第 3 款规定，对正在进行行凶、杀人、抢劫、强奸、绑架以及其他严重危及人身安全的暴力犯罪，采取防卫行为，造成不法侵害人伤亡的，不属于防卫过当，不负刑事责任。司法实践通常称这种正当防卫为"特殊防卫"。

最高人民检察院 2018 年 12 月 19 日印发的第十二批指导性案例中，于海明正当防卫案和侯秋雨正当防卫案，已针对"特殊防卫"的问题，分别明确了"行凶"和"其他严重危及人身安全的暴力犯罪"的认定标准，本案是第十二批指导性发布后宁德市首例"特殊防卫"案件，为正当防卫界限和标准的进一步明确提供了参考，意义重大。

该案涉及的是"特殊防卫"中"正在进行的行凶行为"。"行凶"的认定与否是被害人正当防卫能否成立的关键，亦是实践中认定的难点。

检察机关在办案过程中应当根据具体行为和现场情境来分析判断：一是根据作案工具判断，在实践中应综合不法侵害人与被害人是否持工具，二者所持工具是否具有相适应、对等性，不法侵害人所持工具杀伤力大小等予以综合判断；二是根据不法侵害的强度判断，应综合现场伤亡情况及可能发生实害后果来认定不法侵害人是否具有造成他人重伤或死亡的现实可能。该案不法侵害人在持刀已将一人砍伤的情况下，继续持刀欲伤害他人，其行为属暴力犯罪，同时已对人的生命、健康构成了严重威胁，具有造成他人重伤或死亡的现实可能，属于典型的"行凶"行为。对于正在进行的行凶行为，已经造成严重危及人身安全的紧迫危险，即使尚未造成对等性的实害后果，为制止不法侵害严重实害后果的发生，造成不法侵害人伤亡的，应当认定为正当防卫。

29. 华某某正当防卫案

【法律要旨】

对正在行凶的不法侵害人实施特殊防卫，造成不法侵害人伤亡的，属于正当防卫，依法不负刑事责任。实施特殊防卫并不要求不法侵害行为已经造成实害结果。

【基本案情】

华某某，女，1969年11月7日生，无业。

华某某与陈某某系夫妻关系。2019年2月11日11时许，二人至广德县民政局办理离婚手续，因没有书面协议且财产分割问题未谈妥，工作人员遂劝二人回家协商。当日下午14时许，华某某再次到民政局，陈某某因饮酒较多没有前往，并在电话中让华某某回家。15时许，华某某回到家（路边门面房）后，陈某某对华某某进行辱骂、殴打，并将家中卷闸门反锁，且用螺丝刀将门卡死，在厨房内先后持水果刀、菜刀追砍华某某，在厮打过程中陈某某所持水果刀掉落地上，华某某捡拾水果刀后，一刀刺中陈某某心脏部位，致其死亡。

案发后，陈某某的儿子、兄弟姐妹共同出具了一份谅解书，表示陈某某的死亡对华某某来说确属迫不得已和意外，对华某某的行为表示谅解，请求对华某某减轻或者免于处罚。

【检察履职情况】

公安机关以华某某涉嫌故意伤害罪立案侦查，并对其刑事拘留，后提请检察机关批准逮捕。检察机关审查后认为，本案事实不清、证据不足，且华某某可能构成正当防卫，根据刑事诉讼法第90条的规定，决定不批准逮捕华某某，同时建议公安机关补充侦查并列出详细补充侦查提纲。公安机关经补充侦查，以华某某构成正当防卫作出撤销案件决定。

检察机关认为本案事实不清、证据不足，华某某可能构成正当防

卫。主要理由如下:

第一,陈某某的行为可能属于刑法第 20 条第 3 款规定的"行凶"。华某某关于长期遭受家庭暴力的供述有其他证据佐证。本案案发现场系封闭环境,华某某辩解其系在陈某某持菜刀多次追砍的过程中,躲闪不了,遂捡起之前陈某某所持水果刀刺向陈某某,想让陈某某感觉到疼痛,不再对其继续追砍。鉴定意见证实,华某某仅有一刀捅刺到陈某某左胸,其他两刀不在致命位置且伤口较浅。结合现场勘查笔录等证据,该辩解具有一定合理性。综合在案证据分析,案发当时陈某某可能是持菜刀追砍华某某,华某某的人身安全处于现实的、急迫的严重危险之下,陈某某的行为符合"行凶"的特征。

第二,华某某的行为可能具有防卫性质。在案证据证实,华某某本分老实,陈某某好饮酒、脾气暴躁且对华某某长期存在家庭暴力。华某某对陈某某的家庭暴力行为一直持容忍态度。根据华某某供述,追砍的起因是陈某某酒后施暴,扬言要砍死她,且陈某某之前将大门紧锁并用螺丝刀将门卡死,在陈某某持菜刀追砍华某某的过程中,华某某人身安全正面临紧迫的、现实的危险,其持刀进行防卫具备正当性和合法性。

综上所述,在案证据不足以证明华某某涉嫌故意伤害罪,华某某因陈某某行凶而进行反击并致陈某某死亡的可能性较大。

【典型意义】

刑法第 20 条第 3 款规定,对正在进行行凶、杀人、抢劫、强奸、绑架以及其他严重危及人身安全的暴力犯罪,采取防卫行为,造成不法侵害人伤亡的,不属于防卫过当,不负刑事责任。本款的规定,也称为特殊防卫、无过当防卫。它区别于一般防卫:(1)针对的是严重危及人身安全的暴力犯罪;(2)没有必要限度的要求,因而不存在防卫过当。刑法规定特殊防卫,是为了鼓励防卫人在面临足以严重危及人身安全的不法侵害时奋起反击,以保护人身安全免受不法侵害。

"行凶"不法侵害行为既包括实害行为,也应当包括危险行为。防卫人在面临足以严重危及人身安全的暴力行为时同样可以实施正当防卫。如果要求防卫人等到不法侵害行为已经造成实害结果才能实施防卫，是对特殊防卫作不恰当限缩解释，不符合特殊防卫的立法原意。

本案属于典型的因长期遭受家庭暴力而引发的极端事件。最高人民法院、最高人民检察院、公安部、司法部《关于依法办理家庭暴力犯罪案件的意见》指出，要准确认定对家庭暴力的正当防卫。为了使本人或者他人的人身权利免受不法侵害，对正在进行的家庭暴力采取制止行为，只要符合刑法规定的条件，就应当依法认定为正当防卫，不负刑事责任。本案以正当防卫做撤销案件处理，既符合法律规定，也充分体现司法与民意的统一，有较好的法律效果和社会效果。

30. 赵某某正当防卫案

【法律要旨】

面对不法侵害人持凶器危及人身安全而进行反击的，先前存在的矛盾纠纷、是否报警，以及致不法侵害人受伤等，均不影响正当防卫的成立。

【基本案情】

赵某某，男，1971年4月26日出生，林场职工。

赵某某与不法侵害人位某某（男，58岁）系多年邻居，赵某某在四道林场经营食杂店，位某某曾因在该店赊账还钱时认为多记钱款而与赵某某产生矛盾，随后多次举报食杂店内存在赌博、售卖病死鸡行为，相关部门查否，二人矛盾加深。

2018年9月21日19时40分许，位某某酒后从家中持一把菜刀（铁质，总长27公分，刀身长15公安，宽5公分，不属于管制刀具），并在路边顺手拾起一根木棒（木质，长50公分，宽6公分，厚5公分）来到赵某某家中。位某某进入店内寻找赵某某并朝卧室走去，赵某某发现后走出卧室，位某某见状持刀砍向赵某某，赵某某将位某某推倒在柜台前并让妻子报警，后使用拳头击打位某某身体、用膝盖顶其面部夺下木棒,并持木棒击打位某某头部,随后将位某某菜刀夺下,位某某头部流血后坐在地上。民警到现场后,赵某某将菜刀及木棒交给民警。经鉴定,位某某头皮裂伤为轻伤二级,左手软组织裂伤为轻微伤。

【检察履职情况】

公安机关以故意伤害罪将赵某某移送审查起诉。牡丹江市阳明区检察院根据审查认定的事实,依据刑法第20条第1款的规定,认为赵某某的行为不构成犯罪,决定对赵某某不起诉。

检察机关认为,赵某某的行为符合正当防卫:

一是位某某实施的不法侵害正在进行。位某某酒后手持菜刀及木棒来到赵某某经营的食杂店内,扬言要杀赵某某,见到从卧室走出的赵某某时,右手挥刀砍向赵某某,此时,赵某某面对的是位某某实施的不法侵害行为,且不法侵害正在进行。

二是赵某某的行为具有防卫性质。法不能向不法让步,任何人面对正在进行的不法侵害,都有依法实施防卫的权利。本案中赵某某在卧室通过监控内看到位某某进入食杂店内,起身走出卧室时,与持刀的位某某碰面,赵某某在将位某某推出时,位某某右手挥刀砍向赵某某,赵某某虽将位某某推倒在地,但位某某手中菜刀及木棒并未松开,现实危险没有解除。赵某某用拳头、夺下的木棒击打位某某,并夺下菜刀的行为,有效制止了不法侵害,显然具有防卫性质。

三是不法侵害人受伤不妨碍认定正当防卫。防卫行为当然是足以造成或者已经造成不法侵害人伤害乃至死亡的行为,防卫行为在形式和表现上是与伤害、杀人等犯罪相同的行为,所以才需要通过正当防卫来排除行为的违法性,单纯"制止"不法侵害的行为是不需要通过正当防卫来排除行为的违法性的,所以正当防卫在理论上被称为违法阻却事由。本案中赵某某虽然造成了位某某轻伤的后果,但不能因此而否认其行为属于正当防卫。

四是报警不影响赵某某正当防卫行为的性质。当本人或者他人面对正在进行的不法侵害时,任何公民都有依法实施正当防卫的权利。

是否报警不影响正当防卫的成立。本案中虽然赵某某将位某某推倒在柜台前时让妻子报警，但此时位某某的不法侵害没有停止，赵某某及其妻子面临不法侵害的危险状态并没有因报警而减少，报警与否不能改变位某某不法侵害的性质，亦不能使得赵某某丧失实施正当防卫的权利。

五是赵某某的防卫行为没有超过必要限度。正当防卫须在必要限度内进行。本案中赵某某客观上造成了不法侵害人轻伤的后果，不属于"造成重大损害"的范畴，不属于防卫过当，且赵某某在夺下位某某的菜刀，人身处于安全状态后，即停止了防卫行为，亦没有"明显超过必要限度"。

【典型意义】

刑法第20条规定"采取的制止不法侵害的行为，对不法侵害人造成损害的，属于正当防卫，不负刑事责任。"司法实务中应当准确理解与把握。

第一，对于"不法侵害"的认定，事前的矛盾纠纷，并不能改变位某某实施不法侵害的性质，不能因为事前存在的邻里矛盾纠纷便否认不法侵害的性质。当事前存在矛盾、纠纷，甚至争吵时还没有形成不法侵害，也不意味着丧失防卫条件。

第二，不能因为防卫人报警便认为防卫人丧失了防卫的权利。当不法侵害正在进行时，即使报警也不可能立即制止不法侵害，要求公民报警后不进行防卫，期待公民容忍不法侵害，明显不符合正当防卫的立法精神。

第三，对"制止不法侵害的行为"不应理解为单纯的"制止"，正当防卫是对不法侵害人造成伤害的行为，否则就不需要通过正当防卫来排除行为违法性了。所以不能认为，凡是造成不法侵害人伤害的，就不是正当防卫。把正当防卫理解为单纯"制止"不法侵害不符合生活常识。

检察机关应当秉持客观公正的原则，强化责任担当，不能因矛盾暂时没有化解等因素而不认定或者不敢认定当事人的行为具有防卫性质。要树立正确的司法理念,鼓励公民和正在进行的不法侵害作斗争,真正贯彻执行"法不向不法让步""正不向不正低头"的精神。

31. 李某志正当防卫案

【法律要旨】

在邻里纠纷激化为单方面非法侵入住宅、故意伤害人身等不法侵害等情况下,防卫行为虽然对不法侵害人造成损害但未超过必要限度的,属于正当防卫,依法不负刑事责任。

【基本案情】

李某志,男,51岁,农民。

冯某(男,44岁)曾因抢劫罪、贩卖毒品罪两次被判处刑罚,2016年刑满释放后回到某村家中。由于土地纠纷,冯某多次到邻居李某(74岁)家大吵大闹、恶语相向,李某及其家人一直忍让克制。

2017年12月22日17时许,冯某酒后闯入李某家,谩骂、恐吓李某及其家人,并在李某家门口当众撒尿进行侮辱、挑衅。李某及其家人始终退让回避,后冯某被村民拉离。20时许,冯某再次闯入李某家,掀翻房间内桌椅等物品,对李某及其家人推搡、谩骂。居住在附近的李某之子李某志闻声赶到,与家人共同劝止冯某。冯某不听劝说,突然抓起堆放在地上的建筑木板,向李某志及其家人挥打过去。李某志母亲陈某(70岁)躲闪不及,被击中头部,当场鲜血直流。李某志见此,情急之际朝着冯某脚部猛烈踢打,并与其家人、村民一起将冯某按在地上,致其受伤。

经鉴定,冯某损伤程度构成轻伤二级;陈某损伤程度构成轻伤二级;李某损伤程度构成轻微伤。

【检察履职情况】

公安机关以李某志涉嫌故意伤害罪移送检察机关审查起诉。广东省茂名市电白区人民检察院根据审查认定的事实,依据刑法第20条第

1款的规定，认为李某志的行为属于正当防卫，不负刑事责任，决定对李某志不起诉。

本案系农村邻里纠纷激化而引发的刑事案件，矛盾化解难、影响范围广，特别是涉及正当防卫争议的，处理不当容易加深双方对抗情绪，对社会治理造成较大的负面影响。检察机关认为，依法认定李某志制止冯某不法侵害属于正当防卫，不负刑事责任，主要理由如下：

第一，李某及其家人面临的不法侵害正在进行。冯某因土地问题两次酒后非法侵入李某家，挑起事端，制造冲突。先是谩骂、恐吓，在其家门口当众撒尿进行侮辱、挑衅；后是掀翻房间内物品，继而推搡李某及其家人，最后持木板打伤陈某。冯某不法侵害步步紧迫，对李某及其家人生命安全造成现实的危险。

第二，李某志的行为具有防卫的正当性。李某志听到其父母家中传来呼救声，第一时间赶到现场劝止冯某，并无伤害冯某的故意。其后冯某不法侵害突然升级，已无周旋、等待的余地，李某志只有立即反击，才能保护本人及其家人的人身安全，且其行为没有明显超过必要限度。

第三，符合正当防卫的制度价值。正当防卫的实质在于"法不能向不法让步"，从该案起因和发展态势而言，冯某不仅是不法侵害的挑起者，也是冲突升级和矛盾激化的责任人，李某志在当时情况下对冯某实施制止行为是适当、必要的。保护防卫者的合法权益，引导鼓励公民勇于自我救济，坚持同不法侵害作斗争，是检察机关义不容辞的社会担当和使命责任。

2019年3月15日，茂名市电白区人民检察院依法对李某志作出不起诉决定；以冯某涉嫌故意伤害罪，向法院提起公诉。同年5月24日，一审法院采纳检察机关公诉意见和量刑建议，判处冯某有期徒刑1年6个月，冯某表示认罪服判，不上诉。但其不服检察机关对李某志作出的不起诉决定，向上一级院提起申诉。同年11月19日，广东省茂名市人民检察院复查后决定，维持原不起诉决定，驳回冯某的申诉请求。

【典型意义】

刑法第 20 条第 1 款规定，为了使国家、公共利益、本人或者他人的人身、财产和其他权利免受正在进行的不法侵害，而采取的制止不法侵害的行为，对不法侵害人造成损害的，属于正当防卫，不负刑事责任。

认定正当防卫时，检察机关应该综合考虑案件前因后果，分清是非曲直，要避免对防卫行为作出过于严苛、违背常理的要求，也要摒弃"息事宁人""各打五十大板"等片面化、机械式办案理念，秉持客观公正立场，努力追求法律效果和社会效果的统一。

对具有连续侵害行为的，应查清防卫人面对案发前侵害行为的态度、应对措施等，在此基础上可以对防卫人的防卫意识作出更加准确的判断，同时，也可以对不法侵害人的主观故意作出更清晰的判断。本案中，不法侵害人不仅仅案发时具有侵害行为，案发前也有到防卫人家中闹事的行为，防卫人是退让回避冲突的，两相对比，可以准确判断出案发时防卫人的防卫意识。

对不法侵害行为的方式、程度以及不法侵害人的个人状态等进行分析，以便认定防卫人或受害人的处境，面临的危险是否还在延续，从而判断是属于事中防卫还是事前、事后防卫。

把防卫行为的方式、强度与不法侵害行为的方式、强度对比分析，准确判断防卫行为是否超过必要限度。应强化"法不能向不法让步"的秩序理念，避免机械办案，防止只要防卫行为与侵害行为强度相当就轻易认定双方"互殴"或"相互打斗"，应考虑危险性的大小、防卫人主观认识、较轻的防卫程度是否足以有效制止不法侵害等因素，进行综合分析判断。

要设身处地，综合判断。以人民群众的朴素认知和生活常识作为参照，立足于防卫人当时身处的客观环境，综合判断防卫行为是否合法正当。

正当防卫案件社会关注度高，检察机关应加强释法说理，充分利用公开听证、公开审查等方式，加大向当事人和其他诉讼参与人释法说理力度，引导人民群众在法治轨道上理性平和处理各种矛盾。

32. 李某某正当防卫案

【法律要旨】

防卫行为是否在必要合理的限度内，不能割裂时间对每一帧影像进行单独认定，不应过于强调力量对等，僵化把握对抗力量逆转对认定正当防卫的影响。对于严重危及人身安全的暴力犯罪采取的防卫行为，造成不法侵害人死亡的，不属于防卫过当，依法不负刑事责任。

【基本案情】

李某某，男，1968年10月28日出生，渔民。曾因犯强奸罪、故意伤害罪、寻衅滋事罪先后被判处刑罚，2017年4月因涉嫌妨害公务罪被立案侦查（在逃），同年7月又因涉嫌故意伤害被调查。

2017年8月，龙某到防城港市港口区某水产码头附近海域私自围海，并胁迫在该海域内挖螺的渔民向其缴纳"保护费"，还指定收购点并控制收购价。渔民莫某、林某、韦某以及李某某等人因害怕龙某及其同伙殴打，被迫交纳"保护费"并按龙某要求出售海螺。

2018年春节前后，由于龙某将保护费提高，李某某便不再交保护费给龙某，此后龙某多次威胁恐吓李某某及其儿子李某。2018年5月26日15时20分，李某某买菜回家途中，被龙某驾驶小轿车拦截在马路中间并言语威胁。龙某拿出一根铁棍下车，突然向李某某的头部横扫，李某某下蹲躲过，同时冲上前抢夺铁棍，双方僵持半分钟后，李某某将铁棍夺过，龙某仍然用手指着李某某说要"搞死你"，李某某双手持铁棍立即挥向龙某，打中龙某脖子后部致其倒地，紧接着李某某持铁棍对龙某头部连击3下，之后李某某便丢掉铁棍并报警，后龙某经抢救无效死亡。经鉴定，龙某符合被钝器打击头面部致颅脑损伤死亡。

案发后，32名渔民联名举报龙某是"海霸"，私自围海、垄断渔业、为害一方，并认为李某某的行为是为民除害，建议办案机关对李某某不起诉。

【检察履职情况】

2018年9月26日，公安机关以李某某涉嫌故意伤害罪，移送检察机关审查起诉。广西防城港市港口区人民检察院根据审查认定的事实，依据刑法第20条第3款的规定，认定李某某的行为属于正当防卫，不负刑事责任。2019年2月10日，决定对李某某不起诉。

检察机关认为，李某某的行为属于刑法第20条第3款特殊防卫的情形，其对正在进行行凶的暴力犯罪采取防卫行为，造成不法侵害人伤亡的，不属于防卫过当，不负刑事责任。主要理由如下：

第一，李某某面临的不法侵害属于特殊防卫情形，具有特殊防卫权。本案中，龙某因李某某不交保护费，对李某某及其子长期进行威胁滋扰。案发当天，龙某拦停李某某后再次进行威胁，从车上拿下铁棍欲打李某某，李某某与龙某进行理论，在周旋过程中，龙某突然举起铁棍对着李某某的头部横扫，是对李某某的不法侵害。其一，李某某不交保护费自身没有过错，相对于龙某强收保护费的行为，是以合法对不法；其二，龙某持铁棍横扫李某某头部的不法侵害行为，如果不是李某某躲过，则可轻易导致李某某伤亡。因此，龙某的行为应当认定为"行凶"，是严重危及人身安全的暴力犯罪，李某某具有特殊防卫权。

第二，对抗力量的逆转对认定正当防卫的影响。在办案过程中有意见提出，李某某从龙某手中抢夺到铁棍后，力量的强弱已经发生逆转，李某某的行为属于防卫过当。论证后认为，该意见是以案发后对于整个案发过程中每一帧进行的冷静客观分析，要求防卫人必须意识到力量发生逆转，一旦强于对方就不再能够防卫，不符合案发实际。如果面对不法侵害行为，仍以事后完全理性的视角评判防卫人的防卫要件，是对防卫人的苛刻限制。对李某某来说，他面临的是生死搏斗，精神高度紧张，而且遭到威胁有所惊恐，不会意识到力量的强弱转换的具体时间点，不符合及时制止犯罪、让犯罪不能得逞的防卫需要。龙某的行凶行为达到暴力犯罪的程度，严重危及李某某的人身安全，李某某当时是否能在紧急情况下意识到力量强弱对比发生转变，以及受伤程度是否相适应，对正当防卫的认定没有影响。

第三，李某某的行为没有明显超过必要防卫限度。刑法第 20 条第 2 款规定，正当防卫明显超过必要限度造成重大损害的，应当负刑事责任。在认定是否明显超过必要限度时，应当从案发的起因、对象、手段和严重程度，防卫的条件、方式、强度和后果等方面综合判定。李某某反击行为，起因是龙某为收取保护费进行拦截威胁，持铁棍挥打已经着手行凶；时间上，李某某与龙某抢夺铁棍的过程持续，李某某夺棍后反击连贯；空间上，没有超过龙某对李某某施暴的范围和案发现场；反击对象上，是对自己实施打击的龙某；手段上，与此前龙某攻击李某某的手段对等，龙某遭受的后果与其攻击李某某可能发生的后果对等，没有超过必要的限度。

而且，李某某在案发前长期受到龙某的胁迫。2017 年 8 月，龙某即开始在李某某等渔民挖螺的码头附近私自围海，并胁迫当地渔民定点定价出售海螺及交保护费，后又提高保护费，李某某拒交后被多次威胁恐吓。李某某遭受龙某的长期胁迫、恐吓和交易控制，一旦面对龙某，其精神即进入紧张、恐慌状态。因此，龙某对李某某长期的胁迫恐吓应当作为本案认定正当防卫需要考虑的因素之一。

【典型意义】

刑法第 20 条第 3 款规定，对正在进行行凶、杀人、抢劫、强奸、绑架以及其他严重危及人身安全的暴力犯罪，采取防卫行为，造成不法侵害人伤亡的，不属于防卫过当，不负刑事责任。司法实践中，通常称这种正当防卫为"特殊防卫"。特殊防卫制度的设立初衷，是为了赋予防卫人更大的权利去对抗具有严重法益侵害性的暴力犯罪。

明确防卫行为的必要合理的限度，应当从案发时的起因、对象、手段和严重程度，防卫的条件、方式、强度和后果等方面综合判定，以行为足以制止不法侵害、保护法益为限，防卫行为并非只要超过必要限度就属于防卫过当，只有明显超过必要限度造成重大损害的，才属于防卫过当。考量防卫行为是否在必要合理的限度内，不应过于强调力量对等，不能僵化地认为对抗力量一逆转即应放弃防卫行为，要充分考虑防卫人案发前的遭遇和案发当时的境况，不应以事后完全理性的视角评判防卫人的防卫要件，机械割裂防卫过程，把防卫时间线拆分到每一帧进行来认定防卫行为是否超越必要限度。

正当防卫是法律赋予公民同违法犯罪行为作斗争的权利，是追求公平、正义价值的必然要求。肯定防卫人以对等手段予以反击，即使造成不法侵害人死亡的后果，也不必顾忌可能成立防卫过当而构成犯罪。这对及时制止行凶、杀人、抢劫、强奸、绑架以及其他严重危及人身安全的暴力犯罪，起到了积极正面的引导作用。

检察机关审查起诉时，应当严把事实关、证据关和法律适用关，根据查明的事实，认定犯罪嫌疑人的行为属于正当防卫，不负刑事责任的，依法作出不起诉决定，保障人权，确保法律统一、正确实施。同时，要注重说法释理，通过公开听证等形式，对事实认定、法律适用和办案程序等问题进行答疑解惑，开展法治宣传，保障当事人和其他诉讼参与人的合法权利。

33. 姜某某正当防卫案

【法律要旨】

对正在进行的非法侵入住宅并行凶的行为，采取防卫行为，致不法侵害人死亡的，不属于防卫过当，不负刑事责任。

【基本案情】

姜某某，男，1974年8月11日出生，务工。

2017年9月份，刘某某租住在姜某某家中的二楼，当时姜某某一直在外地打工，家中一直由姜某某的妻子张某某打理，刘某某租进姜某某家后，经常帮张某某干活，后两人发生了不正当男女关系。

2018年农历正月二十，姜某某打工回到家后，听到一些有关刘某某和妻子张某某的风言风语，随即让刘某某搬出其家。刘某某搬出姜某某家后还一直对张某某纠缠，并威胁张某某让其与姜某某离婚。

2018年4月7日晚上，刘某某在张某某下班的路上将其截住，并将张某某带到其娘家，在其娘家刘某某威胁张某某及张某某的父亲让张某某和姜某某离婚,自己要和张某某结婚,不然的话就杀其全家。

2018年4月8日19时许,姜某某的岳父把姜某某约至其家中商量此事,商量过程中,刘某某与张某某微信聊天还是逼迫张某某与姜某某离婚,姜某某发现刘某某与张某某的微信聊天内容后,拿起张某某的手机给刘某某发了一段语音:我就在红旗巷来,你有本事过来就对呀,我到屋等着你。后姜某某夫妇便骑摩托车回家。刘某某听完该语音后,骑摩托车到夏县电影院附近的一家五金店购买了一把尖刀后,便赶往姜某某家。当晚20时许,姜某某夫妇刚进家中客厅,刘某某就持刀闯进姜某某家,进到客厅后刘某某对姜某某说:我就来了,你能把我咋了。说完用拳头在姜某某上身打了一拳,接着刘某某用刀刺向姜某某腹部,姜某某用左手抓住刀,刘某某将刀抽出,致姜某某左手受伤,刘某某再次用刀刺向姜某某,姜某某用左手将刀刃抓住,右手将刀从刘某某手中夺走,后姜某某右手持刀朝刘某某胸前扎了两刀,在刘某某背部扎了两刀,导致刘某某在客厅门口倒地死亡。

经鉴定,刘某某系躯干部受锐器刺入致肺破裂、胸主动脉破裂、心脏破裂引发大出血致呼吸循环衰竭死亡;姜某某损伤程度构成轻微伤。

【检察履职情况】

山西省夏县公安局侦查终结后,以姜某某涉嫌故意伤害罪于2018年6月22日向夏县人民检察院移送审查起诉。2018年12月26日,检察机关以故意伤害(防卫过当)向夏县人民法院提起公诉。2019年3月5日法院开庭审理。

后夏县人民检察院对该案重新研究,认为姜某某的行为符合刑法第20条第3款的规定,不属于防卫过当,不负刑事责任。于是,夏县人民检察院撤回起诉,对姜某某作出不起诉决定。主要理由是:

1. 被害人具有严重过错,对于案件引发、激化负有责任。被害人刘某某在租住姜某某房屋期间,与姜某某妻子发展成为不正当男女关系,在姜某某发现制止后,刘某某仍继续纠缠,并逼迫张某某离婚,破坏他人家庭,并扬言如果张某某不离婚,便杀害张某某全家。在此情况下，张某某父亲与姜某某商量该如何解决此事，正在商量之际，被害人刘某某又通过微信聊天方式继续纠缠、恐吓张某某，见此情景，姜某某出于维护家庭需要提出与被害人见面。被害人看到微信后，不仅没有为自己的恶劣行为羞耻、退缩，反而积极准备作案工具，主动来到姜某某家里等候。在姜某某夫妇刚进入家门，被害人刘某某便持刀直奔姜某某，先后用拳头、尖刀袭击姜某某，致姜某某左手多处受伤。可见，刘某某为满足个人私欲，通过暴力、威胁等方式破坏他人婚姻家庭关系，面对他人制止、退让，不思悔改，变本加厉，主动持械到他人住处进行挑衅、耍横、行凶，态度极为嚣张，情节极其恶劣，在该案中具有严重过错，对案件的引发、激化负有直接责任。

2.刘某某的行为属于刑法第20条规定的"行凶"。刘某某积极购买作案工具，尖刀刀刃长达15厘米，杀伤力极大，具有极大的危险性。在找到姜某某夫妇后，不由分说，直奔姜某某，先是用拳头殴打姜某某头部，随后掏出尖刀向姜某某身上捅去，姜某某见状用左手紧紧握住刀刃，刘某某又从姜某某手中抽出尖刀，再次向姜某某身上捅刺过去，姜某某又用左手握住尖刀，并用右手将被害人刘某某手中的尖刀夺取过来。从以上过程看出，被害人刘某某持凶器尖刀先后两次刺向姜某某，具有明显的侵害他人身体的故意，并且导致姜某某左手多处损伤，伤口累计长13.0厘米，已经严重危及到姜某某的人身安全，应认定为刑法中的"行凶"。

3.姜某某从被害人手中夺取刀具后，被害人不法侵害行为并未停止，属于刑法第20条规定的"正在行凶"。在案证据显示，姜某某夫妇刚进入客厅，被害人刘某某直奔姜某某开始殴打，此时客厅的灯尚未打开，光线昏暗，在此情况下下，姜某某出于身体本能采取了抵抗、反抗行为，且从被害人手中夺取刀具后，被害人仍未停止其侵害行为，在此情况下，姜某某在人身受到紧迫、现实危险情况下，为了制止不法侵害，或者为了避免人身继续受到伤害，出于本能对被害人实施了侵害行为，致被害人死亡。另外，姜某某作为普通人，在突发情况的高度紧张状态下，很难精准判断出自己可能受到多大伤害，然后冷静换算出等值的防卫强度。当时的情境，客厅未开灯，姜某某也不能准确判断出自己的防卫强度及死者刘某某是否还有侵害能力。

因此，姜某某所实施的制止不法侵害行为，系在被害人"行凶"行为正在进行的情况下不得已作出的选择，且姜某某对被害人捅刺的四刀系在极为短暂的时间内连续作用形成，中间没有间隔，符合刑法第20条第3款的"特殊防卫"的规定。

【典型意义】

刑法第20条第3款规定，对正在进行行凶、杀人、抢劫、强奸、绑架以及其他严重危及人身安全的暴力犯罪，采取防卫行为，造成不法侵害人伤亡的，不属于防卫过当，不负刑事责任。司法实践中通常称之为"特殊防卫"。

对严重侵害公民人身、财产权利的犯罪行为进行正当防卫是人民的权利，依法认定正当防卫、保护无辜的人不受追究是司法者的责任。法不能向不法让步，不能对正当防卫的人有过苛的要求。住宅安宁权是公民最基本的安全需求，应重点保护。

检察机关要落实好新时代检察理念，以人民为中心，努力满足人民群众对公平、安全的更高要求。办理正当防卫案件时，要解放思想，敢于负责，勇于担当，消除害怕死者家属闹访、缠访的思想顾虑，依法准确认定正当防卫，切实鼓励公民依法行使正当防卫权，让正义"不委曲也可以求全"，彰显司法公正。

第六部分

相关文件和案例解读

一、最高人民法院、最高人民检察院、公安部印发《关于依法适用正当防卫制度的指导意见》的通知

法发〔2020〕31 号

各省、自治区、直辖市高级人民法院、人民检察院、公安厅（局），解放军军事法院、军事检察院，新疆维吾尔自治区高级人民法院生产建设兵团分院，新疆生产建设兵团人民检察院、公安局：

现将《最高人民法院、最高人民检察院、公安部关于依法适用正当防卫制度的指导意见》予以印发，请认真贯彻执行。

最高人民法院　最高人民检察院　公安部
2020 年 8 月 28 日

最高人民法院　最高人民检察院　公安部
关于依法适用正当防卫制度的指导意见

为依法准确适用正当防卫制度，维护公民的正当防卫权利，鼓励见义勇为，弘扬社会正气，把社会主义核心价值观融入刑事司法工作，根据《中华人民共和国刑法》和《中华人民共和国刑事诉讼法》的有关规定，结合工作实际，制定本意见。

一、总体要求

1.把握立法精神，严格公正办案。正当防卫是法律赋予公民的权利。要准确理解和把握正当防卫的法律规定和立法精神，对于符

合正当防卫成立条件的，坚决依法认定。要切实防止"谁能闹谁有理""谁死伤谁有理"的错误做法，坚决捍卫"法不能向不法让步"的法治精神。

2.立足具体案情，依法准确认定。要立足防卫人防卫时的具体情境，综合考虑案件发生的整体经过，结合一般人在类似情境下的可能反应，依法准确把握防卫的时间、限度等条件。要充分考虑防卫人面临不法侵害时的紧迫状态和紧张心理，防止在事后以正常情况下冷静理性、客观精确的标准去评判防卫人。

3.坚持法理情统一，维护公平正义。认定是否构成正当防卫、是否防卫过当以及对防卫过当裁量刑罚时，要注重查明前因后果，分清是非曲直，确保案件处理于法有据、于理应当、于情相容，符合人民群众的公平正义观念，实现法律效果与社会效果的有机统一。

4.准确把握界限，防止不当认定。对于以防卫为名行不法侵害之实的违法犯罪行为，要坚决避免认定为正当防卫或者防卫过当。对于虽具有防卫性质，但防卫行为明显超过必要限度造成重大损害的，应当依法认定为防卫过当。

二、正当防卫的具体适用

5.准确把握正当防卫的起因条件。正当防卫的前提是存在不法侵害。不法侵害既包括侵犯生命、健康权利的行为，也包括侵犯人身自由、公私财产等权利的行为；既包括犯罪行为，也包括违法行为。不应将不法侵害不当限缩为暴力侵害或者犯罪行为。对于非法限制他人人身自由、非法侵入他人住宅等不法侵害，可以实行防卫。不法侵害既包括针对本人的不法侵害，也包括危害国家、公共利益或者针对他人的不法侵害。对于正在进行的拉拽方向盘、殴打司机等妨害安全驾驶、危害公共安全的违法犯罪行为，可以实行防卫。成年人对于未成年人正在实施的针对其他未成年人的不法侵害，应当劝阻、制止；劝阻、制止无效的，可以实行防卫。

6.准确把握正当防卫的时间条件。正当防卫必须是针对正在进行的不法侵害。对于不法侵害已经形成现实、紧迫危险的，应当认定为不法侵害已经开始；对于不法侵害虽然暂时中断或者被暂时制止，但不法侵害人仍有继续实施侵害的现实可能性的，应当认定为不法侵害仍在进行；在财产犯罪中，不法侵害人虽已取得财物，但通过追赶、阻击等措施能够追回财物的，可以视为不法侵害仍在进行；对于不法侵害人确已失去侵害能力或者确已放弃侵害的，应当认定为不法侵害已经结束。对于不法侵害是否已经开始或者结束，应当立足防卫人在防卫时所处情境，按照社会公众的一般认知，依法作出合乎情理的判断，不能苛求防卫人。对于防卫人因为恐慌、紧张等心理，对不法侵害是否已经开始或者结束产生错误认识的，应当根据主客观相统一原则，依法作出妥当处理。

7. 准确把握正当防卫的对象条件。正当防卫必须针对不法侵害人进行。对于多人共同实施不法侵害的，既可以针对直接实施不法侵害的人进行防卫，也可以针对在现场共同实施不法侵害的人进行防卫。明知侵害人是无刑事责任能力人或者限制刑事责任能力人的，应当尽量使用其他方式避免或者制止侵害；没有其他方式可以避免、制止不法侵害，或者不法侵害严重危及人身安全的，可以进行反击。

8. 准确把握正当防卫的意图条件。正当防卫必须是为了使国家、公共利益、本人或者他人的人身、财产和其他权利免受不法侵害。对于故意以语言、行为等挑动对方侵害自己再予以反击的防卫挑拨，不应认定为防卫行为。

9. 准确界分防卫行为与相互斗殴。防卫行为与相互斗殴具有外观上的相似性，准确区分两者要坚持主客观相统一原则，通过综合考量案发起因、对冲突升级是否有过错、是否使用或者准备使用凶器、是否采用明显不相当的暴力、是否纠集他人参与打斗等客观情节，准确判断行为人的主观意图和行为性质。

因琐事发生争执，双方均不能保持克制而引发打斗，对于有过错的一方先动手且手段明显过激，或者一方先动手，在对方努力避免冲突的情况下仍继续侵害的，还击一方的行为一般应当认定为防卫行为。

双方因琐事发生冲突，冲突结束后，一方又实施不法侵害，对方还击，包括使用工具还击的，一般应当认定为防卫行为。不能仅因行为人事先进行防卫准备，就影响对其防卫意图的认定。

10. 防止将滥用防卫权的行为认定为防卫行为。对于显著轻微的不法侵害，行为人在可以辨识的情况下，直接使用足以致人重伤或者死亡的方式进行制止的，不应认定为防卫行为。不法侵害系因行为人的重大过错引发，行为人在可以使用其他手段避免侵害的情况下，仍故意使用足以致人重伤或者死亡的方式还击的，不应认定为防卫行为。

三、防卫过当的具体适用

11. 准确把握防卫过当的认定条件。根据刑法第二十条第二款的规定，认定防卫过当应当同时具备"明显超过必要限度"和"造成重大损害"两个条件，缺一不可。

12. 准确认定"明显超过必要限度"。防卫是否"明显超过必要限度"，应当综合不法侵害的性质、手段、强度、危害程度和防卫的时机、手段、强度、损害后果等情节，考虑双方力量对比，立足防卫人防卫时所处情境，结合社会公众的一般认知作出判断。在判断不法侵害的危害程度时，不仅要考虑已经造成的损害，还要考虑造成进一步损害的紧迫危险性和现实可能性。不应当苛求防卫人必须采取与不法侵害基本相当的反击方式和强度。通过综合考量，对于防卫行为与不法侵害相差悬殊、明显过激的，应当认定防卫明显超过必要限度。

13. 准确认定"造成重大损害"。"造成重大损害"是指造成不法侵害人重伤、死亡。造成轻伤及以下损害的，不属于重大损害。防卫行为虽然明显超过必要限度但没有造成重大损害的，不应认定为防卫过当。

14. 准确把握防卫过当的刑罚裁量。防卫过当应当负刑事责任，但是应当减轻或者免除处罚。要综合考虑案件情况，特别是不法侵害人的过错程度、不法侵害的严重程度以及防卫人面对不法侵害的恐慌、紧张等心理，确保刑罚裁量适当、公正。对于因侵害人实施严重贬损他人人格尊严、严重违反伦理道德的不法侵害，或者多次、长期实施不法侵害所引发的防卫过当行为，在量刑时应当充分考虑，以确保案件处理既经得起法律检验，又符合社会公平正义观念。

四、特殊防卫的具体适用

15. 准确理解和把握"行凶"。根据刑法第二十条第三款的规定，下列行为应当认定为"行凶"：（1）使用致命性凶器，严重危及他人人身安全的；（2）未使用凶器或者未使用致命性凶器，但是根据不法侵害的人数、打击部位和力度等情况，确已严重危及他人人身安全的。虽然尚未造成实际损害，但已对人身安全造成严重、紧迫危险的，可以认定为"行凶"。

16. 准确理解和把握"杀人、抢劫、强奸、绑架"。刑法第二十条第三款规定的"杀人、抢劫、强奸、绑架"，是指具体犯罪行为而不是具体罪名。在实施不法侵害过程中存在杀人、抢劫、强奸、绑架等严重危及人身安全的暴力犯罪行为的，如以暴力手段抢劫枪支、弹药、爆炸物或者以绑架手段拐卖妇女、儿童的，可以实行特殊防卫。有关行为没有严重危及人身安全的，应当适用一般防卫的法律规定。

17. 准确理解和把握"其他严重危及人身安全的暴力犯罪"。刑法第二十条第三款规定的"其他严重危及人身安全的暴力犯罪"，应当是与杀人、抢劫、强奸、绑架行为相当，并具有致人重伤或者死亡的紧迫危险和现实可能的暴力犯罪。

18. 准确把握一般防卫与特殊防卫的关系。对于不符合特殊防卫起因条件的防卫行为，致不法侵害人伤亡的，如果没有明显超过必要限度，也应当认定为正当防卫，不负刑事责任。

五、工作要求

19. 做好侦查取证工作。公安机关在办理涉正当防卫案件时，要依法及时、全面收集与案件相关的各类证据，为案件的依法公正处理奠定事实根基。取证工作要及时，对冲突现场有视听资料、电子数据等证据材料的，应当第一时间调取；对冲突过程的目击证人，要第一时间询问。取证工作要全面，对证明案件事实有价值的各类证据都应当依法及时收集，特别是涉及判断是否属于防卫行为、是正当防卫还是防卫过当以及有关案件前因后果等的证据。

20. 依法公正处理案件。要全面审查事实证据，认真听取各方意见，高度重视犯罪嫌疑人、被告人及其辩护人提出的正当防卫或者防卫过当的辩解、辩护意见，并及时核查，以准确认定事实、正确适用法律。要及时披露办案进展等工作信息，回应社会关切。对于依法认定为正当防卫的案件，根据刑事诉讼法的规定，及时作出不予立案、撤销案件、不批准逮捕、不起诉的决定或者被告人无罪的判决。对于防卫过当案件，应当依法适用认罪认罚从宽制度；对于犯罪情节轻微，依法不需要判处刑罚或者免除刑罚的，人民检察院可以作出不起诉决定。对于不法侵害人涉嫌犯罪的，应当依法及时追诉。人民法院审理第一审的涉正当防卫案件，社会影响较大或者案情复杂的，由人民陪审员和法官组成合议庭进行审理；社会影响重大的，由人民陪审员和法官组成七人合议庭进行审理。

21. 强化释法析理工作。要围绕案件争议焦点和社会关切，以事实为根据、以法律为准绳，准确、细致地阐明案件处理的依据和理由，强化法律文书的释法析理，有效回应当事人和社会关切，使办案成为全民普法的法治公开课，达到办理一案、教育一片的效果。要尽最大可能做好矛盾化解工作，促进社会和谐稳定。

22. 做好法治宣传工作。要认真贯彻"谁执法、谁普法"的普法责任制，做好以案说法工作，使正当防卫案件的处理成为全民普法和宣扬社会主义核心价值观的过程。要加大涉正当防卫指导性案例、典型案例的发布力度，旗帜鲜明保护正当防卫者和见义勇为人的合法权益，弘扬社会正气，同时引导社会公众依法、理性、和平解决琐事纠纷，消除社会戾气，增进社会和谐。

二、最高人民法院、最高人民检察院、公安部《关于依法适用正当防卫制度的指导意见》和典型案例发布及答记者问

时　　间： 2020年9月3日（星期四）10:00
地　　点： 最高人民法院全媒体新闻发布厅
出席嘉宾： 最高人民法院研究室主任姜启波；最高人民检察院法律政策研究室副主任劳东燕；公安部法制局二级巡视员曾斌
主 持 人： 最高人民法院新闻发言人李广宇

李广宇：

女士们、先生们，各位媒体朋友们，大家上午好。

欢迎参加最高人民法院新闻发布会。为方便记者朋友们参会，本次发布会仍然采取现场+线上的形式发布，欢迎现场和线上的各位记者朋友们。今天我们将要发布的是《最高人民法院、最高人民检察院、公安部关于依法适用正当防卫制度的指导意见》，我们很荣幸地邀请了最高人民法院研究室主任姜启波先生，最高人民检察院法律政策研究室副主任劳东燕女士，公安部法制局二级巡视员曾斌先生出席今天的新闻发布会。

首先，有请姜启波主任进行今天的发布。

姜启波：

各位记者：大家好！现在我向各位通报《最高人民法院、最高人民检察院、公安部关于依法适用正当防卫制度的指导意见》（以下简称《指导意见》）的有关情况。

一、《指导意见》的制定背景

正当防卫是法律赋予公民的权利,是与不法行为作斗争的重要法律武器。1997年刑法修订对第二十条正当防卫制度作了重大调整,放宽正当防卫的限度条件,增设特殊防卫制度。1997年刑法施行以来,各级人民法院、人民检察院和公安机关依照修改后刑法的规定,依法正确、妥善处理了一大批相关案件,总体上取得了良好的法律效果和社会效果。但是,有的案件对正当防卫制度的适用,也存在把握过严甚至严重失当等问题。近年来,涉正当防卫案件常常引发广泛关注,新闻媒体、专家学者和广大人民群众参与其中,各抒己见,讨论激烈。

为积极回应社会关切,大力弘扬社会主义核心价值观,2018年7月《最高人民法院关于在司法解释中全面贯彻社会主义核心价值观的工作规划(2018—2023)》提出:"适时出台防卫过当行为适用法律的司法解释,明确正当防卫、防卫过当的认定标准和见义勇为相关纠纷的法律适用标准。"根据规划要求,最高人民法院启动了文件起草工作。鉴于正当防卫制度的适用关系侦查、起诉、审判三阶段,涉及公安、检察、法院三机关,联合发文有利于更好统一法律适用,经会同最高人民检察院、公安部共同研究,决定以"两高一部"联合制定指导意见的方式,对依法适用正当防卫制度涉及的各方面问题作出系统的规定;同时,与《指导意见》相配套,联合发布七个涉正当防卫的典型案例,结合具体案件,以案说法,有针对性地阐释在适用正当防卫制度的刑法规定和《指导意见》中需要注意的问题。总之,采用"指导意见+典型案例"的方式,是希望收到"点面结合"的良好效果。

制定本指导意见,是人民法院、人民检察院、公安机关坚持以人民为中心的发展思想,充分发挥刑事司法职能,积极回应人民群众关切,弘扬社会主义核心价值观的一项重要举措。《指导意见》的公布施行,对于准确理解和适用正当防卫的法律规定,正确处理正当防卫案件,依法维护公民的正当防卫权利,鼓励见义勇为,弘扬社会正气,具有重要意义。

二、《指导意见》的主要内容

《指导意见》坚持问题导向,从总体要求、具体适用和工作要求三大方面,用二十二个条文,对依法准确适用正当防卫制度作出了较为全面系统的规定。

第一方面,正当防卫制度适用的总体要求。涉正当防卫案件千差万别,具体案件可能由于一个细节因素就会导致性质认定发生变化。《指导意见》不可能包罗万象,而只能就普遍性、原则性问题提出相对明确的规则指引。涉正当防卫具体案件依法妥当处理,关键在于办案人员要吃透法律精神,树立正确理念,把握公众的公平正义观念,作出合乎法理事理情理的准确判断。

基于此,《指导意见》第一部分专门对正当防卫制度适用的总体要求作出规定。具体而言:一是把握立法精神,严格公正办案。要准确理解和把握正当防卫的法律规定和立法精神,对于符合正当防卫成立条件的,坚决依法认定,切实矫正"谁能闹谁有理""谁死伤谁有理"的错误倾向,坚决捍卫"法不能向不法让步"的法治精神。二是立足具体案情,依法准确认定。要立足防卫人防卫时的具体情境,综合考虑案件发生的整体经过,结合一般人在类似情境下的可能反应,依法准确把握防卫的时间、限度等条件。要充分考虑防卫人面临不法侵害时的紧迫状态和紧张心理,防止在事后以正常情况下冷静理性、客观精确的标准去评判防卫人。三是坚持法理情统一,维护公平正义。要注重查明前因后果,分清是非曲直,确保案件处理于法有据、于理应当、于情相容,符合人民群众的公平正义观念,实现法律效果与社会效果的有机统一。四是准确把握界限,防止不当认定。对于以防卫为名行不法侵害之实的违法犯罪行为,要坚决避免认定为正当防卫或者防卫过当。对于虽具有防卫性质,但防卫行为明显超过必要限度造成重大损害的,应当依法认定为防卫过当。

第二方面,正当防卫制度的具体适用。这是《指导意见》的主体内容,包括三个部分,分别规定了正当防卫、防卫过当和特殊防卫的具体适用。概括而言,《指导意见》提出了十方面规则,也可以称为"十个准确":

一是准确把握正当防卫的起因条件。正当防卫的起因是存在不法侵害。《指导意见》第五条对不法侵害的具体理解作了规定，明确："不法侵害既包括侵犯生命、健康权利的行为，也包括侵犯人身自由、公私财产等权利的行为；既包括犯罪行为，也包括违法行为。""不法侵害既包括针对本人的不法侵害，也包括危害国家、公共利益或者针对他人的不法侵害。""对于非法限制他人人身自由、非法侵入他人住宅等不法侵害，可以实行防卫。"

二是准确把握正当防卫的时间条件。正当防卫必须是针对正在进行的不法侵害，即不法侵害已经开始，尚未结束。关于时间条件的判断标准，《指导意见》第六条强调："对于不法侵害是否已经开始或者结束，应当立足防卫人在防卫时所处情境，按照社会公众的一般认知，依法作出合乎情理的判断，不能苛求防卫人。"

三是准确把握正当防卫的对象条件。正当防卫是"正对不正"，必须针对不法侵害人进行。但是，不能狭隘地将不法侵害人理解为直接实施不法侵害的人，而是也包括在现场的组织者、教唆者等共同实施不法侵害的人。对此，《指导意见》第七条作了明确。此外，《指导意见》第七条还规定："明知侵害人是无刑事责任能力人或者限制刑事责任能力人的，应当尽量使用其他方式避免或者制止侵害；没有其他方式可以避免、制止不法侵害，或者不法侵害严重危及人身安全的，可以进行反击。"

四是准确把握正当防卫的意图条件。正当防卫必须具有正当的防卫意图。《指导意见》第八条规定："正当防卫必须是为了使国家、公共利益、本人或者他人的人身、财产和其他权利免受不法侵害。对于故意以语言、行为等挑动对方侵害自己再予以反击的防卫挑拨，不应认定为防卫行为。"

五是准确界分防卫行为与相互斗殴。正当防卫与相互斗殴都可能造成对方的损害，在外观上具有相似性，容易混淆。实践中，个别案件存在"和稀泥""各打五十大板"的现象，只要造成对方轻伤以上后果的就各自按犯罪处理，模糊了"正"与"不正"之间的界限，应当加以纠正。《指导意见》第九条要求坚持主客观相统一原则，进行综合判断，准确把握行为人的主观意图和行为性质，准确认定相关行为究竟是正当防卫还是相互斗殴。

六是准确界分滥用防卫权与正当防卫。《指导意见》第十条要求防止将滥用防卫权的行为认定为防卫行为，"对于显著轻微的不法侵害，行为人在可以辨识的情况下，直接使用足以致人重伤或者死亡的方式进行制止的，不应认定为防卫行为。不法侵害系因行为人的重大过错引发，行为人在可以使用其他手段避免侵害的情况下，仍故意使用足以致人重伤或者死亡的方式还击的，不应认定为防卫行为"。

七是准确把握防卫过当的认定条件。与正当防卫相比，防卫过当只是突破了限度条件，即"明显超过必要限度，造成重大损害"。为统一法律适用，《指导意见》第十一条至第十三条明确：认定防卫过当应当同时具备"明显超过必要限度"和"造成重大损害"两个条件，缺一不可；判断是否"明显超过必要限度"，要立足防卫人防卫时所处情境，结合社会公众的一般认知作出判断；"造成重大损害"是指造成不法侵害人重伤、死亡。造成轻伤及以下损害的，不属于重大损害。

八是准确把握防卫过当的刑罚裁量。防卫过当应当负刑事责任，但是应当减轻或者免除处罚。《指导意见》第十四条要求"综合考虑案件情况，特别是不法侵害人的过错程度、不法侵害的严重程度以及防卫人面对不法侵害的恐慌、紧张等心理，确保刑罚裁量适当、公正"。

九是准确把握特殊防卫的认定条件。《指导意见》第十五条至第十七条围绕特殊防卫的起因条件，明确了"行凶、杀人、抢劫、强奸、绑架以及其他严重危及人身安全的暴力犯罪"的具体涵义。第十六条规定："在实施不法侵害过程中存在杀人、抢劫、强奸、绑架等严重危及人身安全的暴力犯罪行为的，如以暴力手段抢劫枪支、弹药、爆炸物或者以绑架手段拐卖妇女、儿童的，可以实行特殊防卫。"实施特殊防卫，造成不法侵害人伤亡的，不属于防卫过当，不负刑事责任。

十是准确把握一般防卫与特殊防卫的关系。《指导意见》第十八条规定："对于不符合特殊防卫起因条件的防卫行为，致不法侵害人伤亡的，如果没有明显超过必要限度，也应当认定为正当防卫，不负刑事责任。"

第三方面，涉正当防卫案件处理的相关工作要求。正当防卫案件的处理，涉及刑事诉讼全过程。只有公检法三机关和社会各方共同努力，才能营造正当防卫制度正确适用的良好法治环境。

基于此，《指导意见》第五部分专门对涉正当防卫案件处理的相关工作要求作了明确规定。一是做好侦查取证工作，全面收集各类证据材料；二是全面审查事实证据，依法公正处理案件；三是强化释法析理工作，回应当事人和社会关切；四是做好法治宣传工作，充分发挥司法案例对社会风尚的引领作用。

我要向大家通报的情况就这些。谢谢大家。

李广宇：

谢谢姜启波主任的发布。下面请各位记者结合今天发布的内容提问，按照惯例，在提问前请通报您所在媒体的名称。下面开始提问。

红星新闻记者：

我们看到，《指导意见》对正当防卫制度设定了总体要求，也设定了具体适用的规则。请问人民法院在审理涉及正当防卫案件的过程中，如何保证案件的裁判结果与公众的正义观念的理解相契合？谢谢。

姜启波：

这位记者朋友点到了《指导意见》实施中最关键的问题。

正当防卫制度与人民群众的正义观、安全观密切相关。近年来，"于欢案""昆山龙哥案"等涉正当防卫案件引发广泛关注，亿万网民参与讨论。这一方面反映出，进入新时代，人民群众对社会的公平、正义、个人权利、安全等有了新的认识和更高期待；另一方面也暴露出，对正当防卫制度的适用，在司法理念上要进一步提升，在具体规则上要进一步明确。《指导意见》高度重视、着力解决记者朋友所提到的问题，紧紧围绕努力让人民群众在每一个司法案件中感受到公平正义这一目标要求，对依法适用正当防卫制度应当坚持的理念、应当把握的规则，特别是司法实践中容易把握出现偏差的问题，作出了明确规定。

第一，要严格公正办案，捍卫法治精神。实践中，"人死为大"的观念在社会上仍然根深蒂固。电梯劝阻吸烟猝死、私自爬树摘杨梅坠亡等事件之所以会成为诉讼案件，明显是受到这一观念的影响；有的涉正当防卫案件在处理时之所以出现偏差甚至严重失当，也与此有关。这种不问是非、不分对错一味强调"人死为大"的观念显然与法治原则不相符。因此，《指导意见》首先要求，必须把握立法精神，严格公正办案，切实矫正"谁能闹谁有理""谁死伤谁有理"的错误倾向。目的是要捍卫法治精神，让司法有力量、有是非、有温度。

第二，要把防卫人当普通人，不能强人所难。正当防卫的具体适用，蕴含着价值判断和事实认定问题，必须结合具体案件情况作出准确认定。实践中，个别案件的处理结果与社会公众的认知出现较大偏差，很大程度上是由于办案人员脱离防卫场景进行事后评判，而没有充分考虑防卫人面对不法侵害时的特殊紧迫情境和紧张心理。这就势必导致对正当防卫的认定过于严苛，甚至脱离实际。因此，必须坚持一般人的立场作事中判断，即还原到防卫人所处的具体情境，设身处地思考"一般人在此种情况下会如何处理"，坚持综合判断原则，不能对防卫人过于严苛，不能强人所难，更不能做"事后诸葛亮"。

第三，要坚持法理情统一，不能简单司法。周强院长在第七次全国刑事审判工作会议上指出："司法绝不能背离人之常情、世之常理。要将法律的专业判断与民众的朴素认知融合起来，以严谨的法理彰显司法的理性，以公认的情理展示司法的良知，兼顾天理、国法和人情。"司法实践中，个别涉正当防卫案件的处理看似于法有据，但结果得不到社会认同，一个重要原因在于有关办案人员没有充分考虑常理、常情，导致对法律规定的理解和适用与人民群众对公平正义的一般认知出现偏差。基于此，办理正当防卫案件，要注重查明前因后果，分清是非曲直，确保案件处理符合人民群众的公平正义观念，真正实现法律效果与社会效果的有机统一。

李广宇：

谢谢姜启波主任，现在继续提问。

新京报记者：

我们知道正当防卫是法律赋予公民的合法权利，对不法侵害人不能迁就，更不能躲避，但是现在社会上也有一种担忧认为，鼓励正当防卫是否会导致防卫权的滥用，我们的《指导意见》对此有什么考虑？谢谢。

姜启波：

这个问题提得很深入，说明这位记者朋友的思考非常深刻。

毋庸置疑，"凡事皆有度，过犹不及。"对任何事物的把握都应当坚持辩证法、强调两点论。针对当前司法实践对正当防卫的适用"畏手畏脚"的现状，为正当防卫适当"松绑"、鼓励见义勇为、依法保护公民的正当防卫权利是完全必要的，但也必须注意和强调，"松绑"必须在法治框架内进行，要切实防止从一个极端走向另一个极端，把防卫过当认定为正当防卫，甚至把不具有防卫因素的故意犯罪认定为正当防卫或者防卫过当。如果出现这种情况，便是纵容逞凶斗狠，甚至滥用防卫权，导致社会不安宁。

基于此，《指导意见》在强调维护公民正当防卫权利的基础上，也从另一个方面强调要防止权利滥用。除了在"总体要求"方面强调要"准确把握界限，防止不当认定""对于以防卫为名行不法侵害之实的违法犯罪行为，要坚决避免认定为正当防卫或者防卫过当"以外，在诸多具体规则的设定方面，也注重体现上述精神。

《指导意见》第七条强调："明知侵害人是无刑事责任能力人或者限制刑事责任能力人的，应当尽量使用其他方式避免或者制止侵害"；

《指导意见》第十条明确："对于显著轻微的不法侵害，行为人在可以辨识的情况下，直接使用足以致人重伤或者死亡的方式进行制止的，不应认定为防卫行为"；

《指导意见》第十条规定："不法侵害系因行为人的重大过错引发，行为人在可以使用其他手段避免侵害的情况下，仍故意使用足以致人重伤或者死亡的方式还击的，不应认定为防卫"，等等。

总之，《指导意见》的精神是既要旗帜鲜明地保护正当防卫者和见义勇为人的合法权益，也要积极引导社会公众依法、理性、和平解决琐事纠纷，大力弘扬社会正气，尽力消除社会戾气，彰显社会主义核心价值观。

李广宇：

谢谢姜启波主任，请继续提问。

检察日报社记者：

我注意到有关正当防卫的内容连续两年以醒目的篇幅出现在全国"两会"的最高检工作报告中，正当防卫也成为检察工作的高频词。请问，近年来检察机关在依法适用正当防卫制度有哪些做法和经验？这些经验和做法在《指导意见》中是否有所体现？谢谢。

劳东燕：

正当防卫是我国法律赋予公民保护合法权益、同不法侵害作斗争的重要权利，对于弘扬正气、践行社会主义核心价值观具有重要意义。近年来，各级检察机关依法准确适用正当防卫制度，认真办理涉正当防卫案件，鼓励见义勇为，积极保护公民的合法权益，取得了良好效果。主要有以下几方面做法和经验：

一是依法准确办理有重大影响和典型意义的涉正当防卫案件，向社会传递司法正能量。2018年指导地方检察机关办理昆山"龙哥"案、福州赵宇见义勇为案，2019年指导地方检察机关办理河北涞源反杀案、邢台董民刚案、浙江盛春平案、云南唐雪案等，在社会上引起强烈反响，向社会传递了"邪不压正"的司法立场。这些影响性防卫案件的正确处理，对于彰显"法不能向不法让步"的法治精神，弘扬社会正气，具有十分重要的意义，同时也对各级检察机关办理类似案件具有积极的示范指导作用。其中的赵宇见义勇为案和盛春平正当防卫案也入选了今天发布的典型案例。

二是积极制发指导性案例，明确正当防卫适用标准。2018年12月，最高人民检察院专门针对正当防卫问题发布第十二批指导性案例，分别是陈某正当防卫案、于海明正当防卫案、侯雨秋正当防卫案和朱凤山故意伤害（防卫过当）案。这4个案例结合案件情况，直观、具体地阐释了一般防卫、特殊防卫与防卫过当在认定中的界限和把握标准，及时回应社会关切的复杂法律问题，满足人民群众日益增长的法治需求。最高检发布指导性案例，既是开展以案释法，强化法治宣传，在检察环节落实"谁司法谁普法"责任制的具体举措；同时也有利于积极引导各级检察机关把握正当防卫本质特征，明确法律依据，厘清法律界限，正确处理正当防卫案件，增进当事人和社会公众对检察机关处理决定的理解和认同。

三是努力引领、重塑正当防卫理念，引导社会公众循法而为，依例而行。办理涉正当防卫案件和制发指导性案例等相关工作，有效唤醒了正当防卫制度这一"沉睡条款"。根据最高检12309公开网文书统计，2017年1月至2020年4月，全国检察机关办理涉正当防卫案件中，认定正当防卫不批捕352件、不起诉392件。其中，2017年不批捕48件48人、不起诉54件55人；2018年不批捕91件91人，同比增长89.6%；不起诉101件101人，件数和人数同比分别增长87%、83.6%；2019年不批捕187件187人，同比增长105.4%；不起诉210件212人，件数和人数同比增长分别为107.9%、110%，两年之间翻了一番。涉正当防卫不捕不诉案件同比大幅增长的背后，充分体现了正当防卫理念的重塑，推动公平正义以人民群众看得见、听得懂的方式加以实现，也使得"法不能向不法让步"的理念日益深入人心。

《指导意见》充分吸收借鉴了检察机关好的经验和做法。比如，在总体要求中强调要坚决捍卫"法不能向不法让步"的法治精神。再如，在准确把握正当防卫起因条件中，吸收了最高检指导性案例陈某正当防卫案的要旨，强调成年人对于未成年人正在实施的针对其他未成年人的不法侵害，应当劝阻、制止；劝阻、制止无效的，可以实行防卫，等等。应该说，检察机关为《指导意见》积极贡献了检察智慧和检察力量。

李广宇：

谢谢劳东燕主任，下面请继续提问。

中国妇女报中国妇女网记者：

刑法第二十条第三款规定特殊防卫制度，即对正在进行行凶、杀人、抢劫、强奸、绑架以及其他严重危及人身安全的暴力犯罪，采取防卫行为，造成不法侵害人伤亡的，不属于防卫过当，不负刑事责任。我们注意到，检察机关办理的昆山"龙哥"案、河北涞源反杀案等都是依法适用特殊防卫作出处理的。请问，《指导意见》对特殊防卫的具体适用作了哪些有针对性的规定？

劳东燕：

《指导意见》第四部分第十五条至第十九条明确了特殊防卫具体适用的有关问题。刑法作出特殊防卫的规定，主要是考虑到这些犯罪都严重威胁人身安全，被侵害人面临正在进行的暴力侵害，很难辨认侵害人的目的和侵害程度，也很难掌握实行防卫行为的强度。如果规定得太严，就会束缚被侵害人的手脚，妨碍其与犯罪作斗争的勇气，不利于公民运用法律武器保护自身合法权益。因此，《指导意见》第四部分遵循刑法的立法目的，对如何准确认定特殊防卫作了进一步细化规定：

一是要求准确理解和把握"行凶"。"行凶"是司法实践中的认定难点，《指导意见》强调了两方面的判断因素：其一是使用致命性凶器；其二是对他人人身安全造成现实、严重、紧迫的危险。

二是要求准确理解和把握"杀人、抢劫、强奸、绑架"。从特殊防卫规定的立法目的看，刑法规定的"杀人、抢劫、强奸、绑架"不是指向具体的罪名，而是指具体的犯罪手段，《指导意见》对此予以明确和强调。

三是要求准确理解和把握"其他严重危及人身安全的暴力犯罪"，即应当是与杀人、抢劫、强奸、绑架行为相当，并具有致人重伤或者死亡的紧迫危险和现实可能的暴力犯罪。

四是要求准确把握一般防卫与特殊防卫的关系，即对于不符合特殊防卫起因条件的防卫行为，应当进一步考虑是否可认定为一般的正当防卫。

这些规定是对司法机关办案经验的总结，有利于更好地指导公安司法机关的执法司法活动，依法准确适用刑法关于正当防卫的规定。

李广宇：

谢谢劳东燕主任，下面请继续提问。

人民公安报记者：

公安机关作为侦查机关，在准确适用正当防卫制度过程中承担着重要职责。请问，公安机关在贯彻执行《指导意见》上有哪些打算？

曾斌：

维护公民正当防卫权在内的合法权利是公安机关的职责所在。近年来，公安机关始终坚持习近平新时代中国特色社会主义思想为指导，以执法为民为宗旨，以建设法治公安为目标，坚持不懈地深入开展执法规范化建设，不断提升执法质量和执法公信力。《指导意见》出台后，公安机关将从以下几个方面做好贯彻执行工作。

一是认真组织学习培训，准确把握《指导意见》的精神实质和主要内容。公安机关将切实加强对《指导意见》的学习培训，提高对《指导意见》重要意义的认识，认真学习好、领会好《指导意见》的精神实质和主要内容，在今后办理涉正当防卫案件工作中，更加准确地把握法律精神和公众的公平正义观念，坚持法理情相统一。同时，将《指导意见》的学习培训纳入公安全警实战大练兵之中，作为实战大练兵的培训内容，加大培训力度，为贯彻执行好《指导意见》打下坚实基础。

二是不断提高执法办案能力，认真做好相关案件的侦查取证工作。公安机关将继续深化执法规范化建设，不断提升广大民警规范执法办案的能力水平。在办理涉正当防卫案件时，公安机关将依法及时、全面收集与案件相关的各类证据，为案件的依法公正处理奠定事实根基。要做到及时取证，对冲突现场有视听资料、电子数据等证据材料的，做到第一时间调取；对冲突过程有目击证人的，第一时间询问。要做到全面取证，依法及时收集对证明案件事实有价值的各类证据，特别是涉及判断是否属于防卫行为、是正当防卫还是防卫过当以及有关案件前因后果等的证据。

三是加强对受案立案工作的监督管理，强化源头管控。公安机关将认真落实受案立案工作机制改革要求，充分发挥法制部门受案立案的监督主管职责，加强对涉及防卫情节警情的审核把关，依法认定防卫情节的性质。对于符合正当防卫条件的，公安机关应当依法认定为正当防卫；已经立案的，及时撤销案件。对于具有防卫情节，但涉嫌防卫过当，构成犯罪的，应当依法立案侦办，依法准确适用强制措施。

四是加强案件审核把关，提高办案质量。公安机关将全面落实刑事案件法制部门统一审核、统一出口工作机制改革要求，强化对涉正当防卫案件的审核把关和执法过程管控，确保案件事实清楚、证据确实充分、定性处理得当、适用法律正确。对案件定性处理、适用法律争议较大的案件，公安机关将与检法机关及时沟通协调，主动听取检法机关意见建议。

五是做好释法析理和法治宣传工作，积极回应社会关切。公安机关将围绕案件争议焦点和社会关切，以事实为根据、以法律为准绳，准确、细致地阐明案件处理依据和理由。同时，做好以案说法工作，在执法办案过程中做好普法宣传教育，旗帜鲜明保护正当防卫者和见义勇为者合法权益，弘扬社会正气。

李广宇：

谢谢曾斌巡视员，也再次感谢各位嘉宾的发布和解答。今天的发布会到此结束，谢谢各位记者朋友的光临。

三、最高人民检察院《关于依法适用正当防卫制度的指导意见》理解与适用*

2020年8月28日，最高人民法院、最高人民检察院、公安部联合发布《关于依法适用正当防卫制度的指导意见》（以下称《意见》）及配套典型案例。《意见》的出台，对于指导公安司法机关依法准确适用正当防卫制度，维护公民的正当防卫权利，鼓励见义勇为，弘扬社会正气，把社会主义核心价值观融入刑事司法工作，具有重要意义。为便于深入理解和掌握《意见》的基本精神和主要内容，现就《意见》有关问题解读如下：

（一）起草背景及过程

正当防卫是我国法律赋予公民保护合法权益、同不法侵害作斗争的重要权利和手段。1979年刑法对正当防卫不负刑事责任作出了明确规定。1997年刑法针对实践中难以区分正当防卫和防卫过当界限的问题，对正当防卫制度作了重要修改：一是修改防卫过当的规定，将"超过必要限度造成不应有的危害"修改为"明显超过必要限度造成重大损害"；二是增加特殊防卫的规定，即对正在实施的严重危及人身安全的暴力犯罪，采取防卫行为不存在防卫过当，以鼓励人民群众勇于同犯罪作斗争。总体来看，1997年刑法施行以来，各级公安司法机关能够妥善办理涉正当防卫相关案件，有效维护社会和谐稳定。但同时，正当防卫制度在司法适用中总体呈保守态势，一些涉正当防卫案件的办理效果还不太好，立法目的尚未得到充分实现。有的

---

* 原载《人民检察》2020年第23期。作者：高景峰、吴峤滨，分别为最高人民检察院法律政策研究室主任、处长。

认定正当防卫过于苛刻，往往是在"理性假设"的基础上，苛求防卫人作出最合理的选择，特别是在致人重伤、死亡的案件中不善或者不敢作出认定；有的作简单化判断，以谁先动手、谁被打伤打死为准，没有综合考量前因后果和现场的具体情况；有的防卫行为本身复杂疑难，在判断上认识不一，分歧意见甚至旗鼓相当、针锋相对，这个时候公安司法机关的认定很容易受到不同方面的质疑，难以有效引领社会正气。

近年来，山东于欢案、昆山"龙哥"案等涉正当防卫案件经舆论报道后引起广泛关注，新闻媒体、专家学者和社会公众参与其中，讨论激烈。案件处理虽经多方努力，取得较好的效果，但社会各界普遍都希望"两高"进一步健全完善正当防卫制度规定，指导各级公安司法机关正确办理正当防卫案件。2018年12月，最高检专门针对正当防卫问题发布第十二批指导性案例，进一步明确正当防卫的界限把握，解决适用中存在的突出问题，加强对地方检察机关的办案指导。此后，最高检又先后指导地方检察机关依法办理福州赵宇案、邢台董民刚案、浙江盛春平案、云南唐雪案等影响性防卫案件，明确和阐释"法不向不法让步"的法治精神，努力引领、重塑正当防卫理念，积极引导社会公众循法而为、依例而行。

根据中央政法委的部署安排，自2019年3月起，"两高"研究室、公安部法制局共同启动、协同推进正当防卫指导意见的研究制定工作，同时为加强以案释法，又收集编写了七个典型案例拟与指导意见配套发布。经广泛听取各方面意见，反复研究修改，最大限度凝聚理论界、实务界共识，形成了《意见（审议稿）》。经2020年6月11日最高人民法院刑事审判专业委员会第369次会议、2020年7月24日最高人民检察院第十三届检察委员会第四十五次会议审议通过，8月28日"两高"、公安部联合印发《意见》。

(二) 主要内容

《意见》共二十二条，主要包括总体要求、正当防卫的具体适用、防卫过当的具体适用、特殊防卫的具体适用、工作要求等五部分内容。

1. 总体要求

《意见》第一部分明确了适用正当防卫制度的总体要求，共四条。司法实践中，涉正当防卫案件主要可以分为四类：第一类，"正""邪"明确的反击型案件。这类案件因我国"死者为大"的传统观念和整体保守惯性思维而不被认定为正当防卫的现象最为突出，目前社会高度关注的也正是这类案件。第二类，因民间矛盾升级爆发的案件。这类案件最多，也最难把握。第三类，因琐事引发争执，由互相谩骂、一般性推搡到一方突然下狠手、另一方反击的案件。这类案件较多，在认定上也较为疑难。第四类，因现场执法活动引发矛盾纠纷的案件。在适用正当防卫制度时，需要考虑这类案件现实存在且处理难度更大的实际情况。鉴于涉正当防卫案件的具体情况差别很大，《意见》不可能面面俱到，而主要是就普遍性、原则性问题提出相对明确的规则指引。涉正当防卫案件依法正确处理，关键在于办案人员要领会法律精神，树立正确理念，把握一般的公平正义观念，作出合乎法理事理情理的准确判断。基于此，《意见》第一部分首先对正当防卫制度适用的总体要求，特别是理念性问题作出专门规定。包括四个方面：

第一条要求把握立法精神，严格公正办案。1997 年刑法对正当防卫制度作出重大修改完善后，一些地方对正当防卫和特殊防卫仍从严掌握标准，对致人重伤、死亡的案件倾向于认定为防卫过当，以故意伤害罪甚至故意杀人罪追究刑事责任，导致立法目的未能得到体现，正当防卫制度在一些地方甚至成为"沉睡条款"。究其原因，很大程度是由于有的地方办案机关和办案人员未能准确把握立法精神、理解制度价值，导致案件处理出现偏差。因此，本条强调，要准确理解和把握正当防卫的法律规定和立法精神，对于符合正当防卫成立条件的，坚决依法认定，切实矫正"谁能闹谁有理""谁死伤谁有理"的错误倾向，坚决捍卫"法不能向不法让步"的法治精神。

第二条要求立足具体案情，依法准确认定。本条强调，要立足防卫人防卫时的具体情境，综合考虑案件发生的整体经过，结合一般人在类似情境下的可能反应，依法准确把握防卫的时间、限度等条件。要充分考虑防卫人面临不法侵害时的紧迫状态和紧张心理，防止在事后以正常情况下冷静理性、客观精确的标准去评判防卫人。本条规定主要体现三方面原则：一是要全面整体进行认定，即要考虑案件发生的整体经过，而不能局部地、孤立地、静止地将防卫行为与防卫瞬间的不法侵害进行简单对比。二是要设身处地进行认定，即不能要求防卫人是一个冷静理性、客观精确的旁观者，而是要还原到防卫人所处的境遇之下。办案人员要换位思考问问自己"假如我是防卫人我会如何处理"，设身处地想想"一般人在此种情况下会如何处理"。三是要适当作有利于防卫人的认定。实践中，许多不法侵害是突然、急促的，防卫人在仓促、紧张的状态下往往难以准确地判断侵害行为的性质和强度，难以周全、慎重地选择相应的防卫手段，因此要充分考虑防卫人紧迫状态和紧张心理，适当作有利于防卫人的认定。

第三条要求坚持法理情统一，维护公平正义。本条强调，要注重查明前因后果，分清是非曲直，确保案件处理于法有据、于理应当、于情相容，符合人民群众的公平正义观念，实现法律效果与社会效果的有机统一。本条规定旨在要求办案人员不能就案办案、机械办案、简单司法，而要在严格依法处理案件的基础上，最大限度地考虑人民群众的期望与关切，通过办案实现"天理""国法""人情"的统一，真正做到"努力让人民群众在每一个司法案件中感受到公平正义"。

第四条要求准确把握界限，防止不当认定。本条强调，对于以防卫为名行不法侵害之实的违法犯罪行为，要坚决避免认定为正当防卫或者防卫过当。对于虽具有防卫性质，但防卫行为明显超过必要限度造成重大损害的，应当依法认定为防卫过当。本条规定旨在提示办案人员，正当防卫是"以正对不正"，而不是"以暴制暴"，对正当防卫"松绑"的同时要防止矫枉过正，避免走向滥用防卫权的另一个极端。既要旗帜鲜明保护正当防卫者和见义勇为人合法权益，同时也要引导社会公众依法、理性、和平解决琐事纠纷，消除社会戾气，增进社会和谐。

2.正当防卫的具体适用

《意见》第二部分明确了正当防卫具体适用的有关问题,共六条。刑法第二十条第一款规定,为了使国家、公共利益、本人或者他人的人身、财产和其他权利免受正在进行的不法侵害,而采取的制止不法侵害的行为,对不法侵害人造成损害的,属于正当防卫,不负刑事责任。按照我国刑法学界的通说,正当防卫一般应当具备起因、时间、对象、意图、限度等五方面条件。《意见》第二部分主要针对上述刑法规定,结合正当防卫成立条件作了进一步细化规定。

第五条要求准确把握正当防卫的起因条件。根据刑法规定,存在不法侵害是正当防卫的起因条件。本条从三个层次对如何准确理解和把握"不法侵害"作了规定:

第一,"不法侵害"的范围界定。本条明确,作为正当防卫起因条件的"不法侵害",是指对受国家法律保护的国家、公民一切合法权益的违法侵害。实践中,要防止将不法侵害不当限缩为暴力侵害或者犯罪行为,进而排除对轻微暴力侵害或者非暴力侵害以及违法行为实行正当防卫。因此,对"不法侵害"应作合理界定:既包括侵犯生命、健康权利的行为,也包括侵犯人身自由、公私财产等权利的行为;既包括犯罪行为,也包括违法行为;既包括针对本人的不法侵害,也包括危害国家、公共利益或者针对他人的不法侵害。需要注意的是,针对危害国家、公共利益的行为或者针对不法侵害他人的行为实施的正当防卫,实质就是见义勇为的行为。本条的这一规定对于弘扬社会正气,鼓励见义勇为具有积极意义。

第二,"不法侵害"包括非法限制他人人身自由、非法侵入他人住宅等情形。司法实践中,涉正当防卫案件的起因越来越多样化。比如,因传销违法犯罪活动引发的案件(如浙江盛春平案)高发多发,有的暴力传销组织肆意实施故意伤害、非法拘禁、抢劫、强奸等犯罪行为,对公民人身权利和财产权利带来严重危害,也成为滋生黑恶犯罪的重要领域。在浙江盛春平案中,盛春平进入传销窝点后,即遭多人逼近实施非法拘禁,其遂拿出随身携带的水果刀,警告阻吓传销组织人员放其离开,而传销组织人员反而增加人手进一步逼近,不法侵害客观且持续存在，危险程度不断升级，符合正当防卫的起因条件。再如，还有一些案件（如涞源反杀案、邢台董民刚案、河北省辛集市耿某华正当防卫案）中不法侵害人都先实施了侵入他人住宅的非法行为，严重损害公民住宅安全。在邢台董民刚案中，与董民刚妻子有不正当男女关系的刁某醉酒后深夜从墙头翻入侵入董民刚住宅，不仅对他进行辱骂、恐吓、殴打，还威胁逼迫其下跪写离婚协议书。刁某对董民刚实施的不法侵害，以非法侵入其住宅为开端，具有攻击性、破坏性、持续性，符合正当防卫的起因条件。在河北省辛集市耿某华正当防卫案中，康某某纠集卓某某等八人携带橡胶棒、镐把、头盔、防刺服、盾牌等工具，在凌晨2时许翻墙进入耿某华家中，强制带离耿某华夫妇并围殴耿某华，强拆房屋。康某某等人实施不法侵害的主要目的是强拆，是对公民财产权利实施的暴力，也严重侵害了公民的住宅安宁，符合正当防卫的起因条件。由此可见，本条的这一规定具有较强的针对性和现实意义，有利于进一步提升人民群众安全感，及时有效回应群众关切。

第三，见义勇为行为的典型列举。本条明确列举了两类见义勇为行为：一是根据2019年"两高"、公安部《关于依法惩治妨害公共交通工具安全驾驶违法犯罪行为的指导意见》的相关规定，明确对于正在进行的拉拽方向盘、殴打司机等妨害安全驾驶、危害公共安全的违法犯罪行为，可以实行防卫。二是根据陈某正当防卫案（检例第45号）的要旨，明确成年人对于未成年人正在实施的针对其他未成年人的不法侵害，应当劝阻、制止；劝阻、制止无效的，可以实行防卫。《未成年人保护法》第十一条第一款规定："任何组织或者个人发现不利于未成年人身心健康或者侵犯未成年人合法权益的情形，都有权劝阻、制止或者向公安、民政、教育等有关部门提出检举、控告。"对于未成年人正在遭受侵害的，任何人都有权介入保护，成年人更有责任予以救助。但是，冲突双方均为未成年人的，成年人介入时，应当优先选择劝阻、制止的方式；劝阻、制止无效的，可以采取隔离、控制或制服侵害人的措施，并应当注意手段和行为强度的适度。此外，现实生活中对于被侵害人的自我保护能力严重不足的不法侵害，比如强迫残疾人劳动、强迫妇女卖淫、强迫儿童乞讨偷窃以及强迫弱势人员从事违法犯罪活动等，任何人发现后都应当及时报警，并可有权为这些被侵害人实行防卫，法律会给予充分的支持和保护。

第六条要求准确把握正当防卫的时间条件。根据刑法规定，不法侵害正在进行是正当防卫的时间条件。所谓"正在进行"，是指不法侵害已经开始但尚未结束。本条从三个层次对如何准确理解和把握不法侵害"正在进行"作了规定：

第一，不法侵害的开始时间。一般认为，行为人着手实行不法侵害的时间就是不法侵害的开始时间。实践中，由于不法侵害行为多种多样、性质各异，很难机械套用刑法上的既遂与着手来判断不法侵害的开始时间。既遂与着手侧重的是不法侵害可罚性的行为阶段问题，而不法侵害的开始，侧重的是防卫人的利益保护问题。为此，本条明确："对于不法侵害已经形成现实、紧迫危险的，应当认定为不法侵害已经开始。"这里的"现实、紧迫危险"，表现为不法侵害客观存在且迫在眼前，没有缓冲余地。因此，如果不法侵害已经实际危害人身、财产安全的，当然属于已经开始；虽未造成实际损害，但已经形成现实、紧迫危险，不进行防卫就会失去防卫时机，无法再进行有效防卫的，也应当认为不法侵害已经开始，可以进行防卫。

第二，不法侵害的结束时间。本条明确："对于不法侵害虽然暂时中断或者被暂时制止，但不法侵害人仍有继续实施侵害的现实可能性的，应当认定为不法侵害仍在进行"，"对于不法侵害人确已失去侵害能力或者确已放弃侵害的，应当认定为不法侵害已经结束"。比如，在于海明正当防卫案（检例第47号，昆山"龙哥"案）中，不法侵害人刘某在击打于海明的过程中将砍刀甩脱，于海明抢到砍刀，刘某上前争夺，在争夺中于海明捅刺刘某的腹部、臀部，砍击其右胸、左肩、左肘。刘某受伤后跑向轿车，于海明继续追砍2刀均未砍中，其中1刀砍中轿车。有意见提出，于海明抢到砍刀后，刘某的侵害行为已经结束，不属于正在进行。经研究认为，于海明抢到砍刀后，刘某立刻上前争夺，侵害行为没有停止，刘某受伤后又立刻跑向之前藏匿砍刀的汽车，于海明此时作不间断的追击也符合防卫的需要。于海明追砍两刀均未砍中，刘某从汽车旁边跑开后，于海明也未再追击。因此，在于海明抢得砍刀顺势反击时，刘某既未放弃侵害行为或者失去侵害能力，也未实质性脱离现场，不能认为侵害行为已经停止。

第三，判断时间条件的原则。本条明确："对于不法侵害是否已经开始或者结束，应当立足防卫人在防卫时所处情境，按照社会公众的一般认知，依法作出合乎情理的判断，不能苛求防卫人。对于防卫人因为恐慌、紧张等心理，对不法侵害是否已经开始或者结束产生错误认识的，应当根据主客观相统一原则，依法作出妥当处理。"比如，在王新元、赵印芝正当防卫案（涞源反杀案）中，不法侵害人王磊倒地后，王新元、赵印芝继续刀砍棍击的行为仍属于防卫行为。因为王新元家在村边，周边住宅无人居住，案发时已是深夜，院内无灯光，王磊突然持凶器翻墙入宅实施暴力侵害，王新元、赵印芝受到惊吓，精神高度紧张，心理极度恐惧。同时，王磊身材高大，年轻力壮，所持凶器足以严重危及人身安全，虽被打倒在地，还两次试图起身。王新元、赵印芝当时不能确定王磊是否已被制服，担心其再次实施不法侵害行为，又继续用菜刀、木棍击打王磊，其行为符合正当防卫的时间条件。

第七条要求准确把握正当防卫的对象条件。根据刑法规定，正当防卫必须以不法侵害人为对象，一般情况下不能针对不法侵害人以外的第三人进行。同时，本条还规定了两类特殊情况：

一是对于多人共同实施不法侵害的，既可以针对直接实施不法侵害的人进行防卫，也可以针对在现场共同实施不法侵害的人进行防卫。司法实践中，防卫人经常处于"以少敌多""以寡敌众"的不利境地，因此防卫行为不仅可以针对不法侵害的实施者，还可以针对在现场的组织者、教唆者和帮助者。比如，在陈某正当防卫案（检例第45号）中，甲、乙、丙等6人（均为未成年人），在陈某就读的中学门口，抓住并围殴陈某。乙的3位朋友（均为未成年人）正在附近，见状加入围殴陈某。其中，有人用膝盖顶击陈某的胸口、有人持石块击打陈某的手臂、有人持钢管击打陈某的背部，其他人对陈某或勒脖子或拳打脚踢。陈某掏出随身携带的折叠式水果刀，乱挥乱刺后逃脱。部分围殴人员继续追打并从后投掷石块，击中陈某的背部和腿部。陈某逃进学校，追打人员被学校保安拦住。陈某在反击过程中刺中了甲、乙和丙，经鉴定，该3人的损伤程度均构成重伤二级。本案中，陈某被9人围住殴打，有人使用钢管、石块等工具，有人拳打脚踢，虽然每个人侵害行为的暴力程度有所不同，但陈某针对共同不法侵害人进行防卫，无论造成其中谁的死伤，都属于正当防卫。

二是明知侵害人是无刑事责任能力人或者限制刑事责任能力人的，应当尽量使用其他方式避免或者制止侵害；没有其他方式可以避免、制止不法侵害，或者不法侵害严重危及人身安全的，可以进行反击。对于精神病人、未成年人等无刑事责任能力人或者限制刑事责任能力人实施的侵害行为，是实行紧急避险，还是可以进行防卫，理论界和实务界有不同认识。经研究认为，对上述人员实行防卫时，应当注意两点：其一，应当尽量退避，实行防卫须出于不得已。如果没有退避可能，或者退避会造成更大损害结果发生，可以进行防卫。其二，在防卫强度上应有所节制，注意确保适度。

第八条要求准确把握正当防卫的意图条件。根据刑法规定，正当防卫是公民与正在进行的不法侵害作斗争的行为，因此防卫人主观上必须具有防卫意图，即为了使国家、公共利益、本人或者他人的人身、财产和其他权利免受不法侵害的主观状态。防卫挑拨，即故意以语言、行为等挑动对方侵害自己再予以反击的行为，由于明显不具有防卫意图，不应认定为防卫行为。

第九条要求准确界分防卫行为与相互斗殴。相互斗殴，按其性质的严重程度分为两种：一是结伙斗殴，属于扰乱公共秩序的违反治安管理的行为；二是聚众斗殴，属于刑法规定的犯罪行为。相互斗殴的双方都具有不法性质，是不正与不正的关系。相互斗殴与防卫行为虽然形式上相似，但由于行为人不具有防卫意图，所以不应认定为防卫行为。据此，本条从两个层次对如何准确界分防卫行为与相互斗殴作了规定：

第一，坚持主客观相统一原则。即通过综合考量案发起因、对冲突升级是否有过错、是否使用或者准备使用凶器、是否采用明显不相当的暴力、是否纠集他人参与打斗等客观情节，准确判断行为人的主观意图和行为性质。实践中，有的案件处理不注重区分防卫行为与相互斗殴的界限，只要双方都动手了，就认为是打架斗殴，各打五十大板，"打输了进医院，打赢了进牢房"。有鉴于此，本条规定旨在要求办案人员坚持主客观相统一原则，运用综合判断方法，查明是非因果，分清"正"与"不正"，防止在办案中无原则地"和稀泥"。比如，在湖北省京山市余某正当防卫案中，余某在驾车正常行驶过程中，不法侵害人申某某在未取得驾驶证且醉酒的情况下，在道路上追逐拦截余某，把余某的车逼停后，手持铁质棒球棍对余某挑衅、斗狠、威胁及殴打。余某在后退躲闪过程中持水果刀挥刺，将申某某左脸部划伤，并夺下申某某的棒球棍，将其扔到附近草地上，申某某捡取棒球棍继续向余某挥舞。围观群众将双方劝停后，申某某将余某推倒在地，并继续殴打余某，后被赶至现场的民警抓获。经鉴定，申某某左眼球破裂，损伤程度为轻伤二级。余某为轻微伤。本案中，防卫人余某正常行驶，不法侵害人申某某挑起矛盾，又促使矛盾步步升级，先拿出凶器主动对余某实施攻击。反观余某，其具有防卫意图，而且防卫行为比较克制，造成申某某轻伤的结果，不能认定为相互斗殴。

第二，准确处理因琐事引发争执涉及的正当防卫或者相互斗殴。本条明确了两个具体问题：一是因琐事发生争执，双方均不能保持克制而引发打斗，对于有过错的一方先动手且手段明显过激，或者一方先动手，在对方努力避免冲突的情况下仍继续侵害的，还击一方的行为一般应当认定为防卫行为。这一规定是对主客观相统一原则和综合判断方法的具体化。二是双方因琐事发生冲突，冲突结束后，一方又实施不法侵害，对方还击，包括使用工具还击的，一般应当认定为防卫行为。不能仅因行为人事先进行防卫准备，就影响对其防卫意图的认定。比如，在杨建伟故意伤害、杨建平正当防卫案中，彭某某因狗被杨建平摸了一下，与杨建平、杨建伟兄弟发生口角，彭某某扬言要找人报复时，杨建伟回应"那你来打啊"。该回应不能表明杨建伟系与彭某某相约打斗。杨建伟在彭某某出言挑衅，并扬言报复后，准备刀具系出于防卫目的。彭某某带人持械返回现场，冲至杨建伟家门口首先拳击其面部，杨建伟才持刀反击，应当肯定其行为的防卫性质。

第十条要求避免将滥用防卫权的行为认定为防卫行为。正当防卫必须不超过明显的必要限度。刑法理论上，一般从不法侵害的强度、不法侵害的缓急、不法侵害的权益性质三方面因素综合确定正当防卫的必要限度。基于此，《意见》规定了两种滥用防卫权的行为：

一是对于显著轻微的不法侵害，行为人在可以辨识的情况下，直接使用足以致人重伤或者死亡的方式进行制止的，不应认定为防卫行为。比如，在刘金胜故意伤害案中，刘金胜因家庭矛盾打了黄某甲（与刘金胜非婚生育4名子女）两耳光，黄某甲让其兄长黄某乙出面调处。黄某乙叫上李某某、毛某某、陈某某，由黄某甲带领，来到刘金胜的租住处。双方发生争吵后，黄某乙、李某某各打了坐在床上的刘金胜一耳光，刘金胜随即从被子下拿出菜刀砍伤黄某乙头部，并拽住见状欲跑的李某某，向其头部连砍3刀。黄某乙、李某某打刘金胜耳光的行为显属发生在一般争吵中的轻微暴力，有别于以给他人身体造成伤害为目的的攻击性不法侵害行为。因此，刘金胜因家庭婚姻情感问题矛盾激化被打了两耳光便径直持刀连砍他人头部的行为，没有防卫意图，属于泄愤行为，不应当认定为防卫行为。

二是不法侵害系因行为人的重大过错引发，行为人在可以使用其他手段避免侵害的情况下，仍故意使用足以致人重伤或者死亡的方式还击的，不应认定为防卫行为。主要考虑是：对于行为人在起因方面有重大过错的情形，应当认为其有退避义务，只有在无法避让的情况下才能进行防卫。

3.关于防卫过当的具体适用

《意见》第三部分明确了防卫过当具体适用的有关问题，共四条。刑法第二十条第二款规定，正当防卫明显超过必要限度造成重大损害的，应当负刑事责任，但是应当减轻或者免除处罚。相比1979年刑法第十七条第二款"正当防卫超过必要限度造成不应有的危害的，应当负刑事责任"的规定，1997年刑法规定明显放宽了正当防卫的范围，限缩了防卫过当的成立条件。《意见》第三部分遵循刑法修改的立法目的，对如何准确认定防卫过当作了进一步细化规定。

第十一条要求准确把握防卫过当的认定条件，即应当同时具备"明显超过必要限度"和"造成重大损害"两个条件，缺一不可。比如，在朱凤山故意伤害（防卫过当）案（检例第46号）中，朱凤山的防卫行为明显超过必要限度造成重大损害，被认定为防卫过当。主要理由是：朱凤山的女婿齐某上门闹事、滋扰的目的是不愿离婚，希望能与朱凤山之女朱某和好继续共同生活，这与离婚后可能实施报复的行为有很大区别。齐某虽实施了投掷瓦片、撕扯的行为，但整体仍在闹事的范围内，对朱凤山人身权利的侵犯尚属轻微，没有危及朱凤山及其家人的健康或生命。朱凤山已经报警，也有继续周旋、安抚、等待的余地，却选择使用刀具，在撕扯过程中直接捅刺齐某的要害部位，最终造成了齐某伤重死亡的重大损害。综合来看，朱凤山的防卫行为，在防卫措施的强度上不具有必要性，在防卫结果与所保护的权利对比上也相差悬殊，应当认定为明显超过必要限度造成重大损害，属于防卫过当。

第十二条要求准确认定"明显超过必要限度"。判断防卫是否"明显超过必要限度"是区分正当防卫与防卫过当的重要标准，也是办理福州赵宇案、浙江盛春平案等涉正当防卫案件时的主要争点。《意见》强调了三方面的认定原则：一是综合考量，即要综合考虑不法侵害的性质、手段、强度、危害程度和防卫的时机、手段、强度、损害后果等情节。二是具体考量，即要考虑双方力量对比，立足防卫人防卫时所处情境，结合社会公众的一般认知作出判断。三是要有利于防卫人，即不应当苛求防卫人必须采取与不法侵害基本相当的反击方式和强度，更不能机械地理解为反击行为与不法侵害行为的方式要对等，强度要精准。只有防卫行为与不法侵害相差悬殊、明显过激的，才属于防卫"明显"超过必要限度。同时，在判断不法侵害的危害程度时，不仅要考虑已经造成的损害，还要考虑造成进一步损害的紧迫危险性和现实可能性。

比如，在福州赵宇案中，李华强行踹门进入他人住宅，将邹某摁在墙上殴打其头部，赵宇闻声下楼查看，即上前制止并从背后拉拽李华，致李华倒地。李华起身后欲殴打赵宇，威胁要叫人"弄死你们"，赵宇随即将李华推倒在地，朝李华腹部踩一脚，导致李华腹部横结肠破裂，重伤二级。本案虽然造成李华重伤二级的后果，但是从赵宇的行为手段、行为目的、行为过程、行为强度等情节来看，没有"明显超过必要限度"。从行为手段上看，双方都是赤手空拳，赵宇的拉拽行为与李华的不法侵害行为基本相当。从行为过程看，赵宇制止李华的不法侵害行为是连续的，是在当时场景下的本能反应。李华倒地后，并没有表现出被制服，仍然存在起身后继续实施不法侵害的现实可能性。赵宇的行为目的是阻止李华继续实施不法侵害，并无泄愤报复等个人目的。对于防卫者尤其是见义勇为者，不应当苛求其反击行为一定要与不法侵害者的行为方式和行为强度相当，更不能机械地理解为反击行为与不法侵害行为的方式要对等，强度要精准。

再如，在浙江盛春平案中，多名传销组织人员对盛春平实施人身控制，盛春平多次请求离开遭拒绝。在传销组织人员成某某等人陆续向盛春平逼近并意图夺刀的情形下，盛春平持刀挥刺，刺中成某某致其心脏破裂。成某某受伤后经住院治疗，但出院后未遵医嘱继续进行康复治疗，导致心脏在愈合过程中继续出血，于一周后死亡。运用前述三方面标准进行判断，考虑案发当场双方力量对比情况，特别是盛春平所面临的不法侵害的严重威胁程度，同时考虑成某某的死亡过程和原因，应当认为盛春平的防卫行为没有"明显超过必要限度"，成立正当防卫。

第十三条要求准确认定"造成重大损害"。1997年刑法第二十条第二款将"不应有的危害"修改为"重大损害"。对于"重大损害"的涵义，仍存在一定争议，主要涉及应否包括轻伤及以下损害的问题。从司法实践来看，由于防卫人一般处于"以弱敌强""以寡敌众"的境地，防卫行为造成多人以上轻伤的行为并不常见，而造成个别人轻伤的则明显不宜认定为"重大损害"。因此，本条明确："造成重大损害"是指造成不法侵害人重伤、死亡。造成轻伤及以下损害的，不属于重大损害。防卫行为虽然明显超过必要限度但没有造成重大损害的，不应认定为防卫过当。

第十四条要求妥当把握防卫过当的刑罚裁量。根据刑法规定，防卫过当的应当负刑事责任，但是应当减轻或者免除处罚。防卫过当是法定的减轻、免除处罚情节，这是因为防卫过当虽然应当负刑事责任，但与其他犯罪行为相比，是事出有因、情有可原的。因此，本条从两个方面对妥当把握防卫过当的刑罚裁量提出要求：一方面，要综合考虑案件情况，特别是不法侵害人的过错程度、不法侵害的严重程度以及防卫人面对不法侵害的恐慌、紧张等心理，确保刑罚裁量适当、公正。另一方面，对于因侵害人实施严重贬损他人人格尊严、严重违反伦理道德的不法侵害，或者多次、长期实施不法侵害所引发的防卫过当行为，在量刑时应当充分考虑，以确保案件处理既经得起法律检验，又符合社会公平正义观念。比如，在于欢案中，不法侵害人杜某裸露下体侮辱于欢母亲苏某的行为严重违法、亵渎人伦，是引发本案的重要因素，在刑罚裁量上应当作为对于欢有利的情节重点考虑。综合全案情节，对于欢的防卫过当行为以故意伤害罪判处有期徒刑五年，既体现了严格司法的要求，又符合人民群众的公平正义观念。

4. 关于特殊防卫的具体适用

《意见》第四部分明确了特殊防卫具体适用的有关问题，共四条。刑法第二十条第三款规定，对正在进行行凶、杀人、抢劫、强奸、绑架以及其他严重危及人身安全的暴力犯罪，采取防卫行为，造成不法侵害人伤亡的，不属于防卫过当，不负刑事责任。

刑法关于特殊防卫的规定，主要有两方面考虑：一是考虑了社会治安的实际状况。各种暴力犯罪不仅严重破坏社会治安秩序，也严重威胁公民的人身安全，对上述严重的暴力犯罪采取防卫行为作出特殊规定，对鼓励群众勇于同犯罪作斗争，维护社会治安秩序，具有重要意义。二是考虑了上述暴力犯罪的特点。这些犯罪都严重威胁人身安全，被侵害人面临正在进行的暴力侵害，很难辨认侵害人的目的和侵害程度，也很难掌握实行防卫行为的强度，如果规定得太严，就会束缚被侵害人的手脚，妨碍其与犯罪作斗争的勇气，不利于公民运用法律武器保护自身合法权益。《意见》第四部分遵循刑法的立法目的，对如何准确适用特殊防卫作了进一步细化规定。

第十五条要求准确理解和把握"行凶"。"行凶"不是刑法规定的独立罪名，司法实践中有时难以准确把握其内涵和外延，对具体案件的处理存在不同认识。为统一司法适用，《意见》强调了三方面的判断因素：

一是使用致命性凶器，严重危及他人人身安全的。司法实践中，通常表现为行为人持管制刀具、枪支等凶器实施侵害。比如，在于海明正当防卫案中，不法侵害人刘某与于海明发生争议后，推搡、踢打于海明。虽经劝解，刘某仍持续追打，并从轿车内取出一把砍刀（系管制刀具），连续用刀面击打于海明颈部、腰部、腿部。关于刘某的行为是否属于"行凶"的问题，有意见提出，刘某仅使用刀面击打于海明，犯罪故意的具体内容不确定，不宜认定为行凶。经研究认为，刘某开始阶段的推搡、踢打行为不属于"行凶"，但从持砍刀击打后，行为性质已经升级为暴力犯罪。刘某攻击行为凶狠，所持凶器可轻易致人死伤，随着事态发展，会造成什么样的损害后果难以预料，于海明的人身安全处于现实的、急迫的和严重的危险之下。刘某具体抱持杀人的故意还是伤害的故意不确定，正是许多行凶行为的特征，而不是认定的障碍。因此，刘某的行为符合"行凶"的认定标准，应当认定为"行凶"。

二是未使用凶器或者未使用致命性凶器，但是根据不法侵害的人数、打击部位和力度等情况，确已严重危及他人人身安全的。对此，需要根据案件情况具体判断是否达到"确已严重危及他人人身安全"的程度，不能仅因不法侵害人没有使用致命性凶器或者没有使用凶器就简单排除特殊防卫的适用。

三是虽尚未造成实际损害，但已对人身安全造成严重、紧迫危险的，可以认定为"行凶"。比如，在陈天杰正当防卫案中，有意见提出，从双方关系和起因、容某乙等人选择打击的部位及强度看，容某乙等人的行为不属于严重危及人身安全的暴力犯罪。经研究认为，本案中容某乙等人持械击打的是陈天杰的头部，是人体的重要部位，在陈天杰戴安全帽的情况下致头部轻微伤，钢管打到安全帽后滑到手臂，仍致手臂皮内、皮下出血，可见打击力度之大。在当时的情形下，陈天杰只能根据对方的人数、所持的工具来判断自身所面临的处境。容某乙、纪某某、周某某三人都喝了酒，气势汹汹，并持足以严重危及他人重大人身安全的凶器。因此，应当将容某乙等人的行为认定为"行凶"。

第十六条要求准确理解和把握"杀人、抢劫、强奸、绑架"。从关于特殊防卫的立法目的看，刑法规定的"杀人、抢劫、强奸、绑架"不是指向具体的罪名，而是指具体的犯罪手段，《意见》对此予以明确和强调。比如，在实施不法侵害过程中存在杀人、抢劫、强奸、绑架等严重危及人身安全的暴力犯罪行为的，如以暴力手段抢劫枪支、弹药、爆炸物或者以绑架手段拐卖妇女、儿童的，可以实行特殊防卫。

需要注意的是，为了体现对妇女人身安全和性权利的充分保障和尊重，在强奸犯罪中，严重危及人身安全的表现形式，是强行与女性发生性关系，而不要求危及生命安全。对强奸行为实行特殊防卫不要求侵害行为已经达到严重危及生命安全的程度，防卫人才可以实行特殊防卫。比如，在安徽省枞阳县周某某正当防卫案中，不法侵害人许某某将周某某推倒在稻田里，趴在周某某身上，解其裤腰带，意图强行与周某某发生性关系的行为，已经构成严重危及人身安全的强奸行为。周某某对正在实施的强奸行为进行防御和反抗，致不法侵害人死亡，符合刑法第二十条第三款的规定，依法不负刑事责任。

第十七条要求准确理解和把握"其他严重危及人身安全的暴力犯罪"。根据本条规定，对"其他严重危及人身安全的暴力犯罪"的认定，应当以杀人、抢劫、强奸、绑架四种犯罪手段为参照，通过比较暴力程度、危险程度以及刑法给予惩罚的力度等相当性，注意把握以下几点：一是不法行为侵害的对象是人身安全，即危害人的生命权、健康权、自由权和性权利。人身安全之外的财产权利、民主权利等其他权益不在其内，这也是特殊防卫区别于一般防卫的一个重要特征。二是不法侵害行为具有暴力性，且应达到犯罪的程度。比如，针对人的生命、健康而实施的放火、爆炸、决水等行为。三是不法侵害行为应当达到相当严重的程度，即具有造成他人重伤或死亡的紧迫危险和现实可能。需要强调的是，不法侵害行为是否已经造成实际伤害后果，不必然影响特殊防卫的成立。

在共同不法侵害案件中，"行凶"与"其他严重危及人身安全的暴力犯罪"，在认定上可以有一定交叉，具体可结合全案行为特征和各侵害人的具体行为特征作综合判定。另外，对于寻衅滋事行为，不宜直接认定为"其他严重危及人身安全的暴力犯罪"。寻衅滋事行为暴力程度较高、严重危及他人人身安全的，可分别认定为刑法第二十条第三款规定中的行凶、杀人或抢劫。需要说明的是，侵害行为最终成立何种罪名，对防卫人正当防卫的认定没有影响。比如，在侯雨秋正当防卫案（检例第48号）中，侯雨秋系葛某经营的养生会所员工，某足浴店股东沈某因怀疑葛某等人举报其店内有人卖淫嫖娼，遂纠集本店员工雷某、柴某等4人持棒球棍、匕首赶至葛某的养生会所。沈某先行进入会所，无故推翻大堂盆栽挑衅，与葛某等人扭打。雷某、柴某等人随后持棒球棍、匕首冲入会所，殴打店内人员，其中雷某持匕首两次刺中侯雨秋右大腿。沈某、雷某等人的行为，属于单方持械聚众斗殴，构成犯罪的法定最低刑虽然不重，与一般伤害罪相同，但刑法第二百九十二条同时规定，聚众斗殴，致人重伤、死亡的，依照刑法关于故意伤害致人重伤、故意杀人的规定定罪处罚。刑法作此规定表明，聚众斗殴行为常可造成他人重伤或者死亡，结合案件具体情况，可以判定聚众斗殴与故意致人伤亡的犯罪在暴力程度和危险程度上是一致的。本案沈某、雷某等共5人聚众持棒球棍、匕首等杀伤力很大的工具进行斗殴，短时间内已经打伤3人，应当认定为"其他严重危及人身安全的暴力犯罪"。

第十八条要求准确把握一般防卫与特殊防卫的关系。根据本条规定，对于不符合特殊防卫起因条件的防卫行为，致不法侵害人伤亡的，如果没有明显超过必要限度，也应当认定为正当防卫，不负刑事责任。主要考虑是：刑法关于特殊防卫的规定，是针对严重危及人身安全的暴力犯罪具有侵害性质严重、手段凶残的特点，防卫人往往处于被动、孤立、极为危险的境地。司法实践中，应当实事求是地根据案情的起因条件适用一般防卫与特殊防卫制度，既不能因有致不法侵害人伤亡的结果，就一律适用特殊防卫，也不能因不符合特殊防卫的起因条件，就不考虑适用一般防卫。

5. 关于工作要求

《意见》第五部分明确了公安司法机关办理涉正当防卫案件的有关工作要求，共四条。第十九条至第二十二条分别从做好侦查取证、依法公正处理、强化释法析理、做好法治宣传等四方面提出具体要求。检察机关作为国家法律监督机关，要通过全面充分履行检察职能，确保涉正当防卫案件的依法准确认定和公正处理，重点包括以下几方面工作：

一是提前介入侦查，确保案件准确定性。《意见》对公安机关做好涉正当防卫案件的侦查取证工作提出明确工作要求。检察机关应公安机关邀请或者主动提前介入侦查，与公安机关分工负责、相互配合、相互制约，发挥各自所长，有利于及早明确侦查方向，全面收集固定证据，确保案件定性处理。昆山"龙哥"案的依法准确办理就是很好的例证。

二是坚守客观公正，依法正确行使审查批捕、审查起诉职权。《意见》要求，对于依法认定为正当防卫的案件，要根据刑事诉讼法的规定，及时作出不批准逮捕、不起诉的决定。这就要求检察机关要坚守客观公正立场，对公安机关提请逮捕或者移送审查起诉的案件，应当严格把握逮捕和起诉条件，排除外界干扰，依法独立行使职权。

三是强化法律监督，勇于纠错担当。检察机关要依法行使立案监督、侦查活动监督和审判监督等职权，高度重视犯罪嫌疑人、被告人及其辩护人提出的正当防卫或者防卫过当的辩解、辩护意见。对于所提意见成立的，应当及时予以采纳或支持，依法保障当事人的合法权利。

四是加强释法说理，强化法治宣传。涉正当防卫案件千差万别，《意见》主要是就普遍性、原则性问题提出相对明确的规则指引。因此，要进一步加强涉正当防卫案件指导性案例或者典型案例的制发工作。一方面，结合案件情况，直观、具体地阐释如何依法适用正当防卫制度，及时回应社会关切的复杂法律问题，在检察环节落实"谁司法谁普法"责任制；另一方面，积极引导各级检察机关把握正当防卫本质特征，明确法律依据，厘清法律界限，正确处理正当防卫案件，增进当事人和社会公众对检察机关处理决定的理解和认同。

四、最高人民法院《关于依法适用正当防卫制度的指导意见》理解与适用 *

日前,最高人民法院、最高人民检察院、公安部联合发布《关于依法适用正当防卫制度的指导意见》(法发〔2020〕31号,以下简称《指导意见》)。《指导意见》的公布施行,对于指导各级公检法机关准确理解正当防卫的法律规定,正确处理涉正当防卫案件,依法维护公民的正当防卫权利,鼓励见义勇为,弘扬社会正气,把社会主义核心价值观融入刑事司法工作,具有重要意义。为便于司法实践中正确理解和适用,现就《指导意见》的制定背景、起草中的主要考虑和主要内容等介绍如下。

(一)《指导意见》的起草背景与过程

1979年刑法第17条规定:"为了使公共利益、本人或者他人的人身和其他权利免受正在进行的不法侵害,而采取的正当防卫行为,不负刑事责任。""正当防卫超过必要限度造成不应有的危害的,应当负刑事责任;但是应当酌情减轻或者免除处罚。"鉴于司法实践对正当防卫的适用把握过严、甚至一定程度上苛求防卫人,为鼓励人民群众勇于同违法犯罪作斗争,1997年刑法第20条对正当防卫制度作了重大调整,主要涉及两个方面:一是放宽正当防卫的限度条件,将"超过必要限度造成不应有的危害"调整为"明显超过必要限度造成重大损害";二是增设特殊防卫制度,明确对严重危及公民人身安全的暴力犯罪采取防卫行为,造成不法侵害人伤亡的,不属于防卫

---

* 原载《人民司法》2020年第28期。作者:姜启波、周加海、喻海松、耿磊、郝方昉、李振华、李静,分别为最高人民法院研究室主任副主任、干部。

过当。

　　1997年刑法施行以来，各级人民法院、人民检察院和公安机关总体能够依照修改后刑法的规定，正确、妥当处理相关案件，但在有的案件中，对正当防卫制度的适用，存在把握过严甚至严重失当的问题。上述状况的成因较为复杂："人死为大""死了人就占理"的观念和舆论环境常常会对办案人员产生影响和压力，这是客观事实；刑法规定较为原则、抽象，而一些案件的情况错综复杂，把握起来难度很大；当然，也有部分办案机关、办案人员司法理念、司法能力方面的问题。

　　近年来，"于欢案""昆山龙哥案"等涉正当防卫案件引发广泛关注，新闻媒体、专家学者和广大人民群众参与其中，各抒己见，讨论激烈。一方面反映出人民群众对法治、公平、正义、安全等有了新的认识和更高期待，另一方面暴露出对正当防卫制度的适用，在理念、规则、操作等方面都有诸多问题值得进一步探讨和规范。为积极回应社会关切，大力弘扬社会主义核心价值观，2018年7月最高人民法院《关于在司法解释中全面贯彻社会主义核心价值观的工作规划（2018—2023）》（法发〔2018〕14号）提出："适时出台防卫过当行为适用法律的司法解释，明确正当防卫、防卫过当的认定标准和见义勇为相关纠纷的法律适用标准，加大指导性案例的发布力度，鼓励正当防卫，旗帜鲜明保护见义勇为者的合法权益，弘扬社会正气。"根据规划要求，最高人民法院研究室启动了起草调研工作。经认真研究，反复听取一线办案人员意见，形成征求意见稿，送中央有关部门、院内相关审判庭征求意见，并根据反馈情况作了修改完善。鉴于正当防卫制度的适用关系侦查、起诉、审判三阶段，涉及公安、检察、法院三机关，联合发文有利于统一法律适用，后调整为"两高一部"联合制发指导意见。2020年3月，邀请12位对正当防卫制度具有研究专长的刑法学专家进行论证，并根据论证意见作了修改完善，以最大限度凝聚理论界、实务界关于正当防卫制度的共识。4月，专门征求了全国人大常委会法工委意见，确保相关规定准确体现正当防卫制度的立法精神。2020年6月11日最高人民法院刑事审判专业委员会第369次会议、2020年7月24日最高人民检察院第十三届检察委员会第四十五次会议对《指导意见》进行了审议。9月，最高人民法院、最高人民检察院、公安部完成会签程序，联合对外发布《指导意见》。

需要说明的是，在起草《指导意见》的同时，还编写了7个涉正当防卫的典型案例，与《指导意见》配套发布。主要考虑是：一方面，正当防卫所涉问题复杂，一些问题如不结合具体案情进行阐明，很难说深说细说透，故有必要用案例来诠释和充实《指导意见》的相关内容，强化《指导意见》的指导效果；另一方面，"以案说法"虽然针对性更强，说理、论证可以更加深入，但也有局限性，即只能立足具体案件、围绕案件所涉的具体问题展开说理，无法对正当防卫制度适用中方方面面的问题作出全面系统的回应。故而，采用"《指导意见》+典型案例"的方式，以期收到"点面结合"、明确规则与释用规则相结合的更好效果。

（二）古今中外正当防卫制度及其借鉴

正当防卫源起于人类的防卫本能。随着社会发展，防卫权由本能发展为法律认可的权利，防卫行为由私力报复演变为社会认可的法律行为。作为成文法规定的正当防卫制度，汉谟拉比法典、古罗马十二铜表法等古代法典均有明文规定。在我国，关于正当防卫的最早记载见于《尚书·舜典》，其中的"眚灾肆赦"一语包含了过失、正当防卫、紧急避险3种观念。进入封建社会后，法律对正当防卫制度的规定较为详尽和系统。例如，《汉律》规定："无故入人室宅庐舍，上人车船，牵引欲犯法者，其时格杀之，无罪。"《唐律·贼盗》亦有"诸夜无故入人家者，笞四十。主人登时杀者，勿论"的规定。

西方现代意义上的正当防卫制度起源于启蒙运动时期。西方近现代刑法典中关于正当防卫的规定最早出现在1791年法国刑法典，其中第6条规定："防卫他人侵犯自己或他人的生命而杀人时，不为罪。"1871年德国刑法典进一步扩大了正当防卫的范围，第53条规定："（1）如果行为是根据正当防卫应当的，那么该行为不可罚；

（2）正当防卫是一种必要的防御，以制止正在进行的对自己或他人的违法侵害；（3）如果行为人处于恐慌、恐惧或是震惊而逾越防卫限度，则过当的防卫不受刑罚处罚。"在英美法系刑法中，正当防卫是一种普遍规定的一般辩护理由，但在分类及各自构成条件的规定上不尽相同。在英国刑法中，正当防卫分为私人防卫和制止犯罪、逮捕犯人过程中的正当防卫两大类。在美国刑法中，正当防卫分为防卫自身、防卫他人、防卫财产和执法防卫4大类。总体而言，西方各国普遍承认正当防卫制度，均强调正当防卫是天赋人权之一，应当予以保护；同时，基于各自的传统和国情，在具体制度设计上又有所不同。在《指导意见》起草过程中，着重关注了如下两个方面的问题：

一是两大法系对待退避原则的态度存在一定差异，但要求采取适当防卫方法的立场具有趋同性。在大陆法系，由于坚持"法无需向不法退让"这一基本原则，通常认为对不法侵害没有退避义务。在英美法系，早期普遍坚持退避原则，主张防卫杀人能够被免责的前提是防卫前尽一切可能退避，只有在无路可退之时方可考虑还击，从而形成了"防卫人有退避义务"的观念和"靠墙"原则。但是，自19世纪后期开始，英美法系关于退避原则的讨论日趋激烈。在英国，自20世纪后半期以来，法官和学者们一致认为"退避"不再是正当防卫成立的必要前提，而只是判断防卫是否具备"合理性"时需要考虑的因素之一。在美国，模范刑法典规定，防卫人在防卫自身的情况下，若能绝对安全地通过退避措施保护自己的利益，则其有义务先行退避；同时也设定了无需退避的例外情形。从美国各州的法律规定看，一部分州主张退避义务，另一部分州则认为无需退避。

综而观之，两大法系在退避原则的态度上存在差异，但新近的发展又显示出趋同性。在英美法系，退避原则在一定范围内仍被坚持，但关于引入"不退让法"的呼声从未中断过。在美国公认的"不退让州"，对"不退让法"带来的正当防卫认定过宽的批评广泛存在，甚至引发了民众的抗议游行；且"不退让法"的适用也并非没有限制，如对精神病人、幼童等无过错侵害者的侵害行为仍有退避义务。在大陆法系，虽然不承认退避原则，但一定程度上缓和地承认退避义务的主张也客观存在。日本刑法典第36条第1款明确将正当防卫限制为"不得已而实施的行为"。日本的判例虽然回避了退避原则,但要求正当防卫所采取的方法本身必须是客观上适当的,必须是必要最小限度的行为。在德国,在防卫人对引发不法侵害有过错、不法侵害人是未成年人、不法侵害人与防卫人存在夫妻等特定关系的情况下,要求防卫人应当先行退避;虽然有"正不向不正让步"的传统,但实际上目前德国学者对于为了保护细小利益而进行的严重失衡的"防卫"不承认其正当性。例如,一位行动不便的老人,在没有其他办法的情况下,为了制止爬树偷苹果的少年而开枪射击,或者为了阻止偷走一瓶柠檬汁而开枪射击,虽然是"必要的",但并不是"需要的",因而不成立正当防卫。

二是正当防卫的具体认定不是机械的法律适用,必然会受到各国国情和法律文化传统的影响。正如日本刑法学家前田雅英所说,正当防卫等正当化行为的范围与程度因国家与时代的不同而有所不同。"与欧美诸国相比较,日本的正当防卫的容许范围更狭窄一些。在日本,即便是紧急状态,仍然存在着强烈的规范意识,认为应该尽可能地等待公权力的发动;与此相对,在欧美,将正当防卫作为权利,甚至义务来理解的见解很有影响力"。要求正当防卫所保护的法益与防卫行为所造成的损害应具有一定的相当性,这是各国刑法关于正当防卫成立条件的普遍主张。但是,对于某些具体法益重要程度的判断,则会受到国情和法律文化传统的影响,进而影响对法益的权衡和正当防卫的认定。例如,在不少西方国家,普遍主张"城堡规则",认为防卫人的住宅和工作场所、甚至是驾驶和乘坐的车辆是"城堡",对侵入行为可以实施无限防卫。上述处理原则,在其本国国情和法律文化传统之下是可以理解的,但似不宜照抄照搬到他国。例如,在当下中国,特别是在农村地区,村民们多具有亲缘关系,是一种熟人社会的生存模式,"住宅权绝对不可侵犯"的观念相对较弱,对于非法侵入住宅的案件不问情节一律允许无过当防卫似属不妥。马克思尝言:"法律的关系……既不能从它们本身来理解,也不能从所谓人类一般精神来理解,相反,它们根源于物质生活条件。"不同国家对正当防卫具体认定与处理规则的差异,对案件处理的差异,表面上是法律问题,但实则受到法律背后文化传统、现实国情等因素的深刻影响,对此应当有正确的认识。

(三)准确适用正当防卫制度的总体要求

"天下之情无穷,刑书所载有限,不可以有限之法而尽无穷之情。"社会生活纷繁复杂,涉正当防卫案件千差万别,具体案件可能由于一个细节因素就会导致巨大认识分歧,不少案件专家学者也争论激烈。在其他国家,涉正当防卫案件的处理,也会引发巨大争议。1992年发生在美国的日本16岁留学生服部刚丈误闯民宅被枪杀案就是例证,该案被认定为正当防卫,但在日本却引发了轩然大波,甚至差点酿成日美两国的外交风波。作为规范性文件,《指导意见》不可能穷尽实践中的各种问题,更不可能对每个具体案件都给出可资"对号入座"的答案,而只能是就普遍性、原则性问题提出相对明确的指引规则。涉正当防卫具体案件依法妥当处理,关键在于办案人员要吃透法律精神,树立正确理念,准确把握社会公众的公平正义观念,进而在个案中作出合乎法理事理情理的恰当裁断。基于此,在明确正当防卫制度司法适用的具体规则之前,《指导意见》第一部分首先专门对正当防卫制度适用的总体要求,即理念性问题,作了相应规定。具体而言:

一是把握立法精神,严格公正办案。1997年刑法对正当防卫制度作出重大修改完善,放宽了正当防卫的限度条件,增设了特殊防卫制度,旨在强化防卫权,鼓励人民群众勇于同不法侵害作斗争。如前所述,上述修改目的在司法实践中未能得以完全实现,正当防卫制度的适用仍趋保守,特殊防卫的规定一定程度上处于"休眠"状态,甚至被批评沦为"僵尸条款"。个别显属正当防卫的案件未能正确认定,引发社会广泛关注。究其原因,很大程度上是由于有关办案机关、办案人员未能准确把握或者不敢贯彻体现修法精神,导致案件处理出现偏差。基于此,《指导意见》第1条开宗明义地提出,要"把握立法精神,严格公正办案"。具体而言,就是要回到法律规定上来,"要准确理解和把握正当防卫的法律规定和立法精神,对于符合正当防卫成立条件的,坚决依法认定。要切实防止'谁能闹谁有理''谁死伤谁有理'的错误做法,坚决捍卫'法不能向不法让步'的法治精神"。

二是立足具体案情,依法准确认定。关于正当防卫的具体适用条件,如不法侵害是否正在进行、是否严重危及人身安全、防卫行为是否明显超过必要限度等问题,基于不同时点、立足不同立场,会得出不同结论。这实际是蕴含着价值判断、理念选择的事实认定和法律适用问题。实践中,个别案件的处理结果与社会公众的认知存在较大偏差,往往是由于办案人员站在事后的、专业人员的立场上评判相关问题,而没有充分考虑防卫人面对不法侵害时的特殊紧迫情境和紧张心理,这势必会造成对正当防卫的认定过于严苛,无法体现为正当防卫适当"松绑"的修法精神。经研究认为,对防卫时间、限度条件等,应当坚持一般人的立场作事中判断,即还原到防卫人所处的具体情境,坚持整体判断原则,设身处地思考"一般人在此种情况下会如何处理",既不能苛求于人,也不能鼓励逞凶斗狠。基于此,《指导意见》第2条强调:"要立足防卫人防卫时的具体情境,综合考虑案件发生的整体经过,结合一般人在类似情境下的可能反应,依法准确把握防卫的时间、限度等条件。要充分考虑防卫人面临不法侵害时的紧迫状态和紧张心理,防止在事后以正常情况下冷静理性、客观精确的标准去评判防卫人。"

三是坚持法理情统一,维护公平正义。办理各类案件都不能简单司法、就案办案、孤立办案,而要努力探求和实现法理情的有机融合。周强院长在第七次全国刑事审判工作会议上指出:"司法绝不能背离人之常情、世之常理。要将法律的专业判断与民众的朴素认知融合起来,以严谨的法理彰显司法的理性,以公认的情理展示司法的良知,兼顾天理、国法与人情。"司法实践中,个别涉正当防卫案件的处理看似于法有据,但结果得不到社会认同,原因之一在于办案人员简单适用法律,没有充分考虑常理、常情,导致对法律规定的理解和适用偏离了人民群众对公平正义的一般认知,实际也偏离了法律精神。基于此,《指导意见》第 3 条强调:"认定是否构成正当防卫、是否防卫过当以及对防卫过当裁量刑罚时,要注重查明前因后果,分清是非曲直,确保案件处理于法有据、于理应当、于情相容,符合人民群众的公平正义观念,实现法律效果与社会效果的有机统一。"

四是准确把握界限,防止不当认定。"凡事皆有度,过犹不及。"对任何事物的把握都应当坚持辩证法、强调两点论。针对当前司法实践对正当防卫的适用"畏手畏脚"的现状,为正当防卫适当"松绑",鼓励见义勇为,依法保护公民的正当防卫权利是完全必要的。但"松绑"必须在法治框架内进行,必须注意防止矫枉过正,从一个极端走向另一个极端,把防卫过当错误认定为正当防卫,甚至把不具有防卫因素的故意犯罪认定为正当防卫或者防卫过当。基于此,《指导意见》在强调维护公民正当防卫权利的基础上,也从另一个方面强调要防止权利滥用,第 4 条要求:"对于以防卫为名行不法侵害之实的违法犯罪行为,要坚决避免认定为正当防卫或者防卫过当。对于虽具有防卫性质,但防卫行为明显超过必要限度造成重大损害的,应当依法认定为防卫过当。"

(四)正当防卫的具体认定

刑法第 20 条第 1 款规定:"为了使国家、公共利益、本人或者他人的人身、财产和其他权利免受正在进行的不法侵害,而采取的制止不法侵害的行为,对不法侵害人造成损害的,属于正当防卫,不负刑事责任。"据此,通常认为,成立正当防卫,应当同时符合起因、时间、主观、对象、限度等五个条件。为统一司法适用,《指导意见》第二部分对正当防卫的具体认定作了明确规定(考虑到限度条件,既是正当防卫的成立条件,也与防卫过当的认定相关,是实践中较难把握的一个问题,《指导意见》第三部分专门对相关问题作了规定)。

1.关于起因条件

根据刑法规定,正当防卫的目的是为了使国家、公共利益、本人或者他人的人身、财产和其他权利免受正在进行的"不法侵害"。据此,正当防卫的起因是存在不法侵害。为指导司法实践正确把握"不法侵害"的内涵和外延,《指导意见》第 5 条规定:"不法侵害既包括侵犯生命、健康权利的行为,也包括侵犯人身自由、公私财产等权利的行为;既包括犯罪行为,也包括违法行为。""不法侵害既包括针对本人的不法侵害,也包括危害国家、公共利益或者针对他人的不法侵害。对于正在进行的拉拽方向盘、殴打司机等妨害安全驾驶、危害公共安全的违法犯罪行为,可以实行防卫。""成年人对于未成年人正在实施的针对其他未成年人的不法侵害,应当劝阻、制止;劝阻、制止无效的,可以实行防卫。"

对非法限制他人人身自由等不法侵害,是否可以实行防卫,存在不同认识。从刑法规定来看,对不法侵害并未作出限制性规定,将部分不法侵害排除在正当防卫的起因之外,于法无据。基于此,《指导意见》第 5 条专门规定"对于非法限制他人人身自由、非法侵入他人住宅等不法侵害,可以实行防卫。"实际上,这也是司法实践的通行做法。例如,在"于欢案"(最高人民法院指导案例 93 号"于欢故意伤害案")中,杜某某等人对于欢及其母亲持续实施限制人身自由的非法拘禁行为,即被认定为不法侵害。再如,在"汪天佑正当防卫案"(《指导意见》所附典型案例一)中,燕某某、赵某与汪天佑并不相识,且不表明身份、天黑时强行踹开纱门闯入汪天佑家,该非法侵入住宅的行为足以对汪天佑及其家人的人身、财产造成严重威胁,引发极大心理恐慌,也应认定为"不法侵害",可以进行防卫。

此外,对于不法侵害是否应当具有紧迫性,以及如何把握紧迫性,存在争议。有观点认为,正在进行的不法侵害即具有紧迫性,不需要再行就"紧迫性"作出判断;也有观点认为,正在进行的不法侵害是否具有紧迫性,需要单独判断,如非法拘禁行为不具有紧迫性,不能正当防卫。从境外情况来看,英美法系一般要求不法侵害对"生命健康权造成迫在眉睫的危险";大陆法系中,德国规定对人格、婚姻、房屋权等的不法侵害都可以进行正当防卫,而日本最高裁判所则认为"紧迫"主要指不法侵害正在进行,即着重考虑的是防卫时间问题。鉴于这一问题存在较大争议,《指导意见》未作明确规定,司法实践在处理相关案件时,宜把握如下原则:正当防卫是紧急情况下保护合法权益的非常措施,因此不法侵害应当具有"紧迫性";同时,对"紧迫性"不能作过于狭隘的理解和判断。具体而言,只要存在正在进行的不法侵害,通常就应当认定为具有防卫"紧迫性",不能把"紧迫性"人为限缩为"造成人身伤害或者公共安全危险等重大后果",对非法拘禁等不法侵害行为也可以进行防卫;但是,有些不法侵害,如侵犯知识产权行为、重婚等,采取加害性的防卫行为予以制止有悖常情常理,通过报案等方式解决更为可取的,不宜认为具有防卫的紧迫性和必要性。

2. 关于时间条件

根据刑法规定,正当防卫必须是针对正在进行的不法侵害,即不法侵害已经开始、尚未结束。《指导意见》第6条对司法实践中准确把握正当防卫的时间条件应当注意的相关问题作了明确。

其一,关于不法侵害的开始时间。一般认为,可以将不法侵害的着手认定为开始时间。但在理论上和实践中,对于不同不法侵害行为着手的认定标准往往存在争议。因此,以着手作为认定标准,不够明确,难以统一认识。实际上,不法侵害是否开始,主要应当看不法侵害是否造成现实、紧迫危险。基于此,《指导意见》第6条规定:"对于不法侵害已经形成现实、紧迫危险的,应当认定为不法侵害已经开始"。根据该条规定,如果不法侵害已经实际危害人身、财产安全的,当然属于已经开始;虽未造成实际损害,但已经形成现实、紧迫危险,不进行防卫就会失去防卫时机,无法再进行有效防卫的,也应当认为不法侵害已经开始,允许进行防卫,即可以"先下手为强"。司法实践中有案件也是这样处理的。例如,在"刘敬章正当防卫案"〔福建省长汀县人民法院(2013)汀刑初字第133号刑事裁定〕中,刘敬章孤身一人住在深山寺庙,年过六旬。不法侵害人在提出借住寺庙的要求被拒绝后,攀墙进入庙内,持菜刀踢门闯入刘敬章的卧室。刘敬章因听到脚步声,用手机准备向他人求救,此时借助手机屏幕光亮看到持刀闯入的不法侵害人后,拿起放在床头边的柴刀向其猛砍一刀。此种情形下,不法侵害已经形成现实、紧迫危险,故刘敬章的行为具有防卫性质,属于正当防卫。

其二，关于不法侵害的结束时间。《指导意见》第 6 条明确："对于不法侵害虽然暂时中断或者被暂时制止，但不法侵害人仍有继续实施侵害的现实可能性的，应当认定为不法侵害仍在进行"，"对于不法侵害人确已失去侵害能力或者确已放弃侵害的，应当认定为不法侵害已经结束"。司法实践中还需要注意把握好两个问题：（1）犯罪达到既遂状态，并不必然意味不法侵害已经结束。就继续犯而言，犯罪既遂后，犯罪行为与不法状态在一定时间内同时处于继续状态，显然不宜以犯罪既遂作为不法侵害的结束时间。（2）针对财产的不法侵害，侵害人取得财物后，不宜一概认定不法侵害已经结束，而应当根据案件具体情况作出判断。特别是，如果防卫行为从整体上看是一体的，应当认为不法侵害没有结束。"一体"一般指的是同一机会、同一场合、同一动机，中间没有明显中断。按照上述一体判断原则，对盗窃犯盗窃后逃跑时被害人发现，并追击、当场取回被窃财物的，可以根据案件具体情况认定属于正当防卫。实际上，刑事诉讼法第 84 条关于对"正在实行犯罪或者在犯罪后即时被发觉的"，可以立即扭送公安机关、人民检察院或者人民法院处理的规定，也可以佐证上述论断的妥当性。基于此，《指导意见》第 6 条明确："在财产犯罪中，不法侵害人虽已取得财物，但通过追赶、阻击等措施能够追回财物的，可以视为不法侵害仍在进行"。

其三，关于时间条件的判断方法。在紧张情境下，要求防卫人对不法侵害是否已经开始、是否还会继续，作出准确的、分毫不差的判断，实属强人所难。基于此，《指导意见》第 6 条强调："对于不法侵害是否已经开始或者结束，应当立足防卫人在防卫时所处情境，按照社会公众的一般认知，依法作出合乎情理的判断，不能苛求防卫人。"例如，在"昆山龙哥案"（最高人民检察院指导性案例第 47 号"于海明正当防卫案"）中，不法侵害人从轿车内取出砍刀对防卫人于海明实施侵害。在砍刀被于海明抢走后，侵害人又跑向之前藏匿砍刀的轿车。此种情形下，站在一般人的立场，完全可以认为侵害人很可能是要寻找其他凶器继续实施侵害，不法侵害并未结束。因此，于海明继续追砍两刀的行为，仍具有防卫性质。再如"涞源反杀案"

（即"王新元、赵印芝正当防卫案"）中，防卫人王新元家居住在村边，周边住宅无人居住，案发时已是深夜，现场无灯光，不法侵害人持凶器翻墙进入王新元住宅，对王新元一家实施不法侵害，王新元等受到惊吓，呼救无应，精神高度紧张，心里极度恐慌，在侵害人倒地后，王新元等无法判断其是否还具有侵害能力，要求他们即刻停止防卫不具有合理性和现实性。故而，王新元等人行为并不违反正当防卫的时间条件。

其四，关于防卫不适时的法律责任。实践中较为突出的问题是有关事后防卫的认定与处理问题。从境外情况来看，有学者把事后防卫解释为"量的防卫过当"，主张适用防卫过当从宽处罚的规定。我国也有学者提倡引入这一规则。经研究认为，"量的防卫过当"概念的提出，具有一定合理性；但能否引入我国的司法实践，需要进一步研究。根据我国刑法规定，对不法侵害已经结束特别是明显已经结束的情况下实施"防卫"行为的，难以按防卫过当认定和处理，但考虑到在紧张情境下，对不法侵害是否已经结束往往不易作出准确判断，加之防卫人采取的防卫行为大多带有激情、激愤因素，故在定性特别是量刑时应当有所考虑。基于此，《指导意见》第6条强调："对于防卫人因为恐慌、紧张等心理，对不法侵害是否已经开始或者结束产生错误认识的，应当根据主客观相统一原则，依法作出妥当处理。"

3. 关于对象条件

根据刑法规定，正当防卫必须针对不法侵害人进行，而不能针对不法侵害人以外的第三人进行。当然，不能狭隘地将不法侵害人理解为实行行为的实施者，而是也包括现场的组织者、教唆者和帮助者。基于此，《指导意见》第7条规定："正当防卫必须针对不法侵害人进行。对于多人共同实施不法侵害的，既可以针对直接实施不法侵害的人进行防卫，也可以针对在现场共同实施不法侵害的人进行防卫。"例如，在"陈天杰正当防卫案"（《指导意见》所附典型案例三）中，击打到陈天杰头部的虽然只是纪某某，但容某乙当时也围在陈天杰身边手持钢管殴打陈天杰，也属于不法侵害人，陈天杰可以对其防卫。

对于不法侵害人是否包括精神病人、未成年人，存在不同认识。多数观点主张，对精神病人、未成年人等实施的侵害应当尽量采取避险行为。经研究认为，从人道主义精神出发，上述观点具有合理性；但需注意的是，此种情形下的退避是有条件的。如果没有退避可能，或者退避会造成更大损害结果发生，应当允许进行防卫。基于此，《指导意见》第7条规定："明知侵害人是无刑事责任能力人或者限制刑事责任能力人的，应当尽量使用其他方式避免或者制止侵害；没有其他方式可以避免、制止不法侵害，或者不法侵害严重危及人身安全的，可以进行反击。"司法实践也有案件肯定对精神病人可以实行正当防卫。例如，在"范尚秀防卫过当案"（《刑事审判参考》第353号案例）中，范尚秀被其患精神病的同胞兄弟追打，范尚秀在跑了几圈之后，因无力跑动，转身夺下木棒进行的反击，属于防卫行为。

对此，还要注意两个问题：（1）未成年防卫人面对未成年不法侵害人时，防卫人本身的自我保护能力弱，辨认控制能力不足，不能一味要求其退避；（2）某些情况下，不法侵害人是否属于精神病人或者未成年人不易判断。对于确实未认识到不法侵害人是精神病人或者未成年人的，不适用上述规则。

4. 关于意图条件

根据刑法规定，正当防卫必须具有正当的防卫意图。《指导意见》第8条规定："正当防卫必须是为了使国家、公共利益、本人或者他人的人身、财产和其他权利免受不法侵害。对于故意以语言、行为等挑动对方侵害自己再予以反击的防卫挑拨，不应认定为防卫行为。"司法实践中理解和认定防卫意图，需要着重把握如下两个问题：

其一，《指导意见》第10条明确："对于显著轻微的不法侵害，行为人在可以辨识的情况下，直接使用足以致人重伤或者死亡的方式进行制止的，不应认定为防卫行为。"这是因为，所谓"防卫"行为与加害行为有明显、重大悬殊，严重不相称，无法认定行为人具有防卫意图。例如，为防止小偷偷走1个苹果而对其开枪射击的，即使当时没有其他制止办法,也不能认定行为人具有防卫意图,不成立正当防卫或者防卫过当。又如,在"刘金胜故意伤害案"(《指导意见》所附典型案例五)中,刘金胜因家庭矛盾打了黄某甲(与刘金胜非婚生育4名子女)两耳光,黄某甲让其兄长黄某乙出面调处。黄某乙、李某某各打了坐在床上的刘金胜一耳光,刘金胜随即从被子下拿出菜刀砍伤黄某乙头部,并拽住见状欲跑的李某某,向其头部连砍3刀。黄某乙、李某某打刘金胜耳光的行为显属发生在一般争吵中的轻微暴力,有别于以给他人身体造成伤害为目的的攻击性不法侵害行为。因此,刘金胜因家庭婚姻情感问题矛盾激化被打了两耳光便径直持刀连砍他人头部的行为,不应当认定为防卫行为。当然,对于上述行为,考虑到事出有因,故在量刑时可以酌情从宽。

其二,《指导意见》第10条还规定:"不法侵害系因行为人的重大过错引发,行为人在可以使用其他手段避免侵害的情况下,仍故意使用足以致人重伤或者死亡的方式还击的,不应认定为防卫行为。"按照上述规定,处理此类涉正当防卫案件,要综合考量前因后果,作出符合法理和情理的准确判断。例如,本夫看到妻子与奸夫一起逛商场,持自行车U形锁砸奸夫,奸夫本可逃跑,但却持匕首将本夫刺死。此种情形下,本夫的加害行为事出有因,且加害对象特定,与一般的故意伤害行为在社会危害性上存在较大不同。如果不考虑事件的起因,认定奸夫的行为属于防卫过当甚至正当防卫,对其只能在10年有期徒刑以下处刑,甚至要宣告无罪,从情理上难以为人民群众所认同。因此,对于行为人在起因方面有重大过错的情形,应当认为其有退避义务,只有在无法避让的情况下才能进行防卫。

5.关于防卫行为与相互斗殴的界分

正当防卫是制止不法侵害的正当行为,属于"正对不正";而相互斗殴则是互相加害的违法犯罪行为,属于"不正对不正"。显然,二者具有根本不同的属性。但是,正当防卫与相互斗殴都可能造成对方的损害,外在表现具有相似性,要准确区分两者,往往并非易事。司法实践中,个别案件存在"和稀泥""各打五十大板"的现象,只要造成对方轻伤以上后果的就各自按犯罪处理,仅仅将可能具有的防卫因素作为量刑情节酌情考虑。这种处理方法"将复杂问题简单化",看似"简单方便",但模糊了"正"与"不正"之间的界限,混淆了违法阻却事由和酌定量刑情节之间的区别,既不符合正当防卫制度的法律规定和立法精神,也难以取得良好的社会效果。为指导司法实践,《指导意见》专门对正当防卫与相互斗殴的界分这一重点和难点问题作出了规定。

其一,坚持主客观相统一原则和综合判断。《指导意见》第9条规定:"防卫行为与相互斗殴具有外观上的相似性,准确区分两者要坚持主客观相统一原则,通过综合考量案发起因、对冲突升级是否有过错、是否使用或者准备使用凶器、是否采用明显不相当的暴力、是否纠集他人参与打斗等客观情节,准确判断行为人的主观意图和行为性质。"根据上述规定,司法实践中,对正当防卫和相互斗殴进行综合判断的要点包括但不限于以下方面:(1)对引发矛盾是否存在过错;(2)是否先动手,导致冲突升级;(3)是否采用明显不相当的暴力进行回应;(4)是否使用管制刀具或者其他足以致人死伤的凶器;(5)是否纠集他人参与打斗等。通过综合判断,认定行为人具有泄愤、立威等意图或者其他非法目的的,应当认为具有互殴性质;反之,认定行为人是为了防止自身或者他人受到侵害的防卫行为。例如,在"陈天杰正当防卫案"中,陈天杰在其妻子被调戏、其被辱骂的情况下,面对冲上来欲对其殴打的不法侵害人,陈天杰欲还击,但被其妻子和他人拦开。陈天杰在扶被不法侵害人推倒在地的妻子时,多名侵害人先后冲过来对陈天杰拳打脚踢,继而持械殴打陈天杰。打斗中,陈天杰持刀捅刺,致一人死亡、多人受伤。综合上述情况,陈天杰是在其妻子被羞辱、自己被殴打后为维护自己与妻子的尊严、保护自己与妻子的人身安全,防止不法侵害而被动进行的还击,不具有伤害他人的犯罪故意,其行为属于正当防卫而非相互斗殴。

需要特别说明的是,上述判断应当是综合判断,不能简单地依据其中一项就断定是否属于正当防卫。实践中要避免如下两个判断误区:(1)"先动手原则",即先动手的就是不法侵害,后动手的就是正当防卫。经研究认为,这种观点过于绝对。例如,行为人的车位无故被他人堵拦，行为人好言相劝，对方就是不挪，甚至态度蛮横，行为人被逼无奈，情急之下推搡、拉扯甚至拳击对方的，后动手的一方并不必然具有防卫性质。（2）对"打上门"的还击就是正当防卫。一般而言，双方事先约定到特定地点打斗的，是典型的相互斗殴；一方打上门，另一方还击的，通常具有防卫性质，但也不能绝对化。例如，在"江苏常熟何强、曾勇等聚众斗殴案"中，打斗双方"砍刀队"和"菜刀队"都具有涉恶背景，双方在打斗前恶语相向、互有挑衅，致矛盾升级。所谓的"防卫方"在公司内纠集人员、准备菜刀等工具，待人员就位、工具准备完毕后，主动邀约对方上门，随后双方相互持械斗殴。综合上述情况，所谓的"防卫方"主观上并非基于防卫的意图，而是想"以逸待劳"，对斗殴的发生持积极态度，应当认定为相互斗殴。

其二，妥当把握因琐事引发打斗所涉及的正当防卫与相互斗殴的界分。实践中，相约斗殴的情形已比较少见，更多的冲突是因琐事临时引发。需要注意的是，并非因琐事发生争执、冲突，引发打斗的，就一定是相互斗殴。此类案件也完全有可能成立正当防卫。例如，《指导意见》第9条规定："因琐事发生争执，双方均不能保持克制而引发打斗，对于有过错的一方先动手且手段明显过激，或者一方先动手，在对方努力避免冲突的情况下仍继续侵害的，还击一方的行为一般应当认定为防卫行为。"

此外，双方曾因矛盾引发冲突，结束后，一方再次纠缠，另一方反击的，也可能成立正当防卫。此种情形下，前一次冲突仅为后一次打斗的"背景"和"缘由"，并不必然决定后一次打斗的性质。后一次打斗如果符合正当防卫成立条件，应当依法认定。《指导意见》第9条对此作出了明确，规定："双方因琐事发生冲突，冲突结束后，一方又实施不法侵害，对方还击，包括使用工具还击的，一般应当认定为防卫行为。不能仅因行为人事先进行防卫准备，就影响对其防卫意图的认定。"例如，在"武汉摸狗案"（《指导意见》所附典型案例四"杨建伟故意伤害、杨建平正当防卫案"）中，彭某某因狗被杨建平摸了一下，与杨建平、杨建伟兄弟发生口角，彭某某扬言要找人报复时，杨建伟回应"那你来打啊"，该回应不能表明杨建伟系与彭某某相约打斗。杨建伟在彭某某出言挑衅，并扬言报复后，准备刀具系出于防卫目的。彭某某带人持械返回现场，冲至杨建伟家门口首先拳击其面部，杨建伟才持刀反击，应当肯定其行为的防卫性质。

（五）防卫过当的具体适用

刑法第 20 条第 2 款规定："正当防卫明显超过必要限度造成重大损害的，应当负刑事责任，但是应当减轻或者免除处罚。"防卫过当以符合正当防卫的起因、时间、对象、意图条件为前提，不符合上述4 个条件，就不具有"防卫"性质，自然不能成立"防卫过当"；与正当防卫相比，防卫过当只是突破了限度条件，即"明显超过必要限度，造成重大损害"。防卫限度的具体判断是实践中的一个难点。为统一司法适用，《指导意见》第三部分专门对防卫过当问题作了相应规定。

1. 关于防卫过当的认定条件

关于"明显超过必要限度，造成重大损害"是一个要件还是两个要件，存在不同认识。有观点主张应当作为一个要件来把握，但多数观点主张作为两个不同要件来把握。经研究认为，从立法表述分析，"明显超过必要限度"和"造成重大损害"应是两个相互独立的要件，前者是对行为相当性的考察，后者是对结果相当性的考察；从司法实践来看，造成重大损害但未明显超过必要限度的案件比比皆是，明显超过必要限度但未造成重大损害的情况也客观存在。例如，相对弱小的不法侵害人徒手侵害，体格强壮的防卫人持械还击，符合"明显超过必要限度"要件，但只要没有造成重大损害的，则不构成防卫过当。比较而言，将"明显超过必要限度"和"造成重大损害"作为两个要件把握更为妥当，更符合为正当防卫适当"松绑"的立法精神。基于此，《指导意见》第 11 条要求准确把握防卫过当的认定条件，即"根据刑法第二十条第二款的规定，认定防卫过当应当同时具备'明显超过必要限度'和'造成重大损害'两个条件，缺一不可"。

2. 关于"明显超过必要限度"的认定

所谓"明显超过必要限度",简单地讲,就是指防卫行为的强度和力度与不法侵害的强度和力度"相差悬殊"。要防止"唯结果论",避免只要造成不法侵害人重伤、死亡的,就一律认定为明显超过必要限度;而且,在防卫行为与不法侵害之间进行比较时,应当站在防卫人当时的情境之中,从一般人的角度去考察。基于此,《指导意见》第12条明确要求:"防卫是否'明显超过必要限度',应当综合不法侵害的性质、手段、强度、危害程度和防卫的时机、手段、强度、损害后果等情节,考虑双方力量对比,立足防卫人防卫时所处情境,结合社会公众的一般认知作出判断。在判断不法侵害的危害程度时,不仅要考虑已经造成的损害,还要考虑造成进一步损害的紧迫危险性和现实可能性。"例如,在"盛春平正当防卫案"(《指导意见》所附典型案例二)中,多名传销组织人员对盛春平实施人身控制,盛春平多次请求离开被拒。在多名传销人员逼近,成某某意图夺刀的情形下,盛春平持刀挥刺,刺中成某某。成某某出院后未遵医嘱继续进行康复治疗,导致心脏在愈合过程中继续出血,于数日后死亡。考虑案发当场双方力量对比情况,特别是盛春平所面临的不法侵害的严重威胁程度,同时考虑成某某的死亡过程和原因,应当认为盛春平的防卫行为没有明显超过必要限度,符合正当防卫的限度条件,成立正当防卫。

要反对"对等武装论",避免苛求防卫人必须采取与不法侵害基本相当的反击方式和强度,更不能机械地理解为反击行为与不法侵害行为的方式、强度要对等、相同。例如,不法侵害人徒手,防卫人持刀,是否必然明显超过必要限度,不能一概而论,须作综合判断。特别是,要把防卫人作为"常人"而不是"圣人"来看待,不能当"事后诸葛亮",要求防卫人对防卫程度把握得恰到好处、不差分毫。基于此,《指导意见》第12条规定:"不应当苛求防卫人必须采取与不法侵害基本相当的反击方式和强度。通过综合考量,对于防卫行为与不法侵害相差悬殊、明显过激的,应当认定防卫明显超过必要限度。"例如,在"赵宇正当防卫案"(《指导意见》所附典型案例六)中,虽然赵宇的行为造成了不法侵害人重伤二级的后果,但是从行为手段上看,双方都是赤手空拳,赵宇的拉拽行为与不法侵害人的侵害行为基本相当。从行为过程来看,赵宇制止不法侵害的行为是连续的,是自然而然发生的,是当时场景下的本能反应。因此,应当认定赵宇的行为没有"明显超过必要限度"。再如,在"陈某正当防卫案"(最高人民检察院指导性案例第45号)中,陈某的防卫行为致3人重伤,客观上造成了重大损害。但是,陈某被九人围住殴打,其中有人使用了钢管、石块等工具,双方实力相差悬殊,陈某借助水果刀增强防卫能力,在手段强度上合情合理。并且,对方在陈某逃脱时仍持续追打,共同侵害行为没有停止,所以就制止整体不法侵害的实际需要来看,陈某持刀挥刺也没有不相适应之处。综合来看,陈某的防卫行为没有"明显超过必要限度"。

需要注意的是,制止不法侵害所"必需"的防卫,是否就属于"必要"的防卫?经研究认为,不宜一概而论。一方面,正如前文所述,对显著轻微的不法侵害采取的严重失衡的制止行为,即使属于保护该细小利益所"必需",也不能认可其为"必要"的防卫行为。另一方面,如强调只能采取"必需"的防卫措施,则给防卫人附加了过多的"退避义务",缩小了正当防卫的成立空间,亦不符合为正当防卫适当"松绑"的政策取向。

3. 关于"造成重大损害"的认定

1979年刑法第17条第2款规定,"正当防卫超过必要限度造成不应有的危害的",成立防卫过当。由于"不应有的危害"含义不明,不利于鼓励群众与犯罪作斗争,1997年刑法第20条第2款将"不应有的危害"修改为"重大损害"。对于"重大损害"的含义,也存在一定争议,主要涉及轻伤及以下损害应否被涵括的问题。从实践来看,防卫行为造成多人以上轻伤的行为并不常见,而造成个别人轻伤的则明显不宜认定为"重大损害"。基于此,《指导意见》第13条明确规定:"'造成重大损害'是指造成不法侵害人重伤、死亡。造成轻伤及以下损害的,不属于重大损害。防卫行为虽然明显超过必要限度但没有造成重大损害的,不应认定为防卫过当。"例如,在

"赵泉华正当防卫案"（《刑事审判参考》第297号案例）中，赵泉华与不法侵害人在舞厅因琐事发生争执。后侵害人多次至赵泉华家，采用踢门等方法寻衅，均因赵泉华避让而未果。某晚，侵害人再次上门，强行踢开赵泉华家上锁的房门闯入其中。赵泉华为制止不法侵害持械朝侵害人挥击，致一人轻伤、一人轻微伤，该防卫行为没有明显超过必要限度造成重大损害，构成正当防卫。

4. 关于防卫过当的刑罚裁量

根据刑法第20条第2款的规定，防卫过当的应当负刑事责任，但是应当减轻或者免除处罚。"防卫过当"并非独立的罪名，没有配置独立的法定刑。对于防卫过当，首先要确定防卫人所触犯的罪名；在决定减轻处罚还是免除处罚以及减轻处罚的具体幅度时，要综合考虑案件情况，实现罪责刑相适应。基于此，《指导意见》第14条要求："要综合考虑案件情况，特别是不法侵害人的过错程度、不法侵害的严重程度以及防卫人面对不法侵害的恐慌、紧张等心理，确保刑罚裁量适当、公正。"

处理防卫过当案件时，如果不法侵害具有特殊情节，在刑罚裁量时应作特别考虑，以确保量刑结果为社会公众所认同。基于此，《指导意见》第14条明确要求："对于因侵害人实施严重贬损他人人格尊严、严重违反伦理道德的不法侵害，或者多次、长期实施不法侵害所引发的防卫过当行为，在量刑时应当充分考虑，以确保案件处理既经得起法律检验，又符合社会公平正义观念。"例如，长期遭丈夫虐待的妻子，在丈夫施暴时将丈夫杀死的，如果认定为防卫过当，在量刑时应当尽量从宽，以符合人民群众的公平正义观念。又如"于欢案"，于欢的防卫行为明显超过必要限度并造成多人伤亡的严重后果，超出法律所容许的限度，依法应当承担刑事责任。但是，不法侵害人裸露下体侮辱于欢母亲的行为是引发本案的重要原因，相关行为严重违法、亵渎人伦，在刑罚裁量时应当作为对于欢有利的情节重点考虑。综合考虑全案情节，判处于欢有期徒刑5年，既符合法律规定，也契合社会公平正义观念。

（六）特殊防卫的具体适用

刑法第20条第3款规定："对正在进行行凶、杀人、抢劫、强奸、绑架以及其他严重危及人身安全的暴力犯罪，采取防卫行为，造成不法侵害人伤亡的，不属于防卫过当，不负刑事责任。"这是关于特殊防卫的法律规定。《指导意见》第四部分专门对特殊防卫的具体适用作了明确规定。

1. 关于"行凶"的理解和把握

"行凶"不是刑法规定的独立罪名，这就使得司法实践中有时难以准确把握其内涵和外延，对具体案件的处理存在不同认识。为统一司法适用，《指导意见》第15条对"行凶"作了列举性的规定。具体而言，下列行为应当认定为"行凶"：

一是"使用致命性凶器，严重危及他人人身安全的"。司法实践中，通常表现为行为人持管制刀具、枪支等凶器实施侵害。例如，在"陈月浮正当防卫案"（《指导意见》所附典型案例七）中，不法侵害人无故持菜刀凌晨上门砍伤陈月浮，属于使用致命性凶器实施的严重危及他人人身安全的不法侵害，应当认定为"行凶"，对此可以实行特殊防卫。

二是"未使用凶器或者未使用致命性凶器，但是根据不法侵害的人数、打击部位和力度等情况，确已严重危及他人人身安全的"。对此，需要根据案件具体情况准确判断是否达到"确已严重危及他人人身安全"的程度。例如，侵害人针对心脏、颈颈等致命部位实施侵害的，或者多人对一人长时间围殴，已致被害人头破血流仍不罢休的，则可以认定为"行凶"。作出上述规定，旨在提醒办案人员，不能仅因不法侵害人没有使用致命性凶器或者没有使用凶器就简单排除特殊防卫的适用。

同时，《指导意见》第15条还明确："虽然尚未造成实际损害，但已对人身安全造成严重、紧迫危险的，可以认定为'行凶'。"例如，在"陈天杰正当防卫案"中，有意见认为，从双方关系和起因、不法侵害人选择打击的部位及强度来看，侵害人的行为不属于严重危及人身安全的暴力犯罪。但是，经审理查明，侵害人持械击打的是陈天杰的头部,属于人体的重要部位,在陈天杰戴安全帽的情况下致头部轻微伤,钢管打到安全帽后滑到手臂,致手臂皮内、皮下出血,可见打击力度之大;侵害人喝了酒,气势汹汹,并持足以严重危及他人人身安全的凶器,在场的其他人员都曾阻拦,但阻拦时均被侵害人甩倒。有鉴于此,应当认为侵害人已对他人人身安全造成严重、紧迫危险,可以实行特殊防卫。

需要强调的是,《指导意见》第15条只是对"行凶"作了列举性规定,未能囊括司法实践的所有情形。对于明文规定以外的情形,要根据上述规定的精神,把握"严重危及人身安全"这一实质要件,作出准确判断。

2. 关于"杀人、抢劫、强奸、绑架"的理解和把握

根据司法实践反映的问题,《指导意见》第16条对特殊防卫起因条件所涉及的"杀人、抢劫、强奸、绑架"的理解和把握问题作了明确,着重强调了两点:

其一,"杀人、抢劫、强奸、绑架"是指具体犯罪行为而非具体罪名,司法实践中要根据行为性质作具体把握。对此,《指导意见》第16条规定:"在实施不法侵害过程中存在杀人、抢劫、强奸、绑架等严重危及人身安全的暴力犯罪行为的,如以暴力手段抢劫枪支、弹药、爆炸物或者以绑架手段拐卖妇女、儿童的,可以实行特殊防卫。"

其二,《指导意见》第16条规定:"有关行为没有严重危及人身安全的,应当适用一般防卫的法律规定。"这主要是考虑,虽是杀人、抢劫、强奸、绑架等行为,但方式不同,紧迫程度有异,如客观上尚未严重危及人身安全,不宜一律主张适用没有限度要求的特殊防卫,否则不符合比例原则,会走上另一个极端,导致防卫权的滥用。例如,没有携带凶器,以"掏钱出来,不然就揍你"的方式进行抢劫的,不宜认为符合特殊防卫的起因条件。

3. 关于"其他严重危及人身安全的暴力犯罪"的理解和把握

根据司法实践反映的问题,《指导意见》第17条对特殊防卫起因条件所涉及的"其他严重危及人身安全的暴力犯罪"的理解和把握问题作了明确。"其他严重危及人身安全的暴力犯罪"应当与杀人、抢

劫、强奸、绑架行为的暴力程度相当。这是体系解释的当然要求,也是特殊防卫立法意旨的当然要求。基于此,《指导意见》第17条规定:"刑法第二十条第三款规定的'其他严重危及人身安全的暴力犯罪',应当是与杀人、抢劫、强奸、绑架行为相当,并具有致人重伤或者死亡的紧迫危险和现实可能的暴力犯罪。"

司法实践中,对"其他严重危及人身安全的暴力犯罪"的认定应当坚持综合判断,审查判断不法侵害是否属于"其他严重危及人身安全的暴力犯罪"时,应当注意从不法侵害是否具有暴力性、是否严重危及人身安全、是否达到犯罪程度等方面作出判断。例如,在人流密集的公共场所驾车冲撞,危害公共安全的,无疑可以认定为"其他严重危及人身安全的暴力犯罪",符合特殊防卫的起因条件。

4. 特殊防卫与一般防卫关系的把握

关于刑法第20条第3款规定的特殊防卫与第一款规定的一般防卫的关系,存在"提示性规定说"和"法律拟制说"两种不同观点。提示说认为,特殊防卫中的起因条件即"行凶、杀人、抢劫、强奸、绑架以及其他严重危及人身安全的暴力犯罪"本身侵害程度相当严重,此种情形下,被侵害人采取防卫行为,造成不法侵害人伤亡的,本来就应当认为并未明显超过必要限度,法律专门规定,只不过是为了进一步提示办案人员;拟制说认为,对"行凶、杀人、抢劫、强奸、绑架以及其他严重危及人身安全的暴力犯罪"的不法侵害实施防卫,本来也有限度要求,应作具体判断,只是法律基于此类不法侵害的严重性、特殊性,为进一步给正当防卫适当"松绑",特别规定此种情形下"造成不法侵害人伤亡的,不属于防卫过当,不负刑事责任"。无论采取哪种观点,实际均是认为相关行为成立正当防卫,不是防卫过当。因此,在我们看来,两种观点虽然在理论分析的基础上存在差异,但用诸实践,对案件的认定意见通常并无不同。

结合实践情况,对于特殊防卫与一般防卫的区分,关键是要注意,一般防卫也可能致不法侵害人死亡,只要未明显超过必要限度的,仍然成立正当防卫,不负刑事责任。对此,《指导意见》第18条明确:"对于不符合特殊防卫起因条件的防卫行为,致不法侵害人伤亡的，如果没有明显超过必要限度，也应当认定为正当防卫，不负刑事责任。"

（七）涉正当防卫案件处理的相关工作要求

正当防卫案件的处理，涉及刑事诉讼全过程。只有通过公检法三机关和社会各方的共同努力，才能营造正当防卫制度正确适用的良好法治环境。基于此，《指导意见》第五部分专门对涉正当防卫案件处理的相关工作要求作了明确规定。

第一，做好侦查取证工作。《指导意见》第19条要求："公安机关在办理涉正当防卫案件时，要依法及时、全面收集与案件相关的各类证据，为案件的依法公正处理奠定事实根基。取证工作要及时，对冲突现场有视听资料、电子数据等证据材料的，应当第一时间调取；对冲突过程的目击证人，要第一时间询问。取证工作要全面，对证明案件事实有价值的各类证据都应当依法及时收集，特别是涉及判断是否属于防卫行为、是正当防卫还是防卫过当以及有关案件前因后果等的证据。"

第二，做好定性处理工作。《指导意见》第20条要求："要全面审查事实证据，认真听取各方意见，高度重视犯罪嫌疑人、被告人及其辩护人提出的正当防卫或者防卫过当的辩解、辩护意见，并及时核查，以准确认定事实、正确适用法律。要及时披露办案进展等工作信息，回应社会关切。对于依法认定为正当防卫的案件，根据刑事诉讼法的规定，及时作出不予立案、撤销案件、不批准逮捕、不起诉的决定或者被告人无罪的判决。对于防卫过当案件，应当依法适用认罪认罚从宽制度；对于犯罪情节轻微，依法不需要判处刑罚或者免除刑罚的，人民检察院可以作出不起诉决定。对于不法侵害人涉嫌犯罪的，应当依法及时追诉。人民法院审理第一审的涉正当防卫案件，社会影响较大或者案情复杂的，由人民陪审员和法官组成合议庭进行审理；社会影响重大的，由人民陪审员和法官组成七人合议庭进行审理。"

第三，做好释法析理工作。《指导意见》第21条要求："要围绕案件争议焦点和社会关切，以事实为根据、以法律为准绳，准确、细致地阐明案件处理的依据和理由,强化法律文书的释法析理,有效回应当事人和社会关切,使办案成为全民普法的法治公开课,达到办理一案、教育一片的效果。要尽最大可能做好矛盾化解工作,促进社会和谐稳定。"

第四,做好法治宣传工作。《指导意见》第22条要求:"要认真贯彻'谁执法、谁普法'的普法责任制,做好以案说法工作,使正当防卫案件的处理成为全民普法和宣扬社会主义核心价值观的过程。要加大涉正当防卫指导性案例、典型案例的发布力度,旗帜鲜明保护正当防卫者和见义勇为人的合法权益,弘扬社会正气,同时引导社会公众依法、理性、和平解决琐事纠纷,消除社会戾气,增进社会和谐。"

五、最高人民检察院第一检察厅负责人就正当防卫不捕不诉典型案例答记者问[*]

近年来,正当防卫问题引发社会广泛关注,反映了人民群众对民主、法治、公平、正义、安全的普遍诉求。"民之所欲,法之所从",明确正当防卫的界限标准,回应群众关切,是当前司法机关一项突出和急迫的任务。2020年11月27日,最高人民检察院发布正当防卫不捕不诉典型案例,最高检第一检察厅负责人就相关问题回答了记者提问。

问: 最高检发布正当防卫不捕不诉典型案例的背景是什么?主要基于哪些方面的考虑?

答: 2017年于欢案和2018年昆山"龙哥"案,唤醒了被称为"沉睡条款"的正当防卫制度。2018年12月,最高检针对正当防卫的适用专门发布了第十二批指导性案例,为司法实践提供了很好的指引。近年来,检察机关依法办理了一批社会关注度高的正当防卫案件,比如,赵宇见义勇为案、河北涞源反杀案、邢台董民刚案、浙江盛春平案、云南唐雪案等,及时回应社会关切,积极弘扬社会正气。各地检察人员严格落实司法责任,积极适应"捕诉一体"新要求,依法办理涉正当防卫案件,对于认定为正当防卫,依法不负刑事责任的案件及时作出不批捕或者不起诉决定,鼓励正当防卫和见义勇为,伸张社会正义。据统计,2017年1月至今年4月,全国检察机关办理涉正当防卫案件中,认定正当防卫不批捕352件、不起诉392件。其中,2017年不批捕48件48人、不起诉54件55人;2018年不批捕

---

[*] 原载中国法院网,2020年9月30日。

91件91人，同比增长89.6%；不起诉101件101人，件数和人数同比增长分别为87%、83.6%；2019年不批捕187件187人，同比增长105.4%；不起诉210件212人，件数和人数同比增长分别为107.9%、110%，两年之间翻了一番。涉正当防卫不捕不诉案件同比大幅增长的背后，充分体现了司法机关的勇于担当、积极作为。

2020年9月3日，最高人民法院、最高人民检察院、公安部联合发布《关于依法适用正当防卫制度的指导意见》（以下简称《指导意见》），该《指导意见》坚持问题导向，从总体要求、具体适用和工作要求三大方面，对依法准确适用正当防卫制度作出了较为全面系统的规定，为正当防卫的"实践纠偏"提供了指引，对于坚决捍卫"法不能向不法让步"的法治精神，依法维护公民的正当防卫权利，弘扬社会正气，具有重要意义。

为更好地理解和适用《指导意见》，最高检发布正当防卫不捕不诉典型案例，进一步明确正当防卫制度的法律适用，统一执法标准，为促进严格执法公正司法提供有效指引。发布这批典型案例，主要有几方面的考虑：一是对《指导意见》有关内容作进一步的阐释，推动《指导意见》全面贯彻实施；二是以案析法，突出不捕不诉案件特点；三是对部分法律适用问题作更加深入、具体的阐释，提供明确的办案指引；四是发挥典型案例的警示意义，开展生动鲜活的法治宣传。

问：总体来看，此次发布的典型案例呈现怎样的特点？

答：一是案件类型全面。此次典型案例既包括不批捕案例，也包括不起诉案例。其中，不批捕案件2件，公安机关以涉嫌故意伤害罪立案侦查并提请批准逮捕，检察机关审查后认为属正当防卫，依法作出不批准逮捕决定，防卫人得以被释放或撤销案件；不起诉案件4件，公安机关分别以涉嫌故意伤害罪、过失致人死亡罪等移送审查起诉，检察机关经审查认为构成正当防卫，不应追究刑事责任，依法作出不起诉决定。二是指导意义典型。这6起案例，虽然都是正当防卫，但每个案例所突出的重点各有侧重。比如，江西省宜春市高兰波正当防卫不起诉案，主要涉及一般防卫中"明显超过必要限度"的认定。甘肃省泾川县王喜民正当防卫不批捕案，主要涉及严重危及人身安全的暴力犯罪"正在进行""行凶"等的准确理解和把握。该案的指导意义还在于，进一步明确了防卫的起因条件，既包括针对本人的不法侵害，也包括危害国家、公共利益或者针对他人的不法侵害。准确界分正当防卫与相互斗殴，是司法实践中面临的重点和难点问题，湖北省京山市余然正当防卫不起诉案对此进行了准确界分。安徽省枞阳县周某某正当防卫不起诉案，主要涉及对强奸行为实施特殊防卫的认定。该案进一步厘清了强奸案中防卫行为的认定标准。河北省辛集市耿建华正当防卫不批捕案，主要涉及为保护住宅安宁、人身自由实施防卫的认定，也是对非法暴力拆迁行为的否定性评价。湖南省宁乡市文学丰正当防卫不起诉案，主要涉及对共同侵害人实施防卫的认定，即对于正在进行的共同不法侵害行为，防卫人反击，造成暴力程度较低的不法侵害人死亡的，不影响防卫强度的整体判断。三是案件起因多元。从上述列举的案例中，可以看出此次发布的典型案例，起因既涉及故意伤害、强奸、非法侵入住宅等，也涉及道路行车纠纷、暴力拆迁、传销等多发或备受社会关注的情形，力求及时、有效回应社会关切。

问：此次发布的六个典型案例是如何筛选和考虑的？

答：为使典型案例更具指导性和示范意义，我们从全国检察机关征集了90多个案例，逐一研究，筛选出33个，再筛选出12个，经调卷审查、征求相关部门意见后，最终确定了6个典型案例予以发布。历经3轮筛选后，我们还对案例涉及的法律问题，对照《指导意见》概括出"法律要旨"，结合案件办理的实际效果，提炼出"典型意义"。

值得注意的是，这些案例是从社会上常见、多发的案件类型中选取的，涉及非法传销、暴力拆迁、强奸妇女等违法犯罪行为，以及不能正确处理婚姻家庭、道路行车等民间矛盾纠纷引发的刑事案件，突出了检察履职情况和效果，具有较强的警示教育意义。

问：如何保护"正义不向非正义低头"，检察机关通过上述举措和成效给出了答案。那么，在检察实践中，如何更精准地适用正当防卫制度，最终结果实现法、理、情的统一？

答： 徒法不足以自行。这批案例对于司法工作人员的主要指引意义在于，一是要更新司法理念。实践中，有些司法人员受旧的办案理念影响，往往停留在就案办案，只关注行为人伤害不法侵害人这一具体行为，而对该行为属于正当防卫还是防卫过当关注不够，没有充分考虑防卫人面临不法侵害时的紧迫状态和紧张心理，在事后以正常情况下冷静理性、客观精准的标准去评判行为人，将应当认定为正当防卫的行为理解为"以暴制暴"，从根本上反映的是"正当防卫"理念的缺失。同时，从整体上看，同一个案件，不同部门之间的认识往往存在差异，对此，司法机关工作人员要同步更新正当防卫理念，减少因理念差异影响案件的公正处理。当然，社会公众也要更新理念，旧有的"伤人者必须要受到处罚，被伤者就是有理"的认识并不总是成立，要针对不同情形区别对待。二是要提升司法能力。准确把握正当防卫和防卫过当的认定标准，对防卫的起因条件、时间条件、意图条件等理解到位，全面、及时做好防卫情节证据的收集、固定，查清前因后果，为案件的依法公正处理奠定事实根基。三是要强化司法担当。正当防卫能够有效保护国家、公共利益、本人或者他人的人身、财产和其他权利，同时也以给不法侵害人造成损害为代价，这种损害后果大多非死即伤，办案过程中尤其需要责任担当，属于正当防卫或有防卫情节的就要依法认定，竭力避免为转移矛盾、化解不法侵害人或者亲属信访压力，而不敢担当、不愿担当的情况出现。总之，在司法适用中，要综合全案作整体价值判断，努力实现法、理、情的有机统一。

问： 此次发布的典型案例中，正当防卫的起因涉及强奸、传销和非法侵入住宅等情形，这些案件给社会公众哪些警示？

答： 一是关于涉传销案件。传销犯罪近年来仍处于多发状态，从2019年数据看，全国检察机关起诉组织、领导传销活动罪9683人，位于刑事犯罪第30位，略低于故意杀人罪。非法传销往往伴随着对公民人身权利和财产权利的严重侵害，容易滋生黑恶势力违法犯罪，防卫人往往力量对比明显失衡，面对不法侵害如不采取防卫行为将可能遭受到严重侵害后果。对于暴力传销，一方面要依法严厉打击传销犯罪，震慑犯罪，遏制传销犯罪的蔓延；另一方面也需要通过案例和普法宣传，支持遭受传销组织不法侵害的公民正当自卫，增强人民群众勇于反抗的信心和决心，营造安全和谐的社会环境。

二是关于涉强奸案件。2019年，检察机关起诉强奸犯罪27070人，位于刑事犯罪第10位，且多年持续高发。从强奸犯罪主体看，七成以上为农民和无业人员，防卫人也多处于社会底层，双方受经济状况、知识结构等限制，法律意识往往较为淡薄，需要在加大普法宣传，更好发挥刑法预防犯罪作用的同时，提升人民群众依法保护自身合法权益的意识，充分保障和尊重妇女人身安全，鼓励其勇于同违法犯罪行为作斗争。

三是关于保护公民住宅权。涞源反杀案、赵宇见义勇为案、邢台董民刚案等均涉及非法入侵公民住宅的情节。住宅权是公民的一项基本权利，随着公民对住宅权的保护意识不断增强，对非法侵入住宅行为的容忍度也在不断降低。在正当防卫的认定中，非法侵入公民住宅的情节严重破坏了防卫人的安全感，加剧了现实危险的紧迫性，也更赋予了防卫人防卫行为的正当性。同时，从重、从严评价非法侵入住宅的行为，有助于提升人民群众的安全感，推动形成公民住宅权不可侵犯、受法律严格保护的社会共识，有助于进一步提升社会治理能力。

问：这次典型案例的发布可谓进一步坚定了公民维护正当权益的信心，对于正当防卫权利的行使，您有哪些提醒或建议？

答：这次典型案例的发布，是为了回应社会关切，使正当防卫案件的处理成为全民普法的法治公开课，达到"办理一案，教育一片"的效果，保护正当防卫者和见义勇为人的合法权益，坚决捍卫"法不能向不法让步"的法治精神。当然，作为公民也要坚持权利和义务的统一，遇到不法侵害，具备条件的应当优先选择报警等方式解决矛盾、防范侵害，尽可能理性平和解决争端，避免滥用武力。对于日常琐事纠纷，尽可能换位思考，互谅互让，依法维权，避免矛盾冲突升级，共同培育谦和礼让、和谐有序的社会风尚。对于以防卫为名行不法侵害之实的违法犯罪行为，应当依法处置，依法追究刑事责任。对于显著轻微的不法侵害，行为人在可以辨识的情况下，直接使用足以致人重伤或死亡的方式反击，防卫明显过当的，应当依法承担相应的法律责任。

后 记

近年来,全国检察机关办理了一批引人瞩目的正当防卫案件,如"于欢案""昆山反杀案""涞源反杀案""福建赵宇案""云南唐雪案"等。这些案件的办理,受到了社会舆论的高度关注,同时又形成了一系列关于正当防卫制度的新理念、新实践。为了推动检察指导性案例和典型案例在司法实务和法学研究中的应用,全面反映近年来检察机关办理正当防卫案件的实践和作为,根据张军检察长的提议,2020年12月,最高人民检察院司法案例研究院组织了最高人民检察院一厅、检察日报社、检察理论研究所、地方检察机关以及有关专家学者等研究力量,经过近一年的时间,最终完成《法不能向不法让步:正当防卫类案纵横》一书。

《法不能向不法让步:正当防卫类案纵横》以近年来发生的,引起社会舆论高度关注,同时又切实推进正当防卫理论与实践发展的典型案件为研究对象,从新闻纪实、司法述评、理论论证等不同角度记述和讨论这些典型案例的司法过程、社会舆情、实务及理论意义,全面、客观记述近年来检察机关为推动正当防卫制度发展所做的努力,以及这一过程中体现的新时代检察工作新理念。我们本着向历史负责的精神,收集、梳理大量一手资料,希望贡献一部能够真实反映当代正当防卫制度理念、理论、实践发展变化,具有史料意义的司法办案记录。

本书的写作分工如下:

第一部分:史兆琨;

第二部分:史兆琨;

第三部分：张杰、李燕青、赵希霞、范卫国、田文利、俞李彦、李明、邵松、林广玉、温可红、姚远、王洋、邹俊波；

第四部分：陈兴良、高磊。

最高人民检察院司法案例研究院

2021 年 10 月